GUIDE évasion

hachette

En bref

- **Capitale** : Tunis.
- **Situation** : partie orientale du Maghreb. Encadrée au nord et à l'est par la mer Méditerranée, à 200 km au sud de la Sardaigne, 200 km au nord-est de la Sicile et 1 500 km au sud de Paris (2 h à 3 h d'avion).
- **Superficie** : 163 610 km².
- **Climat** : été chaud et sec (jusqu'à 35 °C), hiver doux et ensoleillé (12 °C de moyenne), précipitations aux saisons intermédiaires (printemps et automne).
- **Monnaie** : le dinar 1 TND = 0,56 €.
- **Population** : 10 225 400 hab., dont 65,2 % de citadins et 26,2 % de moins de 15 ans.
- **Religion** : l'islam (98 %), en majorité sunnite. Petites communautés juive et chrétienne (2 %). Liberté de culte.
- **Langues** : l'arabe est la langue officielle, mais le français est parlé par une grande partie de la population.
- **Régime politique** : République de type présidentiel.
- **Chef de l'État** : Zine el-Abidine Ben Ali, président depuis le 7 novembre 1987, élu au suffrage universel en 1989, réélu en 1994, en 1999 et en 2004.

Pêcheurs dans le petit port de Ghar-el-Melh.

Envie de partir ?

Véritable carrefour de civilisations, le pays, à l'histoire plusieurs fois millénaire, a toujours été une terre de rencontres. Berbères, Puniques, Romains, Arabes ont laissé leur empreinte et c'est là le charme le plus fort de cette terre et de ses habitants. Chargée de ce passé fabuleux, la Tunisie, tournée à la fois vers l'Orient et vers l'Occident, est un modèle de modernité arabe où l'islam côtoie la laïcité. Avec en plus une douceur de vivre qui se marie bien avec la diversité des paysages : des plages qui s'étirent sur plus de 600 km, dans le Nord, des régions vertes et montagneuses, au Sud, le désert et ses dunes couleur or – sans doute la région la plus spectaculaire de la Tunisie. Et, essaimés dans tout le pays, des sites archéologiques rappelant les différentes strates de son histoire. Pour découvrir le vrai visage du pays, n'hésitez pas à quitter les côtes et à vous engouffrer dans la Tunisie profonde : un trésor vous y attend.

avant-goût

Les essentiels ? 8
Si vous aimez 12
Programmes 16

ambiances

De la côte de Corail
aux dunes du Sahara ... 20
   Au nord,
   une Tunisie verte 21
   Le littoral et la steppe 21
   Le désert 22
Le vent en poupe 24
   Une industrie
   diversifiée 25
   Une agriculture
   traditionnelle 26
   L'apport du tourisme 26
   La vie politique 28
Au pays de l'or jaune 30
Une Tunisie moderne
et modérée 32
   Un avenir au féminin 33
   Un islam modéré 33
Musulmans de Tunisie 36
Farandoles de saveurs ... 38
   Les entrées 39
   Les plats de résistance 39
   Douceurs sucrées 40
Gourmandises en fête ... 42
   Thé ou café ? 43
   Les boissons 43
Coutumes tunisiennes ... 44
   Les grands moments
   de la vie 44
   Les vêtements
   traditionnels 47
Secrets de beauté 48
Lieux de vie,
à l'abri des regards 49
   La médina,
   « Le lieu
   où l'on instruit la foi » 49
   Les ksour 52
   Les villages
   troglodytiques 52
Arts tunisiens,
arts multiples 53
La céramique 54
   La musique 57
   La peinture 58
   Le cinéma 58
Zerbia, mergoum et kilim .. 60

itinéraires

Tunis et ses environs

1 | Tunis 67
   Le centre
   de la ville moderne 68
   Le parc du Belvédère 69
   La médina 69
   Le musée du Bardo 77
2 | Au nord de Tunis 83
   La Goulette 84
   Carthage 84
   Sidi-bou-Saïd 89
   La Marsa et Gammarth ... 92
3 | Au sud de Tunis 94
   Oudna 94
   Djebel-el-Oust 95
   Zaghouan 95
   Zriba-Haut
   et le village Ken 96

4 | Le cap Bon

   Hammamet 98
   Nabeul 102
   Le tour de la péninsule . 104

Le Nord et les plaines du Tell

5 | De Tunis à Bizerte 110
   La plaine
   de la basse Medjerda ... 110
   Utique 111
   Ghar-el-Melh 111
   Raf-Raf 113
   Rass-Djebel 114
   Metline 114
6 | La côte de Corail 115
   Bizerte 115
   De Bizerte à Tabarka 119
   Tabarka et la Galite 120
7 | La Kroumirie 124
   Vers Aïn-Draham 125
   Aïn-Draham 125
   De Aïn-Draham
   à Bulla Regia 125
   Bulla Regia 125
   La route du Kef 127
**8 | Les routes
de l'intérieur** 128
   Le Kef 128
   Excursion
   aux environs du Kef 130
   Du Kef à Dougga 131
   Dougga 131
   Aux environs de Dougga .. 136
   De Dougga
   à Thuburbo Majus 136
   Thuburbo Majus 137

© Nicolas Fauqué/imagesdetunisie.com

◀ Dans les eaux du port de Gabès.

Le Sahel et les steppes

9 | Le Sahel.................140
- Sousse.........................141
- Aux environs de Sousse...147
- Monastir......................148
- Vers Mahdia.................151
- El-Djem......................154

10 | Sfax et les îles Kerkennah.....157
- Sfax............................157
- Les îles Kerkennah........160

11 | Les steppes...........162
- Kairouan......................162
- Rakada........................167
- Makthar.......................168
- Sbeïtla........................170
- Vers Gafsa...................172
- Vers Sfax....................172

Djerba et le golfe de Gabès

12 | L'île de Djerba.........174
- Houmt-Souk.................177
- Le tour de l'île.............180
- Zarzis, l'extension continentale de Djerba...........184

13 | Le golfe de Gabès....185
- L'oasis de Mareth.........185
- L'oasis de Téboulbou....186
- Gabès et ses environs...186

Le Sud

14 | Autour du chott el-Djerid...190
- Tozeur........................191
- Nefta..........................196
- Les oasis de montagne .197
- De Tozeur à Gafsa.........199
- Gafsa..........................200
- La traversée du chott el-Djerid.........203
- *Au pays des palmes*..........204

15 | Le pays Nefzaoua...206
- Kebili..........................206
- Douz et ses environs.....207
- De Douz à Chenini par Ksar Ghilane...........209

16 | Le Dahar.................210
- Matmata......................211
- Médenine....................212
- Tataouine....................212
- Les demeures berbères : ksour et ghorfas...........213
- La piste du Grand Sud : de Tataouine à Borj el-Khadra..........217

carnet d'adresses

- Tunis et ses environs..........218
- Le cap Bon 228
- Le Nord et les plaines du Tell.........236
- Le Sahel et les steppes 242
- L'île de Djerba et le golfe du Gabès..........253
- Le Sud 262

repères

- **Les dates qui ont fait la Tunisie** 274
- *L'épopée carthaginoise* 278
- *Habib Bourguiba*...............285
- Lecture et musique 286
- Le petit dico.................289

pratique

Organiser son voyage .. 292
- S'informer....................292
- Quand partir................295
- Comment partir 293
- Voyage organisé............295
- Argent........................297
- Formalités...................298
- Santé..........................299
- Faire sa valise 299

Sur place 300
- Arrivée........................300
- Change........................301
- Courrier......................301
- Fêtes et jours fériés.........301
- Hébergement...............303
- Heure locale................304
- Horaires......................304
- Informations touristiques.................305
- Internet......................305
- Langue........................305
- Médias........................306
- Politesse et usages.........306
- Pourboire....................306
- Santé..........................307
- Sécurité......................307
- Shopping.....................307
- Sports et loisirs............307

La Tunisie en voilier..........308
- Téléphone...................309
- Transports intérieurs 310
- Urgence......................312
- Voltage.......................312

Quelques mots de tunisien...313
Index..............................315

cartes et plans

Les essentiels de la Tunisie .... rabat avant de couverture

De A à Z :
- Bizerte.........................116
- Bulla Regia..................126
- Cap Bon 98
- Carthage.....................85
- Djerba........................rabat avant de couverture
- Dougga.......................133
- El-Djem......................155
- Gabès.........................187
- Gafsa..........................202
- Hammamet..................99
- Houmt-Souk.................177
- Îles Kerkennah.............161
- Kairouan......................165
- Le Kef..........................130
- Mahdia.......................152
- Makthar......................169
- Monastir.....................149
- Nabeul........................103
- Nefta..........................196
- Le Nord et les plaines du Tell (de Tunis à Bizerte, la côte de Corail)..........110
- Le Nord et les plaines du Tell (la Kroumirie, les routes de l'intérieur)....125
- Sahel..........................141
- Sbeïtla........................171
- Sfax............................158
- Sousse I : plan d'ensemble..........142
- Sousse II : la médina......145
- Sud 190
- Tabarka.......................121
- Thuburbo Majus...........137
- Tozeur........................193
- Tunis I : plan d'ensemble......... rabat arrière de couverture
- Tunis II : le centre de la ville moderne.......67
- Tunis III : la médina......70
- Tunis (les environs).........83
- Utique........................112

avant-goût

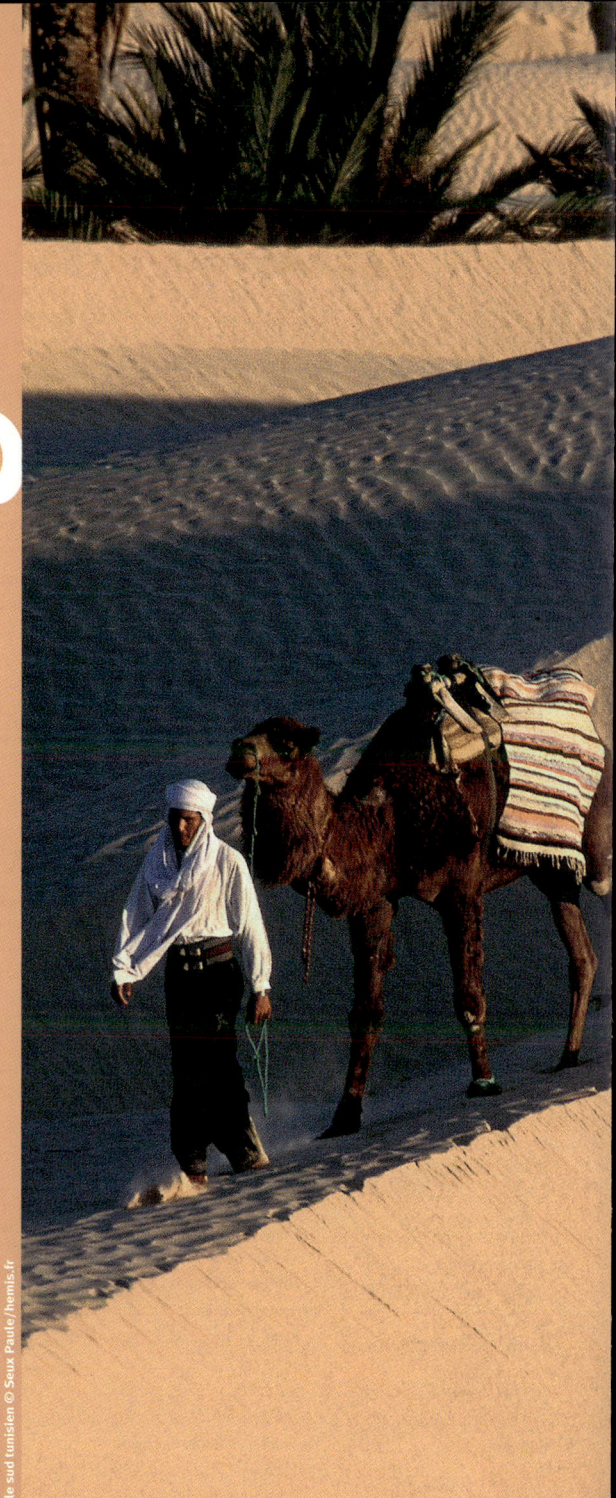

Méharée dans le sud tunisien © Seux Paule /hemis.fr

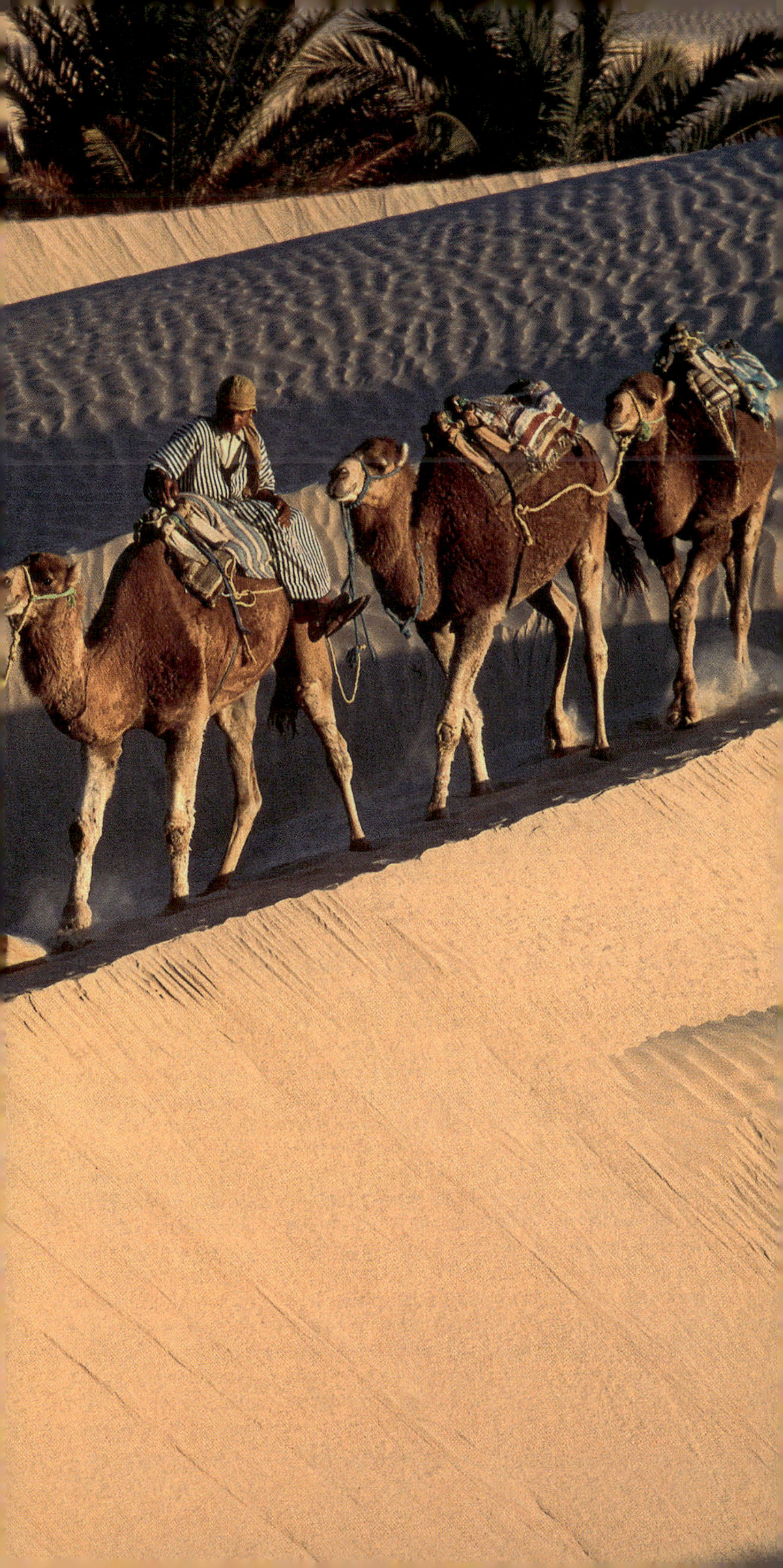

La médina de Hammamet.　　　　Le village de Midès, bordé par un ravin.

Les essentiels

Les villages perchés du Dahar★★★

C'est dans le Dahar, région montagneuse et semi-désertique, que se réfugièrent les Berbères lors de la conquête arabe. Confondus avec la montagne, les villages perchés sur les crêtes sont les derniers endroits en Tunisie où l'on parle encore le dialecte berbère. Ces villages fortifiés, les *ksour*, abritaient les *ghorfas*, des greniers à grain à l'architecture arrondie typique de la région.

⤑ *itinéraire 16, p. 213.*

Sidi-Bou-Saïd★★

Terre d'élection de peintres et d'écrivains, le village le plus visité du pays a su préserver son intimité derrière ses enceintes chaulées de blanc et ses portes de bois sculptés. Joyau de l'architecture traditionnelle, Sidi-bou-Saïd s'accroche au sommet d'une colline qui domine le golfe de Tunis. Au détour des ruelles, vous vous laisserez surprendre par la vue sur le golfe et tomberez sous le charme d'un détail architectural.

⤑ *itinéraire 2, p. 89.*

Le tour du cap Bon★★★

Cette presqu'île marque l'extrémité nord-est du pays. C'est un promontoire vallonné dont le cap tombe dans la mer du haut de ses 400 mètres. De Soliman à Hammamet, on traverse des paysages variés, ponctués de belles étapes : Korbous et ses sources d'eau chaudes, Kerkouane et son site punique, El-Haouria et sa vue sur le cap… La région est également réputée pour ses vergers, dont l'orange est le fruit roi.

⤑ *itinéraire 4, p. 104.*

Cimetière marin de Mahdia. Sidi-bou-Saïd.

Mahdia★★

Malgré le développement du tourisme, l'ancienne capitale fatimide a su garder son charme. Entourée de ses murailles, la vieille ville semble immuable. Tisserands et bijoutiers, qui ont fait la réputation de la cité, travaillent comme autrefois. Le cimetière marin, dont les tombes blanches bordent les ruelles de la vieille ville, est le lieu de promenade préféré des Mahdois. La ville vit au rythme du marché du vendredi et d'un port de pêche très actif.

⤳ *itinéraire 9, p. 151.*

Les oasis de montagne★★★

Jardins suspendus au creux des rochers ocre, havres de fraîcheur dans le désert, Chebika, Tamerza et Midès sont des miracles de la nature. Ces oasis sont d'une beauté époustouflante : **Midès**, poste frontière avec l'Algérie, et **Tamerza** surplombent des canyons à la profondeur vertigineuse, tandis que le village de **Chebika**, au-dessus d'une palmeraie luxuriante, s'étend le long d'une cascade qui appelle à la baignade.

⤳ *itinéraire 14, p. 197.*

Hergla★★

Au détour de la route qui longe une côte découpée depuis Port el-Kantaoui, surgit le village perché sur son éperon rocheux, tache blanche se détachant du bleu du ciel et de la mer. Le cimetière marin et la mosquée qui jouxte le mausolée de Sidi Bou Mendil, saint patron du village, dominent le petit port de pêche. L'ensemble, avec ses ruelles bordées de petites maisons blanches, dégage une atmosphère de sérénité.

⤳ *itinéraire 9, p. 147.*

Capitole de Dougga. Salle des prières de la Grande Mosquée de Kairouan.

Dougga★★★

Considéré comme le site archéologique le plus spectaculaire de Tunisie et de toute l'Afrique du Nord, l'ancienne Thugga vaut également le détour pour le paysage environnant qui ajoute à la majesté du lieu. Le site conserve dans son intégralité les restes d'une cité antique, dont les monuments les plus célèbres sont le temple du capitole et le mausolée lybico-punique. Sa collection d'inscriptions a aidé au déchiffrement de l'écriture libyque et à la connaissance des Numides.

⇢ *itinéraire 8, p. 131.*

La Grande Mosquée de Kairouan★★★

Symbole de la splendeur passée de la ville, la Grande Mosquée est le plus ancien sanctuaire de la région. Elle servit longtemps de modèle architectural aux mosquées de l'Ifriqiya. La cour centrale entourée de galeries est dominée par le minaret carré qui s'élève à 32 m. La salle de prières est de toute beauté avec ses colonnes de marbre que l'on découvre derrière de gigantesques portes en bois de cèdre.

⇢ *itinéraire 11, p. 167.*

Les îles Kerkennah★★

À 1h30 de bateau de Sfax, l'archipel est d'une platitude telle qu'il se confond avec la mer. Les plaines sont égayées par des centaines de palmiers qui semblent sortir de l'eau. Ces îles au charme serein sont à l'image de leurs habitants : accueillantes mais refusant de se laisser envahir. On y découvre les méthodes traditionnelles de pêche au poulpe et des paysages dont la beauté est à son comble au coucher du soleil.

⇢ *itinéraire 10, p. 160.*

Fort génois de Tabarka.

La médina de Tunis★★★

Après un lifting réussi, la vieille ville se laisse aujourd'hui découvrir avec plaisir. Magnifique ensemble arabo-mauresque, la médina de Tunis a été créée au VIIIe s. et s'est développée autour de la mosquée ez-Zitouna.

Après les rues commerçantes des souks, des bâtiments à l'architecture traditionnelle se révèlent aux regards des visiteurs. Un parcours fléché permet de se retrouver dans le dédale des ruelles.

⇢ *itinéraire 1, p. 69.*

Le musée du Bardo★★★

C'est une double visite que l'on fait au Bardo. On découvre d'abord un ensemble de palais et de bâtiments à l'architecture remarquable édifiés par les Hafsides et les beys de Tunis.

Puis on pénètre dans les bâtiments qui abritent le musée, où est conservée la plus belle collection de mosaïques romaines d'Afrique du Nord. Celle-ci s'enrichit sans cesse et résume la grandeur des civilisations qui se sont succédé en Tunisie.

⇢ *itinéraire 1, p. 77.*

Tabarka et sa région★★

Faites halte à Tabarka! Pour le charme de cette ville aux toits de tuiles rouges et pour les paysages grandioses qui l'entourent: la ville s'ouvre sur la mer et son fort génois, au sommet d'un promontoire, en est le majestueux gardien. Sur la côte de falaises se découpent çà et là des criques de sable blanc accessibles en bateau. Tabarka est bordée au sud par les forêts de Kroumirie, véritable écran de chênes, de pins et de mimosas.

⇢ *itinéraire 6, p. 120.*

Grande Mosquée de Sousse.

Si vous aimez...

Les sites archéologiques

Les amateurs de vestiges trouveront leur bonheur en Tunisie. À ♥ **Carthage***** *(p. 84)*, les ruines puniques, romaines et byzantines se superposent. Dans les maisons souterraines de ♥ **Bulla Regia**** *(p. 125)*, des mosaïques ont été préservées. Le théâtre de ♥ **Dougga***** *(p. 131)* domine le paysage. Les temples de **Sbeïtla**** *(p. 170)* sont dédiés à la triade capitoline. La **Schola des Juvenes*** de **Makthar**** *(p. 168)* formait les jeunes gens à la culture latine. Le plus grand amphithéâtre d'Afrique se dresse à ♥ **El-Djem**** *(p. 154)*. **Thuburbo Majus**** *(p. 137)* est dominé par de splendides colonnes.

La quiétude des lieux saints

À **Kairouan***** *(p. 162)*, lieu saint de l'islam, nombreuses sont les mosquées et *zaouïas* édifiées autour de la **mosquée Sidi Oqba*****. À **Tunis***** *(p. 70)* se dresse le minaret de la **Grande Mosquée ez-Zitouna****. Le **ribat de Monastir**** *(p. 148)*, austère, contraste avec le décor luxueux de la **mosquée Bourguiba**. Mais c'est à **Djerba***** *(p. 174)* que les **mosquées** sont les plus nombreuses.

Le farniente à la plage

Près de ♥ **Tabarka**** *(p. 120)*, les plages désertes du ♥ **cap Serrat*** *(p. 120)* et de **Sidi Mechrig**** *(p. 120)*, bordées par une forêt de pins, attendent les promeneurs. **Gammarth** *(p. 92)* et **La Marsa*** *(p. 92)* sont les élégantes stations balnéaires de Tunis. À **Kelibia**** *(p. 105)*, la mer est

Plage de Korba, sauvage et préservée.

d'un bleu profond. De **Nabeul**** *(p. 102)* à **Hammamet*** *(p. 98)* s'étend une plage bordée d'hôtels. Le sable de ♥ **Mahdia**** *(p. 151)* est fin comme de la poudre. À **Djerba***** *(p. 180)*, 125 km de plage bordée de palmiers plongent dans une mer turquoise.

La fraîcheur des oasis

Le **Sud tunisien** est jalonné de petites palmeraies. L'oasis de **Nefta**** *(p. 196)* est la plus séduisante. À **Tozeur***** *(p. 191)*, le bruit des palmes sous le vent se mêle à celui de l'eau qui coule dans les *seguias*. Quant à ♥ **Douz**** *(p. 207)*, elle lutte bravement contre l'avancée des dunes.

Les paysages désertiques

La grande dépression saline du **chott el-Djerid**** *(p. 203)*, dans la région de Tozeur, ressemble à une mer intérieure. Les dunes du **Grand Erg oriental** s'élèvent à l'Ouest, tandis que le **plateau rocheux du Dahar** *(p. 210)*, à l'Est, impose ses tons ocre. Le Sahara commence ici.

La solitude et la nature

Embarquez pour les ♥ **îles Kerkennah*** *(p. 160)* à la beauté préservée : l'activité traditionnelle des pêcheurs d'éponges et de poulpes s'y maintient encore. Entre **Bizerte**** et ♥ **Tabarka**** *(p. 119)*, prenez le temps d'admirer les paysages. Le **parc national d'Ichkeul**** *(p. 119)* est le refuge des oiseaux migrateurs et des buffles d'eau. La **table de Jugurtha**** *(p. 130)* offre un panorama grandiose sur les plaines de Tunisie et d'Algérie.

Festival de Douz.   Houmt-Souk.

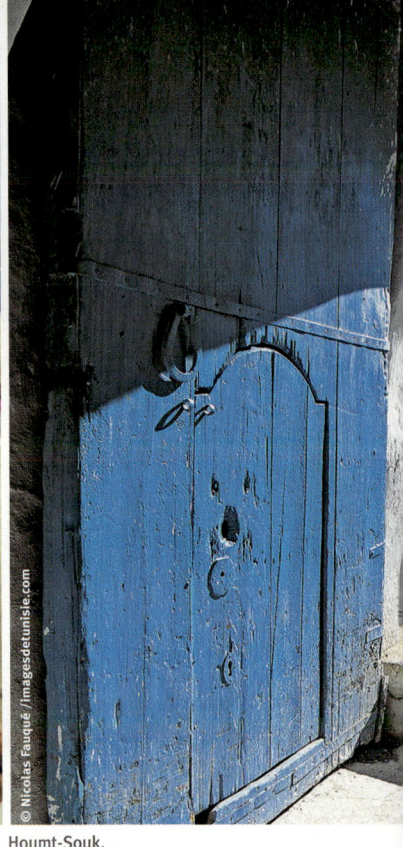

Les activités sportives

Les fonds rocheux de ♥ **Tabarka**** (p. 120) sont propices à la plongée. Au long du golfe de **Hammamet*** (p. 98) et près de **Djerba**** (p. 174), on peut pratiquer tous les sports nautiques. Les golfeurs trouveront un deux fois 18 trous à **Port el-Kantaoui** (p. 147), et des 18 trous à **Monastir**** (p. 148), **Hammamet, Tabarka, Djerba et Tozeur**. Les **monts de Kroumirie** (p. 124) auront les faveurs des chasseurs.

⇢ *Voir notre Sports et loisirs p. 307.*

Le dédale des médinas

À **Tunis**** (p. 69), les ruelles silencieuses de la médina offrent des images presque irréelles comparées au tohu-bohu et au mouvement des souks ; à **Bizerte**** (p. 115), elles débouchent sur le vieux port de pêche. À **Kairouan**** (p. 162), au cœur de la steppe, les remparts enserrent un labyrinthe de rues étroites. À **Sousse**** (p. 141), sur la côte est, la médina escalade une colline dominée par une kasbah. La **vieille ville de Sfax**** (p. 157) est tortueuse, essentiellement commerçante, au tempérament énergique. **Tozeur**** (p. 191) conserve une médina aux belles façades de brique crue, enserrées dans un lacis de ruelles, de passages, d'arches et de courettes.

⇢ *Voir notre rubrique Urbanisme p. 49.*

Le shopping et les souks

Tout l'artisanat se trouve dans les souks, mais les Tunisiens viennent aussi s'y approvisionner en viande, épices, tissus, vêtements, chaussures... À **Tunis**** (p. 69), les souks sont répartis

Étal d'épices sur un marché.

par spécialités : souks des Étoffes, des Orfèvres, des Parfumeurs, des Selliers, etc. À ♥ **Mahdia**** *(p. 151)*, laissez-vous tenter par les étoffes aux couleurs chatoyantes. À **Djerba***** *(p. 177)*, ne manquez pas d'admirer le travail des bijoutiers et la poterie de ♥ **Guellala**** *(p. 180)*. **Kairouan***** *(p. 162)*, envahie par les boutiques de tapis, perpétue aussi le travail du cuivre étamé. **Nabeul**** *(p. 102)* reste la capitale de la poterie.

⤳ *Voir également notre rubrique Artisanat p. 54 et p. 60.*

Les festivals

Nombre de festivals internationaux ont pour cadre des sites antiques : théâtre, danse et musique dans à ♥ **Carthage***** *(p. 84)* et ♥ **Dougga***** *(p. 131)* ; musique symphonique dans l'♥ **amphithéâtre d'El-Djem**** *(p. 154)* ; jazz à ♥ **Tabarka**** *(p. 120)*... S'y ajoutent des festivals régionaux qui mettent en valeur les traditions folkloriques : festival du poulpe des **îles Kerkennah**** *(p. 160)*, festival du Sahara à ♥ **Douz**** *(p. 207)*...

⤳ *Voir également p. 302.*

La gastronomie tunisienne

Il faut commander un brick à l'œuf au café *Saf Saf*, à **La Marsa*** *(p. 92)*, et un « complet poisson » à ♥ **La Goulette**** *(p. 84)*.

N'oubliez pas d'essayer les *makhroud* de **Kairouan***** *(p. 162)*. Demandez aux pêcheurs de vous faire goûter les poulpes de ♥ **Kerkennah**** *(p. 160)*. Faites le tour des pâtisseries de **Sfax**** *(p. 157)*. Enfin, savourez le pain du désert, cuit dans le sable.

⤳ *Voir notre rubrique Gastronomie p. 38.* ●

Programmes

La Tunisie est une destination proche, facilement accessible en avion à des tarifs avantageux.

Après avoir longtemps axé son développement touristique sur le séjour balnéaire, elle tente aujourd'hui de diversifier son offre en valorisant son patrimoine culturel, en multipliant les possibilités de loisirs et en équipant ses oasis sahariennes.

Les agences de voyages proposent des formules variées, du circuit classique en autocar – ou, plus insolite, sur les pistes du Sud en 4x4 – à la location de voiture avec réservation d'hôtels pour des itinéraires à la carte.

Un week-end prolongé

En Tunisie, c'est envisageable. Pour satisfaire une soudaine envie de soleil et de mer, **Djerba** est la meilleure des destinations : hôtels en bordure de plage, douceur des palmeraies et la petite ville blanche de Houmt-Souk où il fait bon flâner.

Vous pouvez également vous laisser tenter par **Tunis**, qui offre le double avantage de la proximité de la mer et de celle du site antique de Carthage, sans oublier les attraits de sa médina et du musée national du Bardo.

Au cœur de l'hiver européen, il faut se rendre à **Tozeur** pour vivre un vrai dépaysement : la palmeraie, le chott el-Djerid et les maisons de brique crue de la médina composent le décor d'un rêve éveillé, baigné de lumière...

Le grand tour de Tunisie

- **Jour 1.** Arrivée à Tunis. Visite du musée national du Bardo et de ses fameuses collections de mosaïques romaines.

- **Jour 2.** Médina de Tunis, puis, aux environs de la capitale, Carthage et Sidi-bou-Saïd.

- **Jour 3.** Bizerte par Utique, Rass-Jebel, Metline, El-Alia.

- **Jour 4.** Le lac Ichkeul, puis Tabarka par le cap Serrat et le cap Negro.

- **Jour 5.** Aïn-Draham, site antique de Bulla Regia, Le Kef.

- **Jour 6.** Gafsa par Sbeïtla, Kasserine et Fériana.

- **Jour 7.** Metlaoui, les oasis de montagne, Tozeur.

- **Jour 8.** Nefta, puis retour à Tozeur.

- **Jour 9.** Traversée du chott el-Djerid jusqu'à Kebili et Douz, où vous

© Nicolas Fauqué / imagesdetunisie.com

pourrez organiser votre méharée à l'office du tourisme.

- **Jour 10.** Gabès par Matmata.
- **Jour 11.** Sfax, El-Djem, Mahdia.
- **Jour 12.** Hammamet par Sousse et Kairouan.
- **Jour 13.** Hammamet.
- **Jour 14.** Cap Bon, nuit à El-Haouria.
- **Jour 15.** Tunis et retour à Paris.

La Tunisie antique

- **Jour 1.** Arrivée à Tunis. Visite du musée national du Bardo.
- **Jour 2.** Carthage.
- **Jour 3.** Utique, Bizerte et Tabarka.
- **Jour 4.** Bulla Regia, musée du site de Chemtou, Dougga. Nuit à Téboursouk.
- **Jour 5.** Makthar et Sbeïtla.
- **Jour 6.** Sfax et El-Djem.
- **Jour 7.** Sousse. Visite du Musée antique.
- **Jour 8.** Zaghouan, Thuburbo Majus, Tunis.

Le Sud : désert et oasis

Deux points d'arrivée sont possibles, Tozeur ou Djerba.

Ce programme, aux portes du désert, mérite de prendre quelques précautions : un 4 x 4, voire un guide sont indispensable pour sortir des sentiers balisés (voir p. 208).

- **Jour 1.** Arrivée à Tozeur.
- **Jour 2.** Excursion à Nefta.
- **Jour 3.** Les oasis de montagne (Chebika, Tamerza, Midès), Metlaoui, Gafsa.
- **Jour 4.** Traversée du chott Fejej, Kebili, El-Faouar, Zaafrane, Douz.
- **Jour 5.** Le village troglodytique de Matmata, Toujane, Médenine.
- **Jour 6.** Ksour et villages perchés (Ghomrassen, Guermessa, Chenini), Tataouine, Djerba.
- **Jour 7.** Djerba.
- **Jour 8.** Retour vers Tozeur (traversée du chott el-Djerid). ●

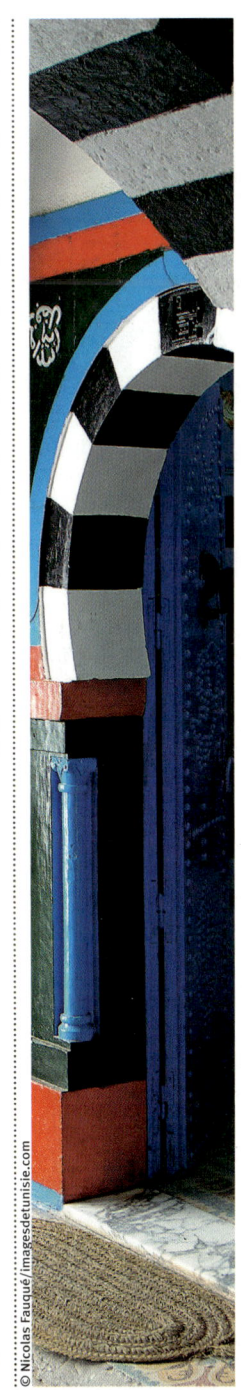

◄► Porte d'entrée d'un hammam à Hammamet.

© Nicolas Fauqué/imagesdetunisie.com

ambiances

Scène de rue © Nicolas Fauqué/imagesdetunisie.com

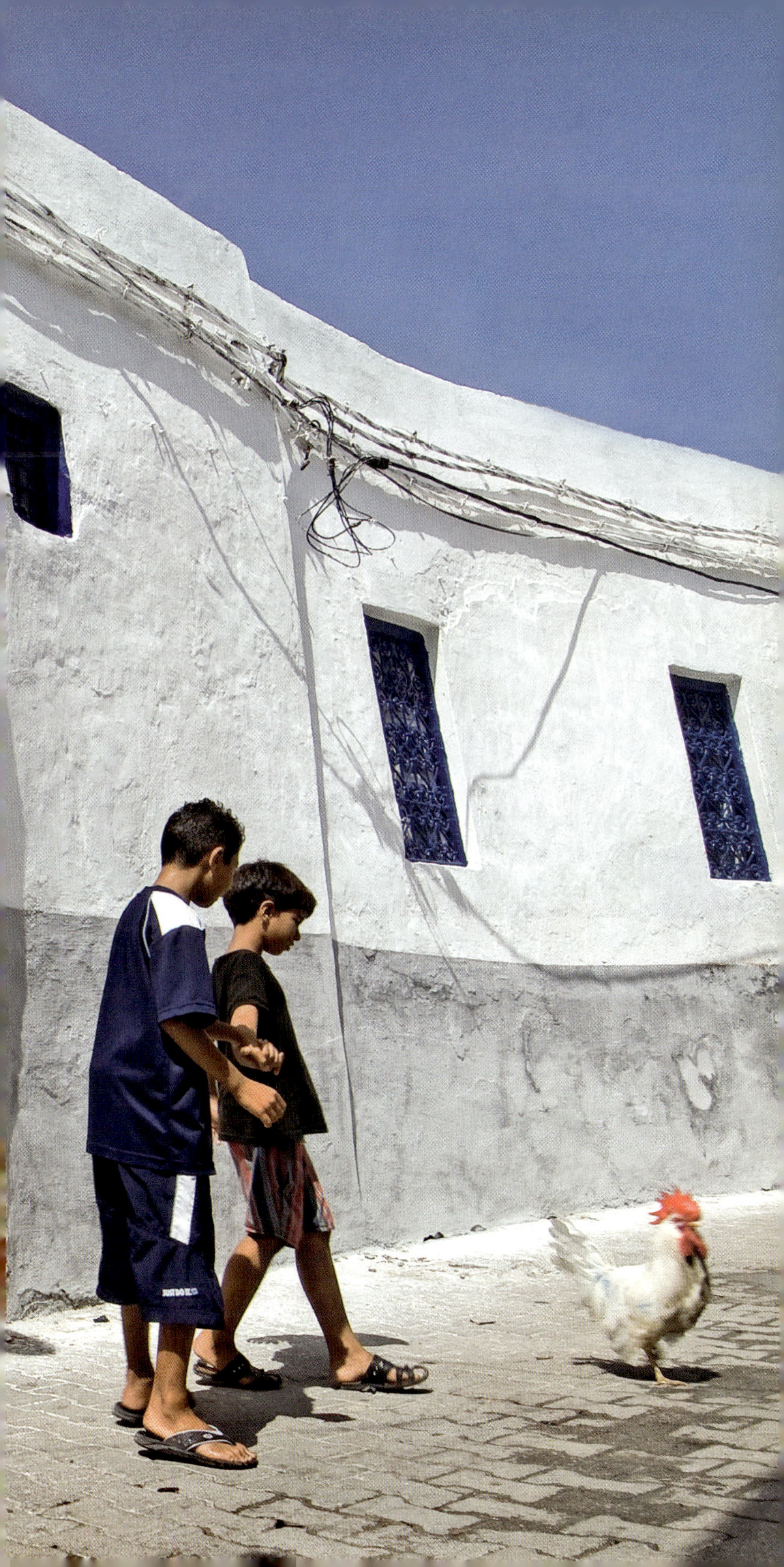

De la côte de Corail aux dunes du Sahara

▲ La Tunisie produit annuellement plus de 200 000 tonnes d'agrumes, surtout des oranges.

Perchée sur les hauteurs du continent africain, bordée par la Méditerranée, la Tunisie est dotée de paysages superbes, de riches sites antiques et de villes et villages à l'atmosphère singulière. Avec un relief relativement plat, des campagnes variées, des plaines verdoyantes, des villages aux traditions intactes et des villes en pleine mutation, des zones arides et le désert, la Tunisie est une succession de contrastes. Il suffit de quelques jours pour goûter aux composantes envoûtantes des paysages de ce petit pays (le tiers de la France environ), point de jonction entre l'Afrique et le monde méditerranéen, à deux heures d'avion de Paris.

De la côte de Corail aux dunes du Sahara | 21

Au nord, une Tunisie verte

Les plus beaux paysages du Nord se trouvent dans la **péninsule du cap Bon** à l'est, et entre **Tabarka** et **Aïn Draham** à l'ouest. Les côtes abritent de vastes plages, certaines encore sauvages et préservées. Des aiguilles rocheuses érodées par la mer gardent les monts de Tabarka, près de la frontière algérienne. Dans cette région propice à la plongée, la mer abrite des fonds marins de toute beauté. Au-delà des plages, on trouve une Tunisie verte et montagneuse peu fréquentée par les touristes, avec des forêts de chênes-lièges, d'ormes et d'eucalyptus, des vallées encaissées plantées d'orge, de blé, d'agrumes et des lacs où s'arrêtent chaque année les oiseaux migrateurs venus d'Europe. Et il n'est pas rare en hiver de voir la neige recouvrir les hauteurs du **massif de Kroumirie**.

Autrefois grenier de Rome, la **plaine de la Medjerda**, seul fleuve à débit continu du pays, est la région la plus fertile de cette Tunisie villageoise, avec de grandes exploitations agricoles où se succèdent champs de céréales, vignobles et oliveraies. Elle abrite également de splendides sites archéologiques : **Utique** (*p. 111*), **Bulla Regia** (*p. 125*) et **Thuburbo Majus** (*p. 137*) nous livrent les secrets d'un passé prestigieux, témoins énigmatiques de cultures opulentes et raffinées. La Medjerda se jette dans le **golfe de Tunis**, la plus grande zone urbaine du pays (20 % de la population), avec la capitale et ses banlieues qui s'étirent à l'infini.

Le littoral et la steppe

Dans sa partie orientale, entre cap Bon et Sahel, le **littoral** est la zone la plus peuplée et la plus dynamique du pays. Les longues plages s'étendent sur plusieurs centaines de kilomètres, véritables incitations au farniente. C'est là que se situent les grandes zones touristiques, autour de **Hammamet** (*p. 98*), **Sousse** (*p. 141*) et **Monastir** (*p. 148*). Dans une région qui regroupe l'essentiel de l'agriculture intensive et plus de 70 % des industries du pays, le **cap Bon** est réputé pour sa production de légumes et d'agrumes, et les oliveraies qui s'étendent à perte de vue sont

nature

Le plus vaste désert du monde

Le Sahara recèle une riche histoire, faite de commerce caravanier et de villages aux architectures singulières. Sans oublier, bien évidemment, l'inévitable dromadaire, compagnon des nomades.

Réparti sur dix pays et couvrant près de 8 millions de kilomètres carrés, soit 15 fois la France, le Sahara est le plus vaste désert du monde. Il couvre l'Afrique du Nord d'est en ouest.

Cette région a commencé sa longue pause désertique voici près de 50 millions d'années. Mais le désert actuel n'est âgé que de 4 000 ans. Parmi les causes de la désertification, le rôle que l'homme a joué et joue est indiscutable : surpâturage, surexploitation des puits, déforestation, etc.

Sur la route des caravanes

Jusqu'au XVe s., le désert était une région de passage, le commerce caravanier y acheminait des produits précieux : myrrhe, encens, pierreries, or, étoffes, ivoire et… esclaves.

Les routes transsahariennes se développèrent essentiellement durant l'époque médiévale, au moment où le monde musulman prenait son plein essor. Les caravanes partaient des ports situés sur le pourtour méditerranéen pour aller chercher de l'or au pays des «Noirs», l'actuel Soudan. Les oasis servaient alors d'étapes essentielles et constituaient des lieux stratégiques à maîtriser.

Mais vers le milieu du XIVe s., la vallée du Nil, très longtemps fermée aux caravanes à cause du manque de sécurité, se rouvrit aux échanges, ce qui provoqua alors le déclin des voies situées dans l'actuel Maghreb. ●

caractéristiques des paysages du Sahel. Au sud de la Dorsale tunisienne, qui culmine au **djebel Chambi** (1 544 m), le relief, moins accidenté, s'arrondit, les plaines s'élargissent vers la mer et la pluviosité diminue. La Dorsale, extrémité orientale de l'Atlas saharien, s'étire de la frontière algérienne à la péninsule du cap Bon. C'est le territoire des steppes. La végétation s'espace, les touffes d'alfa s'accrochent au sol aride. Longtemps livrée au nomadisme pastoral, cette contrée s'est lentement transformée, notamment grâce au développement de la culture de l'olivier. Les eucalyptus et les figuiers de Barbarie plantés le long des routes sont caractéristiques du paysage aride. L'élargissement des horizons fait pressentir le Sahara.

▶ Au nord, la Tunisie des oliveraies et le littoral ; au sud, la steppe, puis le désert, le bled el-Djerid, au sud de Gafsa.

LE DÉSERT

Passé les **monts de Gafsa** et le **golfe de Gabès**, la steppe se fait désert. Les vastes *sebkhas* (lacs salés) blanchies par les efflorescences salines (chotts) disparaissent sous les dunes du **Grand Erg oriental**. Autour de rares points d'eau se sont développées des oasis : **Tozeur** (p. 191), **Nefta** (p. 196), **Douz** (p. 207), **Kebili** (p. 206), etc.

Là, les roches marquent d'étranges formes presque égarées à travers les dunes, qui envahissent progressivement tout l'espace. C'est un spectacle grandiose de sable à perte de vue. Le Sahara tunisien, qui couvre environ un tiers du territoire national, est beaucoup moins vaste que celui de ses voisins. Les régions désertiques débutent au sud de la ligne Gafsa-Gabès, mais c'est au-delà du **chott el-Djerid** que débute le Sahara proprement dit. Il compte près de 50 000 habitants, des populations berbérophones semi-nomades. Malgré des conditions de vie extrêmes, des peuples nomades et semi-nomades sont parvenus à habiter les confins du désert. Ils y ont développé des modes de vie parfaitement adaptés au climat. Le tourisme, qui s'est développé dans cette région ces dernières années et connaît un succès grandissant, a contribué à la sédentarisation de cette population. ●

Nomadisme, la fin d'un monde

Malgré la tendance à la sédentarisation des nomades ou des semi-nomades, ceux-ci conservent la nostalgie de l'errance, ce qui les incite à partir au printemps avec leur troupeau.

La mentalité nomade est entretenue par les déplacements indispensables d'une partie de la population qui doit, pour vivre, aider à la cueillette des olives et aux vendanges dans les régions du littoral et du Tell. Ces nombreuses transformations ont eu pour résultat de briser le cadre de tribus autrefois puissantes et cohérentes. Ainsi, dans le Grand Sud, les ethnies M'razig, Adhara, Ghreib et Sabria faisaient autrefois la loi en dirigeant les travailleurs des oasis. Elles dominaient véritablement une région qui échappait le plus souvent au pouvoir des beys.

Après l'indépendance de la Tunisie, le rapport de force a joué en faveur des sédentaires.

Les nomades d'aujourd'hui travaillent la terre, cultivent le palmier-dattier et habitent, au moment des fortes chaleurs, l'oasis en conservant leur culture du désert nomade et leur tradition de chameliers. Grâce aux randonnées et méharées organisées dans le Sahara pour les touristes, cette culture est réapprise et les plus anciens continuent de la transmettre aux jeunes des villages. Et avec elle ses valeurs : authenticité, solidarité et hospitalité ainsi que connaissance du désert, de sa topographie, de ses dangers, de ses beautés et de ses exigences. ●

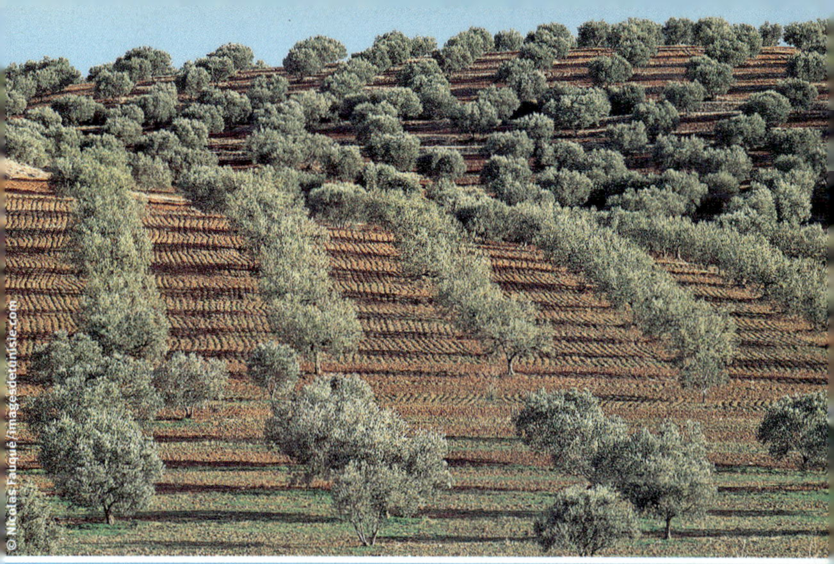

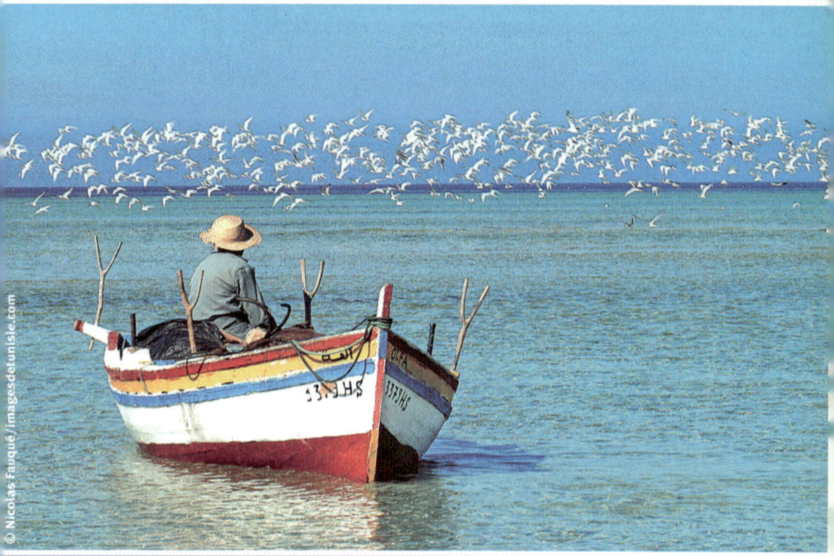

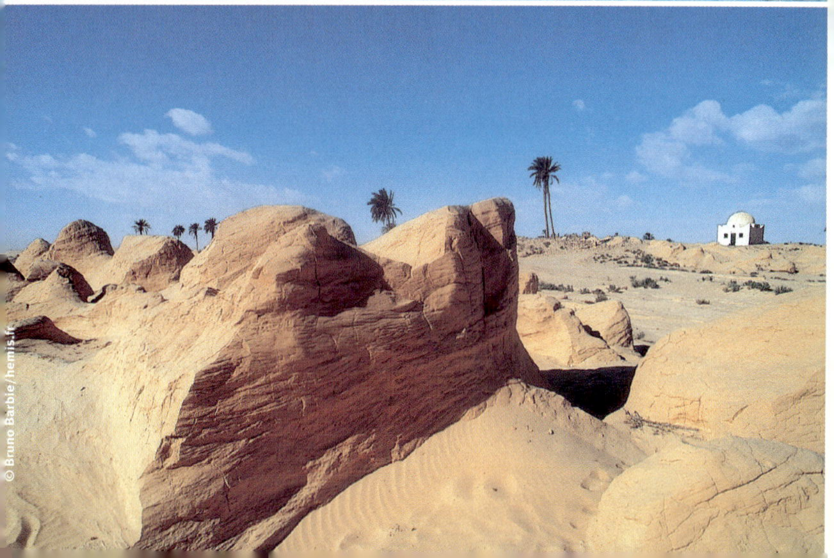

Le vent en poupe

▲ Tunis s'étend chaque jour un peu plus, reflet d'une forte croissance économique.

En 1956, date de l'indépendance, la Tunisie était principalement agricole. Elle vivait de ses oliveraies, de ses palmeraies, de son blé dur et de ses troupeaux. À cela s'ajoutait le produit d'une pêche particulièrement importante. Le président Bourguiba a décidé, dès son arrivée au pouvoir, d'industrialiser le pays et de mener, à partir des années 1970, une politique économique libérale, poursuivie par son successeur, le président Ben Ali. Depuis les années 1990, le développement économique du pays est considérable. La Tunisie, à bien des égards, a réussi sa « mise à niveau » pour être compétitive dans le cadre

Le vent en poupe

à ceux qui existent dans les autres pays émergents.

Le tourisme demeure un secteur très dynamique (6 % du PIB), avec l'industrie manufacturière (17,8 %), l'agriculture et la pêche (12,6 %). La France, premier partenaire commercial du pays, est aujourd'hui talonnée par l'Allemagne et l'Italie. Les accords d'association avec l'**Union européenne**, signés en 1995, sont entrés en vigueur en mars 1998 : près de 80 % des exportations et 70 % des importations du pays se font aujourd'hui avec l'Union européenne.

Une industrie diversifiée

À côté des grandes industries exploitant les ressources du pétrole, des phosphates et de l'acier, s'est développée une **industrie manufacturière** ayant pour but, du moins à l'origine, de substituer aux importations une production intérieure. L'industrie légère contribue pour une grande part à la croissance économique, avec les secteurs du textile et de l'habillement, de l'agroalimentaire, des industries mécaniques ou électroniques. Le secteur manufacturier et minier contribue à près de 30 % au PIB.

Parallèlement, la Tunisie mise sur le développement des **nouvelles technologies** en formant chaque année des milliers d'ingénieurs et d'informaticiens. Elle prévoit de devenir une puissance régionale dans le domaine des technologies d'information. Elle a également créé des pôles technologiques qui attirent les grandes sociétés étrangères, ce qui a permis, peu à peu, non seulement de bâtir une industrie exportatrice – le textile reste la deuxième source de devises, après le tourisme, malgré la concurrence asiatique – mais aussi de rechercher des investissements étrangers. C'est un atout majeur dans la résolution du problème de l'emploi,

de la mondialisation. La croissance y est depuis une douzaine d'années de 5 % à 6 % par an, le taux d'inflation tourne autour de 3 % et le revenu par habitant se situe parmi les plus élevés de la région. Le pays n'a pas à rougir de la comparaison avec ses voisins. Les nouvelles technologies y sont adoptées à un rythme remarquable et l'enseignement, quel que soit le niveau, est de plus en plus massif et de qualité. Les universités publiques et privées se multiplient dans tout le pays. La **classe moyenne** représente aujourd'hui 80 % de la population. Les droits sociaux sont largement supérieurs qui reste la préoccupation essentielle du gouvernement : le taux de chômage se maintient autour de 14 % de la population active et il est particulièrement élevé chez les jeunes.

UNE AGRICULTURE TRADITIONNELLE

Même si l'économie n'est plus dépendante de l'agriculture, le Tunisien reste attaché à la terre. Et s'inquiète chaque année de la sécheresse qui influe sur le rythme des récoltes. Si les récoltes sont bonnes, les Tunisiens ont le moral ! La situation n'est pourtant pas sans zones d'ombre : les jeunes boudent de plus en plus le monde rural pour tenter leur chance en ville ou dans les secteurs balnéaires.

L'agriculture et la pêche occupent cependant toujours 21 % de la population active. Les grandes exploitations du Nord-Est et du Sahel produisent des céréales (blé, orge), des cultures maraîchères (agrumes, amandes, figues), du vin, de l'alfa, des olives et des dattes dont les fameuses *deglet nour*, mondialement connues (le pays en est le 1er exportateur mondial). Dans le domaine de l'agriculture, la concurrence entre pays méditerranéens est sévère. La production annuelle tunisienne – à peu près 225 500 tonnes d'agrumes et 200 000 tonnes d'huile d'olive (la Tunisie est le 4e producteur mondial d'huile d'olive et le 3e exportateur) – doit trouver chaque année des débouchés rentables.

En plus du risque de mévente des produits exportables, nombre de petits exploitants sont gênés par la sécheresse consécutive à la construction intensive des centres vacanciers, auxquels l'eau est souvent réservée en priorité. Pour pallier le manque d'eau, l'État prévoit de doubler le nombre des barrages existants afin que 50 % de la production agricole soit dans des périmètres irrigués.

L'APPORT DU TOURISME

La politique de développement touristique menée depuis plus de trente ans a donné un nouveau souffle à l'économie tunisienne. Ce secteur joue un rôle économique majeur. Il contribue à hau-

Textile tunisien : le haut du panier

Pour faire face à l'invasion de la production chinoise qui menace le secteur, les professionnels tunisiens du textile se spécialisent dans un autre créneau : le prêt-à-porter haut de gamme.

Leur capacité à respecter à la fois un cahier des charges rigoureux et des délais serrés ainsi que la proximité avec l'Europe, qui permet aux clients de se rendre sur place pour vérifier la qualité du travail, constituent des atouts pour le pays. Les grands noms de la mode italienne ou française se sont ainsi laissé convaincre de s'implanter en Tunisie.

Un seul maître mot désormais pour les professionnels du textile : miser sur la qualité pour essayer de préserver les 250 000 emplois du secteur, fragilisés par la concurrence.

Nouvelles technologies à « Tunis Valley »

Après avoir multiplié par cinq les exportations de produits mécaniques et électriques en dix ans, la Tunisie est bien décidée à se faire sa place au soleil dans le domaine des nouvelles technologies.

Le pôle technologique des communications El-Ghazala, la « Silicon Valley » tunisienne, situé dans la banlieue de Tunis, abrite une quarantaine de sociétés spécialisées dans le développement de logiciels et d'applications informatiques ainsi que dans les télécommunications. Beaucoup de multinationales persuadées de la compétitivité des ingénieurs tunisiens s'y sont installées.

Il faut avoir conscience qu'à formation et compétence égales, le salaire d'un ingénieur tunisien est deux fois moins élevé que celui d'un français. Une dizaine de pôles technologiques ont été créés à travers le pays. ●

Soleil et santé

Destination de tourisme de masse à petits prix, la Tunisie aimerait redorer son image et promouvoir un tourisme plus haut de gamme, sur le modèle du Maroc.

Aussi le pays s'est-il lancé dans un programme de modernisation de l'infrastructure hôtelière et s'efforce-t-il d'améliorer la qualité du service. On assiste à une timide éclosion des hôtels de charme. Les hôtels 5 étoiles (aux normes du pays) fleurissent partout, ainsi que les centres de remise en forme et de thalassothérapie. Et pour diversifier l'offre, on développe le tourisme de santé : les hôtels s'associent à des cliniques pour accueillir des «patients-touristes» venus se faire soigner en Tunisie, car les soins y sont moins chers, et surtout recourir à la chirurgie esthétique, très en vogue dans le pays.

Le tourisme en chiffres

La Tunisie a reçu 6,8 millions de visiteurs en 2007, dont 60 % d'Européens. Djerba et Zarzis se taillent la part du lion avec 25 % des nuitées, talonnées par la région de Hammamet et Nabeul. Viennent ensuite la zone de Sousse et Kairouan (21,6 %), Monastir et Skanès (11,3 %). La région de Tunis (6,4 %) et celle de Mahdia et Sfax (5,3 %) ont une infrastructure hôtelière moins développée.

La région de Gafsa et Tozeur, haut lieu du tourisme saharien avec 3,1 % de fréquentation, s'est donné pour objectif de développer son parc hôtelier. ●

▲ Friands d'informations, les Tunisiens doivent se contenter d'une presse contrôlée par l'État.

teur de 6 % au PIB, est la première source de devises du pays et représente 340 000 emplois directs et indirects.

En 2007, le nombre de visiteurs a frôlé les 7 millions. Le pays est la **première destination touristique du sud de la Méditerranée**. Les Européens, Français en tête, restent les visiteurs les plus nombreux. Les touristes en provenance des anciens pays de l'Est sont en constante augmentation, tout comme les touristes maghrébins, notamment algériens et libyens. Le tourisme intérieur tend à se développer depuis cinq ans : le Tunisien, de nature plutôt sédentaire, apprend à découvrir son pays.

En un peu plus de trente-cinq ans, les capacités d'accueil sont passées de 10 000 à 227 000 lits. L'État a facilité cette croissance en augmentant les investissements et en les orientant vers d'autres régions que les secteurs balnéaires, notamment le **tourisme saharien** qui rencontre de plus en plus d'adeptes.

Les **stations balnéaires** restent néanmoins la colonne vertébrale du tourisme tunisien, même si la politique en la matière est d'évoluer vers le haut de gamme avec des activités porteuses comme la thalassothérapie, le golf, la plaisance ou le tourisme de congrès.

Le développement du tourisme et des capacités d'accueil, notamment dans le Sud, a également permis l'établissement d'infrastructures (télécommunications, voirie…) et donc un renforcement du tissu urbain. Ce qui ne va pas sans poser de nombreux **problèmes d'environnement**, surtout en ce qui concerne l'eau, les réalisations étant parfois surprenantes ou même déraisonnables, comme le golf de Tozeur, aux portes du désert…

LA VIE POLITIQUE

Le 7 novembre 1987, le président Bourguiba, aux commandes du pays depuis l'indépendance en 1956, est déclaré médicalement incompétent et destitué. Confor-

Une libéralisation politique toujours timide

Au Parlement, en raison de l'introduction d'une dose de proportionnelle, 20 % des sièges sont réservés aux partis d'opposition autorisés. Toutefois, le pays ne chemine que timidement vers davantage de libertés.

Une partie de l'opinion tunisienne et internationale dénonce de graves manquements au respect des droits de l'homme : arrestations arbitraires, contrôle de la presse et de l'appareil judiciaire, musellement de l'opposition non autorisée, retraits de passeports, etc. Tout cela malgré la multiplication des déclarations officielles défendant « les acquis sociaux, les droits de l'homme et le pluralisme politique ».

Droits de l'homme et fondamentalisme

Un temps menacée par l'extrémisme musulman, à l'image de ses voisins, la Tunisie est parvenue à en maîtriser les expressions les plus violentes. La plupart des organisations islamistes ont ainsi été interdites dans le pays, et leurs responsables emprisonnés.

Les événements survenus aux États-Unis (attentats du World Trade Center et du Pentagone le 11 septembre 2001) et leurs répercussions dans le monde, ainsi que l'attentat de Djerba, devant la synagogue de Ghriba, en avril 2002, permettent à la Tunisie du président Ben Ali de faire figure de pionnière dans un domaine particulièrement délicat : la lutte contre le terrorisme fondamentaliste.

C'est une façon également, pour le gouvernement, d'expliquer que la « défense des droits de l'homme » passe parfois par la répression…

●●● *Pour en savoir plus, vous pouvez consulter aussi notre Chronologie p. 274.* ●

mément à la Constitution, son Premier ministre, Zine el-Abidine Ben Ali, le remplace à la tête de l'État.

S'ouvre alors une période de **libéralisation** : le nouveau président supprime la présidence de la République à vie, limite à deux fois le renouvellement du mandat présidentiel et autorise le multipartisme. Il renforce encore le Code du statut personnel *(p. 33)* et rend la scolarité obligatoire pour tous les enfants de 6 à 16 ans. Le taux d'alphabétisation des adultes est actuellement supérieur à 75 % (16 % en 1960).

En 1989, Ben Ali sort vainqueur des **élections présidentielles et législatives** anticipées alors que 20 % des voix sont allées aux partis de l'opposition légale, dont des listes « indépendantes » comportant de nombreux islamistes. Devant ce péril, le gouvernement du président réagit avec vigueur, mais l'arrestation d'un certain nombre d'intellectuels indépendants jette le discrédit sur son action. Réélu en 1994, puis en 1999 avec des scores frôlant les 100 %, Ben Ali prépare en 2002 une nouvelle **réforme constitutionnelle**, approuvée par 99 % des électeurs, qui prévoit le renouvellement sans limites des candidatures à la présidence et repousse de 70 à 75 ans l'âge maximum des postulants. Elle accorde en outre au chef de l'État une immunité pénale pour tous les actes accomplis pendant sa présidence. Cette réforme permet au président Ben Ali d'accéder à un quatrième mandat en 2004, après avoir remporté 94,49 % des suffrages.

Dans un contexte régional marqué par l'instabilité, la Tunisie s'efforce de faire figure de havre de paix. En s'attachant à consolider les bases de sa prospérité, elle tente de garantir sa propre paix civile. Un équilibre qui demeure cependant fragile, le principal problème de la vie politique tunisienne restant l'islamisme *(voir p. ci-contre)*.

Pour lutter contre cette menace, le gouvernement a pris deux options : d'une part, l'**amélioration du niveau de vie** pour satisfaire une classe moyenne émancipée qui aspire aux biens de consommation ; d'autre part, un **contrôle étroit de la société civile**. Le régime est ainsi pris dans une attitude paradoxale : il permet le multipartisme, mais seulement avec des partis autorisés ; il autorise la Ligue tunisienne des droits de l'homme, mais fait surveiller ses principaux dirigeants. La presse n'exprime que le point de vue officiel et, dans le même temps, le pays accueille le Sommet mondial de l'information (en novembre 2005). Certains journaux étrangers sont interdits, alors que de nombreux foyers sont équipés d'antennes paraboliques. Ces atermoiements suscitent des critiques dans un pays où la population doit intégrer deux cultures parfois contradictoires. •

▲ Récolte à l'ancienne.

▶ Pressoir à olives traditionnel.
▶ Extraction de l'huile à Melitta, sur les îles Kerkennah.
▶ Scourtins utilisés pour presser la pâte d'olive, selon les méthodes artisanales.

olivier
Au pays de l'or jaune

Les Phéniciens, qui fondèrent Carthage au IXe s. av. J.-C., introduisirent la culture de l'olivier, développée par la suite à grande échelle des Romains jusqu'à nos jours.

La culture délicate d'un arbre centenaire

Cette arboriculture, qui couvre le tiers des terres cultivées du pays, exige des soins attentifs. Les arbres se contentent d'un sol pauvre à condition qu'ils soient assez espacés pour que leurs racines puisent suffisamment d'eau. La terre est retournée au printemps et à l'automne pour éliminer les mauvaises herbes qui consommeraient de l'eau : ainsi ameublie, elle fixe l'humidité de l'air. Les oliviers sont taillés pour éviter un excès de feuillage et d'évaporation, renforcer le tronc et élargir la frondaison. Au siècle dernier, une expression courante disait qu'il fallait trois générations pour cultiver un olivier. Les progrès de la recherche permettent aujourd'hui d'améliorer les rendements. Cependant, l'olivier reste un arbre centenaire, avec une période improductive de sept années après la plantation pendant lesquelles l'arbre se développe. La floraison s'étend d'avril à juin selon les régions. Elle est très éphémère et dure deux à trois semaines seulement. La période de maturation du fruit, pendant l'été, s'appelle la « nouaison ».

Récolte à l'ancienne

Fin septembre commence la récolte des olives précoces et vertes, destinées à la saumure. Ensuite, les olives tournent au violet puis au noir (véraison). Elles sont, dans leur grande majorité, transformées en huile entre novembre et décembre. Dans les grandes exploitations mécanisées, la récolte se fait avec des vibreurs électriques qui font tomber les fruits sur d'immenses filets de nylon.

Mais la méthode ancienne, par gaulage, reste fréquente. On aperçoit alors, au milieu des champs, les teintes vives des robes des femmes ; perchées sur une échelle, un peigne à la main, elles brossent les arbres pour faire tomber les fruits. Cette méthode reste la plus efficace en Tunisie, où les oliviers anciens, aux troncs noueux, ne se prêtent pas à l'utilisation de machines.

De l'olivier à l'huile d'olive

L'huile d'olive est naturelle : elle ne reçoit aucun additif ni conservateur. Les fruits récoltés sont broyés jusqu'à obtention d'une pâte homogène qui est pressée. L'huile s'écoule dans une centrifugeuse où elle est séparée du fruit : il ne reste plus qu'à la filtrer.

Le liquide issu de la première pression est appelé « huile d'olive vierge » ; son taux d'acide oléique n'est que de 2 %. Lorsque le taux d'acide oléique n'est que de 1 %, elle reçoit la qualification d'« extra-vierge ».

Les autres huiles d'olive, extraites de pressions successives, ne reçoivent aucune appellation. L'arôme de l'huile varie selon la région de production et dépend de facteurs aussi divers que le sol, le climat, l'âge de l'olivier, etc.

Le moulin à huile

Le principe de l'extraction de l'huile d'olive n'a pas varié depuis l'Antiquité. Le site antique de Sbeïtla (*p. 170*) a conservé les vestiges de plusieurs huileries, avec leur meule de pierre.

Aujourd'hui encore, dans les régions d'oliveraies, il existe des petits moulins artisanaux où chaque producteur apporte sa récolte et obtient son huile pour la consommation familiale. La pâte d'olive étant très résistante à la pression, on la divise en parts de quelques kilos que l'on pose sur des scourtins, plateaux circulaires tressés, superposés les uns sur les autres. Ils sont ensuite écrasés sous un pressoir à vis. ●

Une Tunisie moderne et modérée

▲ En Tunisie, l'école est obligatoire jusqu'à 16 ans, pour les filles comme pour les garçons.

Étonnant mélange que la société tunisienne d'aujourd'hui. Dans la capitale et les grandes villes, on vit à un rythme très occidental : cafés et restaurants sont remplis d'une jeunesse à l'allure branchée, à la pointe de la mode. Téléphones portables et Internet sont répandus jusque dans les coins les plus reculés du pays. Mais le respect des traditions ancestrales et de la religion demeure vivace dans la population, désormais à 65 % urbanisée et à 99 % scolarisée. Si l'État n'impose ni les lois fondamentales islamiques ni la charia – la loi canonique de l'islam qui fixe les règles du culte ainsi que diverses prescriptions relatives aux conduites humaines –, une large majorité de la population observe néanmoins les pratiques religieuses : la prière (*salat*), le jeûne (*saoum*) du mois de ramadan, la circoncision, les purifications ou ablutions, l'interdiction de manger certains aliments comme le porc. Mais si l'interdiction de boire de l'alcool est respectée par une partie de la population, bières et vins locaux trouvent toutefois sur le territoire un solide marché.

UN AVENIR AU FÉMININ

La femme a souvent occupé une place privilégiée dans l'histoire de la Tunisie : depuis Carthage, fondée par une femme, Didon (Élissa), en passant par la conquête arabe et la révolte de la Kahena et jusqu'à l'institution dans Kairouan, première capitale de l'islam en terre africaine, du contrat de mariage kairouanais qui permettait à l'épouse d'imposer la monogamie.

Dès l'indépendance, la Tunisie s'est engagée dans la voie de la modernité avec la promulgation, sous l'impulsion du président Bourguiba, du **Code du statut personnel** (CSP) le 13 août 1956, code amendé et renforcé en 1992 par le président Ben Ali et changeant notablement le statut de la femme. Les Tunisiennes sont les citoyennes du monde arabe les mieux représentées politiquement. Elles bénéficient aussi de conditions de vie plus « faciles » que dans les autres pays musulmans. La polygamie est interdite et l'âge minimum du mariage est fixé à 17 ans. La femme ne doit plus obéissance à son mari comme c'est l'usage dans la religion musulmane ; les époux se doivent désormais le « respect mutuel » et les époux divorcés sont égaux en droit.

La **scolarisation** a contribué à cette mutation qui fait qu'aujourd'hui le rôle des femmes dans l'économie tunisienne est prépondérant. Les classes sont mixtes et l'enseignement y est bilingue, arabe et français, dès la troisième année de l'école primaire. Dans ce pays où la classe moyenne est importante, nombreuses sont les jeunes filles qui poursuivent des études supérieures puis occupent des emplois d'institutrices, de médecins ou de cadres. Plus de 5 000 femmes sont chefs d'entreprise. Cette émancipation a aussi été largement favorisée par l'instauration, dès le début des années 1960, d'une politique de planning familial qui a très vite porté ses fruits. Le taux de fécondité des Tunisiennes est aujourd'hui, avec 1,9 enfant par femme, le plus faible du monde arabe et 75 % d'entre elles utilisent une méthode contraceptive.

UN ISLAM MODÉRÉ

La Tunisie « est une République libre, indépendante, souveraine dont la religion est l'islam ». Elle « garantit la dignité de l'individu et la liberté de conscience, et protège le libre exercice des cultes ». La **Constitution** marque ainsi la séparation entre vie civile et vie religieuse. Cette orientation moderniste donne le ton d'une situation sociale tunisienne qui laisse l'individu libre de pratiquer sa foi comme il l'entend.

À la fin des années 1950, lorsque le président Bourguiba, au cours d'un discours prononcé en période de ramadan, but un verre de jus d'orange, il entendait non seulement appuyer les réformes qu'il préconisait à propos du jeûne rituel, mais également préciser le **principe libéral** devant régler les rapports entre religion et société. Malgré cela, le mois de ramadan, durant lequel les fidèles ne peuvent assouvir aucun appétit du lever au coucher du soleil, continue à mar-

Fête de la Femme

Le 13 août est un jour férié particulier en Tunisie : c'est la fête de la Femme, instituée pour célébrer l'instauration du Code du statut personnel (CSP) le 13 août 1956.

La Constitution garantit l'interdiction de la polygamie, contre laquelle le président Bourguiba s'est longtemps battu. La singularité du CSP tient au fait que, contrairement aux autres pays musulmans, les femmes sont libres d'avorter et de divorcer. Elles peuvent transmettre leur nationalité à leurs enfants et doivent donner leur consentement au mariage d'un enfant mineur.

Seule ombre au tableau : les hommes et les femmes n'ont pas les mêmes droits en matière d'héritage, une femme n'obtiendra ainsi que la moitié de la part de son frère.

Présence féminine

La femme est largement représentée dans la vie économique et sociale. Il n'est pas rare de voir des femmes policiers ou agents de la circulation, chauffeurs de bus ou de taxis.

Quelques chiffres en vrac : 11 % des parlementaires sont des femmes, ainsi que 33 % des médecins, 66 % des pharmaciens, 24 % des magistrats, 34 % des journalistes et 55 % des étudiants.

98 % de musulmans

Les musulmans représentent près de 98 % de la population. Il s'agit de sunnites (l'orthodoxie musulmane) adeptes du rite malékite implanté en Afrique du Nord : le musulman, ou *muslim*, est « celui qui remet son âme à Allah » ; il fonde sa morale sur l'Écriture (ou Coran) et la Tradition (ou Hadith) et observe les lois de la coutume (ou sunna).

Quelques familles d'origine turque sont de rite hanéfite, plus souple, tandis que l'île de Djerba compte un grand nombre d'adeptes du kharijisme, qui est une interprétation puritaine de l'islam. ●

quer profondément le style de la vie sociale. Probablement parce que ce rituel islamique est, pour les croyants, l'une des expressions de leur conscience collective.

L'appel du muezzin, porté cinq fois par jour par des haut-parleurs, semble régler l'ordonnance des journées sans imprégner pour autant d'une ambiance rigoriste les événements de la vie quotidienne. On assiste toutefois, depuis quelques années, à un **renouveau religieux**: les mosquées ont poussé en grand nombre à travers le pays et connaissent une forte affluence lors de la prière du vendredi comme durant tout le mois de ramadan. Les femmes, jusque-là plutôt absentes des lieux de prière, sont de plus en plus nombreuses à les fréquenter et le voile a fait un retour en force dans le pays.

▲ La mosquée, où les croyants se rendent nombreux le vendredi, surprend souvent par sa nudité. Ci-dessus: la Grande Mosquée de Sousse, aux allures de forteresse.

Dans l'ensemble, la population entretient avec la religion des rapports assez souples, n'hésitant pas à mêler croyances traditionnelles et faits religieux. La Tunisie se singularise par rapport au monde arabe en pratiquant une coexistence pacifique avec sa communauté juive, aujourd'hui réduite à moins d'un millier d'individus, vivant pour la plupart à Djerba où se trouve la synagogue de la Ghriba, haut lieu de pèlerinage du judaïsme. L'ensemble des communautés juive et chrétienne représente moins de 2% de la population. ●

▲ Sur l'estrade blanche, située dans la cour de la mosquée de Kairouan, le cadran solaire donnait l'heure de la prière quotidienne.

religion
Musulmans de Tunisie

Fondé sur le Coran, l'islam est la troisième religion monothéiste, après le judaïsme et le christianisme, «révélée» au VIIe s. au dernier des prophètes, Mahomet (ou Mohammed). Ignorant tout médiateur humain et privée de sacrements religieux, elle ne possède pas de clergé. Seuls des dévots, fidèles à la Loi et à la pratique religieuse, ont pour mission de diriger la prière.

Le Coran

Al-Quran, c'est «la Proclamation», «la Récitation» du prophète (570 ?-632), qui retransmettait à ses fidèles les paroles inspirées par Allah. Le Coran est en effet la révélation faite par l'ange Gabriel à Mahomet dans une grotte du mont Hira, à quelques kilomètres de La Mecque. Vers l'an 650, le calife Othman fit établir une rédaction définitive du Livre, qui confère à la langue arabe un prestige inégalable. Source de la morale et du droit, la connaissance du Coran est la base de l'éducation musulmane traditionnelle.

Les cinq piliers de l'islam

Les règles fondamentales que doit respecter tout musulman sont au nombre de cinq:

- **la profession de foi** *(chahada)* qui affirme la croyance en un seul Dieu et en Mahomet son prophète;
- **la prière** *(salat)*, cinq fois par jour, précédée d'ablutions purificatrices. Le croyant prie tourné vers La Mecque. La prière du vendredi à midi est collective et réunit les croyants à la mosquée. La généralisation des haut-parleurs permet d'entendre le prêche jusque dans les rues et sur les terrasses des maisons;
- **le jeûne** *(saoum)*, observé pendant le mois de ramadan, 9e mois du calendrier de l'hégire. Les musulmans pubères doivent alors s'abstenir de boire, de manger, de fumer et d'avoir des relations sexuelles du lever au coucher du soleil. Le soir venu, une sirène puis l'appel du muezzin annoncent la rupture du jeûne et le repas se prolonge tard dans la nuit. La fin du ramadan est marquée par l'Aïd es-Seghir («petite fête»), jour de grâce et de pardon;
- **le pèlerinage à La Mecque** *(haj)* doit être accompli au moins une fois dans sa vie par celui qui en a les moyens. La tradition locale veut que sept pèlerinages à la ville sainte de Kairouan valent un pèlerinage à La Mecque. Le pèlerin peut alors se faire appeler *haj*;
- **l'aumône** *(zakat)*: le croyant doit assistance au pauvre, en argent ou en nature.

Le ramadan

Le mois saint revêt en Tunisie une importance capitale. Si dans d'autres pays musulmans ce sont les cinq prières quotidiennes ou le pèlerinage à La Mecque qui font un bon musulman, en Tunisie, c'est pendant le mois de ramadan que l'on retrouve sa foi et le chemin de la mosquée.

Le rythme quotidien change du tout au tout. Les horaires s'adaptent à l'heure de la rupture du jeûne. La façon de vivre s'inverse: les journées sont mornes et les soirs festifs. Les rues sont animées jusque tard dans la nuit. Les cafés et les boutiques ne désemplissent pas. Toutes les conversations tournent autour de la nourriture: «Quel est ton menu ce soir?» devient le leitmotiv des Tunisiens.

Le menu typique se compose invariablement de la façon suivante: pour commencer, un brick et une soupe (la chorba), suivis par un ou deux plats principaux, des salades et des fruits. Puis une farandole de petits gâteaux, préparés uniquement pendant le ramadan.

●●● *Pour en savoir plus, voir Gourmandises en fête p. 48.* ●

Farandole de saveurs

▲ Le séchage des piments, dans la région de Kairouan.

Issue de traditions orientales, maghrébines et méditerranéennes, la cuisine tunisienne, riche en épices, en huile d'olive et en sucre, est un singulier mélange de saveurs. Faire son marché en Tunisie est une fête de couleurs et de parfums… Il faut prendre le temps de s'arrêter devant chaque commerce ; ces instants précieux participent aussi de la découverte du pays.

Rares sont les restaurants (dont les jours de fermeture sont aléatoires) qui proposent une gastronomie exclusivement locale, celle-ci étant réservée à l'intimité de la maison. Il est même souvent difficile de se

Farandole de saveurs

voir proposer un couscous, pourtant plat national. La touche tunisienne est toutefois partout présente à travers les épices, la harissa ou la façon d'accommoder les plats. C'est plutôt dans les gargotes que vous dégusterez des *lablabis* (soupe épicée à base de pois chiches), des **bricks** faits à la main ou des plats typiques. Sans oublier les sandwichs au thon – meilleurs avec le *khobz tabouna (p. 40)* – servis avec des salades variées. Les restaurants haut de gamme vous proposeront poissons, fruits de mer et crustacés. Depuis quelques années, une nouvelle catégorie d'établissements de standing voit le jour dans tout le pays : des demeures traditionnelles magnifiquement restaurées qui offrent enfin de la gastronomie bourgeoise tunisienne. Si vous êtes invité, ne soyez pas surpris par le nombre de plats proposés : les entrées, comme les plats et les desserts, se comptent plutôt par deux ou trois, et il est bienséant de goûter à tout. Une sorte de menu dégustation !

Les entrées

À peine assis au restaurant, on vous apportera une assiette de harissa recouverte d'huile d'olive dans laquelle vous n'hésiterez pas à tremper votre pain. Suivent souvent de nombreux petits plats avec des salades variées et des **doigts de Fatma**, petits roulés de feuille de brick farcis au fromage.

Le **brick** est le roi des entrées : c'est une pâte feuilletée à l'eau, d'une préparation délicate, la *malsouqa*, qui sert de base à la recette : on y enveloppe un œuf cru et on fait frire quelques instants. On peut y ajouter du thon ou de la viande, des crevettes ou des fruits de mer. C'est savoureux, moelleux et croquant tout à la fois.

Autres entrées typiques : la salade *méchouia*, composée de tomates, de piments grillés au charbon de bois, d'ail et d'oignons, le tout finement coupé en petits dés avant d'être arrosé d'huile et de citron ; et la *ojja*, sorte d'œufs brouillés avec de l'ail, des poivrons, des tomates et de la harissa, parfois additionnés de boulettes de viande ou de crevettes.

Les plats de résistance

Le plat vedette national est bien entendu le **couscous**, accommodé à l'agneau, au poulet, au poisson ou tout simplement aux légumes. Le couscous est une spécialité nord-africaine. En Tunisie, chaque région produit le sien, avec ses morceaux de choix, ses ingrédients et ses saveurs particulières.

Mouton et poisson constituent la base de la cuisine tunisienne. Le **poisson**, très apprécié dans ce pays de pêche, est souvent servi en «complet poisson», c'est-à-dire accompagné d'une *testira*, mélange d'œufs, de tomates et de piments frits coupés en petits dés.

Le mouton est grillé, au four ou en sauce. Le *koucha* («four», en arabe) est une épaule d'agneau rôtie au four avec des piments et des pommes de terre. Le *mirmiz* est un ragoût de mouton, mijoté avec des haricots blancs et servi avec une sauce piquante.

Quant au *méchoui*, il ne ressemblera pas à celui de votre imagination : ce mot signifie tout simplement «grillé» en arabe et, au lieu d'une belle pièce d'agneau rôtie dans son jus, vous découvrirez le plus souvent une excellente côtelette saisie au feu de bois. La *kamounia* est composée de morceaux de bœuf et de foie, ou de seiches, mêlés à une sauce épaisse au cumin.

La *chakchouka*, sorte de ratatouille à base de tomates et de poivrons, surmontée d'un œuf poché ou mélangée à un œuf brouillé, doit sa saveur aux épices (cumin et coriandre). Le *tajine*, sans rapport

▶ Vente d'épices sur un marché à Kairouan.

avec celui qu'on prépare au Maroc, est, en Tunisie, un genre de soufflé ou de flan à base d'œufs où se mêlent viande et légumes coupés menu et aromatisés, le tout relevé de fromage et de poivre puis gratiné au four. Le plus fin est préparé avec de la cervelle. Le *tajine malsouka* est entouré d'une feuille de brick.

DOUCEURS SUCRÉES

La plupart du temps réalisées à base de miel, les **pâtisseries** *(p. 48)* incorporent à leur pâte sablée ou croquante des amandes, des noisettes, des pistaches ou des dattes.

Parmi les spécialités locales les plus courantes, citons le *baklava*, d'origine turque, pâte feuilletée fourrée de noisettes et arrosée d'un sirop de miel; le *makhroud*, semoule fourrée aux dattes; le

La ronde des pains

Les pains sont très variés, surtout dans le Nord, grenier à blé du pays : *khobz ghannai*, galette au levain cuite dans un plat en terre ; *khobz chiir*, pain d'orge de Raf-Raf ; *m'besses* à l'huile ; *khobz tabouna*, galette cuite dans un four en terre, connue depuis la période punique ; *khobz kamh*, pain au blé complet ; *khobz ktania* au maïs, etc.

Coquillages et crustacés

Les coquillages et les crustacés abondent dans les eaux tunisiennes. Ils sont frais, légers et savoureux. Les crevettes royales, aussi grosses que des langoustines, ont une chair moelleuse et très parfumée. Elles sont servies, de même que la langouste (onéreuse comme partout), pochées et citronnées, ou accompagnées d'une mayonnaise, ou encore grillées, mais également à la mode des îles Kerkennah, c'est-à-dire cuites dans une sauce à base de tomates. Moules, clovisses et calamars sont aussi de la fête. Les huîtres du lac de Bizerte sont excellentes. Quant aux poissons, qui viennent le plus souvent d'être pêchés, vous les dégusterez grillés, au four ou, plus original, en couscous : celui au mérou est un délice ! Poissons les plus courants : rougets, loups, dorades, mulets et mérous.

Les épices

La cuisine tunisienne est «rouge», c'est-à-dire à base de concentré de tomates. Mais ce sont surtout les épices qui constituent l'assaisonnement. Piment, cumin, coriandre et carvi parfument salades, potages et ragoûts. Le poulet et l'agneau auront droit à quelques fils de safran et à une pincée de curcuma. Cannelle, girofle et cubèbe relèvent parfois le goût de plats plus élaborés. ●

Une recette : tajine malsouka

Une recette de l'excellent restaurant Dar el-Jeld, à Tunis *(p. 224)*.

Ingrédients pour 4 personnes : 450 g de viande d'agneau, 100 g de gruyère râpé, 5 œufs durs, 3 œufs crus, 2 oignons râpés, 1 verre d'huile, 6 feuilles de brick, 50 g de beurre, 1 citron, quelques brins de persil, sel, poivre et safran.

Couper la viande en dés, l'assaisonner de sel, de poivre et de safran puis la faire revenir dans une casserole avec l'huile et les oignons. Couvrir de 2 verres d'eau et faire cuire à feu fort. Une fois la viande bien cuite et l'eau réduite, sortir du feu et séparer le jus.

Prendre un moule du même diamètre que les feuilles de brick, le beurrer et y placer 2 feuilles superposées. Verser la viande mélangée aux œufs battus en omelette, au fromage et aux œufs durs coupés en dés. Recouvrir de 2 autres feuilles, arroser avec le jus de viande, ajouter encore 2 autres feuilles et arroser de nouveau. Mettre à cuire à four chaud pendant 25 min. Démouler dans un plat à servir et garnir de 4 tranches de citron et de persil.

À ramener dans vos valises

Quelques achats s'imposent : les irrésistibles petits gâteaux (les bonnes pâtisseries proposent des emballages « spécial voyage ») ; la harissa « maison », faite de piments séchés et épépinés, pilés avec de l'ail et du gros sel puis mélangés à plusieurs herbes aromatiques (coriandre, carvi, etc.) ; les dattes que vous aurez achetées dans le sud du pays ; la boukha, alcool fort à base de figues, et la thibarine, alcool sucré à base de dattes. Sans oublier l'huile d'olive, si savoureuse en Tunisie. ●

gastronomie
Gourmandises en fête

Voici, pour les gourmands, un calendrier des mœurs pâtissières liées aux grandes fêtes religieuses. Dans ce pays de sucre et de miel, l'eau de rose et la fleur d'oranger parfument tout.

Ramadan

C'est un grand moment pour l'art culinaire qui atteint alors de véritables sommets de virtuosité. «Pas de ramadan sans *bouza*» pourrait être un adage. Cette délicieuse crème à base de sorgho dans sa forme la plus simple, de noisettes dans la plus élaborée, ponctue immanquablement les soirées de ramadan où, en attendant, on fait la part belle aux *tourta*, *tarayoun*, *titma* et autres délices à base de fruits secs, pâte feuilletée et sirop de sucre qui viennent tout droit des grands-mères turques et que chaque famille met un point d'honneur à transmettre. L'Aïd es-Seghir, qui vient clore le ramadan, est le point d'orgue de cette débauche de sucreries. Les **gâteaux de l'Aïd** sont à base d'amandes, de pignons, de noisettes et de pistaches. Secs pour la plupart, ils se présentent sous de multiples formes : *câak*, *mlabess*, *baklavas*...

Ras el Am et Mouled

Ras el Am, le jour de l'An musulman, qui célèbre l'anniversaire du départ de Mahomet pour Médine, doit impérativement commencer par une sucrerie, pour que l'année soit douce. Mouled – l'anniversaire de la naissance du Prophète – se célèbre par une *assida*, délicieuse crème à base de *zgougou* (graines de pin d'Alep).

Achoura et Ziara

Même les célébrations les plus tristes sont adoucies par des sucreries. C'est ainsi que pour Achoura, la fête des morts, on prépare un entremet à base de céréales parfumées. Le quinzième jour après un décès (Ziara), on offre de la *samsa*, petit brick fourré de pâte d'amandes, ou des *breiket ahlib*, feuilletés à la crème farcis de raisins secs.

Aïd el-Khébir (le grand Aïd)

Le jour de l'Aïd, environ soixante-dix jours après la fin du ramadan, le mouton est égorgé le matin, en souvenir du sacrifice d'Abraham. Dans toutes les maisons, le repas commence par des grillades et des plats à base de mouton.

Dans les semaines qui précèdent, on croise partout dans les rues des moutons en laisse, des enfants à califourchon sur le dos des animaux, des troupeaux entiers entassés dans des camions. Chaque famille doit posséder son mouton. Alors, plus le jour de l'Aïd approche, plus les moutons atteignent des prix élevés.

••• *Voir également «Musulmans de Tunisie» p. 36, et pour les dates des fêtes religieuses voir p. 301.* •

◄ Amandes, miel, eau de rose et fleur d'oranger parfument les confiseries des jours de fête.

© Nicolas Fauque/imagesdetunisie.com

gharaïba, à base de pois chiches ; la *samsa*, petit brick farci de pâte d'amandes ou de pistaches et trempé dans le miel.

Ceux qui préfèrent les fruits auront le choix entre les **agrumes**, savoureux, les **fraises** de Ghar-el-Melh (près de Bizerte), parfumées, les **grenades** et le **raisin muscat**, agréablement sucré. Les **pastèques** géantes sont servies bien fraîches, de même que le **melon**. Les **dattes** « nouvelles » ne se consomment que vers la mi-septembre. La **figue**, verte ou violette, a la saveur du miel. La **figue de Barbarie** est le fruit charnu et sucré d'un cactus ; particulièrement savoureuse, elle est pleine de vitamines et se déguste sans faim – attention toutefois aux épines.

Thé ou café ?

Question rituelle à la fin de tout repas. Le **thé à la menthe**, servi fort et très sucré, avec quelques pignons de pin, continue d'être la boisson nationale. Il y a quelques années, tout voyageur qui pénétrait dans une échoppe se voyait offrir l'un de ces petits verres ambrés et fumants dont la dégustation permettait d'amener tranquillement les transactions sur le prix d'un objet. Aujourd'hui, le nombre de touristes pénétrant dans les souks est tel que cette charmante coutume tend un peu partout à disparaître.

On boit aussi beaucoup de **café**, à la turque, souvent parfumé de quelques gouttes de fleur d'oranger, ou à l'italienne.

Les boissons

Il vaut mieux éviter de boire l'eau en carafe, commandez plutôt une bouteille d'**eau minérale**. **Jus** d'oranges pressées, citronnades et **sirop** d'orgeat vous désaltéreront en été.

Les vignobles du nord du pays produisent des **vins** de qualité. Depuis quelques années, la production vinicole est en plein essor. Une dizaine de nouvelles appellations sont apparues, parmi lesquelles on peut retenir le **saint-augustin** et le **célian** (rouge, blanc ou rosé). Le meilleur cru rouge de Tunisie est le **vieux-magon**. La **vieille cave** se laisse boire avec plaisir. Goûtez au **muscat de Kelibia**, un vin blanc fruité un peu doux avec, les bonnes années, un parfum de jasmin. Parmi les blancs qui accompagnent bien le poisson, pensez à l'**ugni**, très léger et un peu fruité ; le **jour et nuit** est plus sec. Les prix des vins sont raisonnables, mais ils peuvent varier (du simple au triple, surtout à Tunis) selon le standing de l'établissement qui les sert. La Tunisie fabrique deux **bières** : la Celtia, la plus répandue, et la Stella. On en trouve aussi d'importation, dont les prix sont plus élevés. Les amateurs de digestifs goûteront à la **boukha**, alcool de figue, ou à une liqueur très sucrée, la **thibarine**, alcool de datte. Dans le Sud, avec un peu de chance, vous pourrez déguster du *lagmi* à base de sève de palmier, désaltérant s'il est servi dès qu'il est recueilli, mais qui devient légèrement alcoolisé après fermentation. ●

Coutumes tunisiennes

▲ Le jour de leur mariage, les jeunes filles d'aujourd'hui revêtent encore de somptueux costumes traditionnels.

Les Tunisiens, malgré les attraits de la modernité, continuent à cultiver un art de vivre fondamentalement ancré dans leurs racines. Les traditions sont respectées et souvent adaptées à notre époque. Quel que soit le milieu social, les coutumes resurgissent dès qu'il est question de cérémonies rituelles.

Les grands moments de la vie

Ainsi, en Tunisie, la naissance et la mort, la fête et le deuil sont soigneusement codifiés et relèvent de tout un corps de rites et de traditions que la modernité n'a pas su, ou n'a pas voulu, contourner.

Coutumes tunisiennes | 45

zrir, délicieuse confiture de pistache, de noisette ou de sésame qu'aucune dragée au monde n'a jamais réussi à détrôner.

LA CIRCONCISION

Plus tard, quand le petit garçon sera en âge – et forcément un âge impair : trois, cinq ou sept ans –, la circoncision aura lieu. Réalisée autrefois par un *tabar* (une espèce de barbier arracheur de dents), elle est de nos jours souvent confiée à un chirurgien. Le petit garçon, comblé de jouets, porte pour la circonstance un costume traditionnel en miniature auquel rien ne manque, ni la djellaba, ni le saroual, ni surtout la chéchia.

LE MARIAGE

En revanche, lors du mariage, c'est autour de la jeune fille que se focalisent toutes les attentions.

● **La cérémonie du henné**. Au hammam, seule une femme au destin faste sera autorisée à appliquer la pâte odorante sur la main de la fiancée.

● **La signature du contrat**. La mariée, recouverte d'un burnous – signe de protection –, couverte de perles – symbole de prospérité –, une bougie allumée devant elle – qui éclairera sa route –, se regarde dans un miroir où elle se verra toujours aussi belle. À cette occasion, elle croque un morceau de sucre, pour que ses paroles soient de miel, et trempe son doigt dans l'huile, pour que son avenir soit fertile.

● **Le mariage**. La mère de la future mariée, attentive, lui recommandera de bien écraser le pied de son époux pour être sûre de diriger son ménage.

LA MORT

On mettra autant de soin à préparer « l'autre vie ». Miroirs voilés – pour ne pas voir la mort –, on veillera le défunt trois jours durant : ceux qui auront passé la première

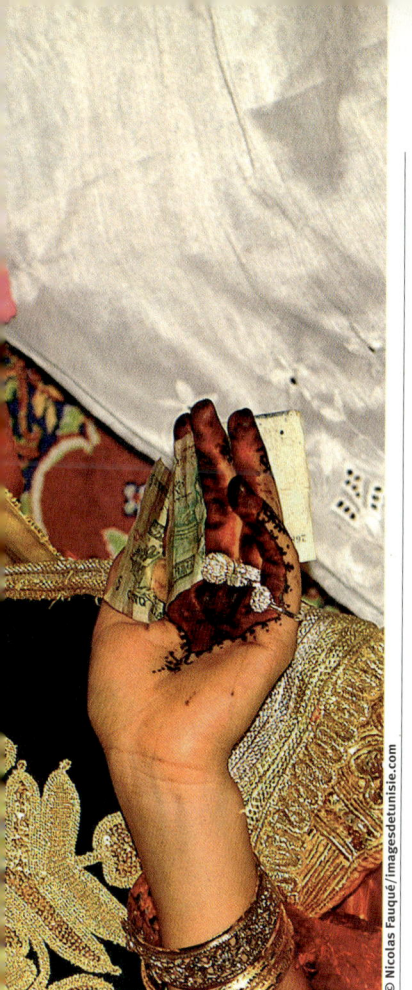

LA NAISSANCE

Fille ou garçon, cela fait déjà la différence et l'heureuse mère d'un garçon sera certainement plus honorée que la « faiseuse de fille ». Le bébé et son berceau sont couverts de signes prophylactiques – poisson, piment de corail, cauri ou scarabée – et la maman évitera de l'allaiter en public de crainte de voir son lait asséché par le mauvais œil. Pour mettre toutes les chances de son côté, on déposera sur le bout de la langue du nouveau-né un mélange de miel et de cumin, *assel ou camoun*, expression qui signifie en tunisien « charme et grâce ». Et les visiteurs venus féliciter les parents se verront offrir le traditionnel

Le henné

Spécialité de Gabès (p. 186), c'est une poudre obtenue à partir des feuilles et de l'écorce d'un arbuste originaire de la péninsule arabique. Diluée dans de l'eau, elle se transforme en pâte verdâtre utilisée pour teindre en roux les cheveux ou la barbe, décorer les mains, les lèvres et les pieds. Le henné est utilisé lors des mariages pour orner la paume des mains et la plante des pieds de la jeune mariée : l'une des soirées précédant la noce est consacrée à ces préparatifs et les jeunes filles invitées se dessinent un cercle sur la paume de la main droite. Ce symbole de fertilité est parfois appliqué sur le petit doigt du circoncis. Il s'emploie aussi comme remède pour soigner la peau, les maux de tête ou de ventre.

La main de Fatma

La *khomsa* (« cinq », en arabe, chiffre porte-bonheur), qui se présente sous la forme d'une main ouverte, est réputée éloigner le mauvais œil. Figuration de la main de Baal sur les stèles carthaginoises, elle rappelle aussi les cinq actes fondamentaux de la foi (p. 37). On la porte en bijoux, mais on la trouve aussi sur le berceau du nouveau-né, le trousseau de la mariée ou les portes des maisons.

Usages

À table, les usages sont les mêmes qu'en France. Il est très rare que l'on serve un repas sans couverts. Si cela se produisait, sachez que vous ne devez utiliser que les trois premiers doigts de la main droite pour porter la nourriture à votre bouche. Si vous êtes invité dans une famille, conformez-vous à l'attitude de vos hôtes et retirez vos chaussures à l'entrée de la maison si eux-mêmes le font. Mais ces traditions se perdent… ●

◀ Fabrication des chéchias dans le souk ech-Chaouachiya, à Tunis.

nuit devront impérativement rester jusqu'au *fark*, cérémonie de séparation célébrée le troisième jour du décès. Les amis et la famille se chargeront d'apporter les repas. On n'allumera pas de feu dans la demeure, mais on n'oubliera pas d'éclairer d'une bougie la chambre du défunt quarante jours durant. Le quarantième jour sera l'occasion de réunir tous les proches autour d'un grand repas pour faire ainsi, dans la convivialité, définitivement son deuil.

Les vêtements traditionnels

Les fêtes sont l'occasion de se vêtir du costume traditionnel, souvent d'une exceptionnelle richesse, et agrémenté, pour les vêtements féminins, de bijoux raffinés. Chaque région, chaque ville possède ses particularités. On les reconnaît à leurs couleurs ou à leurs broderies, à leurs tissus ou à leurs coupes. Des musées des Arts et Traditions populaires, présents dans de nombreuses villes du pays, exposent de magnifiques pièces, témoins des traditions d'antan. Petit lexique des attributs vestimentaires les plus courants :

● **Burnous**. Large cape en laine (traditionnellement en poil de chameau) avec une capuche, portée par les hommes.

● **Chéchia**. Bonnet en tricot foulé de couleur rouge dont la confection nécessite environ douze personnes. Cette coiffe masculine, apparue au XVIIe s. en Tunisie, connaît un regain d'intérêt, et l'on trouve même aujourd'hui des chéchias dessinées pour les femmes !

● **Fouta et blousa**. Ensemble formé par un bustier assez décolleté, porté sur une tunique paréo, dite *fouta*, froncée à la taille et croisée, elle-même portée sur un *mizou* (pantalon large).

● **Jebba**. Large tunique sans manches, en laine ou en coton, portée par les hommes. Ses motifs brodés bordant l'encolure indiquaient autrefois la raison sociale de celui qui la portait, mais aujourd'hui, dans les villes, les *jebbas* tendent à être remplacées par des vêtements européens. La *jebba* en lin blanc continue cependant d'être appréciée l'été, pour sa fraîcheur. Et lors des grandes cérémonies officielles, les hommes rivalisent encore d'élégance dans leurs *jebbas*, souvent en soie.

● **Malya**. Toge d'influence romaine, portée par les femmes dans les campagnes. Cette longue pièce de tissu drapée est retenue à la taille par une ceinture *(hizam)* et sur les épaules par deux fibules *(khelala)* en argent. Chaque région se distingue par ses motifs et ses teintes.

● **Safsari**. Voile blanc en rayonne, en coton, en soie, que les citadines portent par-dessus leurs vêtements. La richesse du tissage constituait autrefois une distinction de classe.

●●● *Voir également notre rubrique Petit dictionnaire p. 289.* ●

art de vivre

hammam
Secrets de beauté

Partout dans le pays, vous verrez les entrées discrètes des bains publics. Hérité des thermes romains de l'Antiquité, le hammam, encore appelé «bain turc» ou «bain maure», est bien plus qu'un simple lieu d'hygiène. Il véhicule une symbolique, une tradition et des rituels toujours respectés. Les hommes s'y rendent avant d'aller à la mosquée, pour y faire leurs ablutions et prendre le pouls de la cité : c'est là que s'échangent nouvelles et rumeurs.

Le salon où l'on cause

Aux temps où les femmes ne sortaient pas, le hammam était un lieu de socialisation où elles se rendaient avec les jeunes enfants. Aujourd'hui encore, c'est l'occasion de se détendre, de soigner sa peau et sa chevelure, d'échanger conseils de beauté ou secrets de famille. C'est là que se célèbrent tous les grands événements de la vie : cérémonie du henné *(p. 45)* pour la future mariée, purification pour la jeune mère après l'accouchement, détente pour les petits garçons avant la circoncision.

Secrets de femmes

Trois salles, dont la température varie du très chaud au chaud, puis au tiède, rythment le temps dans une pénombre délassante. Dans la première, on laisse la chaleur assouplir la peau. Dans la deuxième, d'une température plus supportable, on peut se faire masser et frictionner à l'aide d'un gant exfoliant *(kassa)*. Pour les peaux délicates, une application de *tfal*, argile smectique mélangée à des extraits de plantes aromatiques, est préférable. On peut aussi l'appliquer sur la chevelure pour la rendre soyeuse, ou préférer le henné, cette pâte qui nourrit les cheveux et les teint en rouge foncé *(p. 46)*, ou encore la *mardouma* (mélange d'herbes et de pierre pilée qui rend les cheveux très noirs). C'est également dans cette pièce que les femmes s'épilent les jambes. La dernière salle est tiède : on se repose, on se rince avec de l'eau fraîche, puis on se sèche avec une *fouta* (serviette de toilette) de coton. On en sort entièrement détendu, avec l'agréable sensation d'avoir fait peau neuve.

Irrésistibles charmes de l'Orient

La Tunisie a su préserver ses hammams mais, pour se mettre au goût du jour, elle a développé dans les hôtels des centres de bien-être et des Spa. Conçus autour du concept de hammam, ce sont des lieux de détente et de volupté où les massages sont effectués avec des produits traditionnels ou des huiles essentielles. Le corps se délasse, l'esprit s'évade, on se laisse bercer et envoûter par la chaleur qui caractérise les hammams. ●

© Nicolas Fauqué/imagesdetunisie.com

◄ Vous repérerez les entrées de hammam au gré de vos promenades dans les ruelles des médinas. Ici, à Hammamet.

Lieux de vie, à l'abri des regards...

En ville, comme dans les campagnes, l'habitat reflète le principe d'intimité dicté par la loi islamique. Les lieux de vie sont clos et protègent l'individu des regards indiscrets.

▲ À Houmt-Souk, les ruelles tortueuses de la médina cachent encore les portes monumentales d'anciens *foundouks* (p. 178).

Dans les villes, la médina, « le lieu où l'on instruit la foi »

La médina désigne la ville arabe traditionnelle. Elle est entourée de remparts en pisé, percés de portes, les *bab*, autrefois fermées par de lourds vantaux la nuit et le vendredi durant la prière.

Pendant longtemps les voyageurs ne purent avoir accès qu'aux ruelles tortueuses, aux lieux publics et aux maisons, les monuments religieux (mosquées, médersas), les fondouks et les palais, splendides, leur étant interdits. Leurs récits ne décrivent que l'aspect extérieur de ces édifices, notamment les portes d'entrée, dont les encadrements de marbre ou de calcaire et les vantaux cloutés frappent par leur beauté.

Dominant la cité s'élève la kasbah, ancienne citadelle du souverain (par extension, ce terme désigne aussi le quartier qui la cerne) qui contribuait à la défense de la ville.

Les souks

Les commerçants de la médina sont regroupés en corporations gérées par l'amine (le chef de la corporation). Chaque souk, affecté à la production d'un article, est formé d'une allée centrale couverte de voûtes en briques et bordée de boutiques. Cette organisation sociale est une innovation de l'urbanisme musulman. Le quartier commercial, central et cossu, était jalousement fermé par de lourdes portes. Les commerçants pouvaient ainsi travailler sereinement.

On retrouve aussi dans la médina le souvenir de regroupements par origines : Turcs, Andalous chrétiens et juifs occupaient en effet des parties distinctes de la vieille ville.

Les souks « nobles » occupent le pourtour de la Grande Mosquée, tandis que les métiers polluants (forgerons, teinturiers…) sont rejetés en périphérie de la ville.

La Grande Mosquée, le phare de la médina

Au centre de l'enchevêtrement des ruelles de la médina se dresse la Grande Mosquée – celle du vendredi –, le cœur de la vie religieuse et sociale de toute ville musulmane.

▶ Porte d'entrée d'une maison troglodytique à Matmata.

Monument généralement carré, surmonté d'un ou de plusieurs dômes, pourvu en son cœur d'un minaret, la mosquée est le sanctuaire de l'islam. Toujours orientée vers La Mecque, dont la direction est signalée par le *mihrab*, sorte de niche voûtée vers laquelle les croyants se tournent pour prier, elle est délimitée par une enceinte.

Souvent richement décoré de céramiques, lustres et marbrures, cet édifice religieux surprend en revanche par sa nudité. Son seul mobilier : les tapis sur lesquels les fidèles s'agenouillent pour prier.

Les croyants s'y rendent au moins une fois par semaine, le vendredi. Sinon, les mosquées secondaires, celles de tous les jours, se rencontrent essentiellement dans les quartiers résidentiels.

●●● *Pour en savoir plus, voir Musulmans de Tunisie p. 36.*

La maison, au cœur de l'intime

Groupées autour de la mosquée, le dos tourné à la rue et ses nuisances, les maisons traditionnelles sont l'âme des villes arabes. Fermées sur l'extérieur et ouvertes sur le ciel, leur plan traduit une recherche d'intimité.

Héritière de la villa romaine, la maison se présente comme une construction aux façades aveugles, avec une entrée en chicane *(la skifa)* et des pièces périphériques réparties autour d'une cour centrale *(wast al-dar)*. Seule une porte peinte, surmontée d'un linteau sculpté, la signale de l'extérieur.

Au rez-de-chaussée, autour du patio, se trouvent les services, cui-

Un marché pas vraiment comme les autres

C'est dans les souks que vous ferez vos plus belles trouvailles. Les échoppes sont organisées autour d'allées centrales plus ou moins couvertes, souvent ponctuées d'arcades.

Artisans et commerçants se regroupent par corps de métier et l'on change d'atmosphère d'une ruelle à l'autre : des parfums aux bijoux, du souk des Chéchias à celui des Tanneurs... Mais le souk est avant tout un marché et chaque ville et chaque village ont leur jour de marché. Autrefois, les villages portaient d'ailleurs le nom de ce jour : ainsi Jendouba s'appelait Souke-larba, souk du Mercredi. Ce jour-là, paysans et artisans viennent de toute la région vendre leurs produits. Très colorés, ce sont aussi des lieux de rencontre.

L'art et la manière de marchander dans les souks

Tradition encore bien vivante, c'est un moyen de faire connaissance, de se parler et d'établir une relation plus intéressante que celle, très limitée, de client à vendeur. Les deux parties doivent y trouver leur compte.

Devant l'objet choisi, il faut se fixer une limite de prix et offrir une somme encore inférieure de façon à sembler céder du terrain au vendeur qui, de son côté, pose ses conditions financières !

Si la proposition est raisonnable, vous l'emporterez et bien des transactions se concluent devant un verre de thé.

Néanmoins, les commerçants ne descendent jamais en deçà d'un certain seuil qu'ils ont initialement fixé. Lorsque vous sentez une vraie résistance et que la discussion est bloquée, n'insistez plus ! ●

sine, réserves, etc., ainsi que les plus belles pièces. Celles-ci, en forme de T, abritent les chambres à coucher. Les lits sont nichés dans des alcôves, de chaque côté de la pièce, et le *kbou* (la partie centrale de la pièce) fait office de salle de réception. Les fenêtres sont recouvertes d'un *mashrabiyya* (ou moucharabieh, grillage de bois sculpté ou de fer forgé) ou d'un *kharraj* (grillage en fer forgé de forme arrondie vers le bas), qui permettent de voir sans être vu. Cette architecture répond à une quête d'intimité maximale.

Bouleversements de l'habitat

Le protectorat, au XIXe s., a en partie cassé ce schéma pour lui en substituer un autre. Orienté vers l'extérieur (ouvertures regardant vers le jardin et clôture ouverte sur la rue), sur le modèle européen, un type d'habitat « moderne » est progressivement adopté. L'espace privé, auparavant farouchement préservé de tout regard venant du dehors, se trouve alors davantage exposé aux mouvements de la vie publique. Deux esprits architecturaux se confrontent, symboliques de modes de vie extrêmement différents.

Si la présence française a modifié le cours politique et économique de la Tunisie, elle a également bouleversé son organisation spatiale traditionnelle, selon laquelle tous les espaces de vie, du plus petit au plus grand, s'emboîtaient les uns dans les autres.

L'agencement de l'espace urbain était créé à l'image d'une société musulmane reposant sur un respect fondamental de l'intime : aujourd'hui, on ne trouve plus ce modèle d'architecture, reflétant une manière d'être et de penser les relations humaines, que dans la médina ou, à l'extérieur de la ville, dans des lieux fortifiés, comme les *ksour* et les villages troglodytiques.

Les ksour

En Tunisie, les pistes caravanières sont jalonnées de villages d'étapes fortifiés, les ksour (ksar au singulier), généralement établis sur des sommets difficiles d'accès.

L'organisation spatiale de certains *ksour*, bâtis dans des plaines, s'apparente à celle des maisons traditionnelles de la médina : les pièces s'organisent autour d'une cour centrale servant au vannage des grains.

Les bâtiments aux murs épais sont faits de terre rouge mélangée à de la paille et du gravier, et sont parfois ornés de quelques motifs géométriques.

Les habitations, surmontées de *ghorfas*, ou greniers à grains, au toit arrondi, sont regroupées par dizaines comme les alvéoles d'une ruche. Véritables petits joyaux architecturaux, ces édifices, nombreux autour de **Tataouine** *(p. 212)*, font l'objet d'une attention toute particulière de la part de l'État.

Les villages troglodytiques

Plus au sud, l'habitat devient troglodytique. Comme les ksour, ces villages, édifiés par les Berbères jusqu'au début du XXe s., répondaient à un besoin défensif et permettaient de se protéger de températures extrêmes.

Les habitations sont creusées à l'horizontale dans le flanc de la falaise, la paroi rocheuse faisant office de façade. À l'avant, un mur de pierres sèches forme une cour qui soustrait l'habitation aux regards importuns et permet de rentrer les animaux le soir. Une *ghorfa* y est parfois adjointe.

Un autre type d'habitation troglodytique offre une variante insolite : les maisons sont creusées à la verticale dans la montagne et ordonnées autour d'une cour intérieure éclairée par un puits de jour. On peut en voir notamment à **Matmata** *(p. 211)*. •

Arts tunisiens, arts multiples

L'histoire de la peinture en Tunisie est récente. Comme l'islam interdisait la représentation de figures humaines, elle n'a pas connu le même développement que les autres formes d'art. Seule expression esthétique aboutie, les **fixés sous verre** ont développé une forme d'art pictural que l'on fait remonter au XVIIIe s. La fragilité du support et la qualité des œuvres de cette époque permettent néanmoins de supposer qu'elle fut antérieure. La peinture sur chevalet est née avec le XIXe s., au contact de la culture coloniale.

▲ Dans un déploiement de couleurs et de costumes traditionnels, musique et fête lors d'un des nombreux festivals régionaux.

artisanat
La céramique

Savoir-faire millénaire que les artisans tunisiens cultivent toujours, la céramique est d'utilisation quotidienne : assiettes, plats en terre cuite ou carreaux de décoration. Deux centres de fabrication sont renommés : la ville de Nabeul, pour ses poteries colorées, et l'île de Djerba, pour ses plats et ses jarres en fine argile rouge. Chacune des civilisations qui se sont succédé sur le sol tunisien a contribué à enrichir cette tradition.

La céramique punique
Importée par les Phéniciens, la céramique punique a longtemps été imprégnée d'une influence orientale. Sobre dans ses formes et ses couleurs, ce sont les tons beiges, bruns et rouges qui dominent et un décor peint fait de lignes et de bandes. L'objet le plus caractéristique est la **lampe à huile**, qui ressemble à un coquillage avec ses deux becs pincés.

La céramique romaine et byzantine
La lampe à huile en est également l'objet représentatif. Elle est d'abord importée d'Italie, puis réalisée sur place. Souvent richement décorée de scènes mythologiques, elle diffère de la lampe punique par son anse et son bec uniques. Au Ve s., après les invasions vandales, apparaît une nouvelle forme de lampe caractéristique de la période byzantine : ronde, elle porte un réservoir terminé par un goulot et deux anses de chaque côté. Vous découvrirez une belle collection de ces lampes à huile au **musée de Carthage** *(p. 88)*. Quant aux premiers **carreaux** de céramique, ce furent les carreaux de mosaïques chrétiennes, s'adaptant les uns aux autres pour couvrir de grandes surfaces.

La céramique musulmane
Avec la conquête musulmane, la céramique tunisienne s'épanouit et atteint une grande finesse, sous l'influence d'artistes venus de Bagdad. La mosquée de Kairouan *(p. 167)*, reconstruite au IXe s. avec des décors de carreaux polychromes (zelliges), en est le meilleur exemple. Lorsque Tunis devient, à la fin du XIIe s., le siège du pouvoir politique, les échanges commerciaux s'intensifient avec le reste du monde méditerranéen et des influences artistiques se font sentir dans la céramique : utilisation du brun et du bleu cobalt dans les décors peints sur les carreaux et les poteries.

La céramique moderne
Durant le protectorat français, le gouvernement encourage le renouveau de la céramique. Un maître potier de Tunis, Jacob Chemla, fixe le bleu cobalt en 1910. Des artisans développent à Nabeul une production digne de la grande période musulmane, tant pour la variété de ses couleurs que pour la finesse de ses motifs. Les motifs bleus sur fond blanc laiteux dominent toujours et certains objets rayonnent du jaune de **Rakada** *(p. 167)*. Sous l'impulsion d'artistes européens venus en Tunisie dans les années 1950, des décors portent la mar-

© Nicolas Fauqué/imagesdetunisie.com

que d'un art résolument moderne. **Nabeul** *(p. 102)* et **Djerba** *(p. 174)* sont les deux grands sites où l'on fabrique actuellement des poteries. Les couleurs vives et les motifs variés sur fond blanc ont supplanté le vert et le jaune sur fond brun de la poterie traditionnelle. ●

▲ Décoration murale du dar Ben Abdallah, à Tunis.

◀ Guellala, sur l'île de Djerba, est connu pour ses ateliers de poterie.

La Tunisie festive

- **Aïn Draham** *(p. 125)*. **Festival d'Errayhane** en juillet-août : danse.

- **Bizerte** *(p. 115)*. **Festival international de Bizerte** en juillet-août : musique, chant, danse.

- **Carthage** *(p. 84)*. **Journées cinématographiques de Carthage** et **Journées théâtrales de Carthage**, en octobre, tous les deux ans en alternance.

- **Djerba** *(p. 174)*. **Festival d'Ulysse** en juillet-août : films mythologiques internationaux.

- **Douz** *(p. 207)*. **Festival du Sahara** en novembre ou décembre.

- **El-Djem** *(p. 154)*. **Festival de musique internationale** en juillet-août : concerts symphoniques.

- **El-Haouaria** *(p. 107)*. **Festival de l'épervier** en juin : démonstration de chasse des fauconniers.

- **Hammamet** *(p. 98)*. **Festival international de Hammamet** en juillet-août : théâtre, musique, danse.

- **Monastir** *(p. 148)*. **Festival culturel** en juillet-août : théâtre, poésie, humour.

- **Tabarka** *(p. 120)*. **Festival du jazz** en juillet. **Festival de musique du monde** en juillet-août.

- **Testour** *(p. 136)*. **Festival de musiques arabe et andalouse** en juillet.

- **Tozeur** *(p. 191)*. **L'Orientale africaine** en mars : musiques du monde. **Festival des oasis** en décembre : coutumes et modes de vie du Jérid.

- **Tunis** *(p. 67)*. **Festival de la médina** pendant le ramadam : spectacles et animations dans la médina de Tunis.

Arts tunisiens, arts multiples | 57

◀ Au XIXe s. et jusque dans les années 1960, peintres et écrivains se réunissaient au café des Nattes, à Sidi-bou-Saïd.

La **sculpture** a connu son heure de gloire à l'époque romaine, durant le IIe s. apr. J.-C. Peu pratiquée de nos jours, elle est enseignée à l'école des beaux-arts de Tunis.

Le **théâtre** tunisien est né au début du XXe s. Inspiré par les maîtres du théâtre égyptien naissant venus se produire à Tunis, il fut soutenu par l'intelligentsia et les nationalistes, soucieux d'imposer une conscience revendicatrice de l'identité nationale tunisienne et arabe. La consécration du **cinéma** tunisien et sa confirmation à l'échelle internationale se sont faites assez rapidement.

Dix ans après la sortie du premier long-métrage, *L'Aube (Al Fajr)*, d'Omar Khlifi, tourné en 1966 et traitant de la lutte pour l'indépendance, les festivals internationaux de Cannes, de Venise ou de Berlin présentaient *Les Ambassadeurs*, de Naceur Ktari, qui abordait la question de l'immigration ouvrière en Europe, et *Le Soleil des hyènes*, de Ridha Béhi, traitant des méfaits du tourisme. Le **paysage littéraire** tunisien est foisonnant et de qualité, comme en témoignent les vitrines des librairies du pays. Enfin, en Tunisie, tout se passe en musique : les fêtes et les célébrations, les mariages et les naissances. Populaire ou classique, la **musique** fait partie de la vie quotidienne.

LA MUSIQUE

La musique tunisienne est riche. Populaire, elle privilégie les instruments à vent *(zokra, mezoued)* ou à percussion *(tabla, bendir, darbouka)*. Plus classique, elle a été renouvelée par les pionniers de la Rachidia, ce conservatoire de musique traditionnelle créé en 1930 et portant le nom d'un prince mélomane, Rachid Bey, qui établit au XVIIe s. un premier recensement du **malouf**, musique hispano-arabe introduite en Tunisie par les réfugiés andalous au XVe s. Cette musique est celle du *oud*, du *qanun* (sorte de cithare) et du violon. Enfin, la musique sacrée sort des *zaouïas* où les confréries l'ont conservée pour animer les fêtes religieuses.

Aujourd'hui, la musique tunisienne s'ouvre aux métissages. **Anouar Brahem**, « le prince du *oud* », a été le premier à tenter ces expériences. Il a créé la mode du concert de *oud* en solo alors que, traditionnellement, cet instrument apparenté au luth s'intègre à un orchestre. Il compose et allie des musiques d'origines variées : jazz, musiques indiennes ou africaines et musiques tunisiennes. Ses albums sont vendus dans le monde entier. **Lotfi Bouchnaq**, qu'on appelle « le Pavarotti tunisien », organise des rencontres de voix avec des chanteurs d'autres continents.

La musique tunisienne a ses assises : le superbe palais du baron d'Erlanger, à **Sidi-bou-Saïd** (p. 89), est devenu le **Centre des musiques arabes et méditerranéennes**. Ce musicologue réputé – il fut l'un des organisateurs du premier Congrès de musique arabe au Caire en 1932 – a contribué à la promotion de la musique traditionnelle. Il est l'auteur de *La Musique arabe, ses règles, son histoire*, en six volumes.

En traversant les souks ou en vous installant à la terrasse d'un café, vous serez bercé par les accents de la **chanson populaire** tunisienne, que les radios diffusent à longueur de temps. Et si les paroles se renouvellent d'année en année, il n'en va pas de même pour la musique, qui souffre d'un préjugé défavorable dès qu'elle tente de faire évoluer son style. Quelques voix féminines dominent la chanson tunisienne : Sofia

Un grand penseur

Ibn Khaldoun (1332-1406) est un des plus célèbres penseurs tunisiens. Très tôt ses recherches l'incitent à élaborer une réflexion sur les moyens de la connaissance. À une époque où la civilisation arabo-andalouse décline, il veut s'en faire le témoin. Son principal ouvrage, *Kitab al' Ibar*, est consacré à l'histoire des Arabes, des Perses et des Berbères et place l'homme au cœur du processus historique : ce livre fait de lui l'un des précurseurs de la modernité philosophique.

L'École de Tunis

Née en 1949 à la terrasse du café de Paris, à l'initiative de Pierre Boucherle (1895-1988), l'École de Tunis réunit des peintres tunisiens et français.

La création de ce groupe se produit dans une société en mutation – nous sommes à la veille de l'indépendance. Revisitant les traditions locales, les peintres de l'École de Tunis captent l'âme tunisienne : scènes de la vie quotidienne de Yahia Turki (1903-1968) et d'Ammar Farhat (1911-1987), pionniers du mouvement ; sensualité des figures de Jellal ben Abdallah (né en 1921) ; interrogation sur l'art ornemental traditionnel d'Ali Bellagha (1924-2006) ; évocation de l'univers des médinas par Zoubeir Turki (né en 1924) ; humour et poésie chez Abdelaziz Gorgi (1928-2008) à travers des tableaux colorés. De nombreuses galeries exposent les œuvres de ces artistes, dont le parcours est également présenté dans l'ouvrage *L'École de Tunis* (voir Bibliographie p. 286). ●

Arts tunisiens, arts multiples | 59

◀ La vie culturelle tunisienne, très dynamique, est de plus en plus portée par des femmes.

Sadek et Amina Fakhet chantent un répertoire populaire ou classique (comme celui de Oum Kalthoum), Sonia Mbarek est une des plus belles voix du classique tunisien, tandis que Nabiha Karaouli chante du traditionnel remixé.

La peinture

Elle offre un panorama éclectique. Parmi les pionniers, il faut citer Abdelaziz Berraïs, Noureddine Khayachi, le portraitiste de la cour beylicale, Amar Debhech et, plus tard, Aly ben Salem et Hatem el Mekki ; sans oublier l'**École de Tunis**, à travers laquelle de nombreux peintres se sont exprimés. Une décennie plus tard apparaît la génération des années 1960, celle de Mahmoud Sehili, qui brasse un monde figuratif elliptique, et de Nejib Belkhodja, qui propose le rythme immuable de ses structures inspirées de la calligraphie arabe et de l'architecture des médinas. Dans les années 1970 apparaît une peinture libre, née d'une abstraction des diverses techniques et tendances de l'art contemporain : Rafik el Kamel et Mohamed Bouabana en sont les représentants. De nos jours se développe une école de peinture rigoureuse et créative : Feryel Lakhdar, Abdelmejid Sahli, Rym Karoui, Meryem Bouderbala, Nadia Boualleg et Tahar M'guedmini offrent un panorama diversifié et fécond. On remarquera à quel point la présence féminine est importante dans l'art contemporain tunisien.

Le cinéma

Le cinéma tunisien, souvent qualifié de cinéma d'auteur, détient un record envié : celui de produire les films les plus primés du monde arabe. Plusieurs raisons à ce succès permanent : une longue tradition de cinéphilie de masse, encouragée par l'État ; une Fédération tunisienne des ciné-clubs, créée en 1949 ; enfin, de nombreuses aides à la production cinématographique – fonds de soutien, souplesse de la commission de contrôle, exonération de taxes et aide à la production.

La qualité des réalisateurs et leur grande exigence dans le choix des sujets expliquent que le cinéma tunisien réalise chez lui de meilleurs scores que les cinémas français ou américain. **Nouri Bouzid**, cinéaste le plus important de sa génération, est l'auteur de plusieurs longs-métrages dont *L'Homme de cendres* (1985), qui traite du viol et de l'homosexualité, *Les Sabots en or* (1988), qui dénonce la torture et le poids des traditions, et *Les Poupées d'argile* (2002), qui montre l'existence fragile des « petites bonnes à tout faire » venues de leurs lointains villages. Dans *Les Silences du palais* (1994), Moufida Tlatli aborde la question de l'émancipation de la femme dans la société tunisienne, tandis qu'*Halfaouine* (1990), de Ferid Boughedir, raconte les rapports des jeunes avec le monde adulte. Dans *Un été à La Goulette* (1996), le même Boughedir évoque avec nostalgie l'atmosphère de La Goulette dans les années 1960. Dans *Satin rouge* (2002), sélectionné à Cannes, Raja Amari montre la découverte des plaisirs de la danse et du monde de la nuit par une femme rangée. *La Graine et le Mulet* (2007) d'Abdelatif Kéchiche a obtenu le César du meilleur film en 2008.

Les **Journées cinématographiques de Carthage**, dont le but est de promouvoir le cinéma du monde arabo-africain, ont acquis une réputation internationale. Elles sont organisées tous les deux ans, en octobre, en alternance avec les Journées théâtrales.

●●● *Voir également la rubrique Bibliographie p. 286.* ●

▲ La tisseuse, assise par terre au pied de son *sadday* (métier à tisser vertical), noue ses fils de laine sur des fils de chaîne séparés par un bâton horizontal.

artisanat
Zerbia, mergoum et kilim

En Tunisie, la fabrication des tapis est un artisanat vivant et créatif. Ce sont presque exclusivement des femmes qui, en atelier ou à domicile, en assurent la production. À Kairouan, elles nouent les points délicats des tapis de haute laine. Dans les oasis du Sud, elles tissent leurs châles, les tentures murales – destinées à égayer la maison – et les couvertures épaisses qui sont posées sur le sol ou enveloppent les lits.

Les tapis à points noués, ou zerbia

Zerbia est le nom générique de tous les tapis de sol à points noués. Ils se divisent en deux grandes catégories : les *alloucha*, en laine d'agneau, aux teintes neutres généralement naturelles, et les polychromes, aux couleurs plus variées. Le **tapis berbère** se distingue par son fond écru et ses ornementations aux motifs géométriques marron, ocre ou bruns situées aux angles et au centre. Le **tapis de Bizerte** porte des motifs décoratifs sur toute sa surface. Le **tapis de Kairouan**, polychrome, est le plus renommé. Il aurait été introduit à Kairouan en 1830 par Kamla, la fille du gouverneur turc de la ville. Aujourd'hui, il pâtit des teintures chimiques qui assurent une vivacité de couleurs bien éloignée des douces teintes obtenues autrefois grâce aux teintures naturelles. Il comprend un champ central de forme hexagonale et des bandes d'encadrement où alternent motifs géométriques et floraux. Il

▲ Métier à tisser et navettes.

en existe de plusieurs formats, selon l'usage : tapis de selle, tapis de prière ou tapis de sol. Ses qualités principales résident dans le mariage des couleurs et la finesse des points.

Mergoum ou kilim : les tapis tissés

Appelés *mergoum* ou *kilim*, les tapis de laine tissée ont de multiples usages. Composés de bandes parallèles tissées de diverses couleurs et assemblées, ils réchauffent et égaient la maison ou la tente nomade. Dans les régions rurales, les troupeaux fournissent la matière première nécessaire : laine de mouton, poil de chèvre et, aux confins du désert, poil de chameau.

Il en existe plusieurs sortes selon les régions et les exigences de la vie quotidienne. Le **guétifa** est un tapis berbère épais qui couvre le sol de la tente et la préserve du froid. Le **bakhnoug** est un châle : tissé en laine blanche et brodé de motifs géométriques en coton blanc, il est ensuite trempé dans une teinture rouge dont seule la laine prend la couleur. Chaque jeune fille apprend à tisser le sien : elle le pendra devant sa porte le jour de son mariage. Le **hamel** est un tapis-couverture aux rayures longitudinales et aux motifs géométriques. Il peut envelopper les lits ou être posé sur le sol de la maison, où l'on se déplace pieds nus. Sa couleur et ses motifs varient selon les régions. Celui de **Gabès**, à fond blanc, bleu, noir, rouge ou vert, est agrémenté de motifs géométriques de couleurs vives. À **Gafsa**, il est très caractéristique : le fond, bleu ou vert, est orné de motifs carrés, tous différents, portant des symboles de la vie nomade : chameaux, palmiers, maisons, personnages stylisés. À **Djerba**, il juxtapose des rayures de couleurs vives. ●

itinéraires

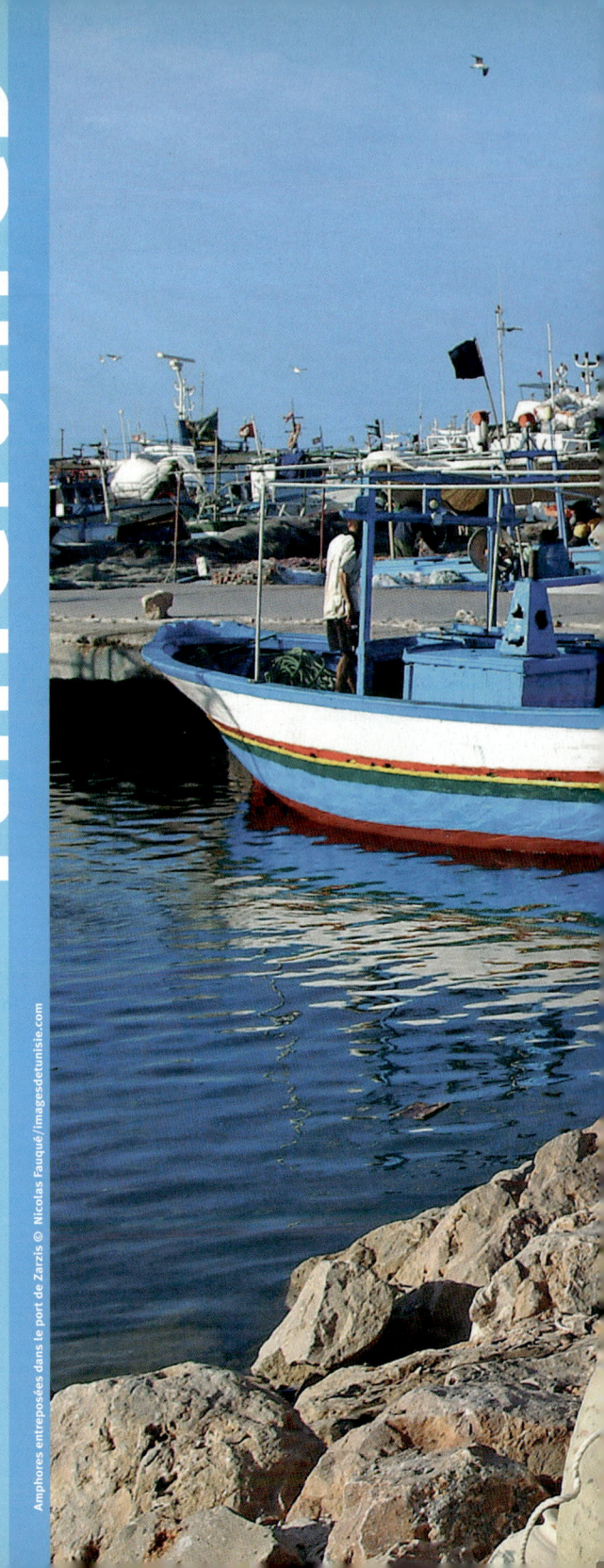

Amphores entreposées dans le port de Zarzis © Nicolas Fauqué/imagesdetunisie.com

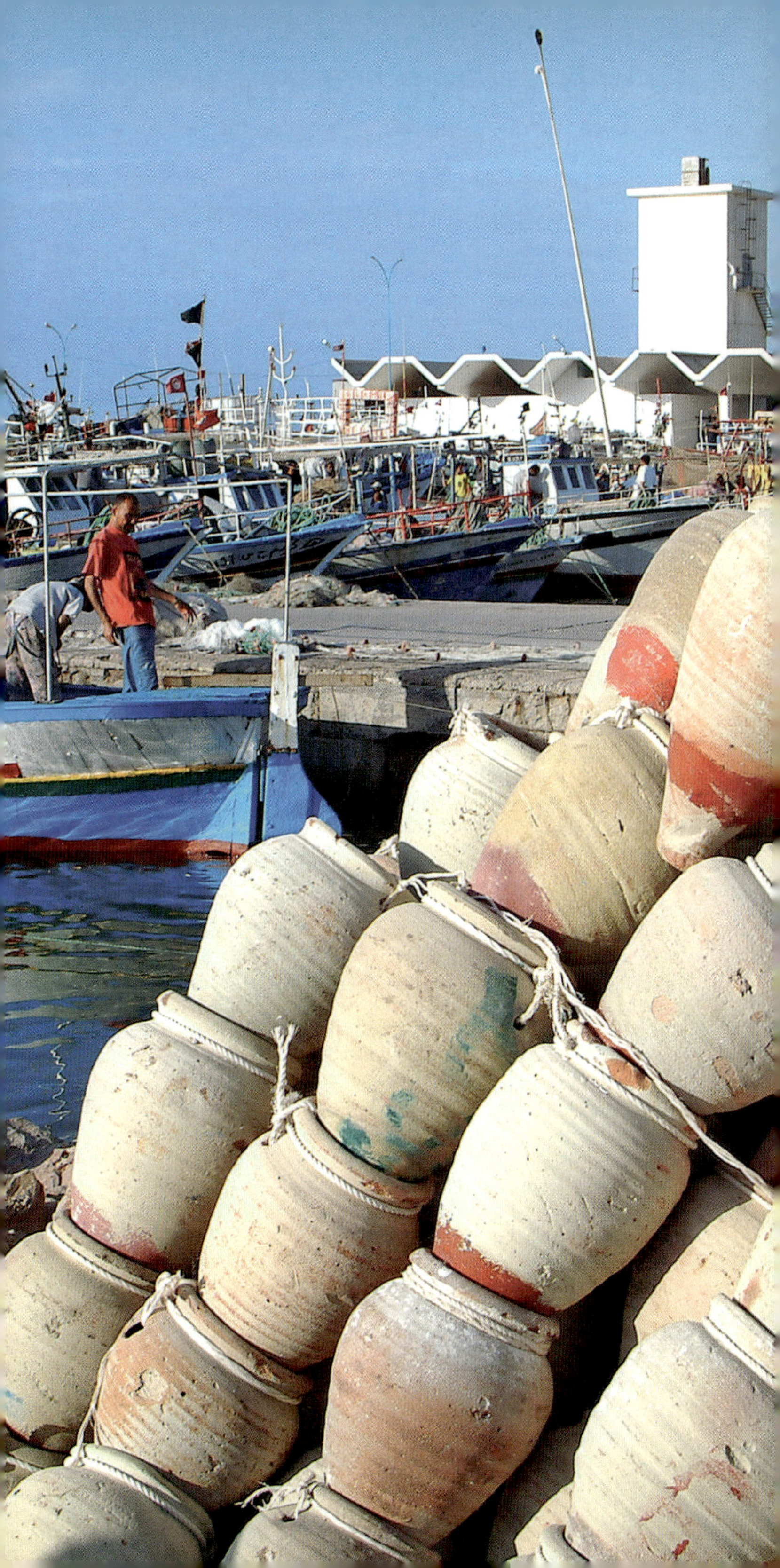

Se déplacer à Tunis

Arrivée

● **En avion.** L'aéroport de **Tunis-Carthage** (☎ 71.754.000/755.000, fax 71.781.460) se trouve à 10 km du centre-ville. Pour rejoindre la ville en **voiture**, prenez l'autoroute vers Tunis ; à la sortie Tunis-Centre, prenez l'av. Mohammed-V, sur la g., qui conduit pl. du 7-Novembre **II-B1** sur l'av. H.-Bourguiba. Le transfert aéroport-ville peut se faire en **taxi** (vérifiez la mise en route du compteur) ou en **bus** (n° 35, toutes les 30 min). Il existe également un service d'autocars reliant l'aéroport à la gare SNCFT (pl. de Barcelone **II-A2**), toutes les heures de 6h à 22h (dans le sens inverse, toutes les heures de 7h à 21h).

● **En bateau.** Un service régulier de **trains** (TGM) assure la correspondance entre le port de La Goulette et l'av. H.-Bourguiba, dans le centre. En voiture, du port de La Goulette, empruntez l'av. H.-Bourguiba jusque dans le centre-ville.

● **En train.** La gare qui dessert les villes du pays se trouve au centre-ville, pl. de Barcelone **II-A2**, à proximité de l'av. H.-Bourguiba.

Circuler

● **En voiture.** La circulation automobile dans Tunis est facile en raison de son plan en damier. La ville est en grande partie structurée par une avenue, longue de 1,5 km, qui change de nom d'O en E – de la médina à la pl. de l'Indépendance, elle s'appelle av. de France **II-A1**, puis av. H.-Bourguiba jusqu'à la pl. du 7-Novembre **II-AB1** –, ainsi que par un axe N-S constitué par les av. de la Liberté, de Paris et de Carthage, ou l'av. Mohammed-V **plan d'ensemble**. Tout autour, des rues et des boulevards se coupent à angle droit selon un dispositif essentiellement géométrique.

En revanche, dès 8h du matin, la circulation est considérablement ralentie par les embouteillages. Il est aussi parfois compliqué de trouver une place de stationnement. Attention, les voitures en stationnement interdit sont très vite amenées à la fourrière.

Dans le centre-ville, utilisez les parkings payants, encore peu nombreux : le parking souterrain du Palmarium **II-A1-2**, derrière le Théâtre municipal, ou celui de l'hôtel *Abou Nawas*, av. Mohammed-V.

● **En taxi.** Les taxis jaunes, qui se déplacent rapidement et à peu de frais dans Tunis, permettent aussi de se rendre dans des quartiers éloignés. Ils sont très difficiles à trouver aux heures de pointe.

● **En autobus.** Encore moins chers, les autobus desservent relativement bien à peu près tous les quartiers de la capitale. Mais le manque de plans n'en facilite pas l'utilisation. Le bus n° 3 va de l'av. H.-Bourguiba au musée du Bardo, le n° 5 vous mènera de la pl. de l'Indépendance à la pl. Pasteur. Achat de tickets dans le bus. Rens. : **Société nationale des transports** (SNT), 1, av. H.-Bourguiba ☎ 71.259.422.

● **En métro.** Il ne cesse de se développer. Il dessert des quartiers périphériques tels que l'Ariana, Ben Arous et le Bardo. Rens. et billets : station principale, pl. de Barcelone **II-A2**, face à la gare ferroviaire.

● **À pied.** Dans la médina, les voitures sont interdites. Le long de l'av. H.-Bourguiba et dans les rues adjacentes, mieux vaut marcher.

● **En train.** Le **TGM** (Tunis-La Goulette-La Marsa) est un train de banlieue rapide et fréquent qui permet de rejoindre aisément le port de Tunis ainsi que les banlieues balnéaires, parmi lesquelles Carthage et Sidi-bou-Saïd. La principale gare se trouve à l'extrémité E de l'av. H.-Bourguiba, près de la pl. du 7-Novembre ☎ 71.244.696. ●

Tunis et ses environs

Devenue capitale sous la dynastie hafside, au XIIIe s., Tunis est le cœur politique, administratif et culturel de la Tunisie. Respectueuse de ses traditions et de son prestigieux passé, elle n'en demeure pas moins ouverte sur l'extérieur, dynamique et moderne, profondément cosmopolite. Bien préservée, la médina, l'une des plus belles du monde arabe, a conservé son allure traditionnelle avec ses ruelles tortueuses et ses passages voûtés. La ville moderne, dite « européenne », mélange les styles architecturaux et connaît une effervescence régulière. En continuelle expansion, Tunis et ses environs regroupent près du cinquième de la population du pays. Tout autour du centre se développent de nouveaux quartiers, modernes et animés. Située au fond d'un golfe, entre le fleuve Medjerda et l'oued Meliane, la ville est installée à flanc de colline, tournée vers la mer. Le long du golfe de Tunis, les petites villes balnéaires de la côte de Carthage,

Durée : prévoir 3 jours, dont 1 à Tunis. Les amateurs d'art passeront plus de temps dans la capitale, pour flâner au Bardo.

Carte et plans : d'ensemble, en rabat arrière de couverture ; le centre, p. 67 ; la médina) p. 70 ; les environs de Tunis, p. 83.

Carnet d'adresses p. 218.

▲ Dès l'époque hafside, la porte de la Mer, aujourd'hui porte de France, constituait l'une des principales entrées de Tunis.

de La Goulette et La Marsa attirent touristes et Tunisois. Des splendides mosaïques romaines du musée du Bardo aux ruines de Carthage, du charmant village de Sidi-bou-Saïd aux longues plages de Gammarth : une invitation à la découverte…

Naissance d'une capitale

Tunis est l'une des premières villes à passer sous la **férule carthaginoise** *(p. 278)*. Son développement et son histoire sont, de ce fait, intimement liés à ceux de la cité qui osa tenir tête à Rome. Tunis est détruite, comme Carthage, lors de la troisième guerre punique, en 146 av. J.-C. Mais elle est vite reconstruite et devient, au VIIIe s., la deuxième ville de l'*Ifriqiya*, derrière Kairouan *(p. 162)*. Le souverain aghlabide Ibrahim II y installe son gouvernement. Au fil des règnes successifs des Fatimides et des Zirides (de 909 à 1160), Tunis maintient son prestige et l'amplifie même, jusqu'à s'imposer comme la première ville de l'*Ifriqiya* unifiée (1160) par la dynastie des Almohades.

Mais c'est avec la dynastie hafside qu'elle accède au **rang de capitale**, connaît une prospérité sans précédent et surpasse, dit-on, Le Caire. Son rayonnement intellectuel et religieux éclipse alors celui, pourtant très étendu, de Kairouan. La ville se dote de **nouveaux monuments** ; autour de la Grande Mosquée s'édifient médersas et *zaouïas*. Les souks se développent.

Dès lors, Tunis s'impose comme le **premier pôle commercial du Maghreb**. Sa richesse attise les convoitises et attire les pirates turcs de Kheireddine (le fameux Barberousse) qui s'en emparent par surprise en 1534. Charles Quint les chasse l'année suivante pour y installer un protectorat espagnol. Celui-ci est levé par les Turcs en 1574, suite aux assauts répétés de la flotte de Sinan Pacha. Sous le règne des Ottomans, l'expansion de la ville continue au-delà des remparts.

La population s'accroît et la cité absorbe l'afflux d'émigrants, en particulier les réfugiés andalous chassés d'Espagne au XVIIe s. qui laisseront leur empreinte sur l'architecture du pays.

Jusqu'à l'instauration du protectorat français en 1881, Tunis connaît une existence stable et sans éclat, troublée toutefois par les luttes sanglantes entre les beys mouradites et husseinites (1705).

Une métropole moderne

Au début de la colonisation française, une ville nouvelle prend naissance au-delà de la médina. Dès 1861, le bey Mohammed el-Saduq avait en effet **accordé aux étrangers le droit de posséder des immeubles**. La ville européenne s'est constituée peu à peu autour de deux grands axes de communication. Le premier, est-ouest, relie la porte de la Mer (aujourd'hui porte de France) au port : c'est l'actuelle avenue Habib-Bourguiba (ex-avenue de la Marine) ; l'autre, nord-sud, est formé par les avenues de Carthage, de Paris et de la Liberté.

De l'époque du protectorat, Tunis a conservé un plan géométrique caractéristique des villes coloniales. Les nouveaux bâtiments utilisent les différents styles architecturaux en cours alors en Europe, parfois teintés d'« arabisances ». Certains, comme le Théâtre municipal, sont de purs exemples d'architecture Art nouveau. Occupée par les troupes allemandes pendant la Seconde Guerre mondiale (dès novembre 1942), Tunis est libérée par la 1re armée britannique en mai 1943.

La ville est restée la capitale historique du pays après l'indépendance, en 1956. Depuis, elle s'est considérablement étendue et rassemble, dans l'ensemble de son district (Tunis, Ariana, Ben Arous), près de 20 % de la population tunisienne.

1 | Tunis★★★

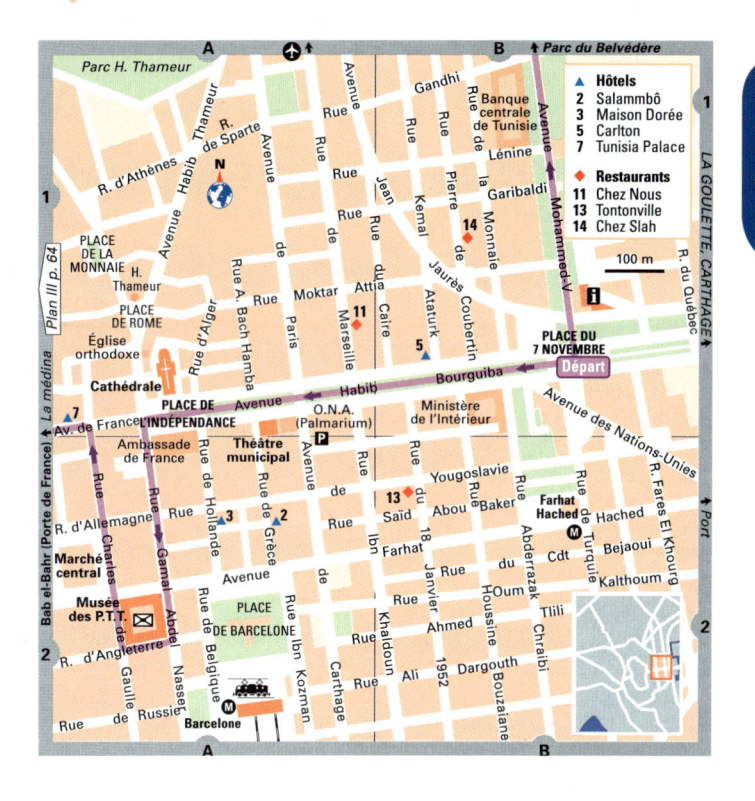

▲ **Hôtels**
2 Salammbô
3 Maison Dorée
 Carlton
7 Tunisia Palace

◆ **Restaurants**
11 Chez Nous
13 Tontonville
14 Chez Slah

▲ Tunis II : Le centre de la ville moderne.
Plan I d'ensemble sur le rabat arrière de couverture.

Durée : prévoir 2 h de marche pour voir l'essentiel de la ville moderne (faire une pause dans l'un des cafés de l'av. H.-Bourguiba), 3 h au moins dans la médina (plus si vous êtes adepte du shopping et du marchandage) et 2 h minimum au musée du Bardo, où l'on peut aussi passer une journée entière à découvrir les collections. Voir également le **programme** proposé p. 68.

Circuler : détails sur moyens de transport dans la ville p. 64.

Plans : **plan I** (plan d'ensemble), en rabat arrière de couverture. **Plan II** (le centre) ci-dessus. **Plan III** (la médina) p. 70.

Carnet d'adresses p. 222.

Plus que toute autre ville tunisienne, Tunis a un double visage : une ville moderne et une médina qui s'opposent, se mêlent, se prolongent. La première, parcourue de longues avenues, exhibe fièrement magasins, grands hôtels et immeubles, offrant aux passants terrasses de café, salles de cinéma et allées bordées de palmiers ou de ficus ; la seconde, enserrée dans un périmètre correspondant aux anciens murs de fortification aujourd'hui disparus, laisse monter ses ruelles en un véritable labyrinthe, regroupe ses échoppes par professions. Tunis ne cesse toutefois de s'étendre et d'absorber de nouveaux quartiers périphériques comme El-Menzah, El-Manar, Ennasr, où l'animation est intense : centres commerciaux, cafés hyper modernes et restaurants y attirent les habitants de la capitale. De même, sur les berges du lac de Tunis, à El-Bouhaïra, après des travaux d'assèchement qui ont duré des années, une ville nouvelle s'épanouit chaque jour davantage et, devenue très en vogue, le monde des affaires, les ambassades et les boutiques à la mode s'y implantent progressivement. La jeunesse aime s'y retrouver dans les cafés branchés ou sur les terrasses ensoleillées des restaurants, au bord du lac.

Le centre de la ville moderne

⇢ II-AB1 L'av. H.-Bourguiba traverse le centre-ville d'E en O jusqu'à la pl. de l'Indépendance et se prolonge par l'av. de France, juste à l'entrée des souks et de la médina.

De la **place du 7-Novembre**, agrémentée d'une horloge à structure métallique, jusqu'à la place de l'Indépendance, boutiques, cafés, librairies, hôtels et cinémas se succèdent tout au long de l'**avenue Habib-Bourguiba II-AB1**. C'est le cœur de la ville moderne, avec un mouvement incessant de voitures et de piétons. Le toilettage des façades des bâtiments, au début des années 2000, a mis en valeur les architectures de style rococo ou Belle Époque. Ainsi la façade du **Théâtre municipal**, qui a fêté son centenaire en 2002 et que les Tunisiens appellent la Bonbonnière, jette une note «1900» sur le paysage environnant.

● **La place de l'Indépendance II-A1**. La statue du philosophe historien Ibn Khaldoun (1332-1406), l'une des figures du monde arabe, se dresse sur la place, face à la façade de style néoclassique de l'ambassade de France (1861), à g., et à la **cathédrale Saint-Vincent-de-Paul** (1882) à l'architecture romano-byzantine, à dr.

● **Le musée des PTT II-A2**. *Rue d'Angleterre, par la rue Gamal-Abdel-Nasser. Ouv. lun.-jeu. 8h30-13h et 15h-17h45; ven. et sam. 8h30-13h30. Entrée libre.* Il contient une collection complète de tous les timbres émis en Tunisie ainsi que des timbres étrangers concernant le pays.

● **Le marché central II-A2**. *Rue Charles-de-Gaulle, par le milieu de l'av. de France.* Haut lieu du poisson, des viandes, des légumes et des épices où se pressent les Tunisois. Une promenade agréable pour se plonger dans le quotidien de la ville.

● **La Bab el-Bahr** (ou porte de France) **III-B1**. Située à l'extrémité de l'avenue de France, elle constitue le trait d'union symbolique entre le nouveau et l'ancien Tunis. Les

---

programme
Tunis et ses environs

● **Une journée.** Visitez la **médina***** (p. 69) puis le **musée du Bardo***** (p. 77). Le soir, dînez au bord de la mer à **Sidi-bou-Saïd**** (p. 89), **La Marsa*** ou **Gammarth** (p. 92).

● **Trois jours.** Le 1er jour, visitez la **médina***** (p. 69) puis **Sidi-bou-Saïd**** (p. 89). Le 2e jour, consacrez-vous aux sites archéologiques puniques et romains : le **musée du Bardo***** (p. 77) ou **Carthage***** (p. 84), les **thermes d'Antonin**** (p. 86), les **villas romaines*** (p. 87), les **ports puniques** (p. 85). Le 3e jour, découvrez un aspect plus contemporain de Tunis en allant au **marché central** (ci-dessus) le matin, puis au **parc du Belvédère** et au **zoo** (p. 69), avant de rejoindre l'une des plages de **La Marsa*** (ou de **Gammarth** (p. 89).

Si votre point d'ancrage est à Tunis, de nombreuses destinations s'offrent à vous pour des **excursions** d'une journée : le site d'Utique (p. 111), Bizerte (p. 115), les sites antiques de Thuburbo Majus (p. 137) ou de Dougga (p. 131), les plages de Hammamet (p. 98) ou de Nabeul (p. 102), les villages du cap Bon (p. 104) ou encore Kairouan (p. 162) et Sousse (p. 141).

●●● *Pour plus de précisions sur l'histoire de Tunis, lire « Les dates qui ont fait la Tunisie », p. 274.* ●

anciens murs d'enceinte hafsides qui protégeaient la ville ont en grande partie disparu; seule reste cette porte qui date de 1848 et par laquelle on accède à la médina.

Le parc du Belvédère

I-C1 Depuis la Bab el-Bahr, continuez tout droit sur l'av. de France puis l'av. H.-Bourguiba, prenez à partir de la pl. du 7-Novembre l'av. Mohammed-V jusqu'à la pl. Pasteur où se trouve l'entrée principale du parc.

Le parc du Belvédère, principal espace vert de Tunis, offre un lieu de détente agréable et rafraîchissant. Les allées tracées à l'anglaise sont ombragées de grands et beaux arbres: eucalyptus, ficus, mimosas, palmiers… Des haltes sont prévues un peu partout, notamment dans une *koubba* (mausolée à dôme), reconstruite à mi-pente, dont la jolie et précieuse décoration en céramique et en stuc attire bien des promeneurs.

Un autre pavillon, caractéristique de l'architecture tunisienne du XVIIe s., orne le parc. Il s'agit d'une *midha* (salle d'ablutions d'un hammam) implantée dans l'enceinte du **zoo**. Ce dernier *(f. lun.; entrée payante)* rassemble des espèces animales d'Afrique: hyènes, lions, dromadaires, etc.

La médina★★★

Vous entrez dans la médina par la Bab el-Bahr. Le matin est le meilleur moment de la journée pour découvrir ses monuments et ruelles; c'est aussi le moment le plus frais. Évitez le ven. et le dim. après-midi: les souks sont quasiment déserts. **Plan** p. 70-71.

Magnifique ensemble urbanistique arabo-mauresque, la médina de Tunis, qui fut créée au VIIIe s. par l'émir Hassan Ibn Nomâne, s'est développée au cours des siècles autour de la mosquée ez-Zitouna.

Elle a été inscrite en 1979 sur la liste du patrimoine mondial de l'Unesco. Non entretenue pendant des années, la vieille ville avait été désertée par ses habitants au profit de la ville européenne.

Depuis la fin des années 1960, l'ASM (Association de Sauvegarde de la Médina) s'active pour restaurer ces quartiers historiques et faire revivre demeures et palais, souks et lieux de culte. De nouveaux habitants ont ainsi investi la ville arabe qui retrouve peu à peu un rythme de vie en dehors de l'activité des souks.

Musées, galeries, restaurants et hôtels se sont installés dans les vieilles demeures qui sont souvent superbement restaurées.

---

ambiance
Pause tunisoise

Pour apprécier Tunis, il faut s'asseoir en fin d'après-midi à la terrasse d'un des nombreux cafés de l'**avenue Habib-Bourguiba**. Aujourd'hui, il n'est pas rare d'y voir des femmes attablées pour profiter de l'ambiance de la rue.

Cette large artère où bat le cœur de la ville moderne a été restaurée et les façades à l'architecture coloniale de la fin du XIXe s. ont retrouvé tout leur éclat. L'hôtel *Méridien Africa*, qui domine l'avenue de toute sa hauteur, s'est paré de vitres bleutées comme pour ajouter à sa modernité. Les larges trottoirs accueillent les Tunisois qui déambulent jusqu'à la place du 7-Novembre, décorée d'une fontaine musicale surmontée d'une horloge dont la structure métallique rappelle les moucharabiehs. À la nuit tombée, des milliers d'oiseaux entament un ballet au-dessus des ficus centenaires. Des échoppes de fleuristes sont installées de l'autre côté de l'horloge, près de la gare du TGM, ce train mythique qui relie Tunis à sa banlieue nord. Guirlandes de fleurs, bouquets savamment composés, arums, roses et jasmin répandent leur odeur sucrée. À la saison des mariages, il faut voir le défilé des voitures qui viennent se faire décorer par les fleuristes pour rivaliser de beauté dans le cortège des mariés. ●

70 | Tunis et ses environs

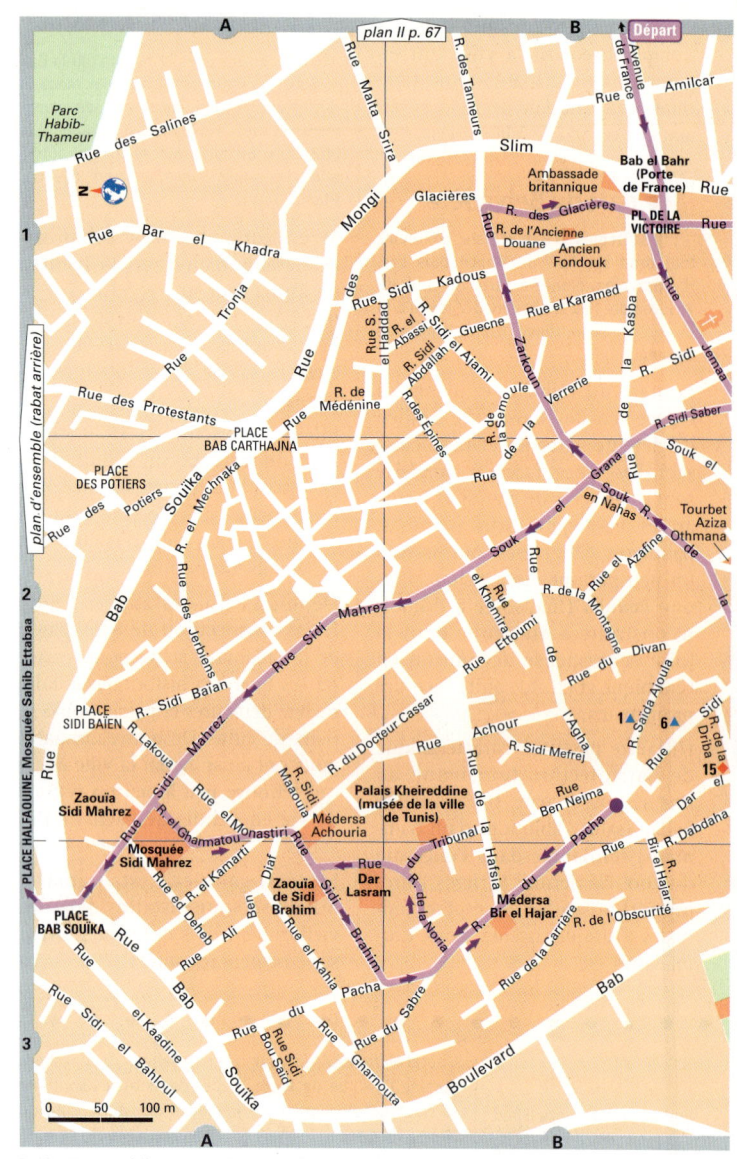

Tunis III : La médina. Plan I d'ensemble sur le rabat arrière de couverture.

Autour de la Grande Mosquée★★★

⇢ Organisée autour de la Grande Mosquée, la médina est traversée par deux axes principaux : de la pl. Bab-Souïka au N à la pl. Bab-el-Jazira au S, de la porte de France à l'E à la pl. de la Kasbah à l'O. Les souks sont regroupés autour de la Grande Mosquée, comme la plupart des sites à visiter.

Pour découvrir l'âme du vieux Tunis, n'hésitez pas à vous perdre dans le dédale de ses ruelles : de superbes portes cloutées jalonneront votre promenade, parfois entrouvertes sur une cour ou un escalier creusé à la verticale. Véritable ville dans la ville, la médina ne

itinéraire 1 | Tunis | 71

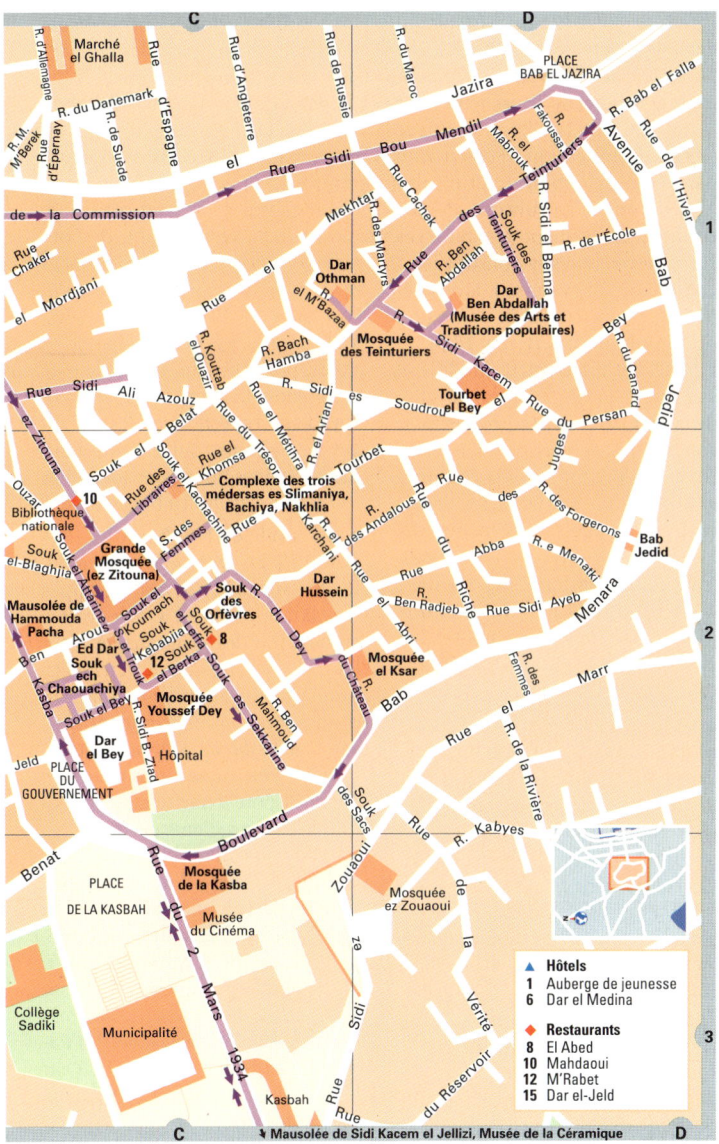

saurait cependant être appréhendée selon un itinéraire précis.

● **La place de la Victoire III-B1**. Son nom évoque le retour d'exil victorieux du président Habib Bourguiba en 1955. À l'époque beylicale, elle était le centre du quartier européen.

● **La Grande Mosquée** ** III-C2. On s'y rend par la **rue Jemaa-ez-Zitouna**, bordée de boutiques de souvenirs et d'échoppes de brocanteurs. Le second tronçon – voûté – de la rue marque l'entrée des souks. La façade de la **Grande Mosquée** domine les allées pavées (*visite t.l.j.*

sf ven. de 8h à 12h). La fondation de cette mosquée (**ez-Zitouna**, ou **mosquée de l'Olivier**), cœur religieux et culturel de Tunis, remonte à la naissance de la ville musulmane (732). Entièrement reconstruite par l'émir aghlabide Ibrahim ibn Ahmed, au siècle suivant, elle fut ensuite régulièrement remaniée. Les Turcs, entre autres, y construisirent une double galerie à sept arcs surélevés et renouvelèrent la décoration de la salle de prière. En 1894, le minaret fut entièrement modifié et sa hauteur portée à 44 m. La **salle de prière**, aux vastes proportions, compte quinze nefs de six travées ; les arcs reposent sur des colonnes antiques. Avec ses énormes lustres en verre de Venise, ses manuscrits anciens dont certains, enluminés, sont présentés dans des vitrines, et sa coupole à côtes, elle a une dimension impressionnante. Les non-musulmans n'ont accès qu'à la galerie surélevée.

● **Le complexe des trois médersas** III-C2. *À g. de la mosquée, par la rue des Libraires.* Il accueillait les étudiants à qui l'on enseignait la religion. La **médersa es-Slimaniya** a un portique en arcs brisés, élevés sur des colonnes de pierre à chapiteaux turcs. Elle forme un angle avec le **souk des Libraires** et communique avec ses deux voisines, la **médersa Bachiya** et la **médersa Nakhlia**. Toutes les trois ont été bâties au cours du XVIIIe s. par Ali Pacha, le souverain de l'époque. Les cellules d'habitation pour les étudiants ouvrent sur une cour centrale. Cet ensemble architectural constituait un centre culturel très actif. Seules trois ou quatre librairies se sont maintenues, d'autres activités commerciales ayant généralement remplacé la vente de livres.

● **Le souk el-Attarine**** (souk des Parfumeurs) III-C2. *Contournez la Grande Mosquée sur la dr.* À l'origine, ce complexe central à hautes voûtes permettait une répartition topographique des corporations. De lourdes portes, fermées le soir, permettaient de les isoler les unes des autres. Construit sous le règne du premier souverain hafside, Abou Zakariya (1225-1249), il est peut-être le plus spectaculaire des souks tunisois. Les échoppes basses aux couleurs vert et or sont ornées de tonnelets de verre luisant, de bougies décorées, d'herbes parfumées et de paniers capitonnés de satin rose pour les offrandes nuptiales. Vous pourrez y acheter du henné au poids, présenté sous forme de pâte verte dans de grands bacs (*p. 46*), vous faire confectionner des mélanges de parfums tout en admirant, dans certaines boutiques, les comptoirs et les étagères en bois sculpté.

● **Le souk el-Trouk** (souk des Turcs) III-C2. *Dans le prolongement.* Il abritait autrefois les échoppes des tailleurs turcs. On y trouve aujourd'hui des magasins de meubles, de souvenirs ou de vêtements. Au n° 7, **Ed-Dar** abrite un magasin d'antiquités dans une ancienne maison (*entrée libre*). Une autre boutique, à l'enseigne du **musée des Turcs**, dispose d'une terrasse offrant une belle vue d'ensemble sur les toits de la médina. Un peu plus bas se trouve l'entrée d'un **marabout**, signalée par des colonnes peintes de torsades rouges et vertes. Au centre d'une vaste pièce carrée, entourée de banquettes de pierre, se dresse un mausolée où reposent trois sages. À l'étage, le restaurant *M'Rabet* (♦ **12** III-C2 ☎ *71.261.729. Ouv. t.l.j. sf dim.*) propose un délicieux thé à la menthe.

● **Le souk el-Berka** (souk du Bassin) III-C2. *À g.* Construit par Youssef Dey au XVIIe s., il abrite les artisans bijoutiers. Au centre, une petite place couverte, soutenue par des colonnes rouges et vertes, dessert des magasins aux façades peintes. Sur cet emplacement se trouvait l'ancien marché aux esclaves, bâti en 1610.

● **La mosquée Youssef Dey*** III-C2. Son minaret fut le premier exemple de construction octogonale à Tunis.

Édifiée en 1616 pour les Turcs par Youssef Dey. Placée au cœur d'un réseau de souks turcs, elle rassemblait les artisans pour la prière. Dans la cour se trouve le tombeau du fondateur, chef-d'œuvre architectural.

● **Le souk es-Sekkajine** (souk des Selliers) **III-C2**. *À dr.* Érigé par le bey Hussein ben Ali au XVIIe s., il comprend de nombreuses boutiques spécialisées dans la maroquinerie.

● **Le souk el-Leffa III-C2**. *À g.* Le souk abrite de grands magasins de tapis comme le **Palais d'Orient** *(n° 58)*, dont la terrasse est décorée de céramiques de couleur de diverses époques.

● **Du souk el-Koumach au souk des Orfèvres III-C2**. On rejoint la mosquée ez-Zitouna en passant par le souk el-Koumach (souk des Étoffes), fondé au milieu du XVe s. et qui se prolonge par le **souk des Femmes**. C'est là que vous trouverez les vêtements et sous-vêtements les plus divers ainsi que les *safsari*, les voiles blancs traditionnels. Un peu plus loin s'étendent le **souk du Coton** et le **souk des Orfèvres**, formé de nombreuses allées entrecroisées. Les artisans, qui travaillent l'or et l'argent, restent fidèles aux motifs et formes arabo-berbères ou s'inspirent de modèles italiens et turcs aux dessins baroques.

● **Le Dar Hussein* III-C2**. *Par la rue du Dey.* Ce palais fut construit au XVIIIe s., à l'époque husseinite, sur le site du château *(ksar)* des Beni Khourassan. Le premier conseil municipal de la ville s'y installe en 1858 ; aujourd'hui, c'est le siège de l'Institut national du patrimoine. Les murs sont couverts de carreaux de céramique de Qallaline.

● **La mosquée el-Ksar* III-CD2**. *Sur la pl. du Château.* Construite en 1106, sous la dynastie des Beni Khourassan, elle a été largement ravalée ces dernières années. Belle façade dotée d'arcatures et minaret carré (1647), décoré d'entrelacs géométriques en incrustations de marbre et de terre cuite émaillée, d'inspiration hispano-mauresque.

> *Par le bd Bab-Menara on atteint la pl. de la Kasbah.*

● **La mosquée de la Kasbah* III-C3**. *Sur la place du même nom.* C'est une construction hafside (1235), dotée d'un minaret qui obéit à un arrangement original de pierre. Un réseau losangé, sur chaque côté, caractérise le style almohade. Lui faisant face, accolée à l'ancienne maison du Parti et toute proche du **collège Sadiki**, s'élève la nouvelle **municipalité de Tunis**, construite dans un style arabo-mauresque qui s'intègre parfaitement à la vieille ville.

● **Le mausolée de Sidi Kacem el-Jellizi plan d'ensemble**. *À 500 m, par la rue du 2-Mars puis, sur la g., le bd du 9-Avril-1938.* Sidi Kacem, saint homme arrivé d'Andalousie, édifia une *zaouïa* au XVe s., fabriquant lui-même les carreaux de faïence pour recouvrir les murs. Le bâtiment abrite le **musée de la Céramique** *(ouv. t.l.j. sf lun. 8h-18h)*, qui présente des collections de céramiques anciennes et des stèles funéraires.

● **Le Dar el-Bey* III-C2**. *Sur la pl. du Gouvernement.* Ancien palais reconstruit à la fin du XVIIIe s., c'est l'actuel siège du Premier ministre et du ministre des Affaires étrangères. Le rez-de-chaussée a conservé son décor andalou de la fin du XVIIe s.

Prendre la rue de la Kasbah où une immense porte marque l'entrée du souk el-Bey par lequel on pénètre dans le souk ech-Chaouachiya.

● **Le souk ech-Chaouachiya**** (souk des Chéchias) **III-C2**. Les artisans (les *chaouachis*) qui fabriquent ces calottes de feutre rouge sont depuis toujours considérés comme les seigneurs des lieux. Sous les passages couverts et silencieux s'ouvrent des boutiques aux boiseries datant de la fin du XVIIIe s. La chéchia a été introduite dans le pays par les musulmans andalous chassés d'Espagne au début du XVIIe s. Aujourd'hui, les fabricants continuent à promouvoir

▶ **La rue du Pacha.** Aux étals des boutiques, pas de souvenirs, mais des objets de consommation courante : ici, on croise davantage de Tunisiens que de visiteurs en quête d'exotisme.

toute une organisation corporative qui n'a guère changé avec le temps. La laine est toujours cardée et filée par des femmes de la banlieue de l'Ariana ; les pièces arrivent ensuite à Tunis pour la teinture et la mise en forme à l'aide de presses. La confection d'une chéchia exige plus d'un mois de travail.

● **Le mausolée de Hammouda Pacha* III-C2**. Situé dans la mosquée du même nom, c'est un édifice (1655) carré, doté d'une arcade aveugle où la pierre blanche et les incrustations de marbre noir jouent de leurs effets d'opposition. Son toit de tuiles vertes vernissées et ses croissants de lune dorés lui confèrent un style raffiné. La **mosquée** elle-même est un monument très original. À l'intérieur, trois galeries se prolongeant par des cours encadrent la salle de prière.

● **Le souk el-Blaghjia III-C2**. La rue de la Kasbah coupe à dr. le **souk** construit au milieu du XVIIIe s., abritant les fabricants de chaussures et de babouches. À l'angle s'élève le **tourbet Aziza Othmana**, mausolée de la princesse Fatima, fille d'Othman Dey. À la fin de sa vie, elle affranchit ses esclaves et fit don de ses biens à des œuvres pieuses. Elle fut surnommée « la Bien-Aimée » *(Aziza)*, et son mausolée, érigé au début du XVIIIe s., devint très populaire.

● **Le souk en-Nahas** (souk du Cuivre) **III-B2**. La rue de la Kasbah se prolonge, à g., par le souk d'où résonne le bruit des marteaux frappant le métal. Nombre d'artisans fabriquent encore par martelage et gravure des ustensiles qui, pour la plupart, ont conservé le classicisme des formes anciennes ; ce n'est pas toujours le cas du décor. Ce souk débouche sur le **souk el-Grana** (souk des juifs venus de Livourne, en Italie). Longtemps important centre banquier, il est aujourd'hui spécialisé dans les textiles.

Dans **la rue Zarkoun III-B1-2** se succèdent boutiques d'antiquités et magasins de vêtements.

La rue Sidi-Mahrez prolonge le souk el-Grana et mène à la place Bab-Souïka, dans les quartiers nord.

Les quartiers nord

III-AB2-3 La rue du Pacha constitue la colonne vertébrale de ce quartier populaire dont l'animation est caractéristique de la vie quotidienne à Tunis.

● **La place Bab-Souïka III-A3**. L'ancienne place n'existe plus, le quartier ayant été rasé puis reconstruit avec une fidélité toute relative au style mauresque. Elle reste néanmoins le lieu le plus animé de Tunis.

Durant le mois de ramadan, les cafés qui bordent la place accueillent chaque soir les artistes les plus divers : chanteurs, danseuses ou équilibristes.

La **rue El-Halfaouine** mène de la place Bab-Souïka à la place Halfaouine. Elle vit au rythme de son marché, connu pour la variété de ses produits à petits prix, notamment en matière de mobilier ancien et de fripe.

● **La mosquée Sahib Ettabaa* plan I d'ensemble**. *Pl. Halfaouine*. L'architecture de la dernière mosquée construite par les Husseinites, au XIXe s., s'inspire en grande partie du style baroque italien. Elle fait partie d'un *külliye* (complexe), unique en Tunisie, comprenant deux médersas, le mausolée de son fondateur, un hammam, un palais, un souk et une fontaine publique.

● **La mosquée et la zaouïa Sidi Mahrez* III-A2-3**. *Pl. Bab-Souïka, prenez la rue Sidi-Mahrez*. Bâtie sous le règne de Mohammed Bey, vers 1675, la **mosquée Sidi Mahrez** est l'unique édifice à dômes de Tunis. D'inspiration turque, elle rappelle les mosquées d'Istanbul. La salle de prière est entourée sur trois côtés de galeries et de cours. À l'intérieur, quatre gros piliers soutiennent une coupole hémisphérique qui s'élève à 29 m au-dessus du sol. Des motifs en stuc et des revêtements de céramique tapissent les murs. Face à la mosquée, la **zaouïa Sidi Mahrez** a été rénovée aux XVIIIe et XIXe s. et dans les années 1990. Ce fut la demeure de Mahrez ibn Khalef (qui y fut enterré en 1022). Celui-ci combattit l'idéologie chiite, réorganisa la ville et permit aux juifs de s'installer intra-muros. Considéré comme le saint patron de la médina, sa demeure est un lieu de pèlerinage.

- **La zaouïa de Sidi-Brahim III-A3**. *Continuez la rue Sidi-Mahrez et prenez, à dr., la rue El-Monastiri ; la zaouïa est au n° 11.* Édifiée au XIXe s., sa décoration intérieure est d'une finesse remarquable : des stucs ciselés, dotés d'une polychromie d'où se détachent les bleus, y composent un ensemble précieux.

- **Le quartier turc III-B2-3**. La **rue du Pacha** doit son nom au fait qu'elle fut l'axe résidentiel des Turcs à partir du XVIIe s. Le pacha, représentant du pouvoir ottoman, y avait installé son palais. Au n° 40, la **médersa Bir el-Hajar** fut édifiée au milieu du XVIIIe s. par Ali Pacha. À la fois lieu d'enseignement et d'habitation pour les étudiants, selon la tradition musulmane, elle reproduit le schéma des habitations traditionnelles avec les chambres disposées autour du patio. À l'entrée se trouve une très belle **fontaine**.

- **Le palais Khereddine III-B2**. *Dans la rue du Pacha, prenez à g. la rue de la Noria jusqu'à la rue du Tribunal.* Cette ancienne demeure aristocratique est devenue le **musée de la ville de Tunis** (☎ 71.561.780. *Ouv. t.l.j. sf dim. 10h-19h ; entrée libre*). Sa rénovation est la réalisation la plus remarquable des architectes de l'Association pour la sauvegarde de la médina (ASM) dont le siège est au **Dar Lasram III-A3**, un palais de notables de la fin du XVIIIe s. situé non loin du palais Khereddine.

Les quartiers sud

III-CD-1 Ce quartier, riche en belles demeures anciennes, semble s'assoupir tant il est calme : c'est donc pour ses portes et ses monuments que l'on s'y promènera. Départ de la pl. Bab-el-Jazira.

- **Le souk des Teinturiers III-D1**. Il est établi autour d'un puits qui daterait du XIIe s. Aujourd'hui encore, des artisans travaillent près de feux rudimentaires et s'empressent autour de cuves de teinture d'où sortent des écheveaux de laine. À proximité, une entrée colorée signale un **hammam**, présenté comme « Le plus élégant établissement de bains, baignoires en marbre ».

- **La mosquée des Teinturiers** (mosquée el-Jedid, la Neuve) **III-D1**. Hussein ben Ali, fondateur de la dynastie husseinite, fut le maître d'œuvre de cette mosquée construite en 1717, en même temps que le mausolée et la médersa qui l'entourent. Son style rappelle celui de la mosquée Youssef Dey *(p. 72)*. Pour cette construction, Hussein ben Ali n'a pas hésité à engager de lourdes dépenses, allant jusqu'à faire venir de Turquie les carreaux de céramique destinés à la salle de prière.

> *Juste à côté, une voûte enjambe la rue. Prenez, sous cette voûte, la rue El-M'Bazaa qui vous conduira au Dar Othman.*

- **Le Dar Othman** ★★ **III-C1**. Othman Bey (1594-1610) fit construire ce palais pour son usage personnel. Au XIXe s., il servit d'intendance militaire, d'où son nom de Dar el-Oula (maison des Provisions), encore utilisé de nos jours. La façade, flanquée symétriquement de deux colonnes de marbre, est imposante ; son décor est composé de pierre bicolore.

- **Le Dar ben-Abdallah** ★★ **III-D1**. *Revenir vers la rue des Teinturiers pour prendre, à l'angle de la mosquée, la petite rue Sidi-Kacem, puis, à g., la rue ben-Abdallah au fond de laquelle se trouve le Dar ben-Abdallah.* Construit au XVIIIe s., ce palais remonte en fait, dans son état actuel, au début du XIXe s. Il fut acquis en 1801 par un haut fonctionnaire militaire qui le fit rénover dans le goût italianisant de l'époque. Aujourd'hui, il abrite le **musée des Arts et Traditions populaires** ★ (☎ 71.256.195. *Ouv. t.l.j. sf lun. 9h30-16h30 ; entrée payante*), dont la visite fait découvrir l'architecture typique des maisons tunisoises. Vous y verrez des vêtements, des jouets et des bijoux d'enfants, ainsi que des reconstitutions du quotidien des femmes au XIXe s. Les collections de bijoux anciens, de coffres, de coffrets et d'objets servant au maquillage vous initieront à tout un rituel, en grande partie oublié. Les salles consacrées aux hommes n'ont pas moins d'intérêt : y sont exposés des objets relatifs à la vie intellectuelle et religieuse, et plus particulièrement à l'écriture : encriers, plumes, porte-coran…

● **III-D1 Le tourbet el-Bey***. *Reprendre la rue Sidi-Kacem. Ouv. t.l.j. sf lun. 9h-19h en été, 9h30-16h30 en hiver. Entrée payante.* Le mausolée des princes husseinites et de leur famille, construit au XVIIIe s., est le plus vaste monument du genre à Tunis. Les façades extérieures, en grès, sont ornées de pilastres et d'entablements à l'italienne. Plusieurs dômes de tailles différentes surmontent la terrasse ; ils suivent la succession des salles qui composent le monument. À l'intérieur, les murs sont recouverts de carreaux de céramique et les plafonds, voûtés, sont en plâtre sculpté. Les murs de la dernière salle, qui renferme les tombes des souverains, sont incrustés de marbres polychromes d'inspiration italienne. Certaines tombes ont gardé leur housse de velours brodé d'argent.

Le musée national du Bardo***

I-A2 À 5,5 km à l'O du carrefour des av. H.-Bourguiba et de Paris. **En voiture** : on l'atteint aisément par la P 7, qui part de Bab Bou-Saadoun, entre les arches d'un bras de l'aqueduc de Zaghouan et le long d'immeubles appartenant à la Garde nationale. **En autobus** : n° 3 au départ de la pl. de Rome **II-A1**, et n° 4, 16 et 42 à partir du parc Habib-Thameur **II-A1**. **En métro** : très pratique depuis le centre-ville, descendez à la station Bardo ☎ 71.513.842. Ouv. t.l.j. sf lun. et jours fériés, 9h-17h l'été, 9h30-16h30 l'hiver. Entrée payante. Photographies possibles, sans pied, moyennant un droit de redevance. Le musée est **en cours de réaménagement et d'agrandissement** : certaines salles peuvent être fermées au public et des collections déplacées.

Le Bardo est un ensemble de palais et de constructions édifiés successivement par les Hafsides puis par les beys. Le palais actuel, construit en 1882, abrite à la fois le Parlement et le célèbre musée national. La partie gauche, réservée au **Parlement**, est dotée d'un portique de colonnes roses et d'arcades blanches. Ses marches sont flanquées de lions de pierre et de gardes en uniforme beylical qui soulignent sa destination officielle.

---

programme
Musée du Bardo, pratique

Mieux vaut arriver au musée du Bardo dès l'ouverture ou à l'heure du déjeuner, afin d'éviter les groupes organisés. La superbe architecture de ce palais beylical incite à une déambulation sans programme préétabli. Comptez au moins 2 h de visite.

technique
L'art de la mosaïque

Les pavements de mosaïque ornant les villas romaines étaient réalisés par des équipes d'artisans spécialisés.

Un mortier d'une épaisseur de 15 cm, fait de sable jaune mêlé de galets, était étendu sur le sol.

Cette base devait assurer un fond solide ; elle était ensuite recouverte d'une couche compacte, dite *«nucleus»*, de chaux et de sable, avec parfois des fragments de tuiles ou de poteries. Une esquisse sommaire du motif était tracée, puis un mortier très fin étendu : il fallait y disposer les tesselles de marbre de différentes couleurs avant qu'il ait le temps de sécher.

L'aspect luisant des écailles des poissons était rendu grâce à une technique particulière, qui résidait dans l'inclusion de petits cubes de verre. L'ouvrage terminé, le sol était finement jointoyé.

Les multiples mosaïques qui ont été découvertes par les archéologues ont apporté de précieux renseignements sur la vie des Romains en Afrique : leur goût pour les jeux du cirque et la chasse ; l'importance de la mer poissonneuse et de la navigation ; leur culture gréco-romaine, attestée par la représentation d'épisodes de *L'Odyssée* ou de portraits d'écrivains latins. ●

À dr. s'élève la **mosquée du Bardo**, qui date du XIXe s.

Le **musée** conserve la plus belle collection de mosaïques romaines d'Afrique du Nord. La richesse des œuvres rassemblées, provenant des différents sites archéologiques de Tunisie, est éblouissante. Le musée a été officiellement inauguré le 7 mai 1888 et, depuis cette date, ses collections n'ont cessé de s'enrichir de pièces nouvelles, grâce aux dons de particuliers et aux fouilles archéologiques menées par l'Institut national du patrimoine, parfois avec l'aide de missions étrangères.

Le musée comprend six départements : préhistorique, punique, romain païen, paléochrétien (de l'Empire romain à Byzance), arabo-musulman, bronzes et marbres grecs (fouilles sous-marines de Mahdia).

●●● *Les essentiels : si vous disposez de peu de temps, contentez-vous des salles de mosaïques romaines***, au 1er étage : elles comptent parmi les plus raffinées du monde antique. Les plus belles pièces : Triomphe de Neptune*** (salle de Dougga, p. 79) ; Virgile écrivant L'Énéide*** (salle de Virgile, p. 79) ; la mosaïque du Seigneur Julius*** (salle de Sousse, p. 79).*

| Le département préhistorique
⋯❯ Rez-de-chaussée.

Cette salle (*à dr. du hall d'entrée*) présente l'**Hermaïon d'El-Guettar** (près de Gafsa), monument votif datant de 40 000 avant notre ère, considéré comme le plus ancien édifice religieux de l'humanité.

| Le département d'Antiquité punique**
⋯❯ Rez-de-chaussée.

● **Les salles puniques.** *À dr. après la salle préhistorique.* La première est placée sous le signe de **Baal Hammon**, dieu principal du panthéon carthaginois, dont la statue date du Ier s. apr. J.-C. Dans le même espace, *Stèle du prêtre à l'enfant*** (IVe s. av. J.-C). Témoin de la controverse au sujet de la pratique de sacrifices à Carthage *(p. XX)*, la note présentant l'œuvre évoque aujourd'hui « une cérémonie religieuse ». À la suite, la collection des **masques carthaginois**, figures grimaçantes en pâte de verre et en céramique, est saisissante. Des objets usuels les accompagnent : boîtes à fard, fibules, bijoux prouvent le raffinement des Carthaginois. Dans le prolongement de cette salle sont exposées des **stèles néopuniques***, dites de la Ghorfa (fin du IIe s.-début du IIIe s.), sculptées en bas-relief sur trois registres.

| Le département paléochrétien
⋯❯ Rez-de-chaussée.

À g. du hall d'entrée. Il contient de remarquables **mosaïques funéraires**, comme celle de ce père assis devant son pupitre (scribe ou notaire ?) avec sa jeune fille Victoria dont la représentation en orante reste fraîche et gracieuse. Elle fait partie des mosaïques tombales trouvées à Tabarka, dans le nord-ouest du pays, comme la *mosaïque funéraire de Valentia*, dite de l'Ecclesia Mater, qui figure la structure d'une église. Au centre de la salle, la mosaïque qui recouvrait le **baptistère de Kelibia** est la plus spectaculaire. Le passage des **carreaux de terre cuite**, racontant des épisodes de la Bible, mène aux salles suivantes.

● **La salle de Bulla Regia.** Elle rassemble une importante statuaire provenant de ce site, dont un *Apollon citharède** à la pose alanguie.

● **Le couloir des Sarcophages.** On remarque deux tombeaux en marbre datant du IIe s. apr. J.-C. : sur l'un d'eux, des enfants représentant les quatre saisons entourent un jeune défunt ; sur l'autre, le mort est accompagné des neuf Muses.

Au bout de ce couloir se trouve la librairie du musée.

CARTE BANCAIRE EMV
LE 08/12/09 A 16:28:17
RELAIS H 373696
31 BLAGNAC
0110357
5010
4532960063513?
SV-2ABIC0734E5E5
Fin 31/10/11
001 000017 224 C @
N0 AUT0: 812239
MONTANT :
19,40EUR
Pour information :
127,26 FRF

DEBIT
SIGNATURE DU PORTEUR

MERCI
TICKET COMMERCANT
A CONSERVER

Le département d'Antiquité romaine★★★

···◇ 1er étage.

À cet étage, on peut apprécier, en même temps que les œuvres d'art qu'elles contiennent, l'harmonie et la décoration des **salles de réception** des beys.

● **La galerie de Carthage**. Imposante par ses dimensions et sa colonnade, la galerie dessert différentes salles et conserve des sculptures provenant de la Carthage romaine, dont un colossal *Empereur Hadrien*. Au sol, deux superbes mosaïques provenant de la **villa des Laberii**, située à Oudna : l'une raconte *Le Mythe d'Ikarios*, qui reçut le don de la vigne de Dionysos ; l'autre représente *Les Travaux des champs et La Chasse*★ dans une exploitation agricole.

● **La salle d'Oudna**. Elle expose d'autres mosaïques provenant de cette même villa, dont un grand pavement qui figure *Orphée charmant des fauves*★★ avec sa lyre. On peut aussi admirer le plafond à l'italienne de cette ancienne salle à manger, formé de trois caissons dorés et moulurés, à l'ornementation florale exubérante.

● **La salle de Virgile**. Des carreaux et des panneaux en faïence tunisienne décorent les murs de cette magnifique salle octogonale ; le revêtement de plâtre du plafond est entièrement ciselé de motifs appartenant à l'art arabo-islamique. Cette salle correspond aux appartements privés du bey.

Dans l'une des alcôves, une mosaïque fait revivre *Virgile écrivant L'Énéide*★★★ (IIIe s.). Le poète latin, qui avait raconté la fondation de Carthage, est représenté en compagnie de Clio, la muse de l'Histoire, et de Melpomène, celle de la Tragédie. Ce tableau, présenté par les guides comme « la Joconde » tunisienne, ornait la maison d'un citoyen romain de Sousse. Au centre, un **pavement de mosaïque** de forme hexagonale représente les sept divinités de la semaine, entourées des douze signes du zodiaque. Cette salle abrite aussi une petite collection de **numismatique** et des vitrines consacrées aux **bijoux puniques, romains et chrétiens**.

● **La salle d'Althiburos**. Elle accueillait les concerts donnés au palais. Dans la partie centrale évoluaient les danseuses ; dans la galerie de droite, accessible par un escalier relié aux appartements du harem, se tenaient les princesses de la cour ; les musiciens prenaient place sur la tribune, à gauche. Le pavement de mosaïque qui recouvre le sol, connu sous le nom de *Catalogue de bateaux*, représente une mer poissonneuse couverte de 23 modèles de bateaux. À chaque extrémité, les dieux Fleuve et Océan. Chaque embarcation est désignée par son nom grec ou romain. Ce pavement est un document précieux sur la batellerie du IIIe ou IVe s. Pourtant, le site d'Althiburos se trouve à l'intérieur des terres, à proximité du Kef.

● **La salle de Sousse**. Cette ancienne salle des fêtes des beys est une vaste pièce au plafond de bois ciselé. Elle recèle l'un des trésors du Bardo, la **mosaïque du *Seigneur Julius*★★★**, du Ve s., découverte à Carthage. Ce tableau relate les travaux des champs dans un opulent domaine. Au centre est représentée une maison ; autour, les activités du maître, de la maîtresse et de leurs domestiques. Aux quatre angles, les motifs végétaux symbolisent les saisons : les roses pour le printemps, le blé pour l'été, les raisins pour l'automne et les olives pour l'hiver. Au centre de la salle, un pavement découvert à Sousse représente *Le Cortège de Neptune*★★ : 56 médaillons évoquent sirènes, tritons et Néréides autour de la divinité.

● **La salle de Dougga**. *Accès par la salle de Sousse.* Elle renferme deux mosaïques remarquables. *Le Triomphe de Neptune*★★★, trouvé à

▶ Mosaïque d'Ulysse (IVe s.) au musée du Bardo : Dionysos châtie les pirates de la mer Tyrrhénienne.

La Chebba, daté du IIe s., est un chef-d'œuvre de finesse et de perfection. Au centre, Neptune sur son char jaillit des eaux ; aux quatre angles, des femmes symbolisent les saisons ; au milieu des bords sont évoqués les travaux saisonniers. Face au *Neptune* se trouve la mosaïque des *Cyclopes*, découverte dans les thermes de Dougga, datant sans doute du IVe s. Trois cyclopes géants à la peau mate travaillent dans la forge de Vulcain.

● **La salle d'El-Djem.** Y sont exposées des mosaïques de *xenia*, natures mortes caractéristiques des pavements qui ornaient le *triclinium* (ou salle à manger) des riches villas romaines. Au centre de la salle, on peut voir un *Triomphe de Bacchus*★★.

● **La salle d'Ulysse.** Les mosaïques (IVe s.) trouvées à Dougga relatent des épisodes de *L'Odyssée*. Sur le mur à dr., un immense pavement en provenance d'Utique représente Neptune et Amphitrite sur un char tiré par des chevaux marins.

| Les fouilles sous-marines de Mahdia

⋯⟩ 1er étage.

Ces salles exposent le trésor de Mahdia où des pêcheurs d'éponges trouvèrent, au début du XXe s., l'épave d'un navire ayant fait naufrage au large des côtes tunisiennes entre le IIe et le Ier s. av. J.-C. Parti de Grèce, il transportait des bronzes et des marbres hellénistiques, du mobilier et des ustensiles. Ces pièces ont fait l'objet d'une importante opération de restauration.

On remarquera une statuette en bronze d'un jeune satyre, *Agon symbolisant la victoire*, qui a gardé toute sa vivacité, et l'*Aphrodite* en marbre qui révèle un beau visage de femme.

● **La salle des Mosaïques marines.** Il s'agit de plusieurs fragments d'une immense mosaïque sur le thème de la mer, découverte à Carthage, datée du Ve s. Néréides, monstres aquatiques, dauphins et poissons se poursuivent dans un paysage marin fantastique qui révèle l'importance de la mer et de ses richesses pour les habitants de la Tunisie antique.

● **La salle du Mausolée.** Un grand tombeau de Carthage sculpté sur ses quatre faces est placé au centre de la salle.

● **La salle XXVIII.** Un beau pavement raconte les trois temps d'une *Chasse au sanglier*★. Au bas de ce tableau du IVe s. trouvé à Carthage, le départ pour la chasse est très endommagé ; au centre, les chiens poussent les sangliers vers un filet ; en haut, des valets portent la dépouille de l'animal.

Le département islamique
1er étage.

Ce département a été aménagé dans un autre palais beylical, dit « de Hussein », antérieur mais imbriqué dans le précédent.

Une **première salle** expose des **objets marquetés** des XVIIe et XVIIIe s. : miroirs et coffres en bois incrustés de nacre aux motifs géométriques ou floraux. Puis vient la **salle des bijoux et des costumes traditionnels**. Un joli **patio** découvert, soutenu par de délicates colonnes torsadées et agrémenté d'une fontaine en marbre, dessert une série de pièces aménagées selon les goûts de l'aristocratie de Tunis au temps des beys. Dans la **salle 3**, on découvre un lit à baldaquin, une alcôve meublée de banquettes et d'étagères, un berceau ayant appartenu à la famille beylicale. Une deuxième pièce contient des gravures représentant la prise de Tunis par Charles Quint (1535). Une troisième est consacrée aux objets du culte israélite en Tunisie. On accède ensuite à la grande **salle du Moyen Âge** islamique. C'est là que se trouvent les feuillets du **Coran bleu de Kairouan**, manuscrit d'un bleu vif qui porte des sourates en écriture coufique du Xe s. peinte à l'or. L'une des vitrines centrales contient le **Trésor de Tarabia**, du XIe s., découvert près du Kef, composé de délicats bijoux en or.

Le département d'Antiquité romaine*** (suite)
⇢ 2e étage.

Pour accéder à l'escalier menant au 2e étage, il faut traverser une petite salle contenant un superbe pavement représentant *Le Mariage de Bacchus et Ariane*** suivi d'un cortège dionysiaque. Il provient d'une maison de Thuburbo Majus et daterait du IVe s.

● **Le patio**. Il surplombe la galerie de Carthage et abrite des statues en bronze de l'époque romaine, dont *Bacchus et Silène ivre*, des statuettes en terre cuite et un grand vase en marbre sculpté du IIIe s.

● **La salle d'Acholla**. Elle présente une collection de mosaïques qui proviennent pour la plupart des thermes de Trajan, reproduisant des thèmes marins ou les travaux d'Hercule. Le dieu *Bacchus* est représenté triomphant sur son char tiré par deux centaures ou chevauchant un tigre. Un intéressant pavement en forme de T provient d'un *triclinium* (salle à manger). La partie centrale de la mosaïque représente des *xenia* : corbeilles de fruits, gibier, volailles.

● **Dans les autres salles** autour du patio, on remarquera particulièrement un tableau trouvé à Thuburbo Majus (IVe s.) figurant des animaux utilisés dans les jeux de l'amphithéâtre : autruche, cerf, sanglier, bélier, cheval, daim… Au centre, Diane, juchée sur un cerf, brandit une pique. Un joli panneau de seuil provenant d'Utique (IIIe s.) montre Vénus assise sur un rocher, adressant une remontrance à trois amours fripons qui lui ont pris son voile ; la scène révèle que les artistes de l'Antiquité romaine n'étaient pas dépourvus d'humour. Une mosaïque d'une étonnante modernité représente *Thésée tuant le Minotaure*. Elle ornait le *frigidarium* de Thuburbo Majus au IVe s. ●

2 | Au nord de Tunis

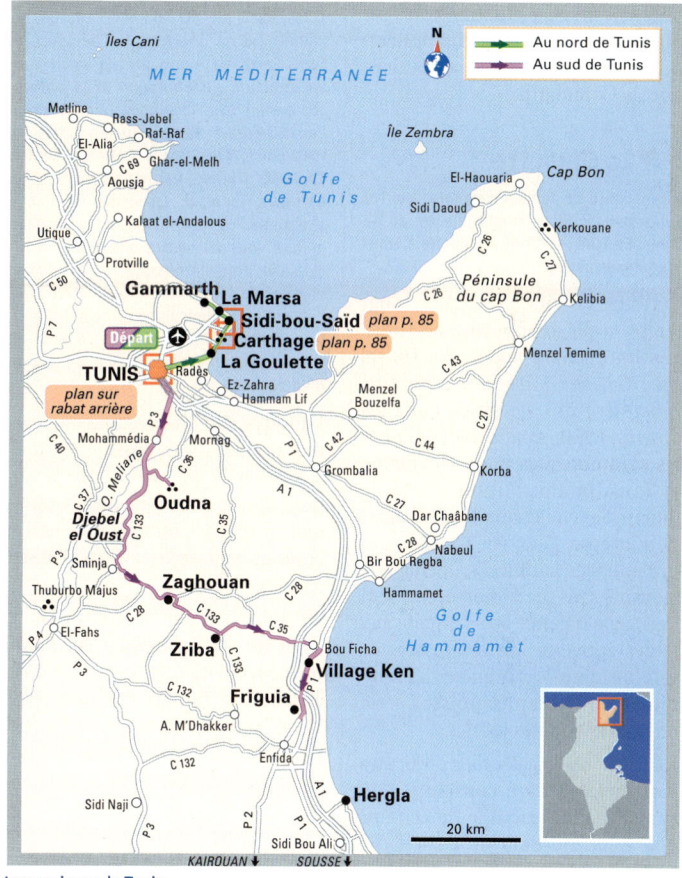

Les environs de Tunis.

Itinéraire de 27 km.

Durée : prévoir une journée, dont une 1/2 journée à Carthage et 2 h à Sidi-bou-Saïd avec une halte au café des Nattes. Voir également le **programme** proposé p. 68.

Conseil : Sidi-bou-Saïd, le village le plus célèbre de Tunisie, attire les touristes en grand nombre. Arrivez tôt le matin, pour apprécier en toute tranquillité la ravissante architecture de ses maisons et découvrir, en vous perdant dans les ruelles pavées, la gamme infinie de ses paysages ; ou en fin de soirée, pour vous mêler aux villageois.

Transports : l'idéal est d'être en voiture. La plupart des grandes étapes de cet itinéraire sont accessibles en TGM.

Carnet d'adresses p. 218.

Au nord, le long de la splendide baie de Tunis, les sites archéologiques de Carthage offrent des vestiges puniques, romains et byzantins d'une extrême richesse, tandis que du port de La Goulette aux plages de La Marsa, sur le parcours du charmant TGM, les petites villes de la banlieue nord de Tunis sont autant d'échappées appréciées des Tunisois comme des touristes. Cette zone connaît une expansion spectaculaire, hôtels et centres d'animation se multiplient, notamment dans la zone touristique de Gammarth.

♥ La Goulette★★

⇢ 11 km E de Tunis. **En voiture** : quittez Tunis par la digue établie sur le lac de Tunis. **En TGM** : station La Goulette. **Carnet d'adresses** p. 219.

Cette petite ville est depuis longtemps la plage populaire de Tunis. Le film de Ferid Boughedir, *Un été à La Goulette* (1996), évoque l'atmosphère qui y régnait dans les années 1960, quand cohabitaient les communautés juive, chrétienne et musulmane. Aujourd'hui, le dimanche, elle connaît une animation joyeuse. Et en été, les rues sont très animées la nuit. Des petits **restaurants** sans prétention accueillent une foule bigarrée qui s'installe aux tables couvertes de toile cirée. Le soir, on dîne à la lumière des lampions. Le « complet poisson » est une des spécialités locales.

● **Le port.** Les installations portuaires sont en expansion constante d'où l'amélioration urbaine de certains quartiers. Au-delà de l'ancienne **porte de la Douane**, très restaurée (enlevée aux Turcs et fortifiée par Charles Quint en 1535, puis par don Juan d'Autriche en 1573, la ville a subi de nombreuses attaques au cours des siècles en raison de sa valeur stratégique), la route tourne à g. devant la **forteresse** hispano-turque, longtemps utilisée comme prison. Au XVIᵉ s., dix mille chrétiens y furent détenus avant d'être vendus comme esclaves.

● **Khereddine.** Une petite station balnéaire séparée de La Goulette par un canal. Elle abrite l'une des résidences d'été de la famille beylicale.

● **Le Kram.** Devenu banlieue populaire à l'animation intense, Le Kram dissimule dans ses ruelles de belles demeures coloniales.

♥ Carthage★★★

⇢ 17 km N de Tunis. **En voiture** : quittez Tunis par l'av. Mohammed-V et prenez l'autoroute en direction de l'aéroport de Tunis-Carthage ; empruntez la sortie à dr. en direction de Carthage. Vous apercevez devant vous la silhouette massive de l'ex-cathédrale Saint-Louis et, après un rond-point, parvenez à Carthage-Centre. **En TGM** : stations Carthage-Salammbô et Carthage-Hannibal. La visite de chaque site archéologique est payante : un billet unique vous permettra d'accéder à tous les sites, dans l'ordre que vous souhaitez et selon le temps dont vous disposez, à l'exception de l'ancienne cathédrale Saint-Louis (billet différent). Ouv. t.l.j. 8h-19h en été, 8h30-17h en hiver. **Plan** p. 85. **Carnet d'adresses** p. 218.

L'antique cité phénicienne est devenue une banlieue cossue de Tunis aux belles villas noyées dans la verdure. Le quartier des ruines puniques a pris le nom de Salammbô en hommage au roman de Flaubert (*p. 288*).

De la Carthage phénicienne, il ne reste aucun édifice éminent : on peut même être déçu par cette absence de monument caractéristique. Mais les sites, qui rappellent l'existence de cette brillante civilisation, méritent d'être visités.

Le tophet (sanctuaire) de Tanit et Baal Hammon

⇢ **B3** De la gare de TGM Carthage-Salammbô, tournez à dr. dans l'av. Farhat-Hached, puis prenez à g. l'av. Jugurtha.

C'est le plus ancien lieu de culte punique de Carthage. Les fouilles ont mis au jour des urnes et des cases qui contiendraient les cendres de milliers d'enfants. Des centaines de stèles blanches se dressent dans un parc fleuri que l'on traverse en suivant un sentier ombragé.

Certaines portent le signe de Tanit (*notule p. 90*) – un triangle supportant un cercle –, d'autres le symbole commun à Baal Hammon et à Tanit – le disque solaire coiffé d'un croissant de lune renversé. Toutefois, la décoration est dans l'ensemble assez austère.

itinéraire 2 | Au nord de Tunis | 85

SIDI BOU SAÏD
- ▲ Hôtels
  1. Sidi Boufarès
  2. Dar Saïd
- ◆ Restaurants
  3. Le Chergui
  4. L'Amphitrite
  5. Au bon vieux temps
- ● Cafés
  6. Le Café des nattes
  7. Le Sidi Chaabane

CARTHAGE
- ▲ Hôtels
  1. Résidence Carthage
  2. Villa Didon
- ◆ Restaurants
  3. Gavroche
  4. Le Neptune
  5. Tchevap

Carthage.

Les ports puniques

⋯▶ **B3** Du tophet, rejoignez la rue Hannibal puis la rue Strabon.

Tout proches du *tophet*, ils consistent en deux lagunes aux contours indécis : la première était le port de commerce, l'autre, au nord, plus vaste, était réservée à la marine militaire punique. Dans un petit bâtiment installé par l'équipe archéologique britannique, une maquette montre la juxtaposition du port de commerce et du port d'escadre. À l'origine, seul le port de commerce avait un accès direct à la mer ; des vaisseaux pouvaient amarrer le long de ses quais, protégés par de hauts murs. Le port de guerre intérieur était circulaire et ses quais étaient couverts de façon à dissimuler les bateaux qu'ils abritaient. Au milieu du port, sur une île, s'élevait le pavillon de l'amiral. Signaux et appels étaient lancés de cette tour, assez haute pour que l'amiral pût voir ce qui se passait en mer, alors qu'aucun navire au large ne pouvait distinguer l'intérieur du port.

Aujourd'hui, le port punique abrite le **Musée océanographique Dar el-Hout**, (*28, rue du 2-mars-1934, tél : 71.730.420, ouv. de 10h à 13h et de 15h à 18h en hiver et de 9h à 12h et 16h à 19h en été. Fermé le lun.*). Construit en 1924, le musée a été récemment restauré et présente au fil de ses 11 salles les merveilles de la mer. Pour les amateurs, des aquariums d'eau douce et d'eau de mer, où évoluent de beaux spécimens de poissons, et une présentation des techniques de pêche tunisiennes.

Le quartier de Magon

B2 Des ports puniques, prenez la rue Taleb-Mehiri. **En TGM** : station Carthage-Hannibal, prenez l'av. de la République à dr., jusqu'à la mer.

Ce quartier s'étend des thermes d'Antonin aux ports puniques. On peut y voir des brise-lames, les restes de la première muraille punique ainsi que les ruines de constructions datant du IIe s. apr. J.-C. Deux antiquariums présentent des céramiques et des maquettes restituant les quartiers d'habitations et montrant l'évolution du quartier.

Les thermes d'Antonin**

B2 Av. des Thermes-d'Antonin. **En TGM** : station Carthage-Hannibal. Guides assermentés aux caisses (prix à fixer au préalable, en principe 5 dinars). **Attention** : les photos en direction du palais présidentiel sont interdites.

Ce site, très impressionnant, porte les vestiges des différentes civilisations qui se sont succédé à Carthage. Commencés sous Hadrien (117-138 apr. J.-C.), ces thermes monumentaux ne furent terminés qu'aux alentours de 145-162. Les Vandales, qui craignaient que la population n'en fît une forteresse pour leur résister, les détruisirent. Ensevelis sous les décombres, les thermes n'ont été dégagés qu'à partir de 1945. Par leurs dimensions, ce sont les vestiges les plus impressionnants du site de Carthage. L'imposante colonne du *frigidarium* (salle froide), qui dépasse 15 m de haut, donne la mesure du gigantisme des bâtiments. Ce que nous voyons actuellement ne constitue que le sous-sol de l'édifice d'origine, l'endroit où se trouvaient les réserves de bois, les chaudières et la tuyauterie en terre cuite. La partie publique, réservée aux salles d'ablutions et de réunion, était à un niveau supérieur, à la hauteur de l'esplanade actuelle.

Des tracés d'allées visibles à l'arrière-plan des thermes suivent le dessin de voies romaines et mènent à diverses ruines, notamment aux vestiges d'un monument qu'on appelle la *schola* (*cardo* XV) et dont les fouilles ont démontré qu'il s'agit d'une riche demeure du IVe s., dotée d'une intéressante mosaïque.

Une **chapelle chrétienne** du VIIe s. occupe l'extrémité du *cardo* XV ; elle se trouvait à l'origine à Saïda, d'où elle fut transportée. Le chemin principal s'arrête à la **basilique de Douimès** (VIIe s.). Une **nécropole punique** occupe la partie haute du jardin. Descendant dans l'axe des thermes, le chemin (*decumanus* IV) laisse à dr. les restes d'une **villa** avec pavements de mosaïque, puis à g. les vestiges d'anciennes **citernes**, pour aboutir à un portique d'où l'on a la meilleure **vue**** sur les thermes qui se découpent massivement sur fond de mer. Une maquette restitue la configuration

itinéraire 2 | Au nord de Tunis

de cet édifice pour le moins complexe. À g., un chemin s'arrête à l'enclos du palais présidentiel.

Le parc archéologique des villas romaines*

⸺▷ **A2** Remontez la colline de Byrsa en traversant le carrefour. Un panneau, à dr., indique le chemin du parc archéologique. Mêmes horaires que l'ensemble des sites.

C'est un ancien quartier d'habitations occupant le flanc oriental de la colline de l'Odéon. Le principal édifice est une maison romaine du IIIe s., en partie reconstituée en 1960 pour abriter un petit antiquarium, et surnommée **maison de la Volière** en raison de la belle mosaïque qui fut découverte. La terrasse offre une très belle **vue**** sur Carthage, Sidi-bou-Saïd et le champ de fouilles.

L'**odéon** (IIIe s.) fut démantelé par les Vandales ; les fondations du mur de scène témoignent cependant de l'importance de ses proportions. Le **théâtre**, qui occupe une cuvette au pied de la colline, a subi d'importantes restaurations. À l'origine, il comprenait trois galeries concentriques. Il accueille aujourd'hui le festival international de Carthage (p. 302).

L'ancienne cathédrale Saint-Louis (Acropolium)

⸺▷ **A2** Ouv. t.l.j. 8h-19h en été, 8h30-17h en hiver. Entrée payante.

La **colline de Byrsa**, lieu de la fondation de Carthage, est dominée depuis 1890 par la cathédrale. Elle fut le siège des Pères blancs d'Afrique jusqu'à l'indépendance et marque la volonté de l'Église d'affirmer, par ce symbole architectural, sa domination sur toute la chrétienté africaine. Elle est désaffectée, mais à l'intérieur on peut voir les blasons des familles qui ont aidé, par souscription, à sa construction. C'est de la galerie qu'on a la meilleure vue sur le golfe et les ports puniques. Reconvertie en espace culturel sous le nom d'**Acropolium**, elle accueille des expositions et des concerts, en particulier pendant l'Octobre musical.

Sur la colline qui lui fait face, proche de Damous el-Karita, s'élève la nouvelle **Grande Mosquée el-Abidine**, inaugurée en 2003 par le président tunisien. Une construction à l'architecture traditionnelle et sobre, dont le minaret s'élève à 54 m.

---

histoire
La Carthage chrétienne

D'abord combattu, puis adopté par les empereurs, le christiannisme devint religion de l'Empire romain en 381. La Tunisie fut troublée par les différentes hérésies qui marquèrent le bassin méditerranéen.

Le **donatisme**, apparut au IVe s., soutenait que les sacrements administrés par un prêtre indigne n'avaient pas de valeur. Ce mouvement prit un caractère politique, et fut adopté par les cultivateurs numides qui voulaient ainsi manifester leur opposition aux colons romains. L'**arianisme**, introduit par l'invasion vandale de 429, provoqua de fortes luttes entre orthodoxes et catholiques. Selon la doctrine arienne, que le premier concile de Nicée avait condamnée en 325, il n'existe qu'une seule personne divine : le Fils n'est pas né du Père, mais a été créé par lui et n'est pas de même nature. Sous la domination byzantine, le christianisme orthodoxe triompha et s'exprima par un renouveau architectural et artistique jusqu'à la 2de destruction de Carthage par les musulmans, en 698. Il reste à Carthage beaucoup de ruines datant de ces périodes chrétiennes.

archéologie
La Carthage romaine

La Carthage reconstruite par les Romains obéissait au plan traditionnel des villes romaines. Chaque quartier était divisé par deux rues principales, le *decumanus* et le *cardo*, se croisant à angle droit. Les autres rues, parallèles à ces deux premières, donnaient à la ville un aspect de damier. Ce type de plan est visible dans le quartier des thermes d'*Antonin*, mais aussi dans les ruines d'Utique (p. 111).

●●● Lire également « L'épopée carthaginoise » p. 278. ●

Le musée national de Carthage**

A2 Dans l'ancien couvent des Pères blancs, à l'arrière de la cathédrale. ☎ 71.730.036. Ouv. t.l.j. 8h-19h en été, 8h30-17h en hiver.

Ce musée présente le produit des fouilles entreprises à la fin du XIXe s. par les Pères blancs, sous la direction du cardinal Lavigerie, et le résultat des recherches internationales menées depuis 1973. Les trois périodes (punique, romaine et islamique) de Carthage sont balisées par un système de couleurs. On peut voir des **stèles** et des **sarcophages** puniques ainsi qu'une collection de **céramiques** provenant des fouilles du *tophet* de Salammbô et des nécropoles. L'art du verre y est représenté par une très émouvante collection de **petits masques** et par des éléments de colliers en verre polychrome (IIIe s. av. J.-C.). La **salle des amphores** présente des modèles puniques et romains.

● **L'archéologie romaine**. Ce secteur regroupe des statues, des sarcophages, des **pavements de mosaïque** (la plupart ont été découverts dans une riche villa romaine située près de l'amphithéâtre), une importante collection de **lampes à huile** et des objets en verre merveilleusement irisé. Vous verrez deux **magnifiques statues** trouvées sur la colline de Byrsa : l'une, reconstituée à partir d'un grand nombre de fragments éparpillés, représente *L'Abondance* ; l'autre, *La Victoire*. À signaler aussi les statues de Coré et de Déméter provenant de la **maison de la Cachette**.

● **L'archéologie chrétienne**. Y sont conservés quelques sculptures, un ensemble de carreaux de céramique, de beaux sarcophages ornés de stries et une intéressante collection épigraphique.

● **La salle de Byrsa**★★★. Cette aile du musée (*1er étage*) est consacrée aux fouilles françaises. La stratigraphie de la colline de Byrsa met en valeur les six niveaux mis au jour par les archéologues. Les trois premiers correspondent à la civilisation punique : tombes archaïques, ateliers métallurgiques, habitations ; le quatrième est constitué par le remblai romain ; le cinquième par les périodes romaine, vandale et byzantine ; le sixième par la civilisation islamique. On remarquera une magnifique **collection de monnaies**, un ensemble de vases, ou encore le squelette bien conservé d'un jeune homme (fin du VIe s. av. J.-C.) dont la tombe contenait des amulettes égyptisantes, deux amphores et du mobilier funéraire.

Le quartier d'Hannibal et le temple d'Eshmoun

AB-2 Au pied du musée national, les vestiges d'un quartier de la ville punique, dit d'Hannibal, et d'un temple dédié à Eshmoun ont été mis au jour. Les habitations, desservies par des rues larges de 6 à 7 m, étaient fermées sur la rue avec laquelle elles communiquaient par un corridor conduisant directement à la cour centrale. Au rez-de-chaussée se trouvaient les pièces de service, la salle d'eau et les salons de réception. Les chambres, auxquelles on accédait par un escalier de bois, étaient situées à l'étage. Les Carthaginois connaissaient les pavements de mosaïque et certains ont été retrouvés intacts. Ils représentaient des motifs géométriques ou parfois le signe protecteur de Tanit ; les tesselles étaient taillées dans des éclats de marbre, des pierres de couleur et des fragments de poteries. Ces constructions, datées de 202 à 146 av. J.-C., témoignent de la vitalité économique de Carthage avant sa destruction totale par Rome.

Les thermes de Gargilius

AB-2 Par l'av. Didon.

Des thermes évoqués par saint Augustin dans ses *Confessions* (*p. 90*), il ne reste que des frag-

Les citernes de la Malga et l'amphithéâtre

A2-3 Sur la route de Tunis, après le carrefour Tunis-La Marsa, sur la dr.

Les **15 citernes de la Malga** distribuaient l'eau acheminée par l'aqueduc de Zaghouan *(p. 95)*.

À g., l'**amphithéâtre des Martyres** (saintes Perpétue et Félicité) est aujourd'hui presque complètement ruiné. Cet édifice des Ier et IIe s. était, par ses proportions, le monument le plus important d'Afrique du Nord et il pouvait accueillir près de 36 000 spectateurs.

Damous el-Karita

A2 La rue Belhaouane, perpendiculaire à l'av. de l'Amphithéâtre, traverse l'av. du 7-Novembre et mène aux ruines de Damous el-Karita.

Cet ensemble constitué d'une basilique et de rotondes chrétiennes a été mis au jour en 1880 par le Père blanc Delattre.

Ces édifices, dont il ne reste aujourd'hui que des fondations et quelques fragments de colonnes, jouèrent un grand rôle dans l'histoire de la communauté chrétienne de Carthage.

La basilique Saint-Cyprien

B1 De la basilique de Damous el-Karita, continuez sur la rue Belhaouane.

La basilique Saint-Cyprien s'élevait au bord de la falaise. Elle ne différait de celle de Damous el-Karita que par quelques détails : sept nefs au lieu de neuf et un atrium rectangulaire.

Il est peu probable que le corps de saint Cyprien, martyrisé en 258 sur ordre de l'empereur Valérien, ait été inhumé en ce lieu. Le lieu offre une belle **vue*** sur le vallon d'Amilcar.

♥ Sidi-bou-Saïd**

B1 22 km N de Tunis. **En voiture :** quittez Tunis par l'av. Mohammed-V et prenez la GP9 en direction de La Marsa ; à l'entrée de La Marsa, suivre les indications Sidi-bou-Saïd. Vous pouvez vous garer dans le parking situé à l'entrée du village (souvent complet en été) où la circulation est interdite pour les non riverains. **En TGM :** station Sidi-bou-Saïd. **Conseil :** arriver tôt ou en fin de journée pour éviter la foule de touristes. **Plan** p. 83. **Carnet d'adresses** p. 221.

Des maisons chaulées de blanc, des portails bleus sur lesquels des clous forgés dessinent des motifs géométriques, des moucharabiehs finement ouvragés, des jardins croulant de fleurs : Sidi-bou-Saïd est un village de charme.

Ce joyau de l'architecture traditionnelle est accroché au sommet d'une colline qui servait de point de repère aux premiers navigateurs. Dans les ruelles étroites, les maisons sont secrètement fermées sur leur jardin, derrière de grandes portes de bois. Des bougainvilliers roses se détachent des murs et viennent se répandre jusque sur les trottoirs pavés. Les vues, depuis les terrasses, sur les dômes qui se découpent sur le vert sombre de la végétation ou le bleu changeant de la mer, sont uniques.

● **Dar Annabi**. *Dans la rue principale qui monte vers le café des Nattes. À g. avant les marches*. Vous découvrirez une belle demeure du XVIIIe s. où ont été reconstituées des scènes de la vie quotidienne. À cette époque, Sidi-bou-Saïd était le lieu de villégiature des grandes familles tunisoises qui y possédaient de magnifiques maisons.

● **Le *café des Nattes***. La rue principale monte – entre des boutiques de souvenirs où trônent les belles volières bleu et blanc, spécialité locale – vers l'escalier monumental du célèbre *café des Nattes* (*Kahoua el-Alya*, littéralement « café haut »). Situé dans l'ancienne entrée de la mosquée, c'est le lieu de rendez-vous des Tunisois et d'une clientèle internationale de passage.

Tunis et ses environs

▶ Accroché au sommet d'une colline, Sidi-bou-Saïd servait de point de repère aux premiers navigateurs.

- **Le *café Sidi Chebaane*.** Au bout de la rue, la terrasse du **café *Sidi Chebaane***, aménagé autour d'une *zaouïa*, offre une vue superbe sur le port, le golfe et le Bou Kornine. Renommé le *café des Délices* depuis que Patrick Bruel y a tourné le clip de sa chanson du même nom.

- **Le phare.** Il a remplacé les feux-signaux qui guidaient les galères puniques vers le port. C'est du sommet de cette colline que les guetteurs arabes virent approcher la flotte de la croisade dirigée par Saint Louis (1270). Un monastère fortifié y défendait la côte. Ce *ribat* fut un haut lieu spirituel, bastion du soufisme, courant mystique de l'islam apparu vers le VIIIe s. et dont la littérature est magnifique. Ce fut aussi la résidence d'Abou Saïd, pieux personnage d'origine marocaine, qui y vécut en ermite et attira de nombreux disciples. Plus tard,

divinités
Le panthéon carthaginois

Les deux principales divinités sont **Baal Hammon** et **Tanit**. Le premier est le dieu suprême, celui qui exauce les vœux, protecteur de la ville. Il est représenté assis, coiffé d'une couronne de plumes, sur un trône dont les bras figurent des sphinx. Tanit est une déesse maternelle, parfois incarnée par une mère allaitant un nourrisson, associée à la Lune. Sur certaines stèles, Tanit est une silhouette schématisée : le corps a la forme d'un trapèze, les bras sont levés vers le ciel et la tête est un cercle. Quand Baal et Tanit sont associés dans un même vœu, ils sont symbolisés par un disque solaire coiffé d'un croissant de lune renversé.

Les autres dieux sont **Eshmoun**, dieu guérisseur ; **Ashtart**, déesse de l'Amour et de la Fécondité, protectrice des soldats et des morts ; **Melkart**, protecteur des commerçants, des voyageurs et des fondateurs de cités ; **Cid**, dieu de la Chasse et de la Pêche.

Mais les Carthaginois, ouverts aux influences du monde méditerranéen, adoptèrent aussi des divinités étrangères : Isis, Osiris, Bès et Râ, venus d'Égypte, ou Déméter et Coré, venues de la Sicile grecque.

●●● *Lire également « L'épopée carthaginoise » p. 278.*

portrait
Saint Augustin, le catholique

Cet important théologien de la doctrine catholique est né en Afrique du Nord, en 354. Fils d'un païen et d'une chrétienne – sainte Monique –, il a passé sa jeunesse à Carthage, relatée dans ses *Confessions*.

itinéraire 2 | Au nord de Tunis | 91

Il se convertit au christianisme à Milan en 386, puis retourne dans la *Provincia Africa* où il est nommé évêque d'Hippone en 395. Sa mort en 429, à Bône – aujourd'hui en Algérie – coïncide avec l'invasion des Vandales et la reprise des persécutions contre les catholiques.

histoire
La colline des saints et des artistes

Sidi-bou-Saïd tire son nom de celui d'un homme de foi, Abou Saïd Ibn Khalef Ibn Yahia El-Béji, qui se retira dans le petit village du Jebel El-Manar (à l'emplacement du phare actuel) pour méditer et prêcher la doctrine soufie.

À sa mort, en 1231, ses disciples l'enterrèrent sur place et son mausolée devint un lieu de pèlerinage autour duquel le village s'édifia. Il continue d'être vénéré et honoré lors de la Kharja, une fête religieuse qui a lieu au mois d'août, rassemblement de confréries qui traversent le village au son de chants soufis.

Sidi-bou-Saïd a été fermé aux non-musulmans jusqu'en 1826. Sitôt levé cet interdit, nombreux sont ceux qui se sont laissé séduire par la poésie des lieux. Cocteau et Gide y écrivirent des pages superbes, tout comme Montherlant, Jean Duvignaud ou Michel Foucault; Paul Klee et Macke y furent subjugués par la lumière des lieux.

Le village a été, et est toujours, une source d'inspiration pour les peintres tunisiens: Ammar Farhat, Zoubeir Turki, Jallal Ben Abdallah ou Brahim Dahak en ont fait leur terre d'élection *(p. 59)*.

les corsaires firent de Sidi-bou-Saïd le centre de la piraterie antichrétienne. Jusqu'en 1826, il fut défendu aux chrétiens de pénétrer dans ce village maraboutique.

Le sage Abou Saïd repose dans un **marabout** à quatre dômes orné d'un élégant minaret, situé dans la mosquée de Sidi-bou-Saïd. Ses disciples sont enterrés dans un minuscule cimetière-belvédère ; parmi les tombes se trouve celle de Sidi Dhrif (« le Gracieux »), auteur de l'énumération des treize modes classiques du *malouf*.

● **Le Dar Nejma ez-Zohra****. *Ouv. t.l.j. sf lun. 8 h-13 h et 14 h-17 h en hiver, 9 h-13 h et 15 h-18 h en été.* ☎ *71.740.102. Entrée payante.* Le palais du baron d'Erlanger est situé dans un magnifique jardin à la vue imprenable sur la baie de Carthage. C'est à Rodolphe d'Erlanger (1873-1932) que l'on doit le classement historique du village de Sidi-bou-Saïd, en 1915, ainsi que la tradition de peindre en bleu les portes et les moucharabiehs des maisons du village. Peintre, passionné de musique arabe, il a activement participé à la renaissance du *malouf*. Sa demeure, construite en 1921 dans la tradition arabe, est devenue le **Centre des musiques arabes et méditerranéennes** et accueille régulièrement des concerts. Un petit **musée d'instruments de musique** complète la visite de ce palais qui a conservé sa décoration d'origine.

● **Le port de plaisance**. Il est accessible depuis le haut du village par un long escalier à travers la colline. Cette promenade vous permettra d'admirer la vue sur le golfe de Carthage et le Bou Kornine. Accessible aussi par la route, c'est le lieu de rendez-vous des Tunisois le week-end, le port (400 anneaux) est très sollicité par les plaisanciers *(p. 308)*.

●●● *Conseil : si vous êtes en voiture, quittez Sidi-bou-Saïd par la route de Sidi-Dhrif vers La Marsa. Vous jouirez d'un magnifique point de vue sur la mer et la colline de Gammarth.*

▶ Ornant les façades immaculées, des moucharabiehs et des fenêtres grillagées bleu vif font le charme de Sidi-bou-Saïd.

La Marsa* et Gammarth

27 km N de Tunis. **En voiture** : quittez Tunis par l'av. Mohammed-V et prenez l'autoroute en direction de La Marsa et Gammarth. **En TGM** : le terminus est La Marsa. **Carnet d'adresses** p. 219.

La Marsa servait autrefois de résidence d'été aux beys de Tunis. Ils y édifièrent de somptueux palais, aujourd'hui transformés en lieux de rencontres et d'exposition comme **El-Abdalliya**, construit au XVIe s., ou **Ksar Essaâda** (« palais du bonheur »), siège de la municipalité, entouré de magnifiques jardins ouverts au public. Cette banlieue, aux villas élégantes, abrite la résidence privée de l'ambassadeur de France, Dar al-Kamila, une vaste demeure de style mauresque entourée d'un magnifique parc.

Cette station balnéaire, située à quelques minutes de Sidi-bou-Saïd, séduit par sa belle plage rejoignant la falaise de Gammarth. Lors des chaudes soirées d'été, c'est un des lieux de promenade favoris des Tunisois en raison de sa fraîcheur et de son animation.

● **La promenade du bord de mer** est envahie, à la belle saison, par les marchands de *meshmoum*, ces petits bouquets de jasmin si odorants, et par les familles qui dégustent les glaces du *Petit Salem*, le glacier le plus célèbre de la banlieue nord.

Des galeries d'art se sont installées à La Marsa, côtoyant fast-foods et marchands de sandwichs. Un centre commercial a ouvert ses portes face à la charmante station du TGM, qui est le centre névralgique de la ville.

- **Le café *Saf Saf***. Ce célèbre café se trouve sur une petite place, dominée par une mosquée d'origine hafside. C'est la curiosité de La Marsa : depuis des années, on vient y voir le lent manège d'un chameau qui tourne inlassablement pour actionner un puits d'époque hafside, restauré en 1969. Le bâtiment, érigé autour d'arbres qui ont donné leur nom au café (*saf saf* signifie « peuplier »), est le lieu de rencontre des joueurs de cartes et de dominos ainsi que des adeptes de la *chicha*.
- **Gammarth**. Sur la route, hôtels et villas apparaissent très vite. La corniche inférieure, à dr., dessert un quartier résidentiel huppé où les villas sont accrochées à flanc de colline. La route traverse des forêts d'essences méditerranéennes et mène à la grande **plage de Raoued**, le long de laquelle s'est développée une nouvelle zone touristique, les Côtes de Carthage. Les hôtels sont pour la plupart des établissements haut de gamme. Un golf de 18 trous, conçu par Robert Trent Jones avec 14 lacs et marais. a été aménagé à proximité de l'hôtel *The Residence*, entre la route et la lagune salée (Sebkhet er-Ariana). ●

3 | Au sud de Tunis

© Nicolas Fauqué/imagesdetunisie.com

Itinéraire de 105 km.

Durée : prévoir une journée, visitez Oudna tôt le matin, avant la chaleur en été et admirez le crépuscule à Zriba-Haut. Voir également le **programme** proposé p. 68.

Transports : l'idéal pour effectuer cet itinéraire est d'être en voiture.

Carte p. 83.

Carnet d'adresses p. 218.

Les banlieues sud de Tunis ont connu un spectaculaire développement démographique : Radès, Mégrine, Ez-Zahra et Hammam-Lif, autrefois petites villes résidentielles, sont devenues de véritables centres industriels. Un pont à haubans long de 260 m, le premier du genre en Tunisie, relie Radès à La Goulette depuis fin 2008, en passant au-dessus du lac de Tunis. Plus au sud encore s'étend un paysage strié d'oliviers et de cyprès. Les vestiges d'Oudna, l'un des derniers sites archéologiques mis au jour en Tunisie, méritent absolument une halte, tout comme Zaghouan, une petite ville aux trésors cachés dont les eaux étaient acheminées par un aqueduc jusqu'à Carthage.

Oudna*

À la sortie S de Tunis, prenez la P 3 en direction d'El-Fahs. À 25 km, prenez la C 36 à g., vers Oudna. Le site est mal indiqué : demandez votre chemin.

Oudna est l'antique **Uthina**, d'où proviennent quelques-unes des très belles mosaïques conservées au musée du Bardo (p. 77). Ce site, resté dans l'oubli pendant des siècles, n'a pas bougé depuis

◀ Les thermes d'Oudna.

l'époque antique. Dégagé et mis en valeur progressivement depuis une dizaine d'années, il n'a probablement pas encore révélé toutes ses richesses.

L'**amphithéâtre** romain, en partie restauré, pouvait accueillir environ 16 000 spectateurs; il s'agit d'un des trois plus grands d'Afrique du Nord. Dans le quartier des **villas**, celle d'**Ikarios** possède de remarquables mosaïques, mais il ne reste des **thermes** que les sous-sols voûtés. Le **capitole** domine une campagne luxuriante. Ce site d'une grande beauté n'est pas encore entré dans les circuits de visites archéologiques et vous aurez des difficultés à trouver un guide pour vous fournir quelques explications.

Djebel-el-Oust

⇢ Reprenez la C 36 à g., jusqu'à la P 3 vers El-Fahs. 5 km après l'embranchement de la P 3 avec la C 133, tournez à dr.

La valeur curative de ses eaux radioactives chlorurées et sodiques qui jaillissent à 58°C ainsi que la modernité de ses installations assurent à cette charmante **station thermale** (386 m d'alt.) une clientèle constante. Les Romains ont commencé, comme il se doit, à exploiter le site. Dans les années 1960, des fouilles archéologiques révélèrent, à 1 m de profondeur, des salles de thermes antiques ayant conservé leur pavement de mosaïque, trois piscines aux marches et aux colonnades érodées ainsi qu'un temple dédié à la déesse de la source.

La C 133 mène à Zaghouan (22 km) en traversant la belle forêt qui couvre les collines.

Zaghouan**

⇢ **En voiture**: 57 km S de Tunis par la P 3, puis la C 133; 50 km O de Hammamet par la P 1, puis la C 28. **En autocar**: liaisons régulières avec Tunis, Hammamet, Kairouan, Enfida et Sousse. **En train**: la gare la plus proche est à Sminja (15 km); liaisons régulières avec Tunis. **En louage**: 1 h depuis Tunis.

Zaghouan est située sur l'emplacement de l'antique *Ziqua*, dont il ne reste qu'un arc de triomphe. Cette ville d'eau, qui garde depuis l'époque punique la source alimentant Tunis, mérite que l'on s'attarde quelque peu dans ses murs. Avec ses petites rues étroites et escarpées, ses places panoramiques dotées de fontaines, elle possède un charme particulier que vient renforcer la présence à l'arrière-plan du **djebel Zaghouan**.

Ne manquez pas la **Grande Mosquée*** (*à g.*), puis le **marabout de Sidi Ali Azouz***, reconnaissable à son dôme aux vieilles tuiles vernissées de couleur verte. Ses murs sont ornés de fins motifs géométriques sculptés dans la pierre.

Dominant la ville, le **Nymphée*** ou **temple des Eaux** fut construit sous le règne d'Hadrien au pied des grands escarpements rocheux du djebel Zaghouan. Ce temple, qui veillait sur un bassin de décantation, est probablement la construction antique la plus charmante et la plus curieuse de Tunisie. Tourné vers un vaste panorama, il est entouré de murs en hémicycle, dans un cadre de rochers noyés de verdure. Sa forme semi-circulaire lui permettait d'abriter jadis la statue de la divinité protectrice de la source. Le parc qui l'entoure est un lieu de promenade très fréquenté.

Les nombreuses traces de citernes puniques, les bassins des Aghlabides à Kairouan (*p. 164*), les puits, les galeries souterraines et le fameux **aqueduc de Zaghouan** qui approvisionnait Carthage témoignent du souci constant des Tunisiens pour leur alimentation en eau potable.

Ce dernier ouvrage, long de 70 km, demeure l'une des plus étonnantes réalisations antiques du pays. Les eaux de source étaient recueillies et transportées, grâce à d'ingénieux systèmes de canalisations souterraines ou reposant sur d'étroits murets et des arches, jusqu'à de vastes réservoirs. L'aqueduc est encore en très bon état.

●●● *Randonnées. La région du djebel Zaghouan est le lieu idéal pour des randonnées* **pédestres**, **équestres** *ou en* **VTT**. *Les paysages, légèrement montagneux, sont de toute beauté. Voir carnet d'adresses p. 227.*

Zriba-Haut et le village Ken

En voiture : suivez sur 7 km la C 133 en direction de Bou Ficha et Hammamet, puis bifurquez à dr. pour suivre une piste qui devient très mauvaise, mais seulement en fin de parcours. La piste traverse d'abord un gros village, puis laisse à dr. le chemin de Hammam Zriba (source thermale utilisée en dermatologie) pour se poursuivre en direction de Zriba-Haut.

Zriba-Haut

Il ne faut que quelques minutes pour atteindre, par une ruelle escarpée et coupée d'escaliers, le sommet de ce nid d'aigle qui offre une vue plongeante sur le village et l'ensemble du panorama.

Le village Ken

De Zriba-Haut, reprenez la C 133. À Zriba-Village, au carrefour, prenez à g. la C 35 vers Bou Ficha, qui est distant de 21 km. À la sortie de ce petit village, tournez à dr. pour rejoindre la P 1 en direction du village Ken, à 5 km. **Carnet d'adresses** p. 227.

Créé en 1985, ce village *(entrée payante)* a été entièrement bâti par un couple passionné d'art et d'artisanat selon les méthodes ancestrales, dans le but de réhabiliter le patrimoine culturel tunisien.

Dans les différents ateliers, vous retrouverez toutes les formes de l'artisanat traditionnel, élaboré devant vous : tissage, céramique, tapis ou menuiserie. De petits musées exposent les richesses du patrimoine.

●●● *Détour :* en quittant le village Ken, vous pourrez faire une petite halte au **parc animalier Friguia** où plusieurs espèces rares évoluent dans un environnement naturel.

Prenez la P 1 à dr. pour rejoindre Hammamet en longeant la côte, ou l'autoroute en direction de Tunis. ●

4 | Le cap Bon

Située entre les golfes de Tunis et de Hammamet, la péninsule du cap Bon, hormis la ville de Hammamet, est la destination idéale pour les amoureux de silence et de tranquillité. Dominée par les vignobles et les orangeraies, elle est bordée de longues plages sauvages et de petits ports de pêche authentiques qui constituent autant de haltes de charme. Les routes, excellentes, traversent des paysages somptueux donnant sur la mer. Étirant ses plateaux sur 70 km, cette région bénéficie d'un climat particulièrement doux, propice à la culture de l'oranger, du citronnier, du jasmin et de la vigne. Au printemps, la floraison des orangers est l'occasion de jolies fêtes. Sur la côte est, Hammamet et Nabeul sont les « must » du tourisme balnéaire : ces deux villes n'en conservent pas moins leur cachet.

▲ La médina de Hammamet est gardée par les hauts murs d'une forteresse.

Le cap Bon

Le cap Bon.

Durée de l'itinéraire : En voiture, une journée au départ de Hammamet, avec une halte d'une heure à Kerkouane, une pause déjeuner à El-Haouaria et, suivant la saison, une baignade à Korba ou à Kelibia s'impose. Se détendre en prenant un verre au fort de Kelibia. Et les amateurs de poterie auront besoin d'au moins 2 heures pour faire leur choix à Nabeul. Itinéraire de 233 km depuis Hammamet. **Départ** de Hammamet.

Circuler : La voiture est le meilleur moyen de visiter le cap Bon. Sinon en autobus.

Carte ci-dessus.

Carnet d'adresses p. 228.

Hammamet*

En voiture : 63 km S-E de Tunis par l'A 1 ; 50 km E de Zaghouan par la C 28 ; 71 km N de Sousse par la P 1 ; 104 km N-E de Kairouan par la P 2, puis la P 1. **En autocar :** liaisons t.l.j. avec Tunis et Nabeul. **En train :** liaisons t.l.j. avec Tunis, Hammam Lif, Grombalia, Bir-bou-Regba, Nabeul. **Carnet d'adresses** p. 228.

Haut lieu du tourisme, Hammamet a tout de même réussi le tour de force de préserver la beauté de son site. Des collines dénudées vers le nord, des orangers et des oliveraies en toile de fond, une plage longue et élégante, des hôtels implantés dans d'immenses jardins qui ont fait la réputation de la ville, une médina authentique gardée par les hauts murs d'une forteresse que les vagues caressent, tout cela explique le succès de cette station balnéaire qui, en été, accueille des centaines de milliers de touristes.

Très prisée par la haute bourgeoisie tunisienne, Hammamet est l'une des villes où l'activité nocturne bat son plein durant l'été. Elle abrite les discothèques les plus « branchées » du pays. Chaque mardi, pour les

itinéraire 4 | Le cap Bon | 99

Hammamet.

lève-tôt, le **marché de Djididi**, à quelque 18 km de Hammamet sur la route de Tunis, réserve bien des surprises.

La médina

B2 De taille modeste, la vieille ville se parcourt aisément au cours d'une flânerie : vous goûterez aux joies du marchandage dans les souks – où se succèdent échoppes à souvenirs, boutiques d'artisanat et magasins d'antiquités – et à la déambulation rêveuse dans le dédale de rues tortueuses – maisons aux murs blancs, portes ouvertes sur des cours intérieures, rituel de l'eau à la fontaine publique... Indifférente à l'agitation, la vieille ville continue miraculeusement de vivre à son rythme.

● **Le souk**. L'entrée principale de la **médina** mène à la rue étroite du **souk**. Ici, les échoppes regorgent de tapis, d'objets en cuivre et de céramiques en provenance de Nabeul *(p. 102)*, artisanat principalement destiné aux touristes qui ne peuvent circuler sans être hélés par les vendeurs. Quelques boutiques cependant ont de belles collections de bijoux.

● **La Grande Mosquée**. En montant, vous trouverez sur votre g., en face des bains turcs, la mosquée, dont

▲ Les hôtels d'Hammamet, perdus dans une végétation dense, savent se faire oublier.

histoire
Hammamet, très jet-set

Les Romains s'étaient établis dans la région, sur les sites de *Siagu* et de *Pupput*. Il fallut attendre le XIIIe s. pour qu'un fort soit édifié avant d'être remplacé, au XVe s., par la kasbah et l'actuelle médina. Les Espagnols fortifièrent la kasbah, mais il semble que Hammamet (dont le nom en arabe signifie, selon la prononciation, « bains » ou « colombes ») se soit maintenue à distance des batailles et des invasions qui frappèrent la Tunisie. Le petit village dut s'agrandir lentement au fil des siècles, mais c'est avec la construction du réseau routier dans la 1ère moitié du XXe siècle qu'il prit réellement son essor.

Le rendez-vous prisé des intellectuels
Dans les années 1920, le milliardaire roumain **Georges Sebastian** vint s'installer à Hammamet et se fit construire une demeure à l'antique, considérée comme l'une des plus belles réussites architecturales de l'époque. Des écrivains et des peintres de renom s'y rendirent pour découvrir ce prestigieux édifice et goûter aux douceurs des rivages tunisiens. Les écrivains **André Gide** et **Georges Bernanos**, l'architecte **Franck Lloyd Wright** ou le peintre **Paul Klee** furent de ceux-là.

Au début du siècle également, de nombreux Européens aisés se firent construire de splendides villas sur les hauteurs de Hammamet, enfouies dans de grands jardins odorants, à l'ombre des cyprès et des eucalyptus géants. L'acteur Jean-Claude Pascal fut l'un des premiers à s'installer à Hammamet. Il contribua au lancement du **Festival international** *(p. 56 et p. 302)*. L'ancien président du Conseil italien, Bettino Craxi, décédé en 2000, y finit ses jours et choisit d'y être enterré.

De nos jours, les dizaines d'hôtels qui accueillent les vacanciers savent se faire oublier. Perdus dans une végétation dense, ils se remarquent à peine.

Une ville toujours vivante
Quand les hôtels sont complets, la vieille ville, qui accueille des échoppes à souvenirs, des boutiques d'artisanat, des magasins d'antiquités continue miraculeusement de vivre à son rythme. Près de la kasbah, la grève, indifférente aux activités balnéaires, accueille des bateaux de pêche à la proue élancée dans une lumière vive qui joue avec les embruns brillants. ●

le minaret du XVe s. a été restauré en 1972. À l'intérieur de la cour, un cadran solaire surélevé indique la direction de La Mecque. À l'arrière-plan, à dr., l'ancienne mosquée Sidi Abd el-Kader el-Jilani, bâtie en 1978, sert aujourd'hui d'école coranique pour les enfants.

● **Le musée Dar Khadija**. *Ouv. t.l.j. 9h-19h30. Entrée payante*. Dans une vieille maison de style mauresque, ont été mises en valeur les spécificités de la région d'Hammamet, à travers des œuvres picturales, des objets traditionnels et des maquettes de quelques monuments historiques de la ville.

● **Le musée Dar Hammamet**. *Ouv. t.l.j. 8h30-19h30. Entrée payante.* Ce petit musée, doté d'une agréable terrasse, est consacré aux costumes traditionnels de mariage issus des diverses régions du pays.

●●● *Pour en savoir plus sur les traditions tunisiennes, voir p. 44.*

● **Les cimetières**. À l'opposé du port de pêche par rapport à la forteresse se trouve un site bien protégé de l'agitation touristique. Il s'agit d'un **cimetière chrétien** créé en 1881. Les tombes blanches à l'abandon jouxtent le **cimetière musulman**, interdit à la visite, véritable trait d'union entre la mer et les murs austères de la forteresse. On goûte au calme et à la majesté du site, ce qui est rare à Hammamet.

● **La kasbah***. *Ouv. t.l.j. 9h-19h en été, 8h30-17h30 en hiver. Entrée payante.* Édifiée au milieu du XVe s. sur l'emplacement d'un fort plus ancien, la kasbah servit un temps de caserne à la Légion étrangère française. Un charmant **café turc** est ouvert sur le plus haut des remparts.

La ville moderne

B1-2 En 1974, la place de Hammamet a été transformée en un centre commercial moderne peu attrayant. À côté, l'av. Habib-Bourguiba monte le long de boutiques, de banques et de bureaux jusqu'à la bifurcation de Nabeul. Au-delà, près de la gare, de style colonial, la route tourne à g. en direction des hôtels.

● **La demeure des Sebastian* hors pl. par A1**. *Av. des Nations-Unies. Ouv. t.l.j. 8h-18h. Entrée payante* ☎ *72.280.410*. L'avenue passe devant la longue façade blanche du **Centre culturel international**, installé dans la superbe demeure des Sebastian. Le Festival international de Hammamet y a lieu en juillet-août, dans le joli théâtre à l'antique construit en 1964.

Au-delà, prenez la rue Dag-Hammarsk joeld, à g., pour rejoindre l'avenue des hôtels et le site de Pupput.

Le site de Pupput

⤳ **Hors plan par A1** Ouv. t.l.j. 8h30-17h30 en hiver, 8h-19h en été. Entrée payante.

Le parc archéologique de Pupput, du nom de Hammamet à l'époque romaine, se trouve entre le *Samira Club* et l'hôtel *Ben Tanfous* dans la zone touristique au sud de Hammamet. La partie encore conservée présente un quartier de maisons toujours pavées de leurs mosaïques polychromes ainsi que des ensembles thermaux. Les fouilles se poursuivent sur ce site.

Au nord de ces vestiges et à proximité de l'hôtel *Kerkouane*, une **nécropole romaine** (IIe-VIe s.) a été mise au jour.

Yasmine Hammamet

Cette nouvelle station touristique intégrée, artificielle et dénuée de charme, s'est développée au sud de la ville. Hôtels de luxe, restaurants et boutiques s'y sont implantés, sans oublier les casinos et même une patinoire. Tout a été conçu pour le tourisme. La marina de 700 anneaux, très fréquentée en été, peut accueillir des bateaux de 110 mètres *(p. 231)*. Une **médina** grandeur nature a été reconstituée à l'identique des vieilles villes arabes, avec ses remparts et ses souks, ses restaurants et ses boutiques. L'entrée du parc d'animations sur le thème de l'histoire de la Tunisie, le **Carthageland**, est marquée par des faux éléphants (en souvenir d'Hannibal ; *p. 278*). Aux beaux jours, la marina est toutefois fort agréable, ses cafés et restaurants attirent la jeunesse tunisoise.

●●● *Détour : de Hammamet, vous pouvez visiter le **village artisanal Ken** (à 20 km S ; p. 96) et vous rendre à **Sousse** (à 71 km ; p. 141) et **Kairouan** (à 104 km ; p. 162).*

Nabeul★★

En voiture : 67 km S-E de Tunis par l'A 1 ou la P 1 jusqu'à Grombalia, puis la C 27 ; 10 km N-E de Hammamet par la C 28. **En autocar** : liaisons t.l.j. avec Tunis et Hammamet. **En train** : liaisons t.l.j. avec Tunis, Grombalia, Hammamet. **Carnet d'adresses** p. 233. **Plan** p. 103.

Du point de vue des équipements balnéaires, Nabeul fait pâle figure à côté de Hammamet, sa voisine. Les établissements y sont moins prestigieux, les jardins plus rares. Cependant, Nabeul a d'autres atouts. L'agglomération, située légèrement en retrait de la côte, est depuis des siècles un centre réputé de production de **céramiques** (*p. 234*) et de **nattes**. Sous les doigts agiles des artisans, l'argile blanche de Tabarka et l'argile rouge extraite à la sortie de la ville deviennent vases, plats et carreaux qui perpétuent cette merveilleuse science ornementale du motif végétal à dominantes bleu, brun rouge et jaune sur fond blanc. Les poteries de Nabeul jouissent d'une réputation exemplaire. Les carreaux de céramique, comme les nattes en jonc ou en alfa, produits à Nabeul, sont diffusés à travers tout le pays. À cela s'ajoute la distillation des **fleurs de géranium**, **de jasmin** ou **d'oranger** (*p. 106*). Ces activités, à la limite de l'artisanat et de la petite industrie, confèrent à Nabeul le statut de petite ville de province bien installée dans une prospérité déjà ancienne.

Le site archéologique de Neapolis

⇢ Hors pl. par A2 À 2 km du centre près du club Med. Ouv. t.l.j. sf lun. 9h-13h et 16h-19h en été ; 9h30-16h30 en hiver. Entrée payante.

La cité de *Neapolis* (« ville neuve »), qui succéda à une cité phénicienne, est installée le long du rivage. Les premiers vestiges ont été mis au jour lors de la construction de l'hôtel *Neapolis* en 1965. Les fouilles ont permis de dégager des vestiges de l'époque romaine : la **maison des Nymphes**, une vaste demeure de 1 500 m² du IVe s. apr. J.-C., dont les mosaïques sont visibles au Musée archéologique, et les usines de traitement du poisson où se faisaient la salaison et la fabrication du *garum*.

Le Musée archéologique

⇢ B2 Av. H.-Bourguiba. Ouv. t.l.j. sf lun. 9h-13h et 15h-19h en été ; 9h30-16h30 en hiver. Entrée payante.

Il conserve de belles collections en provenance des sites archéologiques du cap Bon. Dans la salle punique, objets en terre cuite ou en céramique et statuettes témoignent de la richesse des rites funéraires. Remarquez la *Déesse léontocéphale* représentant Tanit (Ier s. apr. J.-C.) provenant du sanctuaire de Thinissit. La salle romaine présente une très belle collection de mosaïques, la plupart en provenance de la **maison des Nymphes de Neapolis**, comme une *Scène de noces* (IVe s. apr. J.-C.). Dans la salle des salaisons est expliqué le mode de fonctionnement de l'usine de traitement de poissons de Neapolis.

Un petit tour en ville

B1 Si vous désirez vous promener dans la partie animée de la ville et visiter quelques boutiques de potiers, il vous faut revenir au carrefour principal et emprunter l'**avenue Farhat-Hached**. Piétonne dans certaines parties, cette rue longe un

itinéraire 4 | Le cap Bon | 103

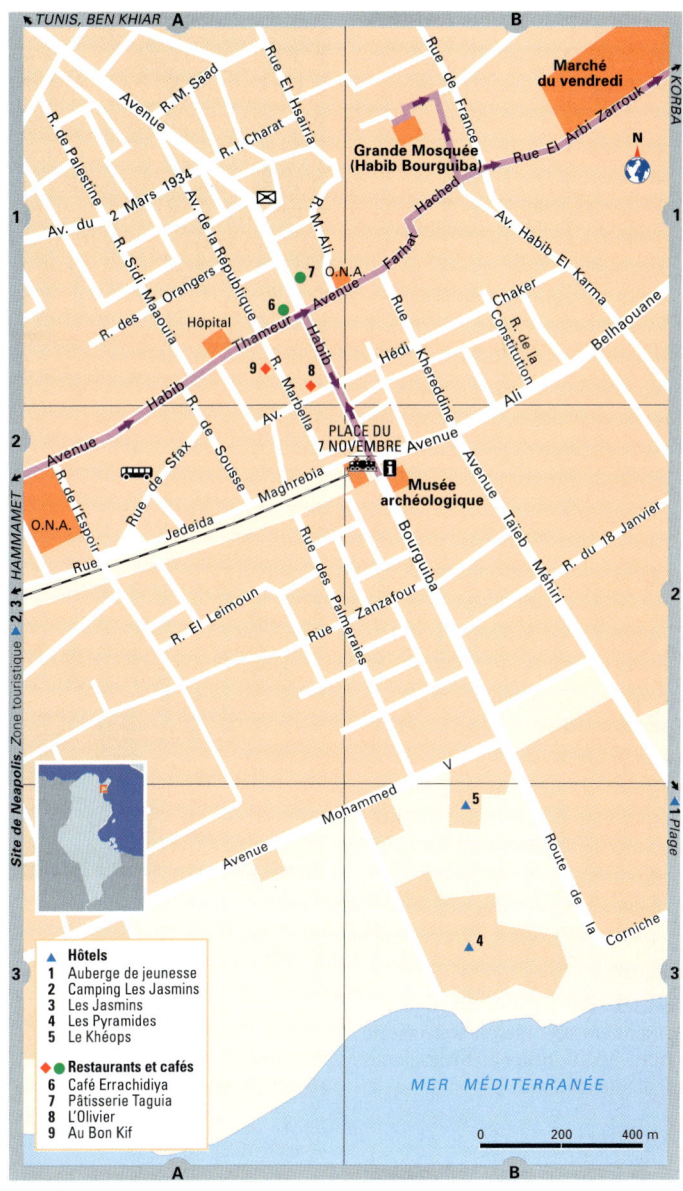

Nabeul.

Hôtels
1 Auberge de jeunesse
2 Camping Les Jasmins
3 Les Jasmins
4 Les Pyramides
5 Le Khéops

Restaurants et cafés
6 Café Errachidiya
7 Pâtisserie Taguia
8 L'Olivier
9 Au Bon Kif

grand nombre d'échoppes avant de parvenir à la place centrale. Derrière les arcades du souk (à g.), on aperçoit la **Grande Mosquée Habib-Bourguiba**★★, restaurée en 1967, qui fournit une parfaite illustration des spécialités artistiques locales, notamment la superbe porte rehaussée d'un linteau de pierre finement sculpté. Le **marché du vendredi**★, pôle d'attraction de Nabeul, se tient dans le souk ej-Jouma. On y trouve toutes sortes de choses dans une atmosphère de kermesse joyeuse : vêtements, poteries, brocante se mêlent aux fruits,

▶ La plage de Korba reste un endroit sauvage et préservé. Une très belle halte.

aux sacs d'amandes et de noix, aux tapis bariolés, aux peaux de mouton et même aux dromadaires.

●●● *À voir également :* *les épices de Nabeul sont réputées. Un industriel de l'épice a eu l'idée de les présenter au musée Dar Taieb (sur la route de Tunis hors pl. par A1 ; ouv. t.l.j. sf lun. 8 h-13 h et 15 h-19 h ; entrée payante). Vous y découvrirez les secrets de fabrication des épices, des huiles essentielles et des thés.*

♥ Le tour de la péninsule★★★

⋯▸ Voir carte p. 98. Circuit de 233 km depuis Hammamet. Prévoyez une journée. Depuis Tunis, le circuit se fait en sens inverse, *via* Soliman.

Dans cette région préservée, vous découvrirez une Tunisie authentique et accueillante. Aucun grand complexe hôtelier n'y est implanté, seulement de petits hôtels. Prenez le temps de flâner dans l'une des villes ou villages pour vivre au rythme des habitants. Le long de la côte bordée de sable blanc, nombreuses sont les localités qui présentent un réel intérêt touristique pour leurs curiosités archéologiques ou architecturales.

Korba★★

⋯▸ **En voiture :** 30 km N-E de Hammamet par la route côtière (C 28, puis C 27 à partir de Nabeul). **Carnet d'adresses** p. 233.

Installée sur le site de la *Curubis* des Romains, aujourd'hui disparue, Korba est l'une des villes les plus charmantes du cap Bon. Ses ruelles forment un labyrinthe accroché à flanc de colline. Au cours de votre promenade, observez les beaux linteaux de pierre sculptés qui surmontent les portes des maisons chaulées de blanc.

De petites routes mènent à la **plage**, belle et sauvage.

Menzel-Temime

⋯▸ **En voiture :** 46 km N-E de Nabeul, 25 km de Korba par la C 27.

Ce petit bourg agricole est spécialisé dans la production des **arachides** et des **tomates**. En août-septembre, les rues sont égayées par une multitude de guirlandes de poivrons séchant au soleil.

Devant la belle plage de sable fin, de hauts fonds rocheux font de Menzel-Temime un endroit rêvé pour la **plongée**.

Kelibia**

→ **En voiture :** 58 km N-E de Nabeul et 12 km NE de Menzel-Temime par la C 27. **Carnet d'adresses** p. 232.

Ce port de pêche, renommé pour ses sardines, maquereaux et anchois, doit également sa réputation à un excellent **muscat** et au vin que l'on en tire.

Il est dominé par une **forteresse**** (*ouv. t.l.j. 8h-19h en été ; 8h30-17h en hiver ; entrée payante*) qui écrase le paysage alentour du haut d'un promontoire haut de 150 m. Élevée au VIe s. par les Byzantins, elle fut fréquemment remaniée. Sertie d'une forêt de pins d'Alep, elle offre au regard un tableau coloré qui vaut bien une petite ascension.

Des vestiges puniques et romains trouvés sous l'actuelle structure rappellent que Kelibia tient son nom de l'antique *Clupea*, que détruisirent les légions de Scipion. Une magnifique **plage*** se trouve à 1,5 km de la ville et se prolonge vers le nord sur des kilomètres. Dépassez les derniers bâtiments et vous vous retrouverez sur une plage sauvage face à une mer d'un bleu profond. Le port de pêche, au centre de la ville, est le quatrième de Tunisie. Les bateaux appareillent au crépuscule pour la **pêche au lamparo** (lampe utilisée pour attirer le poisson). Sur les quais, de nombreuses gargotes proposent des poissons et des fruits de mer, les pieds dans l'eau.

Les ruines de Kerkouane*

En voiture : sur la C 27, à 10 km N de Kelibia, un embranchement à dr. signale Kerkouane, à 1 km. Site archéologique et musée ouv. t.l.j. 8h-19h en été ; 9h30-16h30 en hiver ☎ 72.294.033. Entrée payante. **Carnet d'adresses** p. 232.

Situés sur un site rocheux battu par les flots, entre mer et forêt, ce sont les seuls vestiges de ville exclusivement punique mis au jour jusqu'à présent.

En 1952, l'archéologue Charles Saumagne et son équipe révélèrent des quadrilatères de pierre clairement ordonnés, bases d'un ensemble d'habitations au plan très lisible. Ces ruines appartiennent à une **cité** dont le nom n'a pu être déterminé, mais qui fut probablement fondée dès le Ve s. av. J.-C., puis abandonnée dès la troisième guerre punique. Les murs des maisons, d'une hauteur de 1 m en moyenne, permettent de comprendre la vie domestique de l'époque. On distingue encore des rigoles dans le sol, des baignoires, les vestiges d'un four et un pavement figurant le signe de Tanit. En 1968, les archéologues firent une nouvelle découverte : une **nécropole** à l'écart de la cité. Ce cimetière (ne se visite pas) a livré des céramiques et des monnaies, ainsi qu'un sarcophage représentant une femme.

Vu sa situation géographique, la ville devait vivre plus de la mer que de l'exploitation agricole. On sait que l'on y traitait le murex, mollusque dont la chair, après putréfaction dans des cuves, servait à la fabrication de la pourpre, une industrie typiquement tyrienne. La visite du **musée** complète celle du site ; des objets découverts dans la nécropole y sont exposés : masques, amulettes, statuettes votives, bijoux, vaisselle et verrerie. La boutique du site propose une sélection de livres et d'objets intéressants.

El-Haouaria**

En voiture : 15 km N-E de Kerkouane par la C 27. **Carnet d'adresses** p. 228.

Située au pied du promontoire du cap Bon, cette petite ville éparpille ses maisons blanches sur fond de vignes et de vergers. Elle est réputée pour l'art de la fauconnerie que

---

nature
Fleurs d'oranger

La Tunisie produit annuellement 225 500 tonnes d'agrumes. Près de 60 000 pieds de bigaradiers, orangers amers, donnent, vers avril-mai, des fleurs prisées surtout pour leur eau distillée, fournissant l'essence de néroli et l'eau de fleurs d'oranger (zhar). Sur près de 1 500 ha, ces pieds produisent 1 000 tonnes par an de ces petites fleurs blanches oblongues particulièrement odorantes. Une tonne de fleurs transformées engendre 600 litres d'**eau distillée** à laquelle on reconnaît des vertus curatives : soulagement des douleurs cardiaques et thoraciques, de l'asthme, des maux de tête, etc. On s'en sert aussi pour préparer des pâtisseries et pour parfumer le café. Cette culture fait vivre 6 500 familles, dont chaque membre participe à la cueillette, y compris les enfants alors en vacances.

L'**essence de néroli**, quant à elle, est utilisée dans la confection de parfums haut de gamme, essentiellement écoulés sur les marchés du Moyen-Orient. Dans les villes du littoral, des vendeurs ambulants fixent ces fleurs mêlées au jasmin sur des tiges de palmier et les proposent aux touristes.

tradition
Sanglante matanza

À **Sidi Daoud** (p. 107) a lieu **fin mai-début juin** un spectacle d'une brutalité déconcertante : la *matanza*. Il s'agit d'une sanglante pêche au thon. Ceux-ci sont rabattus dans des filets tendus par des *testas* (trois-mâts) ou des *saqatas* (cinq-mâts). Quand leur nombre est suffisant, des hommes sautent dans les filets, armés de poignards ou de crocs. En quelques minutes, la mer se colore de rouge et le sang ruisselle des filets. *Rens. à l'ONTT de Tunis, 1 av. Mohammed-V ☎ 71.341.077. L'autorisation pour y assister est difficile à obtenir.* ●

pratiquent ses habitants depuis des siècles. De fin mars à fin mai se préparent les fameuses **chasses à l'épervier**. Capturés dans les falaises du cap à l'aide de filets, les jeunes rapaces sont dressés pendant une vingtaine de jours, puis utilisés pour la chasse de cailles et de perdrix. Au terme de celle-ci, ils sont relâchés. En juin, le **Festival de l'épervier** anime les rues de la localité.

● **Les carrières romaines de Ghar el-Kebir**★★. *À 2 km N-O d'El-Haouaria, signalées à partir du centre du village ; entrée payante*). Elles offrent un paysage superbe et désolé. Ces grandes excavations sont éclairées au sommet par des cheminées d'où la roche était extraite pour l'édification des villes du littoral. Dans la caverne principale, on peut voir un chameau grossièrement taillé.

● **Promenade aux abords du cap**. À **Rass ed-Dreck**, une plage agréable s'étend au pied du cap Bon. Pour monter au cap Bon, suivez la piste qui sort de El-Haouaria en direction de la montagne ; après quelques centaines de mètres, les voitures ne sont plus autorisées, il faut continuer la promenade à pied. En une demi-heure de marche, on atteint le sémaphore (393 m d'alt.). Vue magnifique sur la mer et les **îles Zembretta** et **Zembra**, des rochers de 200 m de haut, devenues **parc national** en 1977 pour protéger un des plus beaux fonds de la Méditerranée. Un projet touristique risque de troubler la quiétude de Zembra.

| Sidi Daoud

⇢ **En voiture** : à 12 km S-O d'El-Haouria.

Situé à la pointe extrême du cap Bon, ce village de pêcheurs est réputé pour sa méthode particulière de pêche au thon, la *matanza*, selon un rituel qui date de l'Antiquité (*p. 106*).

●●● **Détour :** en continuant vers Korbous, vous pourrez admirer l'étonnant spectacle d'un champ d'éoliennes.

| ♥ Korbous★★★

⇢ **En voiture** : à 45 km S de Sidi Daoud. Prenez d'abord la C 26 puis à env. 15 km avant Korbous, la route à dr. qui s'éloigne de la C 26 et se rapproche de la côte. Arrivé à une fourche, 3 km avant Korbous, tournez à dr. **Carnet d'adresses** p. 233.

Korbous est une petite **station thermale** qui était connue dès l'Antiquité, puisqu'elle se nommait *Aquae Galidae Carpitanae* à l'époque romaine.

Quelques hôtels pour curistes sont alignés le long de son unique et principale rue.

La route panoramique qui mène à Korbous offre une vue inégalable sur la baie de Tunis. Elle descend ensuite vers la mer pour rejoindre l'ancien village de pêcheurs de **Sidi Raïs**.

Surtout, n'hésitez pas à goûter durant deux ou trois jours au calme et à la beauté de Korbous. Ces moments sont précieux d'autant que de grands projets ont été récemment entrepris pour y développer le thermalisme.

| Soliman

⇢ **En voiture** : après Korbous, à 3 km, on retrouve la C 26 en direction de Soliman, puis de la capitale.

La route qui mène de Korbous à Soliman est vertigineuse, suspendue entre une montagne escarpée et la mer d'un bleu tendre. Elle offre une vue imprenable sur le golfe de Tunis.

Soliman, gros bourg agricole, doit son nom à un ancien propriétaire turc. La ville connut la prospérité grâce aux Andalous qui s'implantèrent dans la région au XVIIe s.

La **mosquée**★, avec un minaret carré couvert de tuiles vertes et rondes, est assez inhabituelle en Tunisie. Son architecture est le témoin de la présence andalouse dans la région.

●●● **Détour :** de Soliman, on rejoint aisément Tunis (32 km ; p. 67).

Vers le Sud

● **Retour vers Hammamet**. De Soliman, la C 41 mène jusqu'à **Grombalia** *(à 11 km)*, où la viticulture est la principale activité agricole (fête des Vendanges à la fin du mois d'août).

Arrêtez-vous *Chez Tijani* pour déguster le meilleur agneau du pays, cuisiné grillé ou cuit à la gargoulette (c'est-à-dire à l'étouffée dans une jarre). Puis continuez par la P 1 jusqu'à Hammamet *(à 27 km)*.

● **Vers Sousse ou Kairouan**. Depuis Hammamet, la P 1 longe le golfe d'Hammamet jusqu'à Sousse. La côte est encore préservée de toute construction de Yasmine Hammamet à Hergla.

● **Enfida**. Sur le chemin, une halte à Enfida, centre administratif et agricole, s'impose le **dimanche**, **jour de marché★**. Paysans et bédouins de la région y viennent essentiellement pour le marché aux moutons.

D'ailleurs, ne manquez pas de faire une halte dans une des boucheries-méchouis installés le long de la P1, on y déguste de délicieuses grillades d'agneau.

Un petit **musée archéologique** *(ouv. t.l.j. sf lun. 9h-13h et 15h-19h l'été, 9h30-16h30 l'hiver; entrée payante)* est installé dans l'ancienne église française Saint-Augustin, pavée de mosaïques (IVe-Ve s.) provenant de basiliques de la région. On a ajouté quelques vieilles pierres tombales. Dans le jardin, nombreux débris lapidaires sont présents.

D'Enfida, rejoignez **Takrouna** *(5 km N-O par la C 133)*, un magnifique petit village berbère perché au sommet de la colline. Là s'offre à vous une vue magnifique sur le djebel Zaghouan et les plaines alentour.

Ce dernier a été délaissé par la plupart de ses habitants qui ont préféré s'installer en contrebas dans le nouveau village. En haut du promontoire, les animateurs du restaurant-espace culturel *Le Rocher Bleu* (avec son petit musée Dar Gmech) s'efforcent de redonner vie au village abandonné. ●

Le Nord
et les plaines du Tell

La côte de Corail permet de découvrir un littoral à la beauté préservée. L'arrière-pays est verdoyant, traversé par les monts de Kroumirie et les plaines du Tell. La visite de cette région, avec ces étendues où se mêlent cultures céréalières et forêts, offre une image bien différente de celle que l'on se fait généralement du pays ! Les paysages, variés, sont ponctués de sites antiques : Utique, Bulla Regia, Dougga, Thuburbo Majus, autant de témoignages de la richesse de la civilisation romaine sur ces terres.

La voiture est le meilleur moyen de transport pour visiter la région, mal desservie par les transports en commun.

Cartes d'ensemble p. 110 et 124. **Plans** : Utique, p. 112 ; Bizerte, p. 116 ; Tabarka, p. 121 ; Bulla Regia, p. 126 ; Le Kef, p. 128 ; Dougga, p. 133 ; Thuburbo Majus, p. 137.

Carnet d'adresses p. 236.

▲ Au sud, Le Kef domine des collines dénudées tandis qu'au nord, des forêts de chênes-lièges l'entourent.

5 | De Tunis à Bizerte

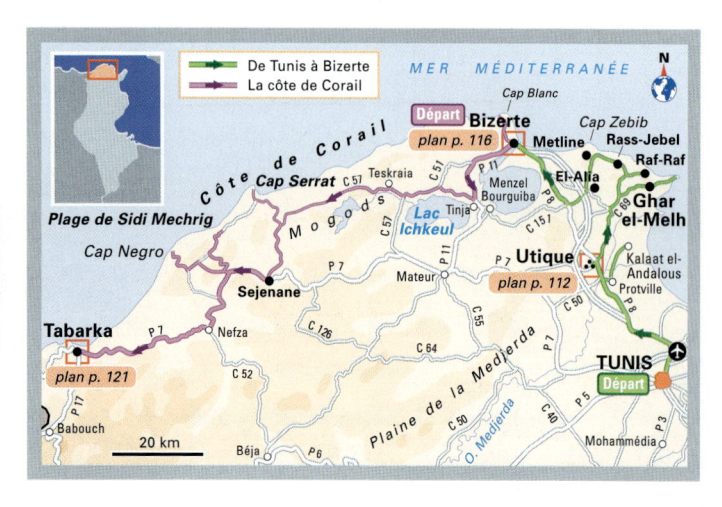

Durée de l'itinéraire: les 65 km qui séparent Tunis de Bizerte peuvent être parcourus en moins d'1 h grâce à la nouvelle autoroute toute rutilante qui relie les deux villes. Mais il est préférable de compter une bonne 1/2 journée et prendre le temps d'humer l'air des chemins de traverse pour découvrir la région. Visiter l'ancienne cité d'Utique, s'arrêter dans un de ces relais-méchoui à la façade rose fuchsia en bord de route, savourer de succulentes grillades assis dans les champs... Tout un programme !

Circuler: de préférence en voiture, ou en autocar.

Carnet d'adresses p. 236.

La route qui relie Tunis à Bizerte traverse la plaine alluviale de la Medjerda, qui était l'ancien grenier à blé de la Rome antique. Au cours des siècles, le fleuve a peu à peu comblé le golfe qui abritait autrefois le port d'Utique, fondé par les Phéniciens, grand rival de Carthage. Le sol fertile est propice à une agriculture maraîchère intensive, malgré le souci constant d'irriguer, de drainer les champs ou de les protéger tant des crues que de la sécheresse.

La plaine de la basse Medjerda

⇢ Quittez Tunis par l'av. Mohammed-V et suivez la direction de Bizerte (P 8 ou autoroute A2).

La route est très fréquentée depuis l'ouverture d'un gigantesque centre commercial à proximité de **Kalaat el-Andalous** *(à 15 km)*, ce qui a changé considérablement la physionomie de cette région où une partie des terres agricoles est devenue constructible. Immeubles et villas, routes et échangeurs surgissent au milieu des champs, modifiant considérablement le paysage d'origine.

Au-delà commencent les grandes plaines de la Medjerda, avec des terres à blé, riches de toutes les alluvions que dépose ce long fleuve de 420 km au cours capricieux, et une grande partie des vignobles du pays.

Les paysages sont étonnants de verdure. À 31 km, la route principale contourne le village actuel d'Utique, sans grand intérêt touristique, et une petite route mène au site antique *(à 3 km)*, dont les hauts cyprès sont visibles de loin.

Utique**

→ Embranchement à dr., 5 km après Pont-de-Bizerte. Ouv. 8h-19h en été et 8h30-17h30 en hiver. Entrée payante (billet couplé pour le site et le musée).

Pour illustrer l'histoire de ce port antique *(voir ci-dessous)*, le gardien qui guide la visite montre trois pavements de mosaïque superposés : une mosaïque punique recouverte d'une mosaïque romaine, elle-même cachée par une mosaïque byzantine. L'ensemble du site reste encore à dégager. À l'exception d'une nécropole punique, les ruines actuellement visibles datent de l'époque romaine. Les rares vestiges puniques mis au jour sont des sarcophages à cuve mégalithique, des tombeaux de grès ou de brique crue et des tombes taillées dans le roc.

● **Le musée***. *À 500 m avant les ruines. Mêmes horaires que le site.* Situé près d'une mosaïque représentant une tête de Neptune, il rassemble le mobilier funéraire trouvé dans les tombes (objets familiers).

● **Le quartier d'habitations** *(insula)*. Seule partie du site à avoir été restaurée, ce quartier, que l'on date entre le IIe et le IVe s., se divise en trois parties :

- **La maison de la Cascade***, la mieux conservée, abritait les salles de réception, pavées de marbre. Son nom vient d'une fontaine située dans l'un de ses jardinets.

- **La maison du Trésor** abrite les bâtiments de l'intendance, les réserves et la cuisine. Elle doit son nom à la découverte d'un petit dépôt de pièces de monnaie.

- **La maison de la Chasse** fut nommée ainsi en raison du thème des pavements de mosaïque qui recouvraient le sol des chambres (conservées au musée). Il s'agit sans doute des appartements privés du gouverneur, prolongés par des thermes.

●●● *À voir aussi :* en face et en contrebas de la maison du Trésor se trouve la *nécropole punique*. Au-delà de la colline se dressent les ruines de ce qui fut peut-être un théâtre.

Ghar-el-Melh**

→ 63 km N de Tunis. Sur l'A2, prendre la sortie Raf-Raf. Après le site d'Utique, continuez sur la C 69 vers la g., ou prenez l'embranchement à dr., sur la P 8, à Gournata (à 41 km).

Sur les bords de la route qui mène d'Utique à Ghar-el-Melh, des marchands de primeurs vendent la

---

histoire
Utique, port antique

Autrefois, la mer s'arrêtait aux quais de cette ancienne cité. Peu à peu, les alluvions déposées par le fleuve firent reculer le rivage d'une quinzaine de kilomètres environ. Utique fut le premier port phénicien. Selon Pline l'Ancien, la cité fut fondée en 1101 av. J.-C. par des navigateurs marchands originaires de Tyr, précédant sa rivale Carthage de quelque trois cents ans. Elle maintint longtemps son indépendance vis-à-vis de la capitale punique et ne fut contrainte à l'allégeance qu'au Ve s. av. J.-C. Par la suite, elle devait refuser son assistance à Carthage et même servir de base opérationnelle aux Romains dans leur lutte contre l'orgueilleuse cité, ce qui lui valut d'être déclarée ville libre (144 av. J.-C.), avant d'être promue au rang de capitale de la *Provincia Africa*.

Les ruines actuelles ne laissent rien deviner de la grandeur et de la prospérité de cette ville portuaire qui, selon les époques, dut sa richesse à son titre de capitale romaine, au commerce maritime ou à l'exploitation des riches terres à blé de l'arrière-pays. Son abandon se fit progressivement à partir du VIIe s.

Il fallut attendre 1948 pour que les premières fouilles, menées durant dix ans, identifient formellement les divers édifices et vestiges perdus dans un champ de ruines. Avant d'être ensablé, celui-ci servait de carrière aux habitants de la région. ●

112 | Le Nord et les plaines du Tell

UTIQUE

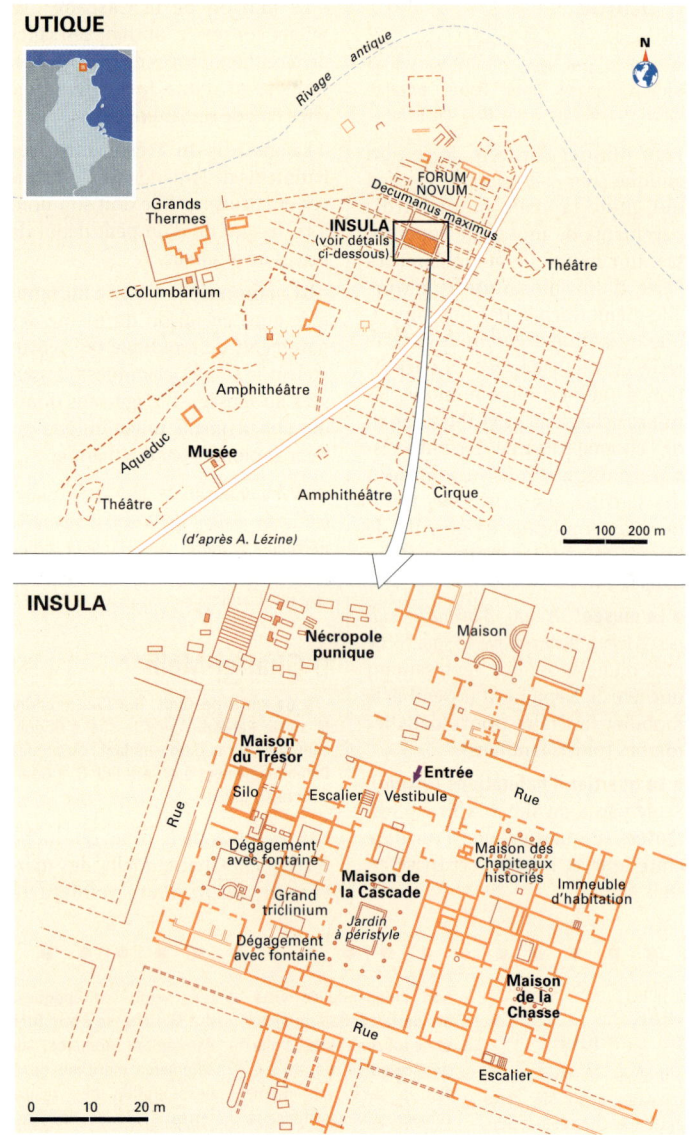

Rivage antique
Grands Thermes
FORUM NOVUM
Decumanus maximus
INSULA (voir détails ci-dessous)
Théâtre
Columbarium
Amphithéâtre
Aqueduc
Musée
Théâtre
Amphithéâtre
Cirque

(d'après A. Lézine)

0   100   200 m

INSULA

Nécropole punique
Maison
Maison du Trésor
Silo   Escalier   Vestibule   **Entrée**
Rue
Rue
Dégagement avec fontaine
Maison des Chapiteaux historiés
Maison de la Cascade
Immeuble d'habitation
Grand triclinium
Jardin à péristyle
Dégagement avec fontaine
Maison de la Chasse
Rue
Escalier

0   10   20 m

Utique : plan d'ensemble en haut, détail de l'*insula* en bas.

petite production de leurs champs. Les principales spécialités de la ville sont les **fraises** et la **pomme de terre**, et plus particulièrement celle de Ghar-el-Melh. La spécificité de cette pomme de terre est d'être cultivée dans des champs irrigués par l'eau de mer.

Ghar-el-Melh (« le trou du sel ») doit son nom à la présence de salines naturelles dans les environs. Avec le temps, l'ex-*Porto Farina* a perdu sa vocation portuaire ; la petite ville ne communique plus avec la mer que par une passe étroite et ensablée.

Protégée autrefois par des forts turcs, elle fut une redoutable base pour les corsaires. Aujourd'hui, elle s'alanguit près d'un plan d'eaux mortes (presque aussi étendu que le lac de Tunis), où une végétation aquatique découpe des taches vert tendre. La pêche côtière est la première ressource du village.

● **La ville**. On arrive dans Ghar-el-Melh par le vieux **port**, bordé par des arcades du XIXe s., derniers vestiges du rêve des beys qui voulurent faire de la ville le Toulon tunisien. La route fait ensuite un coude à gauche, devant un **fort turc** aux proportions monumentales qui, après avoir servi de prison, a été transformé en lieu habitation. Sa porte surmontée de deux belles arcades souligne l'austérité de la façade. Une **mosquée** datant du XVIIe s., remaniée à maintes reprises, se dresse un peu plus loin, de l'autre côté de la route.

La route, qui est agrémentée de jolies fontaines, s'engage plusieurs fois sous des voûtes, pour passer ensuite devant un second **fort turc** faisant aujourd'hui office d'école de pêche.

● ♥ **La plage de Sidi Ali el-Mekki**★★ *(à 3 km après le nouveau port de pêche)*. À g. de la vaste étendue de sable fin, un chemin mène à de petites criques où la mer est d'une transparence absolue. Ce lieu est préservé bien que les Tunisois y viennent le week-end pour échapper aux plages bondées proches de Tunis. Face au parking, un petit restaurant, *Chez Ahmed*, tenu par une famille du coin, propose des poissons tout frais pêchés, grillés devant vous. L'endroit est très fréquenté le week-end.

La plage est dominée à son extrémité par un **marabout-forteresse**. Il s'agit d'une nécropole, formée de constructions maçonnées ou creusées dans le roc, qui renferment les restes de plusieurs saints dont les tombes sont le but de pèlerinages.

Le Rass Sidi Ali el-Mekki (ex-cap Farina) marque la limite N du golfe de Tunis ; il n'y a guère plus de 70 km, à vol d'oiseau, jusqu'au cap Bon *(p. 97)*.

Raf-Raf★

⇢ *Par le vieux port de Ghar-el-Melh, rejoignez la route principale (C 69) et prenez à dr. vers Raf-Raf.*

Cet authentique petit village, accroché au versant de la montagne, est réputé pour ses **vignobles** qui produisent un raisin muscat aux lourdes grappes et aux grains exceptionnellement développés. Ce muscat, excellent raisin de table, produit également un très bon vin blanc, appelé coteau-de-bizerte.

Quelques brodeuses (la broderie est la spécialité du village) se sont fait ici une solide réputation en travaillant pour de grands couturiers parisiens.

Il existe une autre production locale, celle des plats, pots et couscoussiers en terre cuite bordés d'un liseré noir.

La route qui conduit à la plage traverse des vignobles et offre une vue splendide sur le golfe. La **plage** elle-même occupe un magnifique site, au fond d'une baie entourée de collines ocre, juste en face de l'**îlot de Pilao**. Malheureusement, le bord de mer a été très abîmé par des constructions récentes. Quelques calanques, idéales pour pratiquer la plongée, bordent toutefois la côte nord de la baie.

Les criques rocheuses de la petite localité de **Sounine**, entourée de vergers et de potagers, entre Raf-Raf et Rass-Jebel, ont conservé leur caractère sauvage. La mer y est d'une grande pureté et la vue s'échappe à l'infini vers le large.

●●● *À voir tout près* : *à 15 km O de Raf-Raf, faites un détour jusqu'au cap Zebib et son petit port de pêche. Un site sauvage, particulièrement spectaculaire.*

Rass-Jebel★

···▶ Rejoignez la C 69 et continuez tout droit.

Ce gros bourg rural, réputé pour ses cultures de primeurs et d'agrumes, a connu un développement spectaculaire lorsque des usines de confection de jeans pour l'exportation s'y sont implantées. La place du marché, autour de la mosquée, a gardé toutefois son aspect d'autrefois.

En revanche, des constructions anarchiques ont quelque peu gâché le magnifique paysage qui s'ouvre sur une mer de cristal.

Metline★

···▶ 8 km O de Rass-Jebel, en direction de Bizerte. Mieux vaut laisser sa voiture à l'entrée.

Dressé au sommet d'une colline (superbe vue sur la côte et sur Raf-Raf) et dominant une ancienne oliveraie, ce petit village semble avoir laissé glisser quelques-unes de ses maisons sur les flancs du ravin qui le sépare en deux.

▶ Dans les eaux calmes du petit port de Bizerte au pied de la médina...

Cette curieuse disposition des lieux, dont le maître d'œuvre n'est autre que la nature, confère au site une atmosphère d'étrangeté qui ne manque pas d'un certain charme.

Le site fut autrefois occupé par les Romains sous le nom de *Beneventum*. Les habitants actuels ont pour la plupart comme ancêtres les Andalous qui étaient venus s'installer en Tunisie au XIIe s. La corniche, continuellement battue par les vagues, domine la mer.

Il faut s'éloigner à 500 m du village pour trouver une belle plage de sable fin.

*Reprendre ensuite la direction de **Bizerte** (à 20 km), soit en empruntant l'autoroute, soit en rejoignant la P 8 pour mieux profiter de la beauté des paysages de la région. Vous pourrez alors continuer votre route avec l'itinéraire qui vous mènera le lond de la côte de Corail (itinéraire 6, p. ci-contre).* ●

6 | La côte de Corail★★★

Entre Bizerte et Tabarka, la côte de Corail doit son nom aux coraux rouges qui ont malheureusement en partie disparu à cause d'une exploitation trop massive. Cette côte, encore peu explorée par le tourisme, offre une grande diversité de paysages. Petites criques et coins sauvages se dévoilent à ceux qui savent les chercher, au-delà des forêts de pins et de chênes-lièges… Un beau circuit pour les amateurs de randonnées et de baignades sauvages.

Durée de l'itinéraire : Il faut au moins une journée pour découvrir les charmes de Bizerte, et une journée au départ de Bizerte pour rejoindre Tabarka. Les amateurs de nature passeront au moins 3 h à la découverte de la faune du parc d'Ichkeul. Tabarka mérite d'y passer au moins une journée et d'y faire halte pour une nuit. Itinéraire de 148 km.

Circuler : pour découvrir les coins encore sauvages de la côte, une voiture est nécessaire. Les autocars relient les grandes villes.

Conseil : La fin du printemps et le début de l'été se prêtent à la découverte de la région, souvent venteuse. Attention, certaines pistes le long de la côte de Corail sont difficilement praticables, risque d'enlisement. Il est préférable de garer la voiture et de marcher pour accéder à la mer.

Carte p. 110.

Carnet d'adresses p. 236.

‖ Bizerte★★

En voiture : 65 km N-O de Tunis par la P 8 ou par l'autoroute. Accès au centre-ville par le pont sur le canal **B3**. **En autocar :** liaisons régulières avec les villes de Tunis, Jendouba, Aïn-Draham, Le Kef, Mateur, Menzel-Bourguiba. **En train :** liaisons régulières avec Tunis. **Plan** p. 116
Carnet d'adresses p. 236.

Le Nord et les plaines du Tell

Bizerte.

De l'ancienne base maritime française, il ne reste qu'une ville paisible encore quelque peu dédaignée des touristes. Et pourtant, Bizerte mérite largement une visite. La ville s'étend sur le site de *Hippo Diarrhytus*, colonie romaine rebaptisée **Benzert** après la conquête arabe. Benzert dut longtemps l'essentiel de ses ressources à la piraterie. Les prises navales et la vente des équipages et des passagers comme esclaves lui assurèrent, pendant tout le XVIIe s., de très substantiels revenus. En 1882, la France commença à aménager le lac de Bizerte en une base navale qui joua un rôle important pendant les deux guerres mondiales. Occupée par les Allemands en novembre 1942, elle fut libérée par les Américains six mois plus tard. Après l'indépendance, la France tenta d'en conserver la maîtrise. Des négociations difficiles donnèrent lieu à un affrontement meurtrier en juillet 1961. Le 15 octobre 1963, la base, devenue le symbole du colonialisme, fut évacuée ; l'anniversaire de ce jour est célébré chaque année dans tout le pays. La ville, avec ses bâtiments à l'architecture coloniale, a toutefois gardé le cachet d'une petite ville de province française.

Un tour en ville

On entre dans la ville en franchissant le pont mobile qui surplombe le canal reliant le lac de Bizerte à la mer. L'avenue **Habib-Bourguiba AB2** est l'un des axes les plus importants de la ville nouvelle, telle qu'elle fut conçue sous le protectorat. À dr., elle mène vers le front de mer et le port de plaisance actuel. Des travaux sont actuellement en cours pour aménager une marina de 1 000 anneaux, ce qui fera de Bizerte le plus grand port de plaisance tunisien. En parallèle, l'infrastructure hôtelière sera développée.

● **Le vieux port** ** **B1**. Avec ses maisons basses aux teintes pâles, ses embarcations aux couleurs vives, ses pêcheurs arrangeant leurs filets et ses quais bordés de cafés animés, le port, à l'entrée étroite marquée par les remparts de la kasbah et le fortin el-Mani, semble avoir traversé le temps sans transformation majeure. Ce n'était pourtant, il y a un siècle, que la section en aval d'un canal ensablé dont les deux bras encerclaient une petite île. Le produit du dragage du canal actuel permit de le combler et de réunir l'île (devenue le quai où se tient le **centre de l'Artisanat**) à la terre ferme.

● **Le Musée océanographique B1**. *Ouv. t.l.j. sf lun. fév.-sept. 9h-14h30 et 16h-20h, oct.-janv. 9h-14h30 et 15h-18h. Entrée payante*. Le **fortin el-Mani**, à l'entrée du vieux port, abrite ce musée, dont le principal intérêt est la **tortue de mer**. Profitez-en pour aller boire un verre dans le café situé au-dessus du musée : la vue sur Bizerte vaut le détour.

● **Un tour en ville A1**. La rue qui longe le port aboutit à la longue **pl. Slaheddine-Bouchoucha**. En traversant cette place en direction de la mosquée, vous pourrez apercevoir sur un mur, à l'angle d'une ruelle, une **fontaine** érigée en 1642, aujourd'hui hors d'usage. Une avancée de tuiles vertes surmonte un placage de marbre sur lequel une inscription bilingue, en arabe et en turc, vante la qualité de l'eau qui « rend Bizerte plus agréable avant d'aller boire au fleuve El-Kaouthara » (fleuve du Paradis). Vous rencontrerez ensuite, à g., la **mosquée du Rebaa***, reconnaissable à son minaret carré dont le dernier étage est agrémenté de trois arcades sur chaque face, dans le style des campaniles vénitiens.

Arrêtez-vous au **marché** près de la mosquée et allez jusqu'aux étals de poissons : ils ont la réputation d'être les meilleurs du pays. Au-delà de la mosquée, sur la dr., on pénètre dans la **médina**, de petite dimension mais au charme préservé. Les petites rues qui se succèdent, interrompues par des passages voûtés et des arcades, rappellent toutes les corporations qui y furent installées : rue des Bouchers, des Menuisiers, des Armuriers. Cette dernière passe au pied de la **Grande Mosquée*** (XVIIe s.), ou **mosquée de la Kasbah A1**, dotée d'un minaret octogonal.

● **La kasbah AB1**. On pénètre dans cette ancienne forteresse du XVIIe s. par un passage voûté et courbé qui avait pour but de gêner les envahisseurs. Après avoir perdu son rôle militaire, elle a été exclusivement vouée à l'habitat et offre un dédale de ruelles coupées d'arceaux ou de voûtes. Un escalier permet de monter au sommet des remparts, dont on peut faire en grande partie le tour. La vue sur le port, les vieux quartiers et les falaises qui dominent la ville récompense amplement l'effort de la montée.

Le fort d'Espagne

A1 En sortant, longez la kasbah en tournant le dos au vieux port. Vous parvenez au pied d'une colline d'où part une muraille crénelée aboutissant au **fort d'Espagne**. Au pied du fort s'étend un vieux cimetière.

Le fort d'Espagne (1570-1573) couronne la colline où convergent les murs d'enceinte. Il fut construit par les Turcs et rénové en 1640-1642 par Youssef Dey. Transformé en théâtre de plein air en 1968, il a subi quelques restaurations qui n'ont pas altéré sa belle austérité. Deux scènes animent deux espaces aux proportions variées. L'un conserve son puits d'origine. Durant l'été s'y déroule le **Festival de Bizerte** qui rassemble diverses formes artistiques. Les remparts offrent une vue magnifique sur la ville et la colline voisine où se dresse le palais des Congrès.

La route panoramique

Du fort, la route rejoint une bifurcation qui permet soit de regagner Bizerte, soit d'emprunter la **route de la Corniche** – où se trouvent la plupart des hôtels de Bizerte – qui longe les plages de sable fin de **Sidi Salem** ou **Ras Angela**. Dès les beaux jours, la corniche devient le lieu de rendez-vous nocturne des Bizertins. Les cafés sont remplis d'estivants, et l'atmosphère y est festive.

Après avoir franchi le dernier ruban de plage, la route panoramique se poursuit sur les falaises du **cap Bizerte**. Une voie, à dr., dessert plusieurs **criques** joliment découpées dans des parois rocheuses, dans un lieu dit La Grotte (mais ne la cherchez pas, elle n'existe pas).

Un peu plus loin, une piste carrossable conduit à l'extrémité du **cap Blanc**, pointe septentrionale de l'Afrique. De beaux rochers plongent directement dans la mer, dans un site sauvage souvent balayé par des vents violents. On aperçoit des criques rocheuses, très appréciées des chasseurs sous-marins.

Revenez ensuite sur la route ; poursuivez-la pendant 700 m jusqu'à un chemin, sur la dr., qui mène en 1,5 km au **djebel Nador**** : là se trouve un radiophare qui domine le cap Blanc à 261 m d'altitude et offre une vue magnifique sur la côte.

Reprenez la route principale et descendez en suivant le panneau « Bizerte ». Une piste à dr., en mauvais état, conduit au **col de Sfaïat** *(à 2,5 km)* en passant au pied du **djebel Kébir**. En descendant sur Bizerte, vous découvrirez de beaux panoramas sur la ville et la campagne environnante, dominée par le monument élevé au centre du **cimetière des Martyrs** (victimes des événements de juillet 1961).

---

artisanat
Poteries de femmes

Sur les hauteurs du massif des Mogods, le village de **Sejenane** domine la plaine verdoyante et les bocages champêtres. Au bord de la route, des poteries de différentes formes sont déposées sur des étals de fortune, façon d'indiquer la proximité d'un lieu de production et de vente.

Non loin de là, des femmes potières, car ce sont uniquement les femmes qui produisent, modèlent plats, pots, couscoussiers, pièces de décoration. Leur savoir-faire s'est transmis à travers les générations et elles ne sont plus que quelques-unes à le perpétuer.

À la différence des poteries traditionnelles produites sur un tour, celles de Sejenane sont originales, modelées, à fond plat. Fabriquées à base d'argile ou de glaise, elles sont cuites dans un foyer de branchages et de bouses de vache allumé à l'air libre.

De teinte ocre clair, elles ont les mêmes décors que par le passé : dessins géométriques aux lignes pures agrémentés de représentations végétales ou animales. La technique de fabrication, les formes et les décorations datent, selon certains, de la fin de l'âge de bronze méditerranéen, et perdurent de nos jours, avec des motifs naïfs et des décors caractéristiques composés de matières végétales. Elle est aujourd'hui malheureusement très imitée.

De Bizerte à Tabarka**

➜ Les distances sont indiquées au départ de Bizerte.

Cet itinéraire couvre 148 km que l'on peut parcourir en quelques heures ou en une journée. Si vous voulez profiter des paysages, il vous faudra prendre quelques routes latérales qui se terminent souvent par des pistes en direction des côtes. Celles-ci sont dotées de belles plages de sable ou de petites criques bien protégées par des falaises rocheuses. Au printemps, les collines et les petites montagnes du Tell, aux contours indécis, au creux desquelles s'abritent de petits lacs artificiels, sont couvertes de fleurs. À l'approche de Tabarka, les forêts éparses qui couvrent les hauteurs annoncent celles, plus touffues, de la Kroumirie.

La route du cap Serrat

➜ Quittez Bizerte par l'av. H.-Bourguiba qui rejoint la P 11 en direction de Menzel Bourguiba et de Mateur. La route passe près du lac de Bizerte. À l'entrée de Menzel Bourguiba, prenez à dr. la C 57 en direction de Teskraia.

● ♥ **Le lac Ichkeul****. Après un paysage de plaines s'ouvre une vaste région de collines et de villages aux maisons blanches. Le circuit longe la rive nord du lac Ichkeul (120 km^2), constitué en alternance pendant six mois d'eau douce et pendant six mois d'eau salée, toujours très poissonneuses. Le lac communique avec celui de Bizerte par le canal de Tinja. En face, on aperçoit le **djebel Ichkeul** (511 m d'alt.).

Une piste en corniche est l'occasion d'une **superbe balade***** et offre un impressionnant point de vue. D'en haut, cette région agricole – champs de blé et de tournesols entrecoupés régulièrement de vignobles – forme un quadrillage paisible. Ce sanctuaire, à la faune et à la flore étonnamment changeantes, constitue un refuge pour des dizaines de milliers d'oiseaux migrateurs venus d'Europe : chaque année, en novembre-décembre, le **parc national d'Ichkeul** est le rendez-vous de milliers d'oies cendrées, canards siffleurs, sarcelles… ainsi que flamants, goélands et foulques.

Après avoir laissé à g. un embranchement pour **Mateur** *(km 69)*, on remonte la vallée de l'**oued Sejenane** où des bassins cultivés alter-

---

histoire
Des ressources convoitées

Si les Phéniciens fondèrent Thabraca, ce furent les Romains qui aménagèrent le port dans le but d'expédier le **liège**, le **bois** et les **minerais** de la région, mais également le **marbre** de Chemtou. Profitant de cette prospérité commerciale, la ville se para de belles villas et de monuments publics dont le luxe reflétait l'enrichissement des armateurs et des commerçants tout-puissants. Durant l'époque chrétienne, plusieurs couvents (sainte Maxime, dont l'existence demeure mystérieuse, aurait été abbesse de l'un d'eux), des basiliques et des chapelles en firent l'un des plus importants évêchés d'Afrique. Au XVIe s., Charles Quint confia le comptoir de Tabarka à une puissante famille génoise, les Lomellini, pour la récompenser d'avoir capturé le célèbre corsaire Dragut sur les côtes corses. Cette famille se maintint pendant deux siècles dans la place, sous la protection du puissant fort construit sur l'île. Durant cette période, la pêche et le commerce du **corail** prospérèrent. Au XVIIIe s., les Turcs, opposés à la cession du port à la France ainsi qu'à la présence génoise, intervinrent : ils occupèrent la ville et démantelèrent la forteresse. La France réussit à se réinstaller à Tabarka en 1781 et édifia, un siècle plus tard, la ville actuelle. La Compagnie royale d'Afrique obtint alors le privilège exclusif de la pêche au corail. Cette pêche, qui se pratique encore à une profondeur de 40 à 150 m, fut si intense que les massifs de corail sont de plus en plus rares. Mais la pêche au filet ayant été interdite, la barrière de corail commence à se reconstituer. ●

nent avec les reliefs plus affirmés du **massif des Mogods**, l'un des plus importants massifs forestiers de Tunisie. Au milieu des vignobles et des petites plantations d'eucalyptus et d'oliviers, les rares villages rencontrés présentent simultanément des maisons blanches de forme cylindrique et des constructions primitives constituées de pierre, de branchages et de terre.

● ♥ **Le cap Serrat***. Au km 78, tournez à dr. à la bifurcation pour vous engager sur une piste tortueuse qui traverse une forêt d'eucalyptus et rejoint le **cap** (*à 16 km*). Cette piste, qui présente quelques difficultés et oblige à rouler doucement, traverse une région mamelonnée, couverte d'un maquis méditerranéen. Vous verrez probablement surgir, près de la piste, des enfants soucieux de vendre les plats et les pots de terre qui composent leurs petits étals. Si vous vous arrêtez, ils vous conduiront vers le campement où prend naissance cet artisanat familial, souvent devenu un « vrai-faux » artisanat.

Plus loin, la piste débouche brusquement sur une baie bordée de dunes. Une **magnifique plage**** déserte s'étend à l'ouest jusqu'au cap Serrat, dont les rochers blancs très découpés sont couronnés par un phare. On peut rejoindre le phare après avoir franchi à gué l'**oued Ziatine** aux rives joliment bordées de lauriers-roses.

En rejoignant la P 7, faites une halte dans la petite ville de **Sejenane** pour découvrir les **poteries** que modèlent les femmes berbères selon une technique inchangée depuis des siècles (*p. 118*). Les nombreuses **cigognes** qui ont élu domicile dans la région sont l'autre centre d'intérêt de la ville. La gare désaffectée est leur refuge de prédilection. Sur la route, levez la tête vers le sommet des poteaux électriques : juchés dans leurs nids, les échassiers s'y tiennent fièrement sur une patte. Tout est mis en œuvre pour les protéger.

Les plages de la côte nord

On est ici dans une région montagneuse, couverte de forêts jusqu'à la mer, à la végétation riche et variée et aux paysages surprenants. Des bouquets de lauriers-roses, derrière lesquels on aperçoit des plantations de tabac, bordent les routes.

Sur la route en direction de Nefza, au km 94, vous rencontrerez sur votre droite une piste qui se divise en deux branches. Empruntez celle de dr., elle conduit à la belle plage de **Sidi Mechrig**** (*à 17 km*), très fréquentée en été par les Tunisiens. La piste traverse une épaisse forêt d'eucalyptus avant de surplomber, à 2 km de la côte, une baie avec quelques habitations faisant face à la mer. L'**île de la Galite** se détache à l'horizon.

La piste qui part à g. pour le cap Negro, assez difficile, conduit à un lieu enchanteur : une belle plage sauvage de sable fin en lisière de la forêt où s'élèvent les ruines d'un établissement fondé par la France, au XVIe s., pour la pêche au corail (*p. 119*).

Sur l'itinéraire principal, au km 100, la route passe sous un viaduc de chemin de fer ; vous pouvez apercevoir, à g., des tombeaux puniques creusés dans le roc. Elle mène à **Nefza**, importante bourgade réputée pour son marché (*le mer.*) et ses poneys. La route jusqu'à Tabarka, très sinueuse, est boisée d'eucalyptus, de résineux et de chênes kermès. Elle surplombe le lac collinaire formé par le barrage d'el-Berrak.

♥ Tabarka** et la Galite

En voiture : 150 km S-O de Bizerte et 175 km O de Tunis par la P 7 ou l'autoroute de Medjez el Bab. **En autocar ou en louage :** liaisons régulières avec Tunis, Bizerte, Béja, Jendouba, Le Kef. **En train :** liaison entre Tunis et Béja, puis correspondance en autocar. **En avion :** 1 vol quotidien de Tunis à Tabarka par Sevenair, 1 vol AR/semaine par Tunisair pour Paris. **Carnet d'adresses** p. 239.

itinéraire 6 | **La côte de Corail** | 121

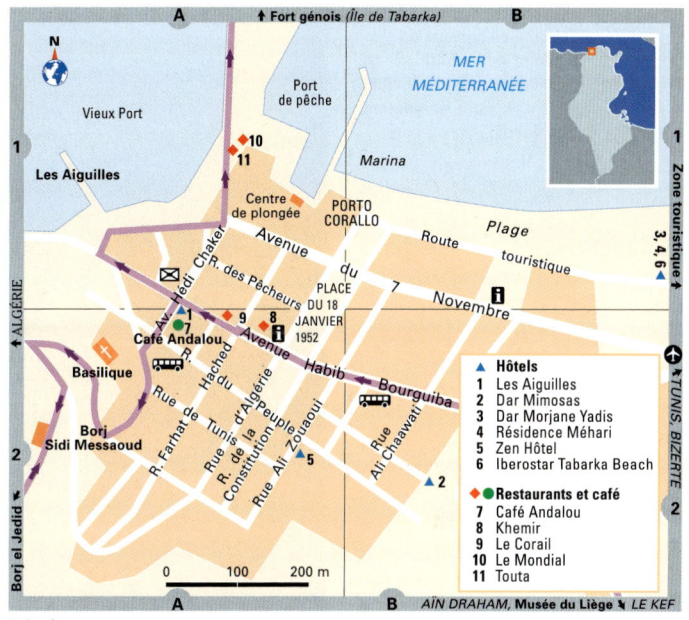

Tabarka.

Petite ville aux toits de tuiles rouges, Tabarka, édifiée à la fin du XIXe s. par les Français et les Italiens, bénéficie d'un site exceptionnel : un golfe protégé par une île en forme de cône et encadré par les monts de Kroumirie, renommés pour leurs forêts. Mimosas, chênes-lièges et pins font une couronne de verdure à cette cité. À la fois petit port voué à la pêche et au transport du liège et station balnéaire, Tabarka attire sur ses côtes, en été, une clientèle plutôt jeune. Ses festivals d'été de jazz et de musiques du monde ont aujourd'hui une renommée internationale. Malgré cette animation toute saisonnière qui la transforme en un gigantesque village de vacances, Tabarka coule le reste de l'année une existence paisible, enfouie dans sa fraîcheur. Des investissements ont relancé son économie locale, notamment en favorisant l'aviculture. On y travaille encore la **bruyère** et le **corail**.

L'**aéroport international** n'a pas vraiment contribué au développement touristique, mais la multiplication des liaisons aériennes avec Tunis peut changer la donne, l'état de la route qui mène à Tabarka constituant un frein pour le tourisme local. La zone touristique qui jouxte la ville se développe peu à peu. Les complexes hôteliers, bénéficiant des meilleures prestations, commencent à revivre à l'approche des beaux jours. Le terrain de golf offre une vue magnifique sur la mer et la ville. Autour de la charmante marina, les **centres de plongée** sous-marine se sont multipliés.

En dehors des mois de juillet et d'août, les hôtels de Tabarka n'accueillent que les amateurs de solitude, les passionnés de **chasse au sanglier** et de **pêche sous-marine**. Les mérous des fonds marins, riches en coraux, constituent la grande attraction des plongeurs. La période la plus favorable pour les voir court de juin à octobre. Il n'est pas rare d'apercevoir aussi des épaves de bateaux de la Seconde Guerre mondiale.

▶ À Tabarka, le fort génois fut édifié au sommet du promontoire qui avance sur la mer. Face au port et à la ville, il est une sorte de gardien majestueux.

Un tour en ville

L'entrée dans la ville se fait par le rond-point où se tient le marché du vendredi, point de départ de la P 17 vers Aïn-Draham (p. 125) et du chemin menant à l'hôtel *Les Mimosas* (p. 239).

Tout droit commence l'av. **Habib-Bourguiba B2**, axe principal de la ville. C'est là que se trouvent le syndicat d'initiative *(à dr.)* et la plupart des magasins (de plus en plus rares) spécialisés dans la vente du corail.

En rencontrant l'av. Hédi-Chaker **A2**, tournez à g. afin de vous rendre dans le pittoresque *Café Andalou****. Plus haut, à dr., la **basilique**** **A2**, située à flanc de coteau, est en fait une ancienne citerne romaine (IIIe-IVe s.). Transformée jadis en église par les Pères blancs, elle a subi, depuis, de longues rénovations. Désaffectées, ses trois nefs abritent de petites expositions temporaires et la cour qui précède le bâtiment sert de théâtre en plein air. La première semaine de juillet s'y tient un **Festival de jazz** de renommée internationale, suivi tout au long de l'été par un **Festival des musiques du monde**. Dans l'enclos voisin, on peut voir une collection lapidaire *(visite gratuite, t.l.j.; adressez-vous au gardien)*. Un amphithéâtre moderne a été construit non loin des Aiguilles *(ci-après)* pour accueillir les manifestations culturelles et, à l'avenir, le Festival de jazz.

À côté de la basilique, une piste permet de rejoindre, au-delà de la rue d'Algérie, le **Borj Sidi Messaoud**** **A2**, citerne transformée en forteresse par les commerçants marseillais et pisans (XIIe s.). Tout en haut, le **Borj el-Jedid*** **hors pl. par A2** est un ancien fort turc, utilisé aujourd'hui comme caserne.

Les Aiguilles* et l'île

A1 Suivre la promenade qui prolonge l'av. Habib-Bourguiba.

La promenade aboutit à un groupe de rochers monolithiques de 20 à 25 m de haut, les **Aiguilles A1**. Sculptée par l'érosion, la pierre ocre jaune se découpe en éperons aux arêtes acérées, parfois percées de part en part.

L'**île**, à 400 m du rivage **hors pl. par A1**, est maintenant reliée à la terre à la suite des travaux d'aménagement du port. Une route permet de rejoindre le **fort génois**** qui abrite une caserne militaire. Magnifique point de vue pour admirer le coucher du soleil, le fort rappelle la puissance de la ville sous l'occupation génoise.

itinéraire 6 | **La côte de Corail** | 123

© Bruno Barbier/hemis.fr

À l'ouest, une route côtière mène en une dizaine de kilomètres à la frontière algérienne, avec de magnifiques points de vue sur la mer. À la sortie de Tabarka, le panorama s'ouvre sur toute la baie et les Aiguilles.

À l'opposé, vers l'est, la côte est également escarpée, mais les falaises se sont en partie effondrées. Une longue et large **plage** bordée de grandes dunes s'étire interminablement.

L'archipel de la Galite

⇢ 32 km au large de Tabarka. Aucun service régulier ne dessert l'archipel. Seul moyen d'accès : emprunter les services d'un pêcheur (fixer le prix à l'avance) ou s'entendre avec son hôtel ou un club de plongée (p. 241).

Ce petit archipel volcanique est formé de sept îles ou îlots rocheux, idéaux pour les amateurs de plongée, parmi lesquels l'**île de la Galite**. Celle-ci, longue de 5,3 km et large de 2 km, est peuplée de pêcheurs de langoustes et de quelques viticulteurs. La **montagne de la Garde** (361 m d'alt.) domine une plaine où l'on trouve des tombeaux puniques, des vestiges romains et des carrières abandonnées. Plus à l'ouest, l'**île du Galiton**, inhabitée, formée d'un amas de rocs, abrite une colonie de phoques moines, phénomène inexpliqué qui avait suscité une expédition du commandant Cousteau en 1946.

Depuis Tabarka, vous pouvez continuer votre route avec l'itinéraire de la Kroumirie (itinéraire 7, p. suivante). ●

7 | La Kroumirie★★

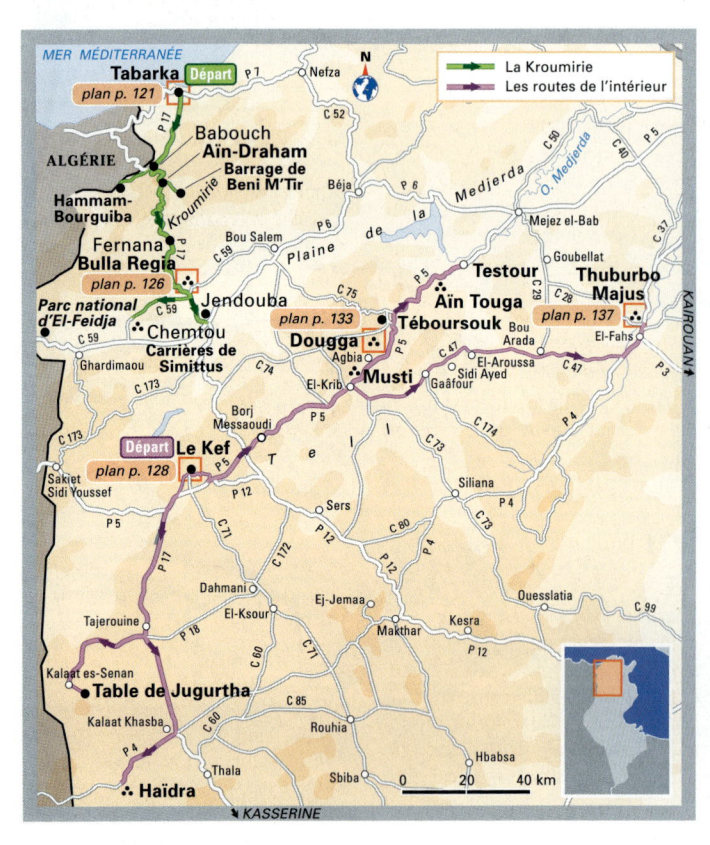

Durée de l'itinéraire : Une journée suffit au départ de Tabarka pour avoir un aperçu de la Kroumirie.

Les amateurs de marche ou de VTT pourront toutefois plus longuement profiter de la région. Compter 2 h de visite pour Bulla Regia. Itinéraire de 131 km.

Circuler : En voiture de préférence, ou en autocar.

Carte ci-dessus.

Carnet d'adresses p. 236.

Région montagneuse située aux contreforts nord-ouest de la Tunisie, la Kroumirie possède des sommets culminant entre 800 et 1 000 m d'altitude, souvent enneigés en hiver. Depuis toujours, la faune fut abondante dans ce massif compact. Si les grands fauves, dont la capture est relatée sur nombre de mosaïques romaines, ont disparu, le gibier reste relativement important, ce qui fait le bonheur des chasseurs. La route de Tabarka au Kef offre d'intéressantes perspectives sur des paysages de toute beauté, à l'alternance de forêts verdoyantes et de plaines aux couleurs chatoyantes au printemps. Quant aux maisons, elles affichent des toits de tuiles rouges, véritable curiosité pour ce pays aux habitations carrées. Le tourisme « vert » s'est développé dans les monts de Kroumirie qui attirent de plus en plus d'amateurs de VTT et de randonnées pédestres ou équestres.

|| Vers Aïn-Draham*

> Quittez Tabarka par la P 17, perpendiculaire à la côte.

Dans un premier temps, la route suit le tracé de l'oued el-Kébir et longe la Société nationale du liège. En juin, lorsque les plaques sont détachées des troncs, il n'est pas rare de voir des monticules placés en bordure de route dans l'attente du passage du camion de ramassage. En abordant la montagne, la route devient sinueuse et apparaissent les premières forêts de **chênes-lièges**.

À **Babouch**, village situé sur un col où rôdaient encore des fauves au début du XXe s. – la dernière panthère fut, paraît-il, tuée en 1932 –, une route à dr. rejoint la station thermale de **Hammam-Bourguiba*** *(à 12 km ; carnet d'adresses p. 238)* réputée pour la qualité de ses eaux, située en forêt et proche de la frontière algérienne. Les installations de la station, rénovées et modernisées en 2003, offrent des cures médicales et de remise en forme de qualité et un hébergement de standing.

La P 17, à la suite de cet embranchement, monte une pente raide par une série de courbes en épingle à cheveux offrant une **vue magnifique****, au nord jusqu'à la mer et Tabarka, à l'ouest sur le lac Tonga, en Algérie.

À 23,5 km, la route qui conduit à dr. au **col des Ruines**** *(à 5 km)* vaut la peine d'être empruntée pour les beaux paysages de forêts de chênes-lièges et de rochers ainsi que pour la vue très étendue qu'offre le sommet du **djebel Fersig** *(montée à pied : 30 min)*.

En poursuivant l'itinéraire principal, vous parvenez à Aïn-Draham (à 26 km).

|| ♥ Aïn-Draham*

> **En voiture** : 26 km S de Tabarka par la P 17 ; 199 km O de Tunis par l'autoroute A 3 jusqu'à Mejez el-Bab, puis la P 6 jusqu'à Jendouba, puis la P 17. **En autocar** : liaisons régulières avec Tunis, Bizerte, Tabarka, Le Kef. **Carnet d'adresses** p. 236.

Chef-lieu de délégation, ce petit village montagnard dont le nom signifie « source d'argent », situé à 800 m d'altitude, surprend par ses maisons blanches aux toits rouges et aux balcons de bois, ses rues pentues, ses ouvertures sur des prés où paissent des vaches. Recherché l'été pour son climat vivifiant et l'hiver pour ses paysages enneigés, Aïn-Draham dispose d'un équipement hôtelier restreint. En période de vacances, il est prudent de réserver. Le complexe sportif, dans la forêt, abrite des stages d'entraînement de sportifs de haut niveau. Dans le village, vous trouverez des boutiques d'**artisanat** local dont vous aurez eu un aperçu le long de la route : objets de bois de chêne sculpté ou taillé, auxquels s'ajoutent des faïences. Véritable capitale de la **chasse**, Aïn-Draham organise de la mi-oct. à la fin janv. des battues au sanglier *(p. 236)*.

|| De Aïn-Draham à Bulla Regia

Au-delà de Aïn-Draham, la route sinue à travers les plantations de chênes-lièges. Au bout d'environ 8 km, vous rencontrerez la route qui mène au **barrage de Beni M'Tir**, l'un des premiers de Tunisie, d'où on a l'impression de surplomber un paysage alpin.

Revenez sur la route principale qui traverse le village de **Fernana** *(à 20 km de Aïn-Draham)*, animé d'un marché important *(le dim.)*.

Poursuivez jusqu'au carrefour avec la C 59 conduisant à Bulla Regia (à g., à 3 km) et à Chemtou (à dr., à 16 km).

|| ♥ Bulla Regia**

> **En voiture** : 9 km de Jendouba ; 38 km S de Aïn-Draham par la P 17 ; 65 km N du Kef par la P 5, puis la P 17 ; 160 km S-O de Tunis par la P 5, P 6, puis la P 17. **En autocar** : liaisons régulières entre Jendouba et Tabarka ou Aïn-Draham et prendre ensuite un taxi. **En train** : liaisons entre Tunis et Jendouba. **Visite des ruines** : t.l.j. sf lun. 8 h-19 h en été ; 8 h 30-17 h 30 en hiver.

Le Nord et les plaines du Tell

itinéraire 7

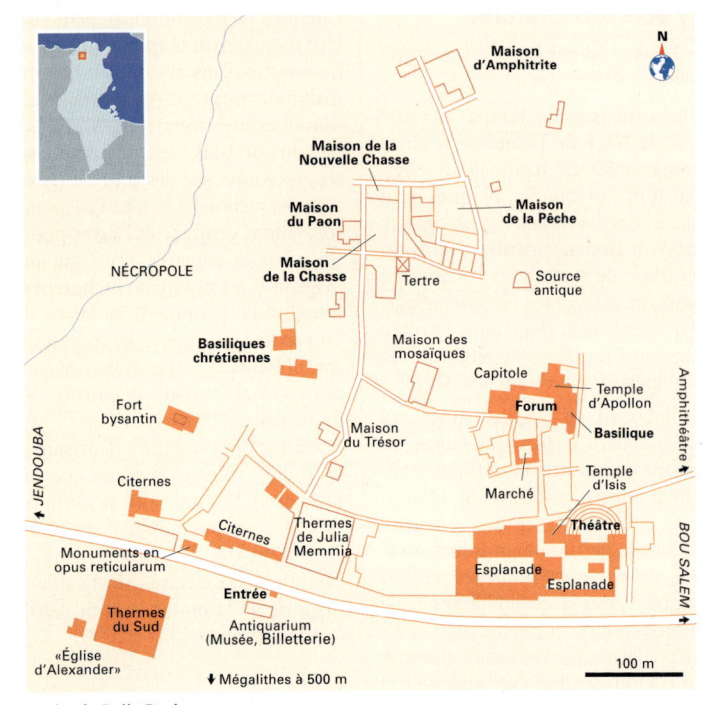

Le site de Bulla Regia.

Entrée payante. Le gardien ou des guides locaux assurent la visite et attendent généralement devant les thermes.

À première vue, et à part les **thermes** monumentaux de Julia Memmia (IIe s.), avec leurs voûtes et leurs hauts murs, les ruines n'ont pas la grandeur altière d'autres sites ; mais ne vous y trompez pas : l'intérêt de la visite se trouve dans les sous-sols des maisons souterraines effondrées. Les restes de

archéologie
Luxe en sous-sol

Sur ce plateau de la haute Medjerda, torride en été, les notables romains s'étaient fait construire de superbes et curieuses villas sur deux niveaux identiquement aménagés, chacun comportant des chambres, des salles de repos, des salles à manger et des puits.

On suppose que les propriétaires occupaient le rez-de-chaussée pendant les saisons fraîches et prenaient leurs quartiers d'été au sous-sol. La lumière du jour y parvenait par un patio central autour duquel les pièces étaient réparties. Plusieurs villas ont été dégagées, livrant leurs belles mosaïques. L'une d'entre elles est conservée au musée du Bardo, à Tunis (p. 77).

faune
Le cerf de Berbérie

Symbole du Maghreb, le cerf de Berbérie ne se rencontre à l'état sauvage que dans les forêts de chênes-zéens et de chênes-lièges de Kroumirie-Mogod, dans le nord-ouest de la Tunisie et au-delà de la frontière, en Algérie.

Pour le protéger, une réserve de 420 ha a été créée dans le parc d'El-Feidja, en 1965. À l'état sauvage, il peut vivre jusqu'à 18 ans. Ses bois, recouverts d'un manteau de velours nourrissant, atteignent en été des dimensions spectaculaires.

deux **basiliques chrétiennes** ont également été mis au jour. La plus grande d'entre elles (VIe s.) conserve quelques colonnes de marbre ainsi que le profond bassin de son baptistère. Ancienne capitale d'un petit royaume numide annexé à l'Empire romain, Bulla Regia connut son apogée aux IIe et IIIe s. et dut une partie de son nom, Regia, à la présence d'une résidence royale que possédait ici l'un des fils du roi numide Massinissa.

● **Les maisons souterraines.** Le sentier conduit à la **maison du Trésor** dont l'escalier descend vers une salle centrale qui conserve des mosaïques à torsades, motifs floraux et médaillons.

Au centre du site, un petit tertre offre une vue d'ensemble. Le sentier devient ensuite une allée romaine pavée qui contourne la **maison du Paon**, puis celle **de la Chasse**** contiguë, la plus imposante des maisons souterraines. Toutes ses chambres possèdent des mosaïques, elles couvrent même les plates-formes dressées pour les lits. On peut encore visiter la **maison de la Pêche***, la plus grande et la plus fraîche, la **maison d'Amphitrite***, aux mosaïques splendides, et terminer par la **maison de la Nouvelle Chasse** pour admirer les mosaïques de scènes de chasse.

● **Les monuments publics.** Le **forum**, vaste place qui a perdu son dallage, est relativement bien préservé. Le **théâtre**, où l'on accède par des galeries circulaires à peu près intactes, était construit en terrain plat sur de puissantes voûtes. Il a conservé la série inférieure de ses gradins et la scène où deux escaliers aboutissent.

À l'ouest des thermes, vous pourrez longer de grandes citernes de 20 m de long avant d'arriver à une sorte de **basilique** à trois nefs, peut-être le monument le plus ancien de Bulla Regia (Ier s. apr. J.-C.).

La route du Kef

Rejoignez la P 17 et bifurquez à g. : la piste vers **Chemtou** s'élève sur 16 km. Elle conduit aux **carrières romaines de Simitthus***, d'où partait le marbre destiné à Rome et à Byzance. Le site est beau, dessiné par un aqueduc qui chevauche la vallée et les dômes verdoyants des collines où se trouvaient les carrières. Un **musée** *(ouv. t.l.j. 8 h-18 h ; entrée payante)* présente l'histoire du site et les techniques d'extraction et d'exploitation du marbre.

À une dizaine de km à l'ouest de Chemtou par la C 59 se trouve le **parc national d'El-Feidja** qui s'étend sur plus de 2 000 ha, tout près de la frontière algérienne. C'est une forêt constituée de chênes-lièges et chênes-zéens. Ces derniers, propres à l'Afrique du Nord, ressemblent aux chênes rouvres de France. Apparue il y a environ 38 millions d'années, parsemée de cours d'eau et de marécages, la forêt concentre donc une faune et une flore particulièrement intéressantes : on peut y voir des cerfs de Berbérie *(p. 126)*, des sangliers, des renards, des porcs-épics et des chauves-souris ainsi qu'un grand nombre d'espèces d'oiseaux. Cette réserve naturelle est protégée depuis 1967. 550 km de circuits touristiques ont été aménagés et balisés. La meilleure période pour la découvrir court du mois d'avril au mois d'octobre.

Reprenez la P 17 pour **Jendouba**, gros bourg qui connaît une forte animation le jour du marché *(le mer)*. Plus loin, au carrefour avec la P 5 venant de Tunis, prenez à dr. Vous aurez une belle vue d'ensemble sur Le Kef, étagé sur son rocher. Avant d'atteindre la ville, la route tracée à flanc de montagne offre un très beau **panorama*** sur la région du Tell.

Vous arrivez bientôt au Kef, point de départ d'une belle balade dans l'intérieur des terres (itinéraire 8, p. suivante). ●

8 | Les routes de l'intérieur

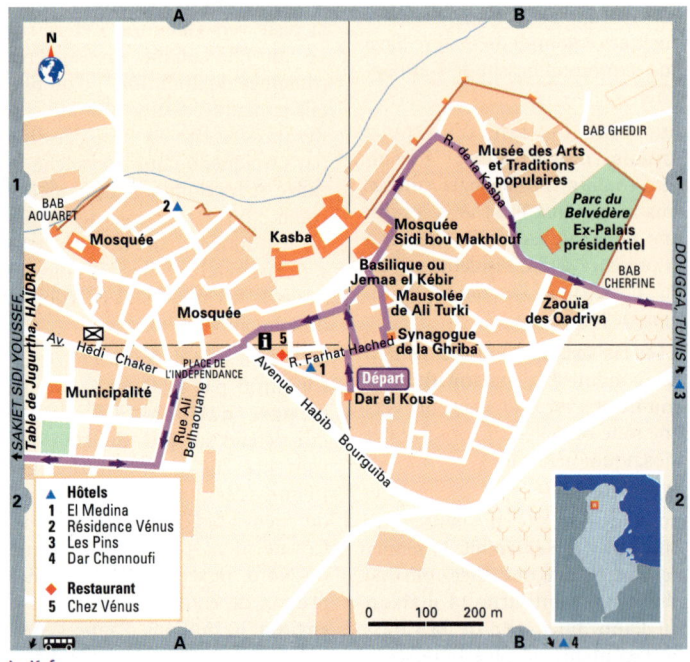

Le Kef.

Durée de l'itinéraire : 1 journée suffit si vous abordez rapidement les sites antiques, sans monter à la Table de Jugurtha. Les amateurs d'histoire y consacreront au moins 2 jours. Attention, il est difficile de se loger dans la région en dehors du Kef et de Dougga. Itinéraire de 349 km.

Circuler : une voiture est nécessaire pour visiter cette région au départ du Kef.

Carte p. 124.

Carnet d'adresses p. 236.

En longeant la Dorsale tellienne, on traverse de vastes paysages de collines dénudées et de plateaux ou de plaines plantées de céréales et d'oliviers. Au cœur de ce paysage serein, parsemé de vestiges antiques, se trouvent deux sites romains majeurs : Dougga et Thuburbo Majus.

Le Kef★★

En voiture : 171 km S-O de Tunis par la P 5 ; 39 km S de Jendouba par la P 17. **En autocar :** liaisons régulières avec Tunis et Tabarka. **En train :** liaisons t.l.j. avec Tunis, par El-Fahs, Gaâfour et changement à Sers. **Carnet d'adresses** p. 238.

Le Kef, chef-lieu de gouvernorat, s'étage de 700 à 850 m d'altitude, sur le flanc méridional du djebel Dyr, situation qui justifie son nom (*kef* signifie « rocher »). Peu touristique, la ville, dominée par sa forteresse, possède des vestiges antiques (thermes, basilique, citernes) et une mosquée à la décoration intérieure peu commune. Le Kef donne une impression devenue rare : celle de retrouver une Tunisie traditionnelle, qui n'a pas été influencée par les modes de vie contemporains. L'Association de la médina a permis de mettre en valeur le patrimoine de la ville.

Au temps du protectorat, la ville moderne s'est établie au pied du front sud des murailles, aujourd'hui rasées, de la ville ancienne.

À l'articulation des deux quartiers coule la source Ras el-Aïn, dont les captations sont romaines. À proximité, dans un enclos, se trouvent les vestiges de **thermes** romains monumentaux. Ont été dégagés une salle, jadis transformée en chapelle, et les restes d'un *frigidarium*.

● **Dar el-Kous* AB2**. Plus intéressantes sont les ruines restaurées de cette basilique romaine construite au IVe s. et dédiée à saint Pierre. Son narthex servit d'église jusqu'à l'indépendance. Les trois nefs de l'édifice ont perdu leur toiture. Quelques fragments de statues et divers débris lapidaires y sont entreposés.

● **La synagogue de la Ghriba B1**. *Rue Maarek el-Karama*. Autrefois objet d'une grande vénération, la synagogue de la Ghriba était un lieu de pèlerinage comme son homonyme de Djerba *(p. 182)*. Après le départ du dernier juif keffois, en 1984, la synagogue est restée fermée pendant une dizaine d'années. Restaurée par l'Association de sauvegarde de la médina, elle est de nouveau accessible aux visiteurs. Elle a conservé intacts tous ses objets de culte ainsi que son mobilier.

● **Le mausolée de Ali Turki* B1**. *Au coin des rues du Soudan et Maarek el-Karama*. Il date de la fin du XVIIe s. et fut édifié par le père de Hussein ben Ali, fondateur de la monarchie husseinite.

● **La basilique* B1**. *En contrebas*. Transformée en mosquée au VIIIe s., elle est nommée **Jemaa el-Kébir** (Grande Mosquée), ou « édifice à auge » *(entrée libre t.l.j. sf lun.)*. Elle sert de cadre au **Festival** (théâtre et musique) qui se tient en juillet.

● **La mosquée de Sidi bou Makhlouf* B1**. *Par une petite venelle montant en escalier*. On arrive au pied de la **forteresse** et de la **mosquée de Sidi bou Makhlouf** (XVIIe s.), reconnaissable à ses deux dômes blancs et à son minaret octogonal. La porte, très simple, contredit la richesse de la décoration intérieure, toute de stucs ciselés et de carreaux de céramique émaillée. La salle centrale est reliée à deux nefs par des arcs reposant sur des colonnes antiques. Le **tombeau** du saint et de sa famille est un lieu de dévotion, comme le révèlent les femmes en prière qui y viennent régulièrement.

● **La kasbah AB1**. *En contournant la mosquée de Sidi bou Makhlouf, vous arrivez au pied de la kasbah. Là, un escalier conduit jusqu'aux remparts*. Édifice husseinite dont la construction remonte au début du XVIIe s., la kasbah, avec ses deux forts, a une situation privilégiée au cœur de la ville qu'elle surplombe, offrant un superbe panorama sur la cité et les plaines environnantes. Construite en pierres romaines provenant des monuments de *Sicca Veneria* – bon nombre d'entre elles comportent des inscriptions latines –, la citadelle, qui fut longtemps occupée par l'armée, a été entièrement restaurée. Elle est aujourd'hui accessible au public.

La nuit, un éclairage jaune-ocre, placé en contrebas, ajoute à la majesté de l'édifice. En été, la grande cour accueille des spectacles dans le cadre du Festival de Sidi bou Makhlouf.

● **Le musée régional des Arts et Traditions populaires B1**. *Ouv. t.l.j. sf lun. 9h-13h et 16h-19h en été ; 9h30-16h30 en hiver. Entrée payante*. La zaouïa de Sidi Ali ben Aïssa, construite en 1784, abrite les collections du musée régional qui traite du costume et des bijoux citadins, du nomadisme, mais aussi de la poterie *(p. 54)*, du cavalier et du cheval. Quelques colonnes romaines, remontées autour de la petite place, contribuent à donner au site une altière rigueur.

●●● *Pour en savoir plus, voir également notre rubrique « Coutumes tunisiennes » p. 44.*

● **Le parc du Belvédère* B1**. *Pour le rejoindre, reprenez votre voiture et empruntez la route de Tunis jusqu'à la bifurcation dominée par le parc*. De là, prenez à g. une rue pentue menant à l'**ancien palais présidentiel**, aujourd'hui siège du gouvernorat, d'où vous jouissez d'un beau panorama. Vous passerez ensuite devant l'ancienne **zaouïa des Qadriya** bâtie en 1834. L'édifice est surmontée d'un dôme central qu'encadrent quatre dômes plus petits.

Excursion aux environs du Kef

Les vastes plaines du nord-ouest du pays offrent des paysages verdoyants et étonnants qui s'étendent jusqu'à la frontière algérienne. Dans cette région sont concentrés les plus beaux sites antiques de la Tunisie.

La Table de Jugurtha**

En voiture : 60 km S du Kef par la P 5, puis la P 17 vers Kasserine. Au km 25, prendre l'embranchement vers Kalaat es-Senan. De Kalaat es-Senan, rejoindre le village de Aïn Senan puis emprunter le chemin de terre qui longe le flanc de la montagne. Ce chemin n'est pas toujours praticable en voiture, surtout après les pluies. **À pied**, le trajet aller dure environ 1 h 30.

Une excursion réservée aux amateurs de marche à pied qui ne souffrent pas du vertige !

Du haut de ses 1 270 m, cet impressionnant plateau de 80 ha domine un superbe panorama qui embrasse à perte de vue les plaines et les forêts environnantes. Il s'étend jusqu'à l'Algérie, dont la frontière est à une vingtaine de kilomètres. Ce remarquable rocher fortifié, qui présente des vestiges d'occupation de différentes époques, est ainsi baptisé car il correspond au site évoqué par Salluste en 42 av. J.-C. dans *La Guerre de Jugurtha*. Cette oeuvre raconte la résistance numide menée par le roi Jugurtha.

On accède au haut du plateau par un escalier taillé dans la roche, emprunté aussi bien par les visiteurs que par les troupeaux de vaches ou de chèvres menés par les bergers du coin.

Une fois arrivé au sommet, on découvre des piscines romaines, des maisons en pierre à l'abandon (vestiges de village berbère) et un marabout où les pèlerins viennent se recueillir. Profitez du paysage, qui est magnifique.

---

histoire
Un destin provincial

Les origines du Kef sont lointaines. Située au centre d'une région contrôlée par Carthage, l'antique *Sicca Veneria* était ainsi dénommée en hommage à Vénus, déesse de la Beauté et de l'Amour.

La ville dut accueillir, après les premières guerres puniques, les mercenaires rappelés de Sicile et dont les Carthaginois redoutaient le mécontentement. Ce rassemblement de plusieurs milliers de soldats favorisa en fait l'éclatement d'une rébellion, connue sous le nom de **guerre des mercenaires** (241-237 av. J.-C.).

Colonie sous Auguste, *Sicca* fut très prospère aux IIe et IIIe s. de notre ère. Elle devint le siège d'un évêché et une intense vie monastique s'y développa sous l'impulsion de saint Augustin *(p. 90)*.

Ruinée par les guerres qui marquèrent l'installation des Arabes au Maghreb, elle y gagna son nom actuel. Le bourg retrouva une certaine importance à l'occasion des luttes qui opposèrent les chefs turcs d'Alger et de Tunis.

Devenu par la suite un important centre administratif, Le Kef fut, au cours de la dernière guerre mondiale, le siège de la vice-présidence d'où était administrée la partie de la Tunisie qui était demeurée hors d'atteinte des troupes de l'Axe.

Pour en savoir davantage sur la révolte des mercenaires du IIIe siècle, voir « L'épopée carthaginoise », p. 278. ●

Haïdra

En voiture : 78 km S du Kef par la P 5, la P 17 vers Kasserine puis la P 4. De la Table de Jugurtha, rejoindre Kalaat es-Senan et prendre la route qui longe la frontière algérienne en direction d'Haïdra.

Ce vieux village, proche de la frontière algérienne, occupe le site de l'antique *Ammaedara*, station stratégique sur la voie qui reliait Carthage à *Theveste* (Tébessa). À l'époque romaine, la IIIe légion d'Auguste s'y était établie afin de pacifier les frontières du sud de la province d'Afrique. Puis, à la fin du Ier s., elle abrita une colonie de vétérans. La ville retrouva sa fonction militaire à l'époque byzantine : une citadelle y fut bâtie sous Justinien. L'ancienne voie romaine passe sous l'**arc de triomphe de Septime Sévère**, dédié en 195, et traverse la grande **citadelle byzantine*** (200 m sur 110), construite entre 527 et 565. Le front nord de la forteresse a été restauré par les beys au XIXe s. ; l'angle sud-ouest s'est effondré à la suite d'inondations il y a quelques dizaines d'années. Le site abrite aussi les vestiges de plusieurs **églises** byzantines, d'un **théâtre** et de **mausolées**.

Du Kef à Dougga

Quittez Le Kef par votre itinéraire d'arrivée, jusqu'à l'embranchement de la route de Tabarka et de la P 5 venant de Tunis. Engagez-vous sur la P 5. Les kilomètres sont indiqués au départ du Kef.

À 22 km, à g. du pont actuel, on peut apercevoir les fondations d'un pont romain. Un peu plus loin *(à 38 km)*, on parvient à **Borj Messaoudi**, village à côté duquel se trouve le **marabout de Sidi Moussa**, situé sur les ruines de l'antique *Thacia* (citernes, mausolée de Marcus Cornelius Rufus). La route franchit le bassin de l'oued Tessa par la vallée de l'oued Zagoube.

À 46 km, elle atteint **El-Krib**, l'*Aunobari* romaine, dont le seul intérêt est son marché animé du mardi. 1 km après la sortie du village, à dr., vous pouvez apercevoir, à g., un groupe de ruines puis, 300 m plus loin, l'arc de triomphe signalant l'entrée de la ville de Musti.

- **Musti***. Fondée par Caius Marius après sa victoire sur Jugurtha, au IIe s. av. J.-C., cette ville, qui fut ensuite promue au rang de municipe, était située sur la voie qui reliait Carthage à *Theveste*. On peut y voir une arcade de boutiques bien conservée et les temples présumés de Cérès, de Pluton et d'Apollon. À mi-coteau se trouve une partie d'une **presse à huile** d'une taille impressionnante, tandis que la rue principale continue à monter entre des colonnes, des pavements et des chambres souterraines. La **forteresse byzantine** du VIe s. a probablement été construite à l'aide de matériaux pris sur des monuments plus anciens.

- **La vallée du Krib**. Après être passée de la vallée de l'oued Tessa à celle de l'oued Khalled, la route pénètre dans la **vallée du Krib**, qui s'étend sur 14 km de long et 7 km de large, puis franchit l'oued Remel. Au km 56,5, laissez sur votre dr. une bifurcation pour Siliana et Makthar pour prendre un peu plus loin, à g., une route conduisant au site de Dougga. Vous pourrez apercevoir, sur une hauteur, une **citadelle byzantine** rectangulaire accolée à un monument romain. 2 km plus loin, la route parvient à **Dougga**, modeste village construit sur l'emplacement de l'antique *Thugga*, dont les ruines comptent parmi les plus prestigieuses de l'Afrique romaine.

♥ Dougga***

En voiture : 120 km S-O de Tunis par la P 5 (direction Béja), puis la C 74 après Téboursouk ; 60 km N-E du Kef par la P 5 en direction de Téboursouk. **En autocar** : liaisons t.l.j. avec Tunis et Le Kef, via Téboursouk. **En train** : liaisons t.l.j. entre Tunis et Gaâfour. **Site archéologique** : ouv. t.l.j. 8 h-19 h en été et 8 h 30-17 h 30 en hiver. Entrée payante. Parking et buvette à l'entrée du site. **Plan** p. 133.

De tous les vestiges de cités antiques, ceux de Dougga possèdent le pouvoir le plus suggestif : leur site domine le paysage alentour à 600 m d'altitude, leurs dimensions sont impressionnantes (25 ha) et ils sont particulièrement bien conservés. Occupant le flanc d'une colline arrondie, dominant un grand bois d'oliviers, des champs de blé et le profond oued Khalled, Dougga accorde ses majestueux édifices à la beauté du panorama.

Le site fut exploré en 1882 et fouillé à partir de 1889. Les fouilles, accompagnées de travaux de restauration, se sont poursuivies depuis. Un projet d'aménagement du site en parc archéologique national est actuellement mis en œuvre pour le valoriser et améliorer l'accueil des visiteurs.

●●● *Conseils : sauf si vous préférez vagabonder librement parmi les ruines, prenez un **guide**. Mettez-vous d'accord à l'avance sur le prix et prévoyez **deux heures au minimum** pour une visite complète. Le site est vaste, il est néanmoins agréable de s'y promener et de flâner à son gré. Les coins ombragés sont rares, prévoyez plutôt une visite **le matin**, aux heures fraîches.*

Le théâtre*

Construit de 166 à 169, c'est un édifice de proportions relativement modestes, mais bien conservé. Les gradins, qui s'étagent sur 15 m de hauteur, pouvaient recevoir 3 500 personnes. Il accueille aujourd'hui des représentations d'art dramatique dans le cadre du **Festival de Dougga** qui a lieu en juillet-août. Des pots de terre cuite, encastrés dans le mur, assurent une acoustique demeurée parfaite avec le temps. L'orchestre est séparé de la scène par une dénivellation composée de niches, alternativement rectangulaires et semi-circulaires. L'eau de pluie est recueillie dans l'orchestre et évacuée sous la scène par des tuyaux. Deux escaliers permettent de monter sur la scène, revêtue d'une mosaïque, où des trous et des fentes recevaient la machinerie installée dans les sous-sols. Trois renfoncements constituaient les voies d'accès des acteurs à la scène.

La place de la Rose-des-Vents

Après la maison des Fouilles (*à g. du théâtre*), une voie romaine aboutit à la **place de la Rose-des-vents**, nommée ainsi en raison du motif de 8 m de large gravé dans le pavement. Ses trois marches donnent accès au **temple de la Piété-Auguste** (IIIe s. apr. J.-C.), de forme semi-circulaire. À côté, il ne reste que les soubassements d'un **temple dédié à la Fortune**, sur lequel une petite mosquée a été construite. Au nord de la place, le **temple de Mercure**, précédé de dix colonnes, est composé de trois salles, dont l'une est pavée de schiste vert.

Les thermes liciniens

Vers le sud (au pied de la mosquée), une allée pavée traverse l'**ancien marché** (détruit lors de la construction du fort byzantin). Puis, en contrebas, cette allée passe au milieu d'un espace où se trouvent des statues, des murs de maisons et des mosaïques. Les belles salles des **thermes liciniens** (IIIe s. apr. J.-C., transformés au IVe s.), thermes d'hiver, sont bien conservées. Leur plan respecte les impératifs de répartition symétrique des salles autour du *frigidarium* et du *caldarium*. La salle entourée d'un portique abrite une mosaïque à décor géométrique. Les proportions imposantes de l'édifice s'expliquent par la variété des spécialisations qu'offraient les salles (gymnase, salle chaude, salle tiède, salle froide, étuves sèches, salles de massage…).

Le capitole***

Attenant à la place du marché, un parvis précède le magnifique **capitole**, l'un des plus importants édifices de la ville et l'un des plus beaux

itinéraire 8 | Les routes de l'intérieur | 133

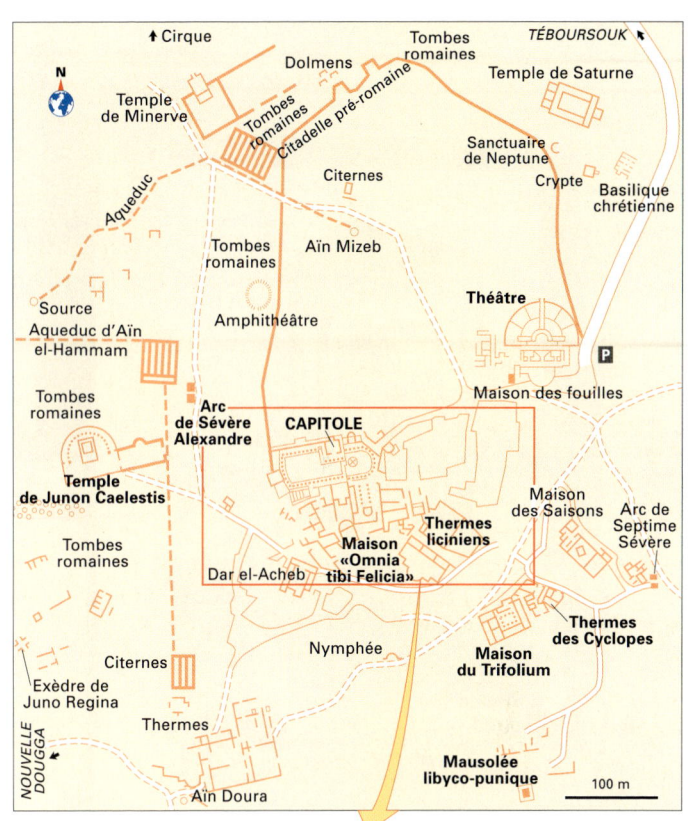

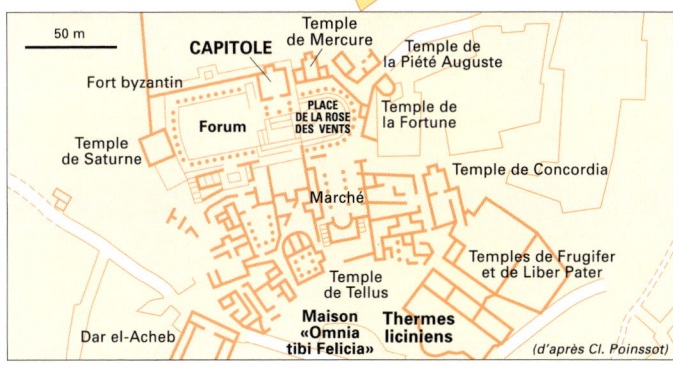

Le site de Dougga.

monuments romains d'Afrique du Nord. Dédié à la triade capitoline (Jupiter, Junon et Minerve), il se compose d'un sanctuaire précédé d'un portique auquel on accède par un escalier monumental. Le portique conserve ses six colonnes cannelées ; les quatre en façade sont monolithes. Les chapiteaux corinthiens, finement ouvragés et très bien conservés, supportent une frise avec dédicace à la triade capitoline, rappelant que l'édifice fut construit grâce à l'aide de deux donateurs. Sur le tympan de l'élégant fronton, un bas-relief représente un

Le Nord et les plaines du Tell

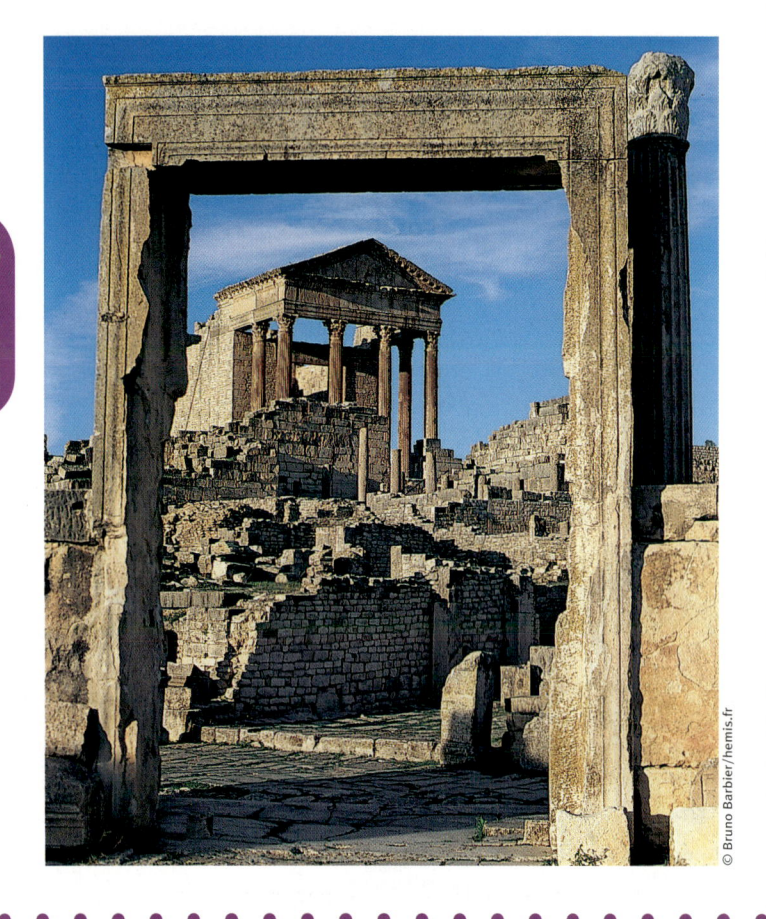

histoire
Majestueuse Dougga

Avant d'être romaine, *Thugga* connut une certaine importance à l'époque punique, dont il subsiste les restes de hautes murailles et surtout un **mausolée** dédié à un prince numide (fin du IIIe s. av. J.-C.; *p. ci-contre*). Ce monument, haut d'une vingtaine de mètres, qui se dresse dans un bois d'oliviers en contrebas de la ville antique, est privé de sa plaque dédicatoire, écrite conjointement en langues berbère et punique. Le consul d'Angleterre, sir Thomas Read, la préleva en 1842 pour en faire don au British Museum. Par la suite, l'archéologue Louis Poinssot restaura habilement le monument (1910).

Après la chute de la Carthage punique (146 av. J.-C.), *Thugga* préféra s'allier au royaume numide de Massinissa plutôt qu'au vainqueur romain. Pendant près de deux siècles, la cité resta fidèle à ses attaches berbères, en gardant son autonomie administrative à côté du bourg romain qui s'édifiait peu à peu. Après avoir été annexée à la nouvelle province d'Afrique par César en 46 av. J.-C., elle connut un essor rapide. Ses nombreux et importants édifices montrent clairement qu'elle participa à la grande vague de prospérité africaine des IIe et IIIe s. Devenue *municipe* sous le règne de Septime Sévère, elle fut élevée au rang de colonie en 261. Son déclin fut progressif et entrecoupé de périodes de prospérité.

Avec la domination byzantine, la ville, protégée par un fort bâti comme à l'habitude avec des pierres arrachées à des monuments anciens, retrouva une vie urbaine. Contrairement à ce qui se passa pour de nombreuses autres cités romaines déchues, Dougga ne fut pas abandonnée par ses habitants.

◀ Le capitole de Dougga.

homme enlevé par un aigle. Lors des fouilles, on a découvert dans une crypte faisant office de sous-sol la tête de la statue de Jupiter, qui devait atteindre 6,5 m.

Des marches conduisent au **forum**, long de 38,5 m et large de 24. La mise au jour de murs byzantins permet de penser que les lieux furent modifiés au cours du VIe s. par la présence d'un fort qui englobait forum et capitole. À l'ouest se trouve l'**arc de Sévère Alexandre** (222-235), ou **Bab er-Roumia** (la « porte de la Chrétienne »).

Le temple de Junon Caelestis**

Les **citernes de Aïn el-Hammam**, comptant cinq réservoirs parallèles et un sixième perpendiculaire aux autres, recevaient l'eau d'une source distante de 12 km.

À partir des citernes, un sentier conduit vers le **temple de Junon Caelestis** (222-235), édifié sous Sévère Alexandre, qui bénéficie d'un bel environnement d'oliviers séculaires. Grâce à la restauration conduite par Louis Poinssot, on peut admirer la superbe ordonnance du péristyle, dont les fûts en calcaire supportent des chapiteaux corinthiens.

La maison « Omnia tibi felicia »

À l'angle ouest du forum, un chemin de ronde passe au-dessous du capitole et devant l'encadrement rectangulaire du **Dar el-Acheb** (164-166), dont la destination demeure inconnue. Un motif, sur le dallage d'entrée, représente le cirque de *Thugga*.

Un peu plus loin, à g., le **temple de Tellus** (261 apr. J.-C.) possède un sanctuaire orné de trois niches et flanqué de deux autres pièces plus petites.

La **maison** « *Omnia tibi felicia* » (« Que tout te porte bonheur »), dont les pièces sont disposées autour d'une petite cour à portique, abritait des pavements de mosaïque qui se trouvent au musée du Bardo, à Tunis *(p. 77)*. Elle fut sans doute offerte en cadeau de noces par un père à sa fille.

Les thermes des Cyclopes et la maison du Trifolium★

Les **thermes des Cyclopes**, dont les pavements de mosaïque sont au musée du Bardo, sont très abîmés, à l'exception des latrines. Celles-ci sont constituées d'un banc de pierre en forme de fer à cheval où sont percés douze trous et rigoles (un égout passant sous les sièges communiquait avec le collecteur de la rue). On remarquera la faible distance séparant les trous qui, outre la promiscuité qu'elle imposait, pourrait signifier que les utilisateurs n'étaient pas très grands.

À côté des thermes des Cyclopes se trouve la **maison du Trifolium**★, la plus vaste de celles qui ont été dégagées à Dougga. Son emblème, un sexe masculin et deux seins de femmes sculptés dans une pierre, laisse à penser qu'il s'agissait d'une maison close, construite au cours du IVe s. Elle doit son nom à une pièce comprenant trois absides disposées en trèfle.

Le mausolée libyco-punique**

Le mausolée libyco-punique, seul monument de ce style connu, emprunte sa décoration à l'art hellénique archaïque et à des motifs orientaux ou égyptisants. S'élevant à 21 m du sol, il a été construit à la fin du IIIe ou au début du IIe s. av. J.-C. pour servir de sépulture à un chef numide du nom de Afeban. Son principal dommage remonte à 1842, lorsque le consul d'Angleterre s'empara de l'inscription en langue libyco-punique.

L'arc de Septime Sévère

Après la visite du mausolée, revenez sur vos pas, puis suivez la voie romaine à partir des latrines (à dr.) ; elle décrit une courbe avant d'arriver à l'**arc de Septime Sévère** (205 apr. J.-C.), élevé pour célébrer l'accession de la ville au statut de *municipe*. Aujourd'hui dépourvu de son arche, il enjambait à l'origine la grande voie reliant Carthage à *Theveste* (Tébessa).

Revenez vers le théâtre et terminez votre visite en allant au **temple de Saturne** (195 apr. J.-C.), d'où vous bénéficierez d'une vue étendue sur la vallée de l'oued Khalled.

Aux environs de Dougga

En sortant du site de Dougga, reprenez la C 74 qui descend vers Téboursouk. **Carnet d'adresses**, Téboursouk, p. 241.

Chef-lieu de délégation accroché aux flancs d'une éminence dominant les oliveraies de la vallée de l'oued Khalled, **Téboursouk** est un bon point de départ pour la visite de Dougga. De l'antique *Thubursicum Bure*, il ne conserve au nord-est qu'une **citadelle byzantine** de forme pentagonale, enserrée dans l'agglomération, et un **cimetière romain**, au bord de la route de Tunis.

À quelques kilomètres, sur la P 5, en direction de Tunis, le site d'**Aïn Touga***, l'ancienne *Thignica* romaine, abrite les vestiges d'une forteresse byzantine du VIe s. Derrière la forteresse, s'étendent les ruines de la ville romaine avec un petit théâtre, un amphithéâtre et des thermes.

En direction de Tunis, ne manquez la charmante ville de **Testour**, sur les rives de la Medjerda, créée au XVIIe s. par les Maures chassés d'Andalousie. Elle a gardé, au fil des siècles, un cachet andalou, avec sa place centrale plantée d'arbres, ses maisons aux toits de tuiles et sa mosquée au minaret carré.

En juillet s'y tient le **Festival de malouf**, musique traditionnelle d'inspiration andalouse.

*Poursuivre la route jusqu'à **Medjez el-Bab** où vous pouvez faire une halte à* Côté Ferme *(Voir CA p. 239), puis reprendre l'autoroute A3 jusqu'à Tunis.*

De Dougga à Thuburbo Majus**

Sortez de Téboursouk par la route du Kef, la P 5.

À 9,5 km, tournez à g. devant les ruines de **Agbia**, pour prendre la P 18. La route traverse la partie orientale de la **plaine du Krib**, limitée à l'est par le **djebel ech-Cheïd** (764 m d'alt.). Au km 18, à l'embranchement avec la C 47, prenez à g. vers **Gaâfour**.

Au km 29, à dr. de la route, se dresse le **marabout de Sidi bou Argoub**, sur l'emplacement de l'antique *Thimisua*. On discerne, ruinés ou reconstruits, quelques édifices romains. On parvient, 1 km plus loin, à **Gaâfour**, centre minier et agricole situé sur l'oued Siliana.

Au km 61, la route contourne **Bou Arada**, bourg situé sur l'emplacement des ruines de Arad. On peut y voir un arc de triomphe du temps de Commode (184 apr. J.-C.). Cette région de la plaine du Fahs abonde en vestiges antiques.

À 82 km, à l'embranchement avec la P 4, tournez à g. en direction d'**El-Fahs**, encore appelé **Pont-du-Fahs** *(7 km plus loin)*. En raison de sa position stratégique, ce gros centre agricole fut l'enjeu de durs combats durant la campagne de Tunisie. Reconstruit depuis, il est dépourvu d'hôtels et de restaurants ; ce qui est regrettable vu la proximité du site antique de Thuburbo Majus *(à 5 km au N)*.

Quittez El-Fahs en direction de Tunis, laissez à g. la route pour Medjez el-Bab et juste après la borne indiquant « Tunis 56 km », prenez à g. une route conduisant aux ruines de Thuburbo Majus : elles sont très mal indiquées.

itinéraire 8 | Les routes de l'intérieur | 137

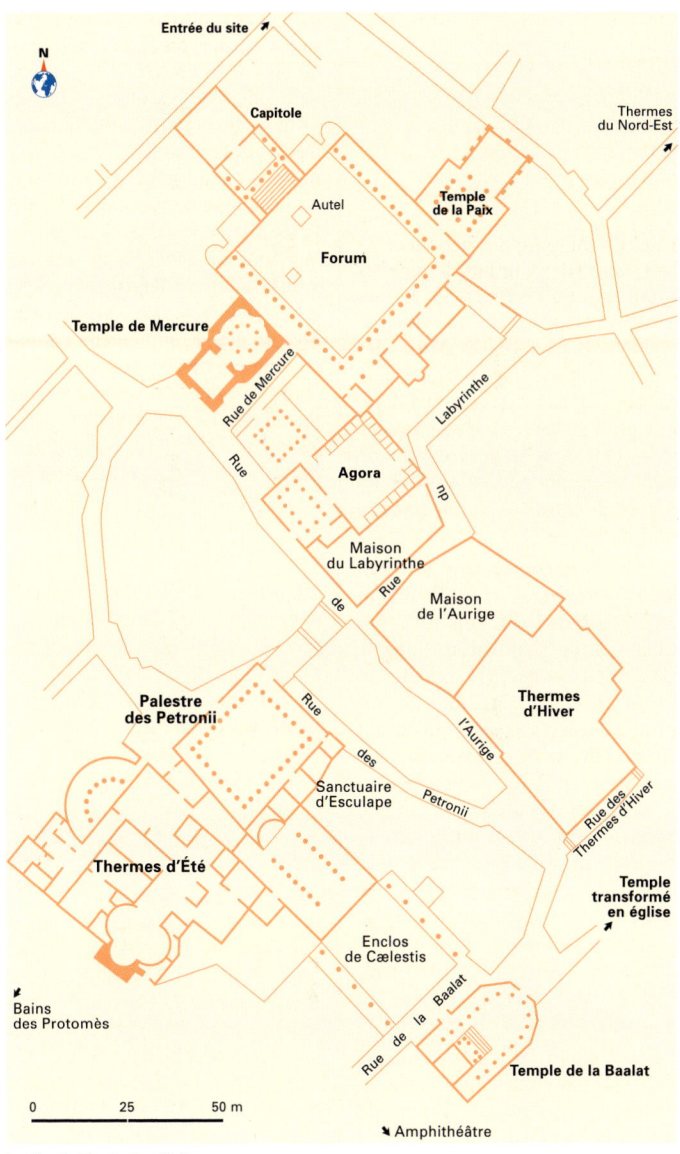

Le site de Thuburbo Majus.

Thuburbo Majus★★

En voiture : 5 km N d'El-Fahs, 62 km S de Tunis et 96 km N de Kairouan par la P 3. **En train :** de Tunis, arrêt à El-Fahs et prendre un taxi (négocier l'AR). **Site archéologique :** ouv. t.l.j. 8 h-19 h en été ; 8 h 30-17 h 30 en hiver. Entrée payante.

●●● **Conseils :** *comptez 2 h pour une visite complète du site. Plus resserré que Dougga, Thuburbo Majus obéit à une topographie plus complexe. Évitez les heures chaudes de la journée ; préférez la fraîcheur du* **matin** *pour visiter ce site relativement étendu (40 ha) et peu ombragé.*

C'est le troisième grand site archéologique de la région de Tunis, avec Utique et Carthage. Ses édifices imposants et ses mosaïques, pour la plupart transportées au musée du Bardo, à Tunis *(p. 77)*, témoignent de l'importance de cette métropole provinciale d'origine probablement berbère, dont l'époque de fondation est inconnue *(ci-dessous)*.

Le capitole*

Dès l'entrée, vous ne pourrez ignorer le **capitole**, dont les hautes colonnes de 8,5 m se détachent majestueusement sur le paysage. Les statues des dieux ont disparu de la *cella* ; seul le marbre fragmenté d'un Jupiter décapité gît à l'entrée. La tête, les pieds et les bras de la statue colossale de Jupiter sont aujourd'hui exposés au musée du Bardo, à Tunis, dans la salle de Sousse.

Un imposant **forum** carré de 49 m de côté précède le capitole. Il était autrefois bordé sur trois côtés par un portique corinthien. Sous le vestibule et sous le sanctuaire du forum, élevé sur un podium, on trouve plusieurs salles voûtées, qui eurent diverses destinations : certaines durent contenir le trésor du temple, celle du milieu abrita une huilerie. Sur le forum, devant le capitole, on peut voir les vestiges d'un autel capitolin. Dans l'angle nord se dresse le **temple de la Paix**, qui obéit à un parti pris architectural de tradition punique. On peut encore y voir le socle d'un édicule qui renfermait la statue du culte.

Dans l'angle sud du forum se trouve la place du marché, l'**agora**, dallée. Au sud-ouest, le **temple de Mercure**, très en ruine, a été érigé sous les Sévères, en 211 apr. J.-C. À l'ouest du temple de Mercure s'étend un quartier d'habitations où les constructions d'époques vandale et byzantine se sont superposées à la ville romaine. À 300 m de là, près de la porte ouest, plusieurs riches demeures ont été mises au jour, dont certaines possédaient des salles et des bains chauffés par fourneau souterrain. Au sud-ouest du marché se trouve la **palestre des Petronii***, terrain de jeux où les habitants venaient faire de l'exercice avant d'aller aux bains. Il fut édifié en 225 par Petronius Felix et ses fils avec un grand raffinement, comme en témoigne la partie du portique corinthien qui a été remontée, ainsi que la mosaïque des *Boxeurs obèses*, transférée au musée du Bardo. Dans l'angle sud est gravé le jeu latin des « 36 lettres ».

Les thermes

On pénètre dans les **thermes d'été*** par l'angle ouest de la palestre. La première petite salle servait de vestibule à un atrium dont le sol était pavé de mosaïque. Le *frigidarium* a perdu ses revêtements de marbre, mais conserve deux piscines tapissées de mosaïque blanche.

Le **temple de la Baalat** est un petit sanctuaire du IIe s. environ, qui occupe le fond d'une cour bordée d'un portique. Son nom, issu de Baal, semble témoigner d'un retour des Romains aux croyances puniques. Presque en face, de l'autre côté de la rue des Petronii, se dressent les **thermes d'hiver**, en grande partie reconstruits entre 395 et 408 et qui bénéficiaient d'une vingtaine de chambres. La **rue de l'Aurige** longe à l'ouest une partie des thermes d'hiver, ainsi que la maison du même nom. Puis, elle croise à dr. la **rue du Labyrinthe** qui permet de revenir au forum. ●

Le Sahel et les steppes

Avant de devenir des lieux de villégiature, les villes du littoral – Sousse, Monastir, Mahdia, Sfax – étaient des cités fortifiées par les envahisseurs arabes venus de la mer. Ces dernières années elles ont connu, comme tous les villages côtiers du pays, un important développement touristique et urbanistique.

Les vastes plaines du Sahel sont plantées d'oliviers à perte de vue, ce qui a largement contribué à la richesse de la région. À l'Ouest, les hauts plateaux, recouverts d'une steppe souvent mal arrosée par des oueds capricieux, ont un caractère désertique parfois spectaculaire. La Rome antique y édifia les cités de *Sufetula* et *Mactaris*, respectivement Sbeïtla et Makthar. C'est également dans ce paysage ocre et roux, semi-désertique, que le premier conquérant arabe venu d'Égypte, Oqba ibn Nafii, installa sa caravane au VIIe s., avant de fonder la ville sainte de Kairouan et de se lancer à la conquête du pays.

Carte d'ensemble p. 140.

Plans : Sousse, p. 142 ; Sousse (médina), p. 145 ; Monastir, p. 149 ; Madhia, p. 152 ; El-Djem, p. 155 ; Sfax, p. 158 ; îles Kerkennah, p. 161 ; Kairouan, p. 165 ; Makthar, p. 169 ; Sbeïtla, p. 171.

Carnet d'adresses p. 242.

▲ Le ribat de Sousse est l'un des plus vénérables de l'islam maghrébin.

9 | Le Sahel

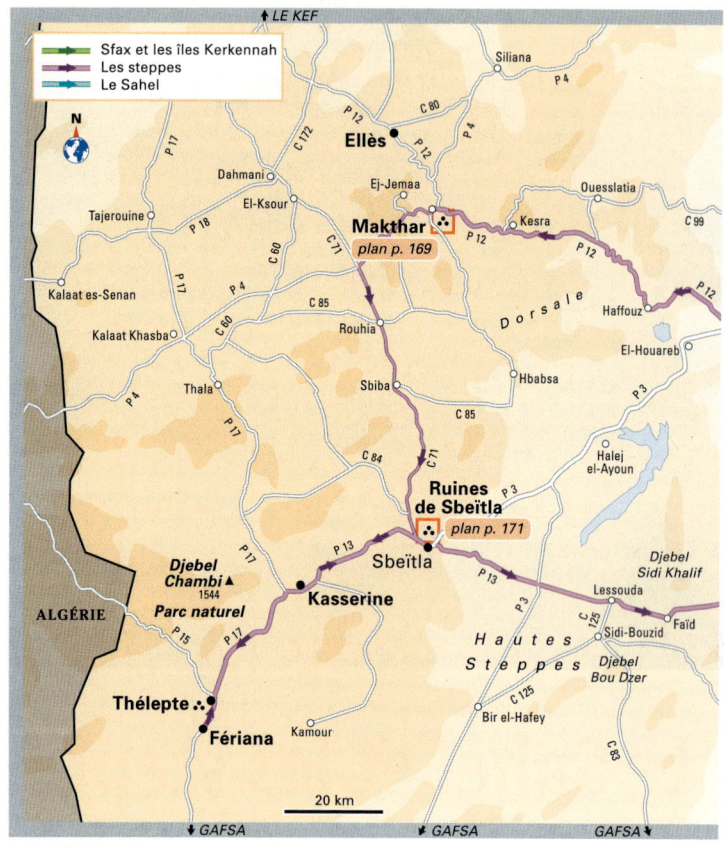

Le Sahel et les steppes.

Durée de l'itinéraire : Au moins 4 jours au départ de Sousse, dont 1 jour dans cette ville, 1 à Monastir et 1 à Madhia. L'idéal est d'y consacrer une semaine pour apprécier aussi l'amphithéâtre d'El-DJem et le musée, et prendre le temps de se poser dans les cafés de la médina de Mahdia ou sur les plages de ce littoral. Itinéraire de 154 km.

Circuler : Cet itinéraire peut se faire en voiture ou en autocar. Le métro du Sahel est un bon moyen de se rendre de Sousse jusqu'à Monastir et Mahdia. Les trains relient aussi toutes ces villes.

Carte ci-dessus.

Carnet d'adresses p. 242.

Sahel veut dire « rivage » en arabe. En Tunisie, on a appelé Sahel le littoral situé entre les golfes de Hammamet et de Gabès, aux côtes ponctuées de longues plages et aux terres plantées d'oliveraies. Deuxième haut lieu touristique du pays, cette région concentre une grande part de l'activité économique de la Tunisie. Sur cette langue de terre qui fut jadis si convoitée, les *ribats*, forteresses des moines-soldats de l'islam, continuent de veiller jalousement sur les villes côtières de Monastir, Mahdia et Sousse. Au large de Sfax, industrielle et fermée sur elle-même, les îles Kerkennah sont dotées d'un charme irrésistible.

itinéraire 9 | Le Sahel | 141

Sousse**

⇢ **En voiture** : 143 km S de Tunis par l'A 1, puis la P 1 ; 68 km E de Kairouan par la P 12 ; 71 km S de Hammamet par la P 1 ; 127 km N de Sfax par la P 1. **En autocar** : liaisons t.l.j. avec Tunis, Kairouan, Mahdia, Monastir, Sfax. **En train** : liaisons t.l.j. avec Tunis, Bir-bou-Regba (Hammamet), El-Djem, Mahdia, Sfax. **Le Métro du Sahel** dessert Monastir, l'aéroport de Skanès-Monastir et Mahdia, Moknine. **En avion** : aéroport international de Skanès-Monastir, à 15 km. **Carnet d'adresses** p. 250. **Plan I** p. 142, **plan II** p. 145.

Troisième ville de Tunisie, port de pêche et de commerce, ville industrielle, la « perle du Sahel » est devenue en quelques années l'un des grands centres du tourisme méditerranéen. Les plages qui bordent la ville et s'étendent vers le nord pour rejoindre la station intégrée de Port el-Kantaoui, dont les hôtels, night-clubs branchés, restaurants gastronomiques et la vie nocturne trépidante durant l'été attirent touristes étrangers et Tunisiens. La répartition des hôtels le long du littoral n'a guère porté ombrage à la médina, isolée derrière son rempart crénelé, sa kasbah accrochée à un rocher.

DE L'ANTIQUE HADRUMÈTE...

Fondée probablement vers le IXe s. av. J.-C. par des marins phéniciens, l'antique *Hadrumète* n'a pas laissé de vestiges archéologiques antérieurs au VIe s. av. J.-C. À cette

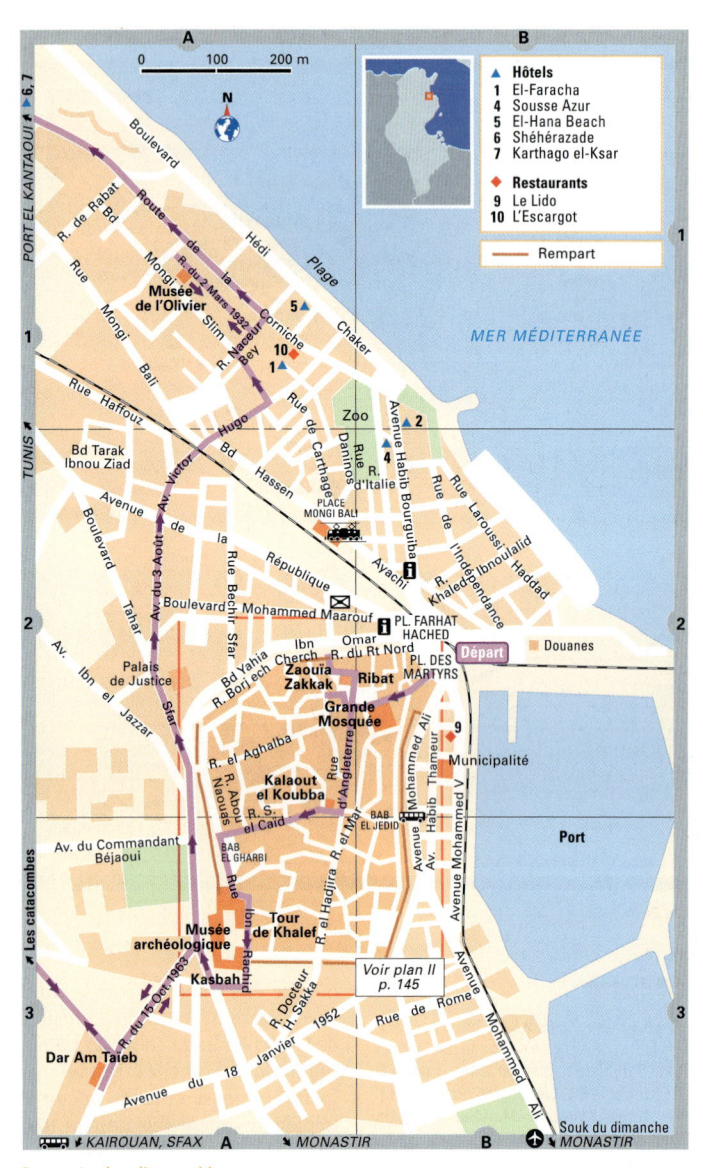

Sousse I : plan d'ensemble.

époque, elle reconnut la suprématie de Carthage qui l'entraîna dans des guerres sans fin. S'étant désolidarisée de la métropole punique avant son effondrement, elle obtint des Romains le statut de ville libre, qu'elle perdit ensuite en apportant son soutien aux alliés de Pompée contre César. Important centre de commerce sous l'Empire, elle fut érigée en colonie sous Trajan (98-117 apr. J.-C.) et se couvrit de luxueux monuments. La riche *Hadrumète* devint très tôt un foyer actif du christianisme et fut promue capitale de la nouvelle province de Byzacène. La domination des Vandales, au cours de laquelle elle prit le nom de **Hunericopolis**, accéléra sa décadence, mais la prise de pouvoir des Byzantins, qui la rebaptisèrent *Justinianopolis*, lui redonna son importance. Elle résista deux mois aux troupes arabes d'Oqba ibn Nafii qui, pour se venger, la détruisirent entièrement.

... À LA VILLE ARABE

La ville renaquit vers la fin du VIIe s. sous le nom de **Sousse**. Elle reprit quelque importance avec l'arrivée au pouvoir des Aghlabides. En 827, elle fut le port d'embarquement des troupes musulmanes partant à la conquête de la Sicile.

Malgré l'alternance de phases de prospérité et d'épreuves, elle se couvrit de monuments durant la seconde moitié du IXe s. Elle fut occupée au XIIe s., pendant onze ans, par les Normands de Sicile ; attaquée au XVIe s. par les Espagnols ; bombardée au XVIIIe s. par les Français et les Vénitiens.

Endommagée en 1942-1943 au cours de la campagne de Tunisie, la ville moderne fut rebâtie, face à la mer. Ville de tout temps convoitée, Sousse est au cœur de la deuxième région économique du pays.

La médina**

··▷ **Plan II p. 145.**

La médina s'ouvre sur la **pl. des Martyrs II-B1**, à côté de la **pl. Farhat-Hached**, par une large brèche consécutive aux bombardements de 1943. Là se trouvait **Bab el-Bahr** (la porte de la Mer), à l'emplacement d'une porte énorme qui livrait passage, à l'époque aghlabide, aux vaisseaux entrant dans le port intérieur. L'enceinte, du moins du côté est, était alors battue par les vagues.

Inscrite au patrimoine mondial de l'Unesco en 1988, la médina a été entièrement restaurée, ce qui a mis en valeur la beauté de ses monuments et de ses remparts. Le réaménagement actuel du Musée archéologique sera accompagné par une mise en valeur de la partie mitoyenne de la médina.

● **La Grande Mosquée** II-B1**. *Ouv. t.l.j. sf ven. 8h-14h30.* Elle a l'aspect d'une forteresse et se dresse, depuis le IXe s., derrière ses remparts. Depuis, elle a été largement restaurée. La cour carrelée de marbre blanc est entourée de galeries. La salle de prière (réservée aux musulmans), impressionnante par sa simplicité, a une unité de style particulièrement rigoureuse. À l'intérieur, les trois premières travées datent de l'époque aghlabide : elles sont couvertes de voûtes en berceau dont les arcs reposent sur de massifs piliers cruciformes. Les trois travées du fond, ajoutées à la fin du Xe s., sont voûtées d'arêtes. La quatrième travée en partant du *mihrab* actuel est couverte d'une coupole sur trompes : belles inscriptions coufiques, décor floral stylisé, carrés sculptés de rosaces. Lorsqu'on se tient à l'extrémité de l'une des nefs voûtées, les arches semblent prolonger leur alignement à l'infini.

● **Le ribat** II-B1**. *Ouv. t.l.j. 8h-19h en été, 8h-18h en hiver. Entrée payante.* Séparé de la mosquée par une place piétonne ornée d'une très jolie fontaine se dresse l'imposant *ribat* construit par les Aghlabides pour prévenir les attaques venues de la mer. Il possède une barbacane restaurée avec quatre ouvertures au-dessus. Le porche d'entrée, où furent employés colonnes et chapiteaux romains, était précédé d'une herse. La cour est entourée d'une galerie longeant des cellules sans fenêtres et un hammam. Le 1er étage est occupé par d'autres cellules et par une mosquée aux lourds piliers soutenant des arcs en plein cintre. Au 2e étage, un édicule protège le système de défense de l'entrée. En faisant le tour du bâtiment par le **chemin de ronde**, on découvre qu'il était protégé par des fossés. Ne manquez pas de gravir les 73 marches de pierre qui mènent au sommet de la tour d'angle : vous y découvrirez une **vue*** éblouissante sur Sousse, ses environs et la mer.

- **Le Dar Essid* II-A1**. *65, rue du Rempart-Nord. Ouv. t.l.j. 10h-19h en été, 10h-13h et 15h-18h en hiver. Entrée payante.* Installé dans une belle demeure du XVᵉ s., ce charmant petit musée privé expose des costumes, des bijoux et des objets bourgeois anciens. Un minaret permet d'admirer le panorama sur le littoral. La décoration offre un mélange de kitsch et de raffinement.

- **La zaouïa Zakkak* II-B1**. Elle dresse son curieux minaret octogonal recouvert de tuiles près du *ribat*. Pour l'atteindre, remontez la rue El-Aghalba à partir de la Grande Mosquée, puis tournez dans la 2ᵉ rue à dr., la rue Tazerka. À l'intérieur de la *zaouïa* se trouve un tombeau, dans une *koubba* avec une voûte à alvéoles.

- **Les souks* II-AB2**. Un ensemble de rues étroites en pente ou en escalier descend de **Bab el-Gharbi** (la porte Ouest) vers le centre de la médina, que traverse dans sa longueur une voie presque rectiligne, prenant successivement le nom de rue el-Hajira, rue el-Mar et rue d'Angleterre.

Les souks commencent dans la partie voûtée de la **rue d'Angleterre**. C'est ici que l'on trouve le **souk er-Reba**, étonnamment étroit, spécialisé dans la vente des tissus. Le marché se prolonge par le **souk el-Caïd**, avec ses ateliers de forgerons et des échoppes remplies de tout un bric-à-brac. Arrêtez-vous au **café Aladin**, pour boire un verre ou vous restaurer sur la terrasse qui domine la médina et la mer, et en profiter pour regarder l'artisanat qu'on y vend. Ce souk grimpe jusqu'à Bab el-Gharbi.

- **Kalaout el-Koubba** II-B2**. *Ouv. t.l.j. sf ven. 10h-13h et 16h30-19h en été, 10h-13h et 15h-18h en hiver. Entrée payante.* Ce petit **musée des Arts et Traditions populaires**, installé dans un ancien caravansérail du Xᵉ s., possède une coupole unique décorée de côtes en zigzag. Plusieurs salles présentent des scènes traditionnelles de la vie en Tunisie au XIXᵉ s. et au début du XXᵉ: mariage, préparation du trousseau, tissage, parfumerie, mini souk, fabrication de l'huile d'olive… À visiter davantage pour admirer le bâtiment que pour son contenu. Le musée possède aussi un très beau **café maure** installé sous la coupole.

- **La tour de Khalef II-A3**. Près du Musée archéologique se dresse cette tour édifiée en 859, située au point le plus élevé de la kasbah, à l'intérieur des remparts. À l'origine, c'était un *manar* (tour à signaux) de 30 m de haut, portant le nom de l'esclave libéré qui l'érigea. Elle fut par la suite transformée en phare.

Le Musée archéologique**

II-A3 ☎ 73.219.011. *Ouv. t.l.j. sf ven. après-midi. 9h-12h et 15h-19h en été; 9h-12h et 14h-18h en hiver. Entrée payante.* **Fermé jusqu'en 2010 pour travaux.**

Installé dans un bâtiment percé dans les remparts de la kasbah, le musée est actuellement fermé pour une totale rénovation. L'ensemble du musée va être réaménagé, largement agrandi et intégré à la médina. Sa collection de **mosaïques**, bien que moins importante que celle du musée du Bardo de Tunis *(p. 77)*, n'a cependant rien à lui envier, tant par la finesse d'exécution que par la variété des thèmes traités.

La mosaïque la plus intéressante est celle représentant un *Portrait du dieu Océan**** (début du IIIᵉ s.), qui ornait le fond d'un bassin. Les **mosaïques chrétiennes** proviennent des catacombes de Sousse.

D'un traitement moins délicat, elles sont dotées d'emblèmes chrétiens. La **mosaïque de la maison de Sorothus** représente deux chevaux de part et d'autre d'un palmier. Une large gamme de mosaïques géométriques illustre la précision du travail.

itinéraire 9 | Le Sahel | 145

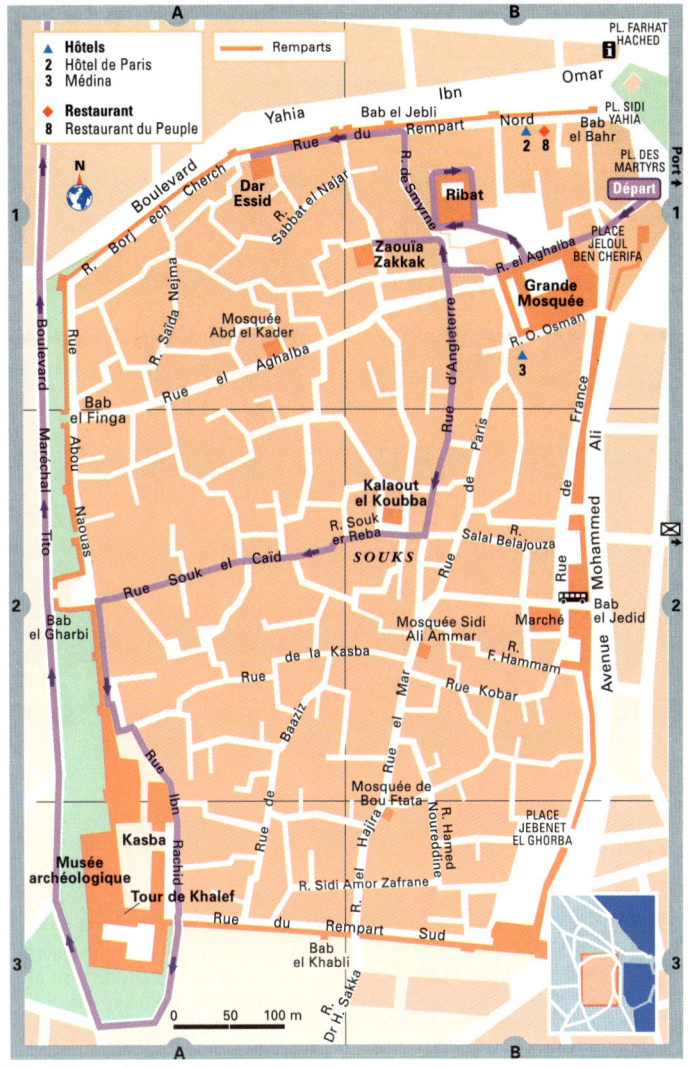

Sousse II : la médina.

Parmi les mosaïques les plus remarquables : la gracieuse composition des *Satyres et Bacchantes*** (IIe s.), le magistral *Triomphe de Bacchus**** (début du IIIe s.), la curieuse évocation de *Zeus enlevant Ganymède*** (début du IIIe s.) et des vastes *Scènes de chasse** nilotiques ; ces chefs-d'œuvre sont de véritables documentaires antiques. La flore et la faune comme la vie quotidienne y sont traitées avec une abondance de détails tout à fait surprenante, même si certains symboles ne livrent pas entièrement leur signification. La **mosaïque du *Poète tragique**** montre une très intéressante scène liée au théâtre. Une mosaïque du IIe s. provient de thermes romains : autour d'un médaillon central figurant la **tête de Méduse**, le décor rayonne en écailles pour rappeler que quiconque regardait la Gorgone se pétrifiait.

La ville moderne

--> **Plan** | p. 142

Tournée vers la mer, la ville européenne n'offre pas d'attraits particuliers en dehors du **port de plaisance et de pêche** face à la médina. Elle connaît une animation et une circulation intenses, jour et nuit. La route qui longe le bord de mer est un but de promenade agréable. De nouveaux centres commerciaux, cafés et restaurants surgissent chaque jour, donnant à la Sousse moderne une dimension de petite capitale en bord de mer qui mêle désormais intelligemment son développement touristique et son activité économique.

Deux musées étonnants méritent le détour.

● **Le musée de l'Olivier I-A3**. *Rue du 2-Mars-1934 ☎ 73.200.747, fax 73.229.351. Ouv. 9h-19h en hiver, 9h-23h en été.* Dans une demeure du XIXe s. aux murs recouverts de carreaux de faïence, il est consacré à l'arbre qui fait la fierté du Sahel. Vous apprendrez tout sur la culture et la récolte des olives et les méthodes de fabrication traditionnelle de l'huile. Une salle est consacrée aux bienfaits scientifiques de l'huile d'olive. Sur la terrasse, aménagée en agréable buvette, vous pourrez faire une dégustation parmi les objets en bois d'olivier qui la décorent. Les maîtres des lieux se font un plaisir de vous faire des commentaires avisés sur le musée. Ne pas hésiter à acheter leur délicieuse huile d'olive et les produits dérivés, en particulier les savons.

● **Dar Am Taïeb Hors pl. par A2**. *Rue du 25-juillet, rue Ali-Ben-Ghdhehem, dans la cité Ezzahra ☎ 73.234.081.* Dans une maison facilement reconnaissable car habillée par son pro-

◀ La mosaïque du *Poète tragique*, conservée au Musée archéologique de Sousse (IIIe s.), représente un personnage assis, peut-être le poète, auprès d'un acteur, son masque à la main.

priétaire, le sculpteur Taïeb Ben Haj Ahmed, le **musée privé d'Art contemporain**, présente ses œuvres monumentales réalisées avec des matériaux parfois inattendus. Au hasard des huit salles, l'artiste vous fera découvrir d'énormes reptiles, des figurines colorées ou des oiseaux géants. Le tout au milieu d'un amoncellement d'objets que ce passionné de la récupération a accumulés dans son vaste atelier. Un lieu pour le moins surprenant, plus proche du cabinet de curiosités que du musée, mais qui vaut le détour, ne serait-ce que pour la personnalité de l'artiste.

Les catacombes*

→ *Hors pl. I par A3 Ouv. t.l.j. sf lun. 8h-12h et 15h-19h en été; 8h-12h et 14h-18h en hiver. Entrée payante.*

Appelées *caemeteria* (salles de repos) par les premiers chrétiens, ces catacombes sont composées de 240 galeries souterraines s'étendant sur plus de 5 km. S'y trouvent quelque 15 000 sépultures, véritables compartiments fermés par des tuiles ou des dalles de marbre. Utilisées du IIe au IVe s., elles ont été découvertes à la fin du XIXe s. et presque entièrement fouillées.

Les catacombes que l'on visite sont celles du **Bon Pasteur** (*à 1,6 km*), d'**Hermès** et de **Sévère**. Les galeries s'élèvent sur 1 à 3 m, et les sépultures sont superposées sur deux ou trois étages. Selon la légende, deux galeries aveugles conduisaient à El-Djem (*p. 154*), d'où l'on ramenait les corps des chrétiens suppliciés dans l'arène, et à Mahdia, d'où certains chrétiens pouvaient fuir par la mer.

Aux environs de Sousse

→ *Sortir de Sousse par la corniche, en direction de Tunis.*

La zone touristique de Sousse s'étend jusqu'à Port el-Kantaoui, une station touristique créée à la fin des années 1970. Le charmant village de Hergla vaut qu'on s'y arrête un moment.

Sousse, par sa situation, permet des visites dans les villes environnantes. Un bon **conseil** : partez tôt le matin afin d'arriver avant les cars de touristes.

● **Port el-Kantaoui**. *Env. 10 km N. Carnet d'adresses p. 248*. La station balnéaire, à l'atmosphère bon enfant, s'articule autour de deux pôles majeurs : la marina et le golf. La **marina**, bordée de charmantes petites habitations, accueille quelques beaux yachts. Le **golf**, qui lui fait face, attire les passionnés de ce sport. De belles **plages** bordent Port el-Kantoui, agréable lieu pour des vacances en famille où chacun peut trouver son bonheur. Exclusivement consacrée au tourisme, cette ville artificielle, à l'architecture traditionnelle plutôt réussie, est à éviter pour ceux qui sont à la recherche d'authenticité. Pour les autres, les distractions ne manquent pas : boutiques, restaurants et animations sportives que viendront compléter la visite de Sousse et des autres centres d'intérêt de la région.

● **Hergla****. *Env. 15 km N de Port el-Kantaoui, au bout d'une jolie route côtière*. Ce paisible village de pêcheurs est accroché sur une falaise surplombant la mer. Entouré de jardins, bordé par une longue plage sauvage, Hergla commence à attirer les estivants en quête de repos. La vie du village se déroule autour de la place de la **mosquée** de Sidi Bou Mendil et du **mausolée** de Lella Hechria qui jouxte le petit **cimetière marin**. Une agréable promenade a été aménagée le long de la mer. Dans les ruelles pavées alentour, les habitants exposent les objets d'artisanat tressés en alfa qui ont fait leur renommée, dont le scroutin, cette galette qui servait à presser les olives *(p. 30)*. L'activité du petit port de pêche ajoute quelque animation à ce village plein de charme qui dégage une atmosphère de sérénité. Sur le front de mer, au sud, se trouve le **site archéologique** de l'ancienne *Horroera Coelia* romaine, où l'on peut voir notamment des maisons et des thermes qui ont conservé leur pavement de mosaïque.

●●● *À voir tout près : Monastir (20 km S-E ; p. 148), Mahdia (62 km S-E ; p. 151), El-Djem (63 km S ; p. 154), Kairouan (68 km O ; p. 162), Hammamet et Nabeul (71 km N ; p. 96) sont autant de lieux qui peuvent faire l'objet d'excursions d'une journée en voiture ou en autobus.*

Monastir**

En voiture : 157 km S de Tunis par l'A 1 ou la P 1, puis la C 82 ; 41 km N de Mahdia par la C 82 ; 20 km S-E de Sousse ; 83 km E de Kairouan par la P 2, puis la P 12. **En autocar** : liaisons t.l.j. avec Tunis, Sousse, Mahdia, Sfax, Gabès, Médenine et Tataouine. **Par le Métro du Sahel** : liaisons t.l.j. avec Sousse, Moknine et Mahdia. **En louage** : liaisons t.l.j. avec Sfax, Kairouan, Sousse et Tunis. **En train** : liaisons t.l.j. avec Mahdia. **En avion** : aéroport international de Skanès-Monastir, à 6 km de la ville ; liaisons régulières avec Paris, Lyon, Nice, Bordeaux, Toulouse, Bruxelles. Liaison intérieure avec Tunis. **Carnet d'adresses** p. 246. **Plan** ci-contre.

Au premier regard, Monastir étonne. Les pierres nettoyées jusqu'à en paraître neuves, la largeur des avenues, l'incongruité d'un gazon taillé à l'anglaise, le parti pris rectiligne des perspectives, la théâtralité des monuments et des édifices, plantés dans le paysage de manière à préserver leur isolement hautain, donnent le sentiment de se trouver dans un décor de théâtre. Habib Bourguiba, le premier président de la Tunisie indépendante, a fait de sa ville natale une cité moderne et a largement contribué au développement touristique de la région. Devenue un centre universitaire important, elle est animée au rythme de la jeunesse estudiantine. Le port de plaisance, Marina Cap Monastir est au cœur de la ville, au pied du *ribat*. La zone touristique, toute proche de l'aéroport, s'étend en direction de Skanès, sur une bande de terre séparée du continent par une *sebkha*, dans une succession d'hôtels bordée de routes désertiques.

● **La mosquée Bourguiba A2**. Cet édifice religieux, de conception traditionnelle, est rehaussé d'une décoration luxueuse. Les arcades d'une cour dallée de marbre veillent sur une fontaine. Dix-neuf portes en teck, sculptées à Kairouan, donnent accès à la salle de prière, qui peut recevoir mille personnes : les voûtes reposent sur 86 colonnes de marbre rose, et le *mihrab*, couvert d'une demi-voûte en coquille ornée de céramiques d'or, est flanqué de colonnettes en onyx. De magnifiques chandeliers apportent un éclat final à cet ensemble marqué d'une impeccable préciosité, à défaut de révéler quelque conception nouvelle dans l'architecture religieuse.

● **Le musée du Costume traditionnel A2**. *Rue de l'Indépendance. Ouv. t.l.j. sf lun. 8 h-19 h d'avr. au 15 sept., 8 h 30-17 h 30 en hiver. Entrée payante.* Avec cette collection de costumes datant du XIXe et du début du XXe s., c'est l'occasion d'admirer la richesse des parures et la finesse du travail des artisans.

● **Le ribat** B2. *Ouv. t.l.j. 8 h-19 h d'avr. au 15 sept., 8 h 30-17 h 30 en hiver. Entrée payante.* En bordure de l'av. Habib-Bourguiba et près du port de plaisance, le *ribat* se dresse, étrangement austère. Précédé de pelouses et dominé par des tours carrées, rondes, polygonales ou fuselées, il semble réaliser la synthèse rigoureuse de divers volumes architecturaux.

Édifié en 797, il faisait partie de la chaîne de forteresses habitées par les *mourabitines* (les moines-soldats) qui gardait le littoral ifriqiyen : la tour de vigie sur la mer, la porte avec mâchicoulis et herses, les remparts hauts et massifs témoignent de sa fonction défensive. Entre l'aile nord et l'aile sud du *ribat* fut rajouté le « ribat des Femmes », qui participait aussi à la défense de la ville. La salle de prière du VIIIe s. a été transformée en petit **Musée islamique***, fort intéressant. Il abrite les boiseries du *minbar* de la Grande Mosquée de Kairouan, des reliures aghlabides, des fragments de manuscrits en écriture coufique, des enluminures, des verreries fatimides (Xe-XIe s.), des poteries abbassides et fatimides d'Égypte, des monnaies d'or et d'argent (Xe-XIe s.), des tissus coptes, des miniatures persanes et un astrolabe arabe du XVIIIe s.

● **La Grande Mosquée* B2**. Une porte condamnée menait du « ribat des Femmes » à la Grande Mosquée attenante. Élevée au IXe s., elle a été reconstruite et agrandie par les Zirides au XIe s. Son extérieur simple et son intérieur austère s'intègrent parfaitement aux édifices militaires qui la jouxtent. L'accès à la salle de prière est réservé aux musulmans.

● **Le mausolée Bourguiba* A1**. Au-delà des milliers de tombes

Monastir.

histoire
Un port romain puis arabe

L'antique **Ruspina** fut choisie par César pour lancer sa campagne d'Afrique. Au VIIIe s., les lieux reprirent de l'importance avec la construction d'un *ribat* destiné à défendre l'*Ifriqiya* contre les attaques des chrétiens. Le courage et la foi durent hanter de façon particulière ce monastère fortifié puisque, selon la tradition, «tenir garnison pendant trois jours à Monastir ouvre les portes du Paradis». Les fidèles y affluèrent, venus parfois de loin pour y être enterrés et, au XIe s., alors que Kairouan déclinait provisoirement au profit de Mahdia, Monastir prit le titre de ville sainte. Les siècles suivants lui furent moins favorables : elle connut la décadence et la pauvreté. Elle reprit vie lorsque les Turcs la fortifièrent, après l'avoir disputée aux Espagnols, et lui redonnèrent activité et prospérité.

urbanisme
La ville natale de Bourguiba

Gâtée par une position géographique et une situation climatique privilégiées, pourvue de belles plages, Monastir n'a négligé aucun de ses atouts pour devenir un grand centre de tourisme international. Les bulldozers ont taillé dans le vif des anciens quartiers pour créer des avenues là où il y avait des ruelles, pour dégager le *ribat* d'un environnement de maisons croulantes. Le **cimetière marin** est bordé par la marina, construite sur un espace gagné sur la mer. La ville natale de l'ancien président Bourguiba a mené à bien son projet : être la plus fraîche des cités anciennes. À Skanès, Habib Bourguiba a fait édifier un palais de la République dans un style oriental moderne, associant le beau site naturel à un décor de verdure. Le domaine est en passe de devenir une station touristique avec hôtels, résidences et marina.

●●● *Pour en savoir plus sur Habib Bourguiba, voir p. 285.* ●

◀ Orientées vers La Mecque, les milliers de petites tombes blanches qui peuplent le cimetière Sidi el-Mezri, à Monastir, cernent d'imposants marabouts où reposent des saints musulmans.

qui peuplent le cimetière Sidi el-Mezri, pour la plupart chaulées de blanc, dont l'alignement est rompu par le surgissement de quelques marabouts à dôme, on aperçoit la colonnade de marbre et le dôme du **mausolée de la famille Bourguiba***. Cet édifice a été construit en même temps que la nouvelle mosquée, et agrandi en 1978. Son dôme doré s'allie à la pierre d'un beige léger, à la mosaïque bleue et au marbre de Carrare. C'est ici que repose l'ancien président décédé à l'âge de 96 ans le 6 avril 2000.

● **Les îles**. À une centaine de mètres du rivage, l'**île de Sidi el-Gadamsi B1**, inhabitée, conserve les ruines d'une ancienne pêcherie de thons. À l'arrière-plan, on aperçoit l'**îlot des Pigeons**. L'île El-Oustania (celle du milieu) est reliée à la rive par une digue abritant un petit port de plaisance. Les **îles Kuriat**, à 15 km de Monastir, attirent les amateurs de plongée sous-marine. Des sorties en mer sont organisées par les centres de plongée à la marina (*p. 247*).

●●● *À voir tout près : le village perché de Ksibet el-Mediouni (10 km S par la C 82) est réputé pour ses tapis aux couleurs vives. À 15 km S de Monastir, le village de Lamta, la Leptis Minor romaine, abrite, au sein de sa médina, un petit ribat joliment restauré où se tient en mai le Festival de la bsissa, ce plat traditionnel à base de blé que l'on mange le matin au petit déjeuner. À cette occasion est décerné le prix de la meilleure bsissa de Tunisie. Des femmes venues de tout le pays viennent faire déguster leur savoureuse préparation.*

Vers ♥ Mahdia**

⇢ **En voiture** : 204 km S de Tunis par l'A 1 ou la P 1, puis la C 82 ou la C 96 ; 42 km N-E d'El-Djem par la C 87 jusqu'à Ksour-Essaf puis la C 82 ; 62 km S-E de Sousse par la C 82 ; 106 km N de Sfax par la C 82. **En autocar** : liaisons t.l.j. avec Sousse, Sfax, Monastir et El-Djem. **En train** : liaisons t.l.j. avec Monastir, Sousse et Tunis. **Par le Métro du Sahel** : liaisons t.l.j. avec Sousse et Monastir. **Carnet d'adresses** p. 245. **Plan** p. 152.

Au nord de Mahdia

⇢ En arrivant à Mahdia de Monastir par la C 82.

● **Ksar-Hellal**. *À 29 km*. C'est la ville de l'industrie textile moderne. La grande rue est bordée de nombreuses échoppes dont les ateliers produisent la plupart des tapis et des couvertures vendus à Sousse et à Hammamet.

● **Moknine**. *À 21 km*. La **mosquée de Sidi bou Abana** (XIIIe s.) abrite le petit **Musée régional*** (*ouv. t.l.j. sf lun. 9 h-12 h et 14 h-18 h ; entrée payante*).

Les collections comprennent un ensemble de corans anciens, d'inscriptions arabes et romaines, de monnaies, de costumes de mariage et de bijoux anciens. Dans le bourg, quelques orfèvres fabriquent aussi des bijoux en s'inspirant d'anciens modèles de style byzantin (*marché le mer.*).

♥ Mahdia**

⇢ Vous arrivez à Mahdia par la route de la Corniche, prolongée par l'**av. Habib-Bourguiba A1** qui débouche sur le port.

Mahdia est une destination courue depuis peu pour sa longue plage et l'équipement hôtelier s'est largement développé dans la zone touristique, qui se situe au nord de la ville.

Ce joli port de pêche est accroché à un promontoire qui lui offre une situation unique. Avec sa kasbah, la cité a gardé un caractère militaire qu'adoucissent les charman-

Mahdia.

tes maisons du vieux quartier, les quais animés du port et les belles plages. Ville de pêcheurs, de tisserands et de brodeurs, Mahdia possède une sérénité que seule l'animation du marché du vendredi vient réveiller. C'est l'unique marché où l'on peut voir les costumes traditionnels portés par la mariée et les bijoux, que des marchands pèsent à l'aide d'anciennes petites balances d'orfèvres.

Dans les restaurants donnant sur le quai, on goûte encore, dans une atmosphère familiale de quartier, des poissons pêchés du matin. Toutes ces caractéristiques confèrent à Mahdia une vertu de plus en plus rare : celle d'offrir une évasion authentique.

● **La Skifa el-Kahla*** (le Porche sombre) **A1**. Cette énorme porte fut construite après le départ des Espagnols de Tunisie. Elle est le dernier vestige du mur de 10,80 m d'épaisseur qui ceinturait la ville. Le passage voûté, aménagé au Xe s., puis remanié et restauré après le départ des troupes de Charles Quint, comportait plusieurs portes défendues par des herses. Les vantaux de l'une d'elles étaient ornés de lions de bronze qui devaient peser environ 8 tonnes chacun. C'est dans ce passage que se tient une partie du **marché du vendredi** où sont exposés gilets et coiffes de mariage. Le costume traditionnel de la mariée mahdoise est un des plus beaux du pays.

● **Le Musée régional* A1**. *Au-dessus de la Skifa el-Kahla. Ouv. t.l.j. sf lun. 9 h-16 h en hiver, 9 h-13 h et 15 h-19 h en été. Entrée payante*. Au r.-d.-c., on trouve des collections d'œuvres puniques, romaines.

Une partie du premier étage est consacré aux époques byzantine et islamique. Les deux **colonnes en marbre** exposées proviennent d'une épave romaine découverte au large de Mahdia, dont le précieux chargement, très bien conservé, est exposé au musée du Bardo (*p. 77*).

Dans l'autre partie de l'étage, on trouve une très belle collection d'**objets artisanaux**, de pièces de tissage ainsi que de somptueux costumes traditionnels de la région. Ne surtout pas manquer de visiter la **salle des trésors et**

bijoux, elle reflète la qualité du travail des bijoutiers de la région.

● **La médina**. La Skifa el-Kahla est l'un des accès à la médina. Autour de la jolie **place du Caire** et de son café animé, de nombreuses boutiques exposent les richesses de l'artisanat de Mahdia : bijoux faits d'or, d'argent et de pierres, tissages de soie ou de coton aux couleurs chatoyantes. À dr. se dresse la **mosquée Haj Moustapha Hamza*** (XVIIIe s.) **A1** et son minaret octogonal puis, plus loin à g., celle de **Soliman Hamza* B1**, qui est signalée par un minaret plus haut.

● **B1 La Grande Mosquée****. *En face*. Fondée en 916 sous le règne du Mahdi et reconstruite depuis, après bien des vicissitudes, dans son apparence du Xe s., la Grande Mosquée, bien proportionnée, simple et sans minaret, possède un beau porche monumental, destiné à l'origine au Mahdi.

La cour a également repris son aspect du Xe s., à l'exception du portique nord, voûté d'arêtes depuis un remaniement effectué par les Zirides au XIe s. Les sept portails massifs, cloutés, donnent sur la salle de prière.

Du **palais du Mahdi**, à 250 m de la mosquée, ne subsistent que quelques vestiges insignifiants.

La route de la Falaise

⇢ **B1** La route commence au-delà de la rue du Borj.

La route s'élève en passant entre les fouilles du palais d'Obaïd Allah et le **marabout de Sidi Senoubi***. Avant d'arriver au Borj el-Kébir, vous pouvez faire une halte agréable au café *Sidi Salem*, rendez-vous de la jeunesse mahdoise, d'où vous pourrez admirer la vue sur le port et la mosquée.

● **Le Borj el-Kébir* B1**. *Ouv. t.l.j. sf ven. 9 h-12 h et 14 h-18 h en été, 9 h 30-16 h 30 en hiver. Entrée payante*. Cette énorme forteresse, ou kasbah, fut édifiée à la fin du XVIe s. puis flanquée de bastions d'angle au XVIIIe s.

Après avoir franchi la porte d'un bastion turc, vous remarquerez, au-dessus de l'ancienne porte de la forteresse, une inscription datée de 1595 au nom du fondateur Abou Abdallah Mohammed Pacha.

On parvient à la cour par un passage voûté et coudé pour des raisons stratégiques. Des salles voû-

---

histoire
La capitale fatimide

Sur cette avancée étroite, appelée plus tard cap Afrique, **Obaïd Allah, dit le Mahdi**, « l'Élu de Dieu », selon le titre qu'il se décerna lui-même, s'installa à l'abri d'une forteresse. De cette occupation partit le mouvement fatimide qui ne reconnaissait pour califes que les descendants d'Ali et de Fatima. Fuyant Kairouan qu'il détestait, le Mahdi fit de sa résidence fortifiée la capitale fatimide. Ce site inexpugnable le sauva d'un siège de huit mois entrepris par la horde kharijite (944-945). Dans cette ville surnommée « le poignard de Dieu » par l'historien arabe Ibn Khaldoun, les Zirides trouvèrent refuge en 1057 lorsque les Beni Hilal s'approchèrent de Kairouan. En 1148, ils en furent chassés par les forces normandes de Roger de Sicile, qui en furent elles-mêmes délogées par les Almohades, douze ans plus tard. En 1390, une expédition franco-génoise tenta en vain de s'emparer de la place. Elle fut occupée, en 1549, par le corsaire Dragut et, en 1550, par Charles Quint. En 1554, les Espagnols firent sauter les remparts en quittant la ville, endommageant plusieurs bâtiments dont la Grande Mosquée. Sous le protectorat, Mahdia connut un destin plus pacifique en devenant le premier port de pêche et le centre de mise en conserve le plus important de Tunisie. ●

tées en berceau et un petit oratoire s'ouvrent sur la cour.

● **Le cimetière marin* B1**. Des terrasses de la kasbah, on jouit d'une belle vue sur cet étonnant cimetière où l'on a procédé à des inhumations depuis le XVIe s. Devant le fort, on peut voir les ruines des anciennes murailles.

En bas, la piste continue devant l'arche unique de l'ancienne **porte de la Mer** (Bab el-Bahr) qui s'ouvrait sur un port phénicien, analogue à celui de Carthage. La route goudronnée se poursuit jusqu'à l'extrémité du **cap Afrique**, devant le phare, pour rejoindre ensuite la Skifa el-Kahla.

Le port

⇢ *De la kasbah, revenez sur vos pas jusqu'au centre-ville.*

En continuant dans la même direction, vous arrivez au **port de pêche A2**, bordé de petits cafés et de restaurants, animé par une importante flotte de chalutiers et de barques équipées pour la **pêche au lamparo**. C'est en période estivale que la pêche nocturne aux petites sardines et aux maquereaux connaît sa plus forte activité.

Cette pêche a d'ailleurs donné naissance à l'industrie de la conserve qui est à l'origine de l'essor économique de Mahdia.

●●● *Un petit creux ? Non loin du port, faites une pause déjeuner au Lido où vous dégusterez de délicieuses grillades de poissons dans le plus chic des restaurants de pêcheurs (voir p. 245).*

Au sud de Mahdia

⇢ *12 km de Mahdia par la C 82. On y passe si l'on vient d'El-Djem.*

Ksour-Essaf (le château des Éperviers) est connue essentiellement pour son industrie textile. La ville se développa sans doute à partir du XVIe s. autour des marabouts de deux saints personnages originaires du sud du Maroc.

♥ El-Djem**

⇢ **En voiture** : 205 km S de Tunis, 63 km S de Sousse et 64 km N de Sfax par la P 1 ; 42 km S-O de Mahdia par la C 87. **En autocar** : liaisons t.l.j. avec Tunis, Gabès, Mahdia. **En train** : liaisons t.l.j. avec Tunis, Nabeul, Sousse, Sfax, Gabès. **En louage** : liaisons t.l.j. avec Sfax, Tunis, Nabeul, Sousse. **Carnet d'adresses** p. 242. **Plan** ci-contre.

L'ensemble des vestiges visibles à El-Djem révèle la prospérité qu'a connu la *Thysdrus* romaine aux IIe et IIIe s., due principalement à sa position de carrefour routier de la Tunisie centrale et aux 15 000 ha d'oliviers que l'empereur Hadrien y fit planter.

Les Berbères, fidèles à leur tactique de la terre brûlée, les détruisirent, et privèrent ainsi la région de son unique ressource. Des photos aériennes montrent des traces sombres et parallèles autour d'El-Djem : ce sont des empreintes de cette forêt, morte il y a treize siècles.

Le bourg actuel est dominé par l'amphithéâtre romain. C'est dans ce cadre somptueux que se déroule chaque été le **Festival de musique symphonique** (p. 302).

● **L'amphithéâtre** AB1**. *Ouv. t.l.j. 7h-19h en été, 8h-17h30 en hiver. Entrée payante.* Les dimensions de ce monument le placent parmi les plus grands amphithéâtres de l'Empire : 148 m de long, 122 m de large, 36 m de haut. Toutefois, il a été quelque peu dégradé par les combats qui opposèrent Ali Bey et Mohammed Bey pour la prise du pouvoir en 1695. Il fut également exploité comme carrière durant de nombreuses années par la population locale.

Au milieu du IIIe s., environ trente mille spectateurs pouvaient prendre place dans son enceinte. À l'intérieur, escaliers et gradins ont aujourd'hui presque entièrement disparu.

Sous le sol de l'arène se croisent deux galeries voûtées communi-

itinéraire 9 | Le Sahel | 155

El-Djem.

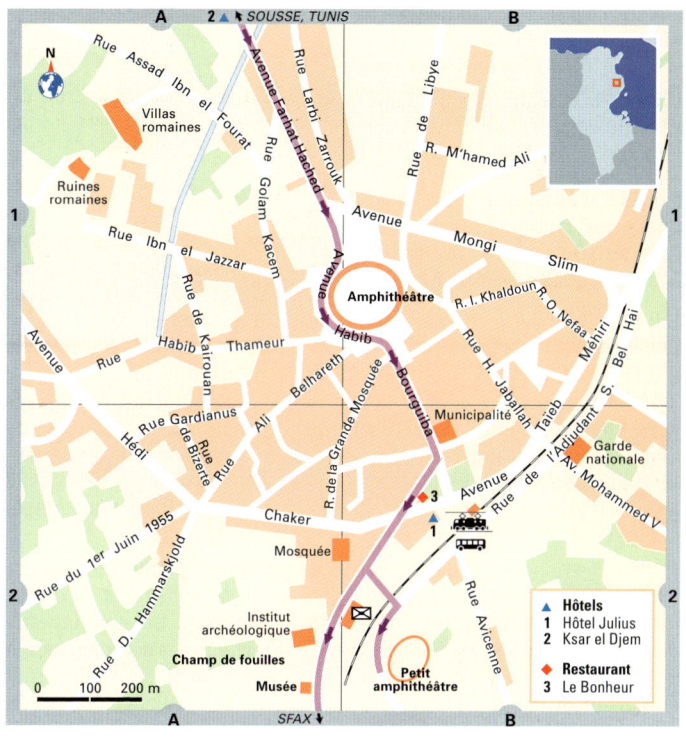

quant avec l'extérieur. La plus grande était bordée de seize chambres voûtées, où les fauves étaient certainement enfermés. En effet, les foules venaient assister aux combats opposant les gladiateurs et les martyrs chrétiens aux lions.

C'est probablement pour prouver leur puissance que les Romains bâtirent, en 230, cet amphithéâtre, qui ne fut jamais achevé.

En 238, las des pressions fiscales de Rome, les propriétaires fonciers et les paysans s'y réunirent pour proclamer la déchéance de l'empereur Maximin au profit de Gordien, proconsul d'Afrique à Carthage.

Le règne de ce nouvel empereur, âgé de 80 ans fut cependant de courte durée: vaincu par Maximin, il se suicida dans son palais de Carthage quelques mois plus tard, le 12 avril 238.

●●● **Mélomanes ?** *En juil-août, l'amphithéâtre d'El-Djem accueille un festival international de musique symphonique, où se retrouvent des orchestres venus du monde entier.*

● **Le musée** A2**. *À l'entrée du village, à g. de la route de Sfax. Ouv. t.l.j. 8h-19h d'avr. au 15 sept.; 8h-17h30 du 16 sept. au 31 mars. Entrée payante.* Il regroupe de superbes mosaïques d'El-Djem et de sa région. Le bâtiment est la reconstitution d'une villa romaine mise au jour sur le site de *Thysdrus*. Les pièces s'ouvrent autour d'un patio à colonnades, rehaussé de mosaïques. La présentation des collections aide à découvrir les richesses de ce lieu.

Parmi les mosaïques miniatures ayant pour thème les amours divines, on remarquera *Apollon poursuivant Daphné*, des figures allégoriques des saisons et une représentant

Orphée charmant les animaux (le dieu porte un bonnet phrygien, IIe s.). Le *Triomphe de Bacchus* rivalise de beauté avec des mosaïques très vivantes sur le thème des animaux: *Lions dévorant un sanglier***, *Tigre assaillant deux onagres*** (sortes d'ânes sauvages). On remarquera une *Procession dionysiaque*, caractéristique de l'atmosphère hédoniste qui baignait la cité.

Dans les vitrines sont présentés des objets quotidiens, des monnaies, des statuettes en marbre et quelques masques funéraires.

● **Le champ de fouilles* A2**. Il s'étend derrière le musée et c'est de là que proviennent les plus belles mosaïques qui y sont exposées, mais il en conserve *in situ* plusieurs autres.

Dans l'une des villas, une mosaïque représente des *Victimes chrétiennes tenues par des gladiateurs et déchirées par des panthères*. Dans la **maison du Paon**, comme dans celle de la **Sollertiana**, des scènes mythologiques alternent avec des sujets réalistes ou galants. Une superbe maison romaine, dite **maison Africa****, mise au jour dans les années 1990, est une immense demeure de plus de 3 000 m². Elle a été reconstituée juste derrière le musée, reprenant fidèlement tous les concepts de l'architecture de l'époque. Elle contient des mosaïques d'une qualité exceptionnelle dont la *Déesse Africa* et une *Allégorie des quatre saisons*.

● **Le second amphithéâtre* B2**. Face au musée, de l'autre côté de la route et de la voie ferrée. Cet amphithéâtre (fin du Ier s.) est sans comparaison avec le précédent. Ses vestiges sont peut-être insignifiants, mais l'édifice n'a pas encore été entièrement dégagé. ●

▶ La cour du palais Dar Jallouli, avec ses panneaux de céramique d'inspiration andalouse.

10 | Sfax et les îles Kerkennah

Durée de l'itinéraire : 3 à 4 h suffisent pour appréhender Sfax ; on peut avoir un aperçu des îles Kerkennah en une journée, mais il est préférable d'y passer au moins 2 jours, ne serait-ce que pour apprécier le coucher du soleil.

Circuler : en train, voiture, autocar et louage. Un ferry relie Sfax à Kerkennah.

Cartes p. 158 et 161.

Carnets d'adresses p. 244 et 249.

Capitale économique du sud du pays, Sfax occupe une région marquée par les paysages géométriques de ses oliveraies. Fière de sa réputation de ville industrielle, Sfax poursuit inexorablement son développement économique. Dernière grande étape du littoral, elle offre une échappée vers les douces îles Kerkennah, le paradis du tourisme écologique.

Sfax*

En voiture : 278 km S de Tunis par l'A1, 127 km S de Sousse par la P 1 ou l'A 1, 64 km S d'El-Djem ; 190 km N-E de Gafsa par la P 14 ; 136 km N-E de Gabès par la P 1. **En autocar** : liaisons t.l.j. avec Tunis, Sousse, Monastir, Mahdia, Kairouan, Gabès, Sbeïtla, Kasserine, Médenine. **En train** : liaisons t.l.j. avec Tunis, Sousse, El-Djem, Gabès, Gafsa et Metlaoui. **En louage** : liaisons t.l.j. avec Tunis, El-Djem, Kairouan, Monastir, Gafsa, Sousse, Gabès. **En avion** : aéroport international, à 6 km sur la route de Gafsa. Liaison intérieure avec Tunis. **Carnet d'adresses** p. 249. **Plan** p. 158.

Cité agricole, commerciale et industrielle, Sfax est la deuxième ville du pays. Au cœur d'une vaste région d'oliveraies, dont certaines datent du XVIIIe s., elle offre l'image d'une cité trépidante, indépendante, ouverte sur la Méditerranée. **Le premier port de Tunisie** bénéficie d'une énergie qui lui confère un charme et une assurance éloignés de toute indolence méridionale.

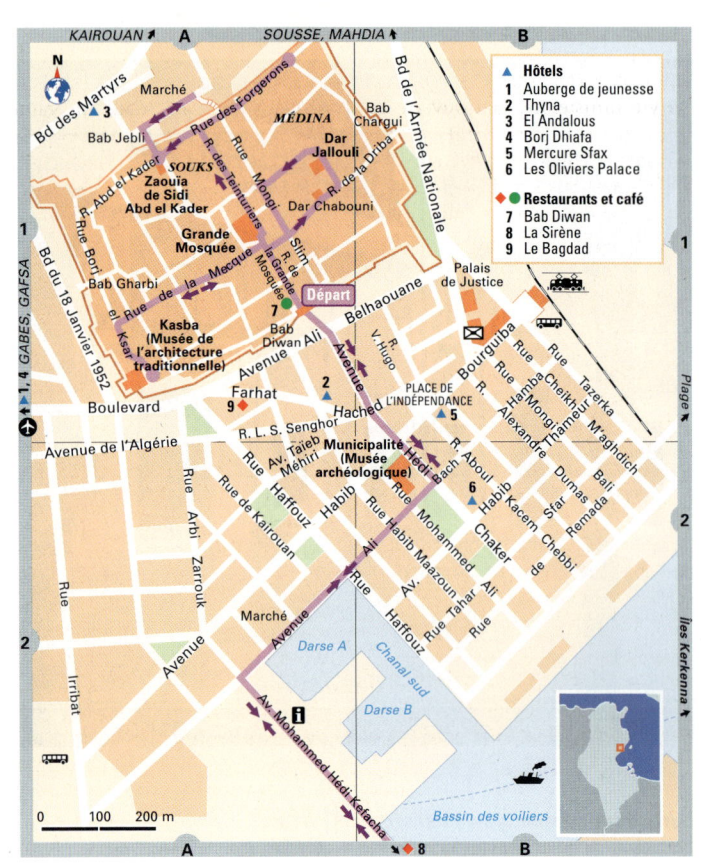

Sfax.

s'orienter
à Sfax

Au nord, entrez dans Sfax par le **bd des Martyrs** qui longe le marché A1. Il faut alors emprunter à g. le **bd du 18-Janvier-1952**, il mène à la kasbah A2, tout comme le **bd Farhat-Hached** A2, artère animée qui constitue l'entrée ouest de la ville. Devant vous s'ouvre l'**av. Ali-Belhaouane** A2-B1, qui longe les murs d'enceinte de la médina et passe devant son entrée principale, **Bab Diwan** A1. Vous pouvez garer votre voiture sur le parking au pied des remparts. En face, l'**av. Hédi-Chaker**, tracée perpendiculairement, offre ses cafés où les Sfaxiens viennent se détendre. Elle dessert le centre-ville moderne où se trouvent les principaux hôtels et restaurants. La visite s'effectue à pied.

histoire
Un esprit indépendant

S'il ne reste que peu de vestiges de l'antique *Taparura*, dont les matériaux servirent à la construction de la kasbah et de la mosquée, Sfax fut l'une des rares villes d'importance à survivre à l'invasion hilalienne. Bien que son rôle économique, déjà considérable, eût pu tenter l'envahisseur, elle devint entre 1095 et 1099 le siège d'un petit État indépendant. Prise en 1148 par le prince normand Roger de Sicile, elle fut rendue à l'islam par **Abd el-Moumin** en 1159. Son goût de l'indépendance la conduisit à appuyer la révolte d'Ali ben Ghedahem contre le bey en 1864, et à n'accepter le protectorat français qu'après un bombardement naval.

itinéraire 10 | Sfax et les îles Kerkennah | 159

Ici, les ingrédients de l'européanisation font surgir, comme par contraste, les caractéristiques de la vie tunisienne. Peu ouverte au tourisme malgré ses belles plages, de faible capacité hôtelière, elle s'est vouée aux activités industrielles et portuaires, ainsi qu'au commerce auquel elle a donné les formes les plus variées. L'exportation des phosphates, de l'huile d'olive, de l'alfa et des fruits ne doit pas faire oublier les lucratives pêches aux éponges et aux poulpes, ni la rentable industrie d'os de seiche (120 tonnes traitées annuellement).

La médina**

AB1 Protégée par de hauts murs crénelés couleur ocre, la médina, de taille modeste, oppose son architecture médiévale au rigoureux plan en damier de la ville moderne. Les échoppes sont, comme dans tous les souks, réparties dans un lacis de rues étroites et sombres, et les artisans y sont moins nombreux que les marchands.

On pénètre dans la médina, une des plus authentiques du pays, par **Bab Diwan*** (la porte du Conseil) **A1**. Datée de 1306, elle a subi de nombreuses modifications (les dernières eurent lieu à la suite des bombardements de 1943), mais elle garde avec ses trois arches une très belle allure. L'enceinte, qui remonte au IXe s., était primitivement en pisé ; elle a été rebâtie en pierre. Ses murs crénelés sont couronnés de merlons aigus, flanqués de tours.

● **Le Dar Jallouli*** **A1**. *Ouv. t.l.j. sf lun. 9 h 30-16 h 30. Entrée payante.* Transformé en **musée régional des Arts et Traditions populaires**, ce palais d'influence andalouse fait revivre, dans le cadre d'une jolie demeure du début du XVIIIe s., une maison bourgeoise sfaxienne.

Au rez-de-chaussée, ordonnées autour d'une cour ornée, les pièces aux carreaux de faïence d'une grande qualité livrent leurs magnifiques boiseries sculptées, leurs stucs ajourés et leur mobilier. L'une des curiosités est une alcôve traditionnelle de belles proportions. Présentées avec goût et accompagnées d'explications claires, les collections évoquent la vie quotidienne au travers de la cuisine et des ses ustensiles, des chambres à coucher, des costumes de mariage ou d'apparat.

---

pêche
Pêcheurs à l'ancienne

La **charfia** est une méthode de pêche non violente, biologique qui permet d'avoir des poissons vivants et propres avec une qualité gustative exceptionnelle.

Cette tradition remonte à plusieurs siècles à Kerkennah. La *charfia* est construite à l'aide de feuilles de palme renouvelées tous les ans. Elle est composée d'un pied, d'une grande « maison », d'une petite « maison », d'une lampe, de deux nasses, d'une chambre de capture, des ailes. Un jeu d'ombres et lumières attire alors les poissons dans la grande chambre où ils continuent à évoluer.

Les pêcheurs kerkenniens pratiquent aussi la **pêche à la sautade** qui consiste à diriger le poisson vers des claies posées à plat sur l'eau, en l'effrayant par des coups de bâton dans la mer. Cette technique de pêche, comme celle dite de **nasse au chapelet**, est utilisée en haute mer. ●

▶ Retour de pêche aux îles Kerkennah.

© Frank Guiziou/hemis.fr

- **La Grande Mosquée* A1**. *Ne se visite pas.* Elle est la plus ancienne des 115 mosquées et *zaouïas* réparties dans Sfax. Fondée en 849, elle fut reconstruite à l'époque fatimide (X^e-XIe s.) et remaniée à l'époque turque. Son minaret, très ouvragé, à l'image de celui de Kairouan, est fait de trois tours superposées dont chaque étage est bordé d'un crénelage décoratif.

- **Le musée de l'Architecture traditionnelle* A1**. *Ouv. t.l.j. sf ven. après-midi. 9h30-16h30.* Situé à l'intérieur de la kasbah, il présente de manière didactique l'architecture de la région à l'aide de plans de demeures anciennes et de monuments religieux. Dans la cour est présentée la façon de bâtir des murs de remparts ou des voûtes.

- **Les souks*** A1**. Ils occupent toute la partie de la médina s'étendant entre la Grande Mosquée et Bab Jebli (la porte du Sud), à l'opposé de l'entrée principale.

Le **souk ej-Jema** (*f. lun.*) est spécialisé dans les étoffes et tissus. On peut y acheter des tentures et des housses de coussin fabriquées par les nomades, des herbes et des épices. Entre les échoppes, des escaliers étroits mènent à des ateliers curieusement installés en haut des maisons.

Au mur d'enceinte, on parvient au **souk des Forgerons**, où des artisans s'affairent autour de soufflets à l'ancienne. À l'extérieur de Bab Jebli, vous verrez un petit **marché couvert**, aménagé en 1954, très vivant avec ses quincailliers et ses oiseleurs. La rue des Teinturiers, qui se situe dans l'axe de Bab Jebli, longe la **zaouïa de Sidi Abd el-Kader**, dotée d'un beau portail sculpté.

Dans le **souk el-Attarine** (souk des Épiciers), les vêtements et les tissus ont remplacé en grande partie les herbes aromatiques, les poudres et la gomme arabique. Cependant, il présente encore un vif intérêt.

Le Musée archéologique

B2 *Ouv. t.l.j. sf dim. 9h-13h et 15h-18h. Entrée payante.* Demandez la brochure explicative à l'entrée du musée.

Lorsque vous sortez de la médina par Bab Diwan, empruntez l'avenue Hédi-Chaker (*en face*) jusqu'à la **mairie**. Ce bâtiment blanc de style colonial, agrémenté d'une sorte de minaret, abrite aujourd'hui le Musée archéologique.

Celui-ci regroupe une importante collection de pièces préhistoriques et antiques originaires de la région et, plus spécialement, de **Thaenae** (*13 km de Sfax*).

♥ Les îles Kerkennah**

En ferry : au départ de Sfax, av. Mohammed-Hédi-Kefacha *hors pl. par A2*. En été, départ toutes les 2h, entre 6h et 22h ; en hiver, 8 navettes/j., entre 6h et 19h ; mais les horaires peuvent varier, renseignez-

▲ **Hôtels**
1. Aziz
2. Cercina
3. Seabel Grand Hôtel

♦ **Restaurant**
4. Chez Najet

Les îles Kerkennah.

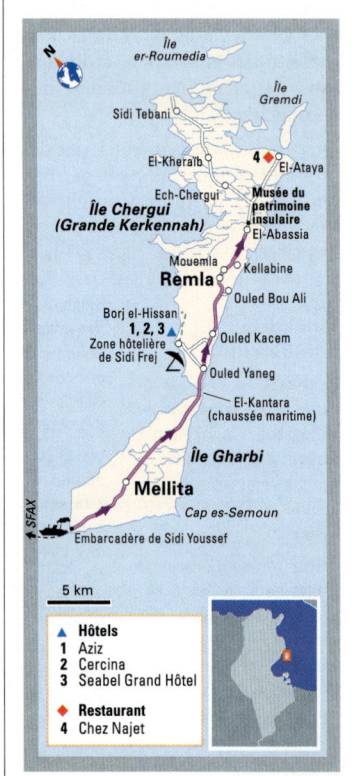

vous dans les hôtels ou à l'office du tourisme. Tarifs peu élevés. Comptez 1 h 30 de traversée. **Carnet d'adresses** p. 244. **Carte ci-contre.**

Cet archipel, qui se situe à 20 km des côtes, se compose de deux îles principales, **Gharbi** (appelée aussi Mellita), la plus proche du continent, et **Chergui**, ou Grande Kerkennah. Ces îles sont reliées entre elles par une **chaussée maritime** d'origine romaine. À elles deux, elles font 50 km de long et 8 km de large.

Ce plat pays – le plus haut point n'excède pas 13 m – est une succession de petites plaines arides et de lagunes, égayées par le vert éclatant de palmiers. Ces arbres ont pour fonction de fournir du bois et des palmes utilisées dans la confection des clayonnages qui entourent l'île par milliers : pour la pêche aux mulets, la « sautade », les poissons sont rabattus par les pêcheurs armés de bâtons dans ces casiers qui font office de pièges. Les Kerkenniens ont conservé des techniques de pêche traditionnelles *(p. 159)*. On peut encore voir quelques felouques élancées, appelées *loud* et gréées à l'ancienne d'une immense voile.

Les îles comptent 14 000 habitants environ en hiver, mais au moins 100 000 en été. Il faut dire que les Kerkenniens, profondément attachés à leur île, reviennent de partout pour la retrouver. Ces îles peuvent être, avec leur atmosphère tranquille et dépaysante, l'occasion d'un séjour consacré au repos.

Vous apprécierez également l'accueil chaleureux des résidents : en insulaires, ils sont ravis d'avoir de la visite.

● **La visite des îles.** Du débarcadère de Sidi Youssef, la route traverse d'abord Gharbi couverte de palmiers, parvient ensuite à **Mellita**, sa principale agglomération, puis traverse la chaussée reliant les deux îles, pour parcourir l'île Chergui. Un chemin, à gauche, conduit en 3 km à la **plage de Sidi Frej**, zone touristique des îles. Le nord de l'archipel reste encore un territoire vierge.

● **Le musée du Patrimoine insulaire.** *Village d'El Abbassia. Ouv. t.l.j. 8 h-19 h. Entrée payante.* La visite de ce musée privé, qui est situé dans un ensemble d'habitat traditionnel rénové, le Dar Fehri, permet de découvrir le mode de vie des insulaires. Y sont mises en valeur les activités traditionnelles de l'archipel comme la pêche, la broderie, et les produits artisanaux qui utilisent l'alfa et le palmier.

●●● *Fête. En mars, le festival des Poulpes attire de nombreux visiteurs sur l'île. Au programme, découverte de l'île et dégustation de poulpes que les Kerkenniens savent si bien préparer.* ●

11 | Les steppes

itinéraire 11

Durée de l'itinéraire : Pour découvrir Kairouan et les nombreux vestiges de sa riche histoire, il faut y passer environ une journée. La ville se découvre à pied. Pour un instant de détente, faites une pause pour boire un verre à l'hôtel *La Kasbah*.

Au départ de Kairouan, 1 journée peut suffire pour visiter les sites antiques, mais prévoyez plus avec les temps de trajet. Si vous voulez faire une halte, l'hôtel *Sufetula* vous attend à Sbeïtla. Itinéraire de 619 km.

Circuler : La voiture est vraiment le meilleur moyen pour circuler à travers l'arrière-pays du Sahel. Toutefois, autobus et louages relient Kairouan à Sbeïtla, puis Makthar.

Carte p. 140

Carnet d'adresses p. 242.

L'arrière-pays du Sahel s'élève peu à peu en un rude plateau où s'étendent vastes oliveraies bien peignées et grandes plaines, jusqu'au pied des forêts de la Dorsale. Du cœur de la steppe surgit Kairouan, ville sainte de l'islam, tandis que Makthar et Sbeïtla rappellent le passé romain de la région.

Kairouan★★★

En voiture : 153 km S de Tunis par la P 3 ; 104 km S-O de Hammamet par l'A 1 ou la P 1, puis la P 2 ; 68 km O de Sousse par la P 1, puis la P 12 ; 212 km N de Gabès par la P 2. **En autocar** : liaisons t.l.j. avec Tunis, Sfax, Makthar, Sousse, Hammamet. **En louage** : liaisons t.l.j. avec Tunis, Monastir, Sousse et Sfax. **Carnet d'adresses** p. 243. **Plan** p. 164.

© Nicolas Fauqué/imagesdetunisie.com

◀ La Grande Mosquée de Kairouan et son cimetière caressés par une lumière crépusculaire.

Ville sainte, et « caravane » selon son étymologie persane, Kairouan est un haut lieu de pèlerinage. Dans la patine de ses pierres, la rigueur architecturale de ses lignes, ses murailles d'un ocre délicat et ses innombrables mosquées gît un rêve de conquête et de gloire, lancé comme par défi. En effet, cette cité retranchée a su se protéger des côtes où rôdaient les envahisseurs et des montagnes où sévissaient les rebelles berbères.

Aujourd'hui, Kairouan n'est plus une capitale, mais son énergie commerçante lui a permis d'accéder au statut envié de « cité reine » du tapis. Le commerce fut probablement la seule concession qu'elle fit pour intégrer la Tunisie moderne et indépendante. Pour le reste, son orthodoxie islamique la rendit bien souvent ombrageuse : elle se rebella contre les lois de laïcisation du gouvernement Bourguiba, n'accepta que difficilement de voir les femmes se dévoiler. Elle continue, en outre, à respecter rigoureusement le jeûne du ramadan. Cette indocilité avait sans doute pour objet de rappeler son statut de ville sainte, d'affirmer son indépendance et de suggérer que sa prétention à la vérité la mettait hors des lois. Depuis, bon gré mal gré, Kairouan fait en sorte que la théologie ne déborde pas l'administration.

À l'extérieur des remparts

Cernant la vieille ville, ils furent construits en 762 par les Abbassides, démolis par les Aghlabides, et édifiés de nouveau par El-Mouizz en 1052. Après l'invasion hilalienne et la ruine de la ville, ils furent complètement délaissés. Ce n'est qu'en 1756 qu'ils furent rénovés par Mohammed et Ali Pacha II. Ces remparts, aux créneaux arrondis, sont flanqués de sept portes et comportent vingt tours rondes avec des bastions servant à accueillir des piè-

---

histoire
Un fondateur prestigieux

Le général **Oqba ibn Nafii** fonda la ville de Kairouan en l'an 670. Il pensait ainsi pouvoir assurer aux musulmans une présence éternelle au Maghreb. Stratégiquement, le choix du site était judicieux. En effet, Kairouan se trouve à une journée de marche de la mer, encore sous domination de la flotte byzantine, et à une journée des montagnes dans lesquelles se retranchaient les tribus berbères hostiles à l'islam. Oqba conçut le plan de Kairouan en implantant en son milieu la Grande Mosquée. Il en fit une ville importante où les gens affluaient de partout. En 762, le premier chef abbasside Ibn el-Ach entreprit de la protéger en construisant un rempart. Kairouan connut sous le règne des Beni el-Muhallab une période de paix relative. Ils entreprirent des travaux de réaménagement et d'embellissement de la Grande Mosquée, organisèrent les souks et y installèrent les différents corps de métiers. L'activité économique et commerciale était intense. C'est avec les Aghlabides que la ville fut promue au rang de grande capitale de la Méditerranée. Ils consolidèrent leur pouvoir et la ville ne cessa de se développer pour devenir l'un des plus grands foyers de la culture islamique, d'où le malékisme allait se répandre sur tout l'Occident musulman.

Kairouan était alors en pleine expansion.

Les Fatimides la délaissèrent pour aller fonder une nouvelle capitale : Mahdia. En 1051, les Hilaliens la saccagèrent. Elle perdit son rôle politico-économique et se retrancha derrière ses remparts. Cependant, Kairouan connut une renaissance relative sous les Hafsides. Dès la fin du XIIIe s., elle commença à relever ses remparts selon un nouveau tracé, et le triomphe du maraboutisme provoqua la prolifération des mausolées et *zaouïas*. ●

ces d'artillerie. Ils s'étalent sur une longueur de 3,5 km et leur hauteur varie entre 4 et 8 m.

● **Les bassins des Aghlabides* B1**. C'est de la terrasse du syndicat d'initiative que l'on a la plus belle vue d'ensemble sur les bassins des Aghlabides. Considérés comme le plus important des ouvrages hydrauliques du monde musulman, ils faisaient partie d'une quinzaine de bassins qui se trouvaient extra-muros. C'est en l'an 860 que le prince aghlabide Ibrahim Ahmed érigea les deux bassins. Le grand réservoir est un polygone de 48 côtés, de 128 m de diamètre et 4,80 m de profondeur. Sa contenance est d'environ 57 000 m³. Il sert au stockage des eaux nécessaires aux besoins de la vie quotidienne. À l'origine, il était alimenté par un aqueduc qui amenait l'eau des sources du djebel Chrechira, à 40 km à l'O de Kairouan. Le petit bassin (17 m de diamètre) a une contenance de 4 000 m³. Il sert à décanter les eaux; débarrassées des débris et des alluvions, elles s'écoulent dans le grand bassin.

● **La zaouïa de Sidi Sahab**** (mosquée du Barbier) **A2**. *Depuis l'Agence nationale du patrimoine, suivez l'av. Ibn Aghlab.* Cet ensemble fut édifié à la mémoire d'un compagnon du Prophète, Abou Zamaa el-Balaoui, inhumé sur le site de Kairouan avant sa fondation. Il portait sur lui des poils de la barbe du Prophète, en signe de vénération, ce qui explique son surnom de «mosquée du Barbier». L'essentiel de l'édifice, construit entre 1681 et 1685, est l'œuvre de Mohammed Bey. Cet ensemble architectural gracieux abrite un entrepôt, des appartements qui accueillaient jadis les hôtes de marque du mausolée, et surtout une des plus belles **médersas** de Tunisie. Elle est constituée de deux courettes et de portiques qui entourent les cellules des étudiants. Dans le **patio**, les murs sont recouverts de faïences aux motifs floraux

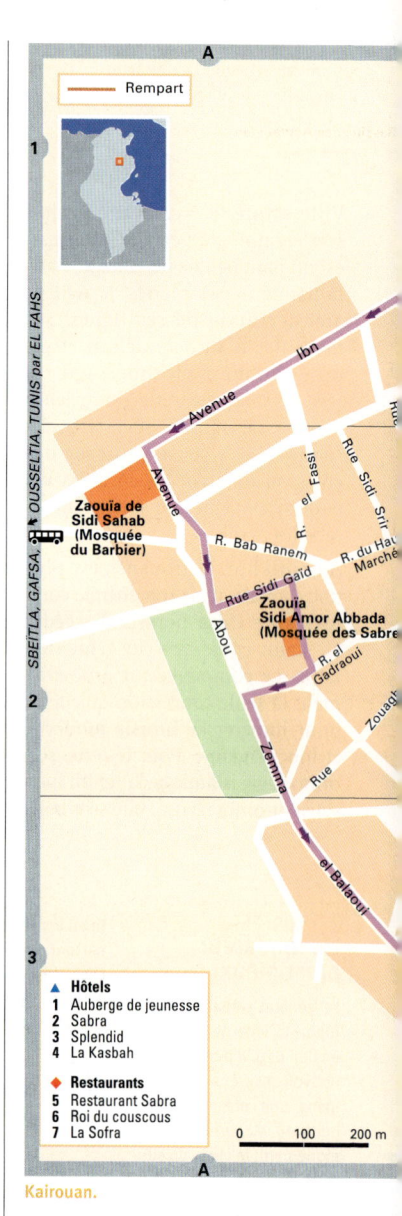

Kairouan.

colorés. Une colonnade, qui supporte de beaux chapiteaux byzantins et une voûte aux pierres noires et blanches, en fait le tour. À l'angle nord-est se dresse un **minaret** dont les créneaux sont en dents de scie. Tout est imprégné d'art andalou. Quant au **mausolée**, il reflète les nouvelles influences architecturales ramenées par les artisans expulsés d'Espagne.

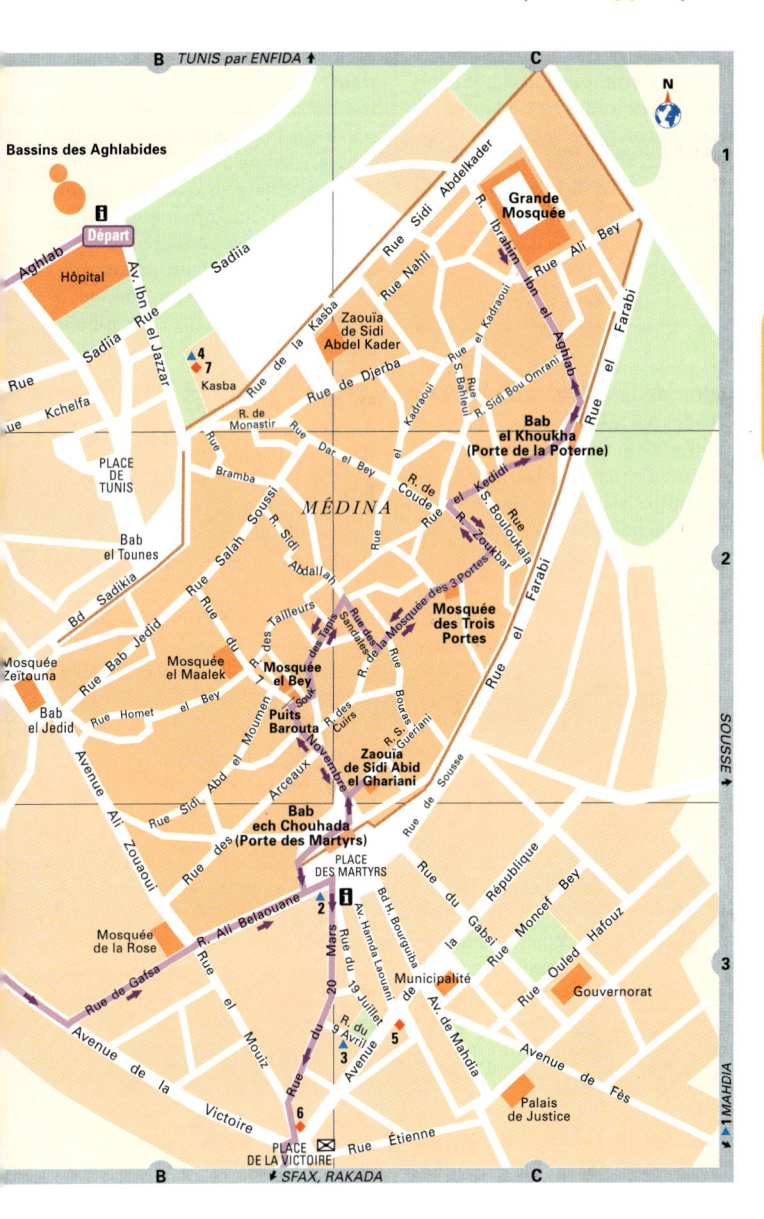

Abou Zamaa, surnommé « Sidi Sahab », est considéré comme le patron de la ville. Les Tunisiens sont nombreux à visiter le mausolée lors de la fête du Mouled commémorant la naissance du Prophète (p. 301).

● **La zaouïa de Sidi Amor Abbada★ B2**. *Depuis l'av. Abou-Zemma el-Balaoui, empruntez sur la g. la rue Sidi-Gaïd, puis tournez dans la 1re rue à dr.* La zaouïa de Sidi Amor Abbada, surnommée « **la mosquée des Sabres** », est coiffée d'un bel ensemble de cinq dômes reliés par un tambour polygonal. Elle fut édifiée en 1872 par un étrange marabout-forgeron, qui forgeait d'énormes ancres à 60 km de la mer, et des sabres géants inutilisables. Elle a été aménagée en un **musée des Arts et Traditions populaires** *(entrée libre)*.

La vieille ville

CD1-2 La visite de la médina se fait à pied. Parking sur la pl. des Martyrs.

Un vaste programme de réhabilitation de la médina est en cours, façades et monuments, places et ruelles se refont une beauté. En 2009, Kairouan est la capitale de la culture islamique. Un parcours fléché mène aux principaux monuments.

● **Bab ech-Chouhada**** (la porte des Martyrs). Principale entrée de la médina, c'est une porte à double arcade, remaniée vers 1772 et conservant des matériaux antiques. L'enceinte de la vieille ville est un long mur de brique qui, malgré ses 900 ans, a gardé sa fraîcheur. Il faut dire que la structure de 1052 a été en partie reconstruite entre 1706 et 1712. La vieille ville est un quadrilatère irrégulier, d'environ 1 km de long sur 500 m de large. Avec ses nombreuses mosquées solennelles et gracieuses, ses souks pleins du bruit des métiers à tisser, elle possède un caractère tout à fait singulier, fait d'oppositions et de contrastes marqués.

● **La zaouïa de Sidi Abid el-Ghariani**** **C2**. Dès que vous avez franchi la porte, empruntez la 1re rue à dr. pour admirer la *zaouïa* (XIVe s.). Abou Abid el-Ghariani, qui enseigna à la *zaouïa* pendant vingt ans, y fut inhumé en 1402. Le mausolée fut restauré dans les années 1970 et devint le siège de l'Association de sauvegarde de la médina de Kairouan. Le vestibule est couvert d'un plafond peint de style arabo-mauresque et la cour est pavée de marbre entrelacé de formes géométriques datant du XVIIe s. La disposition de l'ensemble est d'une rare harmonie. Du côté nord-est se trouve la chambre funéraire, couverte d'un beau plafond en bois peint en forme d'escalier. Du côté sud-est, on accède à une cour entourée de portiques dont on remarquera les chapiteaux byzantins et zirides ainsi que les colonnes ornées de bagues et d'inscriptions coufiques.

● **Le puits Barouta*** **C2**. Sur la **pl. Bir-Barouta** se trouve le puits (XVIIe s.) dont la légende dit qu'il communique avec La Mecque. Le chameau qui en actionne la roue constitue la principale attraction touristique du quartier. Non loin, l'ancien **souk des Tapis**, toujours animé, permet de voir les modèles polychromes dont la ville s'est fait une spécialité. N'hésitez pas à emprunter les ruelles, certaines abritent des merveilles, comme la

---

architecture
Marabouts et zaouïas

Les **marabouts** sont des petits mausolées blancs à dôme arrondi, élevés pour honorer des hommes qui ont marqué de leur passage une région, une ville ou un village et qui ont laissé des traces de leur piété ou de leur sainteté. Le tombeau, sur lequel les gens viennent se recueillir, se trouve à l'intérieur du mausolée.

Vous en découvrirez en pleine campagne, élevés sur des collines, ou dans les villes, enfouis dans les ruelles tortueuses des médinas. Ces dômes ponctuent le paysage de leur présence vénérable. Les **zaouïas** abritent les tombeaux des notables, qui sont ainsi honorés. Ce sont également des lieux de pèlerinage et d'enseignement des Saintes Écritures pour les étudiants en théologie. ●

mosquée des **Trois Portes C2**, ou la **porte de la Poterne D2** (Bab el-Khou-kha; 1705).

● **La Grande Mosquée*** D1**. *Ouv. t.l.j. sf ven. 8h-14h. Achat à l'❶ (p. 242) d'un billet unique avec les autres monuments de la ville.* Appelée aussi **Jemaa Sidi Oqba**, elle est considérée comme le plus ancien et le plus prestigieux sanctuaire de l'Occident musulman, ce qui lui confère un prestige particulier. Son modèle architectural a servi d'exemple à la majorité des mosquées ifriqiyennes jusqu'à l'arrivée des Ottomans. Commencée en 669 sous le règne de Oqba ibn Nafii, le fondateur de la ville, elle doit sa morphologie et ses dimensions actuelles au prince aghlabide Ziyadat Allah I qui, en 836, démolit l'édifice existant pour le reconstruire complètement. L'enceinte de la mosquée dessine un rectangle de 125 m de longueur et presque 75 m de largeur. Le porche, surmonté d'une superbe coupole à cannelures et orné de décors en stuc, fut érigé par l'imam de la Grande Mosquée en 1316. Les autres portes datent des époques mouradite et husseinite.

La **cour centrale**, dallée de marbre, est entourée de galeries qui offrent une symphonie d'arcs reposant sur des chapiteaux et colonnes en provenance de sites archéologiques. Ainsi, cette mosquée constitue le plus grand **musée de chapiteaux** romains et byzantins jamais réunis dans un monument musulman.

Le **minaret** de base carrée s'élève sur trois étages atteignant 32 m de hauteur. La **salle de prière** (réservée aux musulmans), de forme hypostyle et de tradition omeyyade, est composée, à l'exemple de la mosquée du Prophète à Médine, de 17 nefs et 8 travées, formant une véritable forêt de colonnes de marbre provenant pour la plupart de l'antique *Hadrumète* (Sousse) ou de Carthage. La couverture de la salle de prière est faite en bois et sa partie la plus ancienne date du IXe s.; elle présente un joli décor de rinceaux et de fleurons. On ne peut plus la visiter, mais les **splendides portes** en cèdre du Liban restent ouvertes, ce qui permet d'en admirer l'intérieur. L'encadrement du *mihrab* est orné d'une collection unique d'anciens carreaux de faïence à reflets métalliques datant de la fin du IXe s. La niche elle-même est agrémentée de motifs floraux stylisés qui semblent annoncer l'art abstrait moderne.

Le *minbar*, joyau de l'art ifriqiyen, en bois sculpté et ajouré, est le plus ancien du monde musulman qui nous soit parvenu. Sur le côté gauche de la salle, la **porte de Lalla Rihana**, du nom d'une sainte femme, est la plus belle de cette mosquée. En face de la porte d'entrée de la Grande Mosquée se trouve la salle d'ablutions, la *midha*.

‖ Rakada*

⇢ *9 km S-O sur la P 2, vers Sfax.*

Rakada, «l'Endormeuse», est l'ancienne capitale des souverains aghlabides. Au milieu d'exubérants jardins, les souverains avaient fait ériger des palais, des souks, des hammams et une grande mosquée.

Il ne reste que des ruines de l'ancienne cité: quelques fondations, un bassin d'irrigation de plus de 100 m de long, quelques murs épars et une impression mélancolique d'oubli. Probablement détruite au cours de l'invasion hilalienne au XIe s., elle fut fouillée à partir de 1962.

En 1970, on y construisit un palais, primitivement destiné à la présidence de la République, devenu le **musée national des Arts islamiques**** *(ouv. t.l.j. sf lun. 9h30-16h30; entrée payante; avant de vous y rendre, renseignez-vous au syndicat d'initiative de Kairouan: les horaires peuvent varier).*

Dans ce musée unique en Tunisie, on peut admirer une exceptionnelle collection de **corans anciens***, l'une des plus célèbres et importantes collections du monde musulman. Elle permet de suivre l'évolution de la calligraphie et des techniques de dorure, d'enluminure et de reliure pendant plus de trois siècles. Une salle est consacrée à la céramique islamique avec des pièces datées des IXe et XIe s. Deux autres sont consacrées aux premières monnaies arabes en usage en Tunisie et aux collections de verres.

Makthar**

En voiture : 157 km S-O de Tunis par la P 4 ; 114 km O de Kairouan par la P 3, puis la P 12 ; 71 km S-E du Kef par la P 12. **En autocar :** liaisons t.l.j. avec Tunis, Kairouan, Le Kef. **En train :** de Tunis jusqu'à Sers (28 km O de Makthar). **En louage :** liaisons t.l.j. avec Tunis, Kairouan, Le Kef.

Non loin de Makthar en arrivant de Kairouan, la route traverse une partie de la très belle **forêt de la Kesra*** où abondent les sangliers, puis le paysage voit alterner les champs cultivés et les oliveraies. **Kesra** est un village berbère haut perché qui offre un très beau point de vue et occupe une magnifique position défensive. Les maisons du vieux village sont accrochées au flanc d'une table rocheuse sur laquelle on peut voir les vestiges de remparts numides. L'eau des sources de la montagne coule à travers le village dans des canalisations ouvertes dont certaines passent à l'intérieur des maisons. Les habitants de Kesra restent attachés à l'ancien village qu'ils n'ont pas déserté pour le nouveau, construit en contrebas avec toutes les commodités modernes.

À l'écart des circuits touristiques, **Makthar**, ville d'altitude parfois enneigée l'hiver, serait tout à fait banale si elle ne s'était juxtaposée aux ruines dispersées de l'un des sites antiques les plus étendus de Tunisie. C'était avant l'ère chrétienne une forteresse numide. Après la prise de Carthage, les Phéniciens chassés de Rome trouvèrent refuge en ces terres lointaines. La fondation de la ville se situe probablement au début du Ier s. Makthar, dont le nom latin, *Mactaris*, est la transposition du punique *Mktrm*. Elle bénéficia sans doute dès 46 av. J.-C. du statut de ville libre, bien qu'elle ne fût romanisée que tardivement, au IIe s. de notre ère. Elle connut alors une réelle prospérité lorsqu'elle fut promue au rang de colonie par Marc Aurèle. Sa décadence commença au IIIe s., se précipita au moment de l'occupation vandale et se termina au XIe s. avec l'invasion hilalienne, lorsqu'elle fut définitivement désertée.

La visite du site antique

Ouv. t.l.j. 8 h-19 h en été ; 8 h 30-17 h 30 en hiver ☎ 78.787.651. Entrée payante.

L'agglomération actuelle et le site antique occupent chacun un versant de l'oued Saboun. Entre les deux se dressent une porte romaine, l'**arc de Bab el-Aïn*** et un *tophet* punique, sanctuaire à ciel ouvert en usage au moins jusqu'au début du IIIe s.

● **Le musée**. *Situé en face. Ouv. t.l.j. 8 h-19 h en été ; 8 h 30-17 h 30 en hiver. Entrée payante*. Ce musée est un complément indispensable à la visite du site. Il présente des ex-voto néopuniques des Ier, IIe et IIIe s., des stèles puniques, des sculptures et des fragments d'architecture d'époque romaine, des inscriptions, des mosaïques et des têtes d'empereurs ayant subi les dommages de quelques invasions. On y voit aussi des tombes chrétiennes des IIIe et IVe s.

● **Le site**. À g. du musée, une voie romaine monte sur la colline où sont situés le **forum** et l'**arc de triomphe*** qui lui servait d'accès. La frise révèle qu'il fut dédié à l'empereur Trajan, en 116 de notre ère. À ce monument fut accolée une tour carrée qui l'a transformé durant un temps en fort byzantin.

Derrière l'arc, la **basilique de Hildegans** (Ve s.) abrite plusieurs

itinéraire 11 | Les steppes | 169

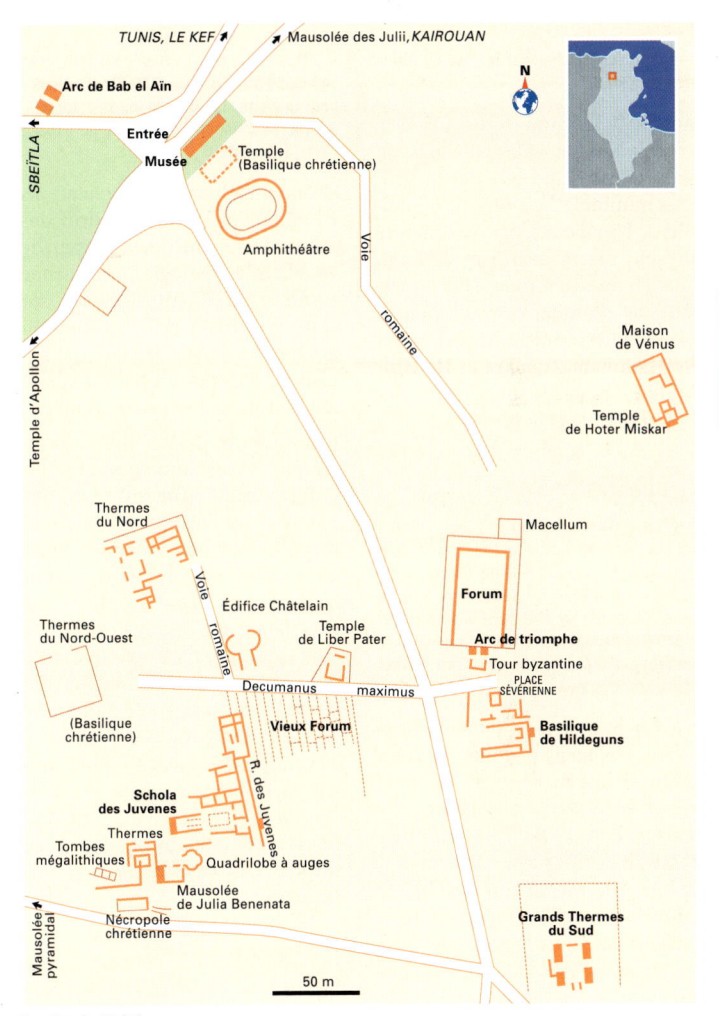

Le site de Makthar.

tombes byzantines. Pour rejoindre les **thermes**★, il faut descendre jusqu'en bas de la pente. Construits à la fin du IIe s., ils comptent parmi les mieux conservés d'Afrique. Le *frigidarium* a été totalement dégagé, dévoilant son beau pavement de mosaïque orné de motifs noirs, ainsi que ses murs qui se dressent jusqu'au départ des voûtes, sur une hauteur de 12 m.

En contrebas du **vieux forum**, un ensemble de voies et de ruines sont réparties autour de la **Schola des Juvenes**★, véritable « foyer des jeunes » et édifice le plus original du site. La Schola était précédée d'une cour à péristyle et d'une rue.

Elle fut transformée en église au IVe s., subit les ravages de l'invasion vandale et fut restaurée par les Byzantins. Derrière la Schola, vous découvrirez un ensemble de ruines, parmi lesquelles le **mausolée de Julia Benenata** (IVe s.) et une **nécropole** renfermant des monuments mégalithiques et des tombes romaines et byzantines.

Aux environs de Makthar

⋯▷ Quittez Makthar par la P 12 en direction du Kef.

Après 27 km, une route sur la g. vous conduit au village de **Ellès**, un site préhistorique avec des mégalithes numides. Il y a plus de 60 dolmens ; l'un d'eux est composé de sept pièces de 1,5 m de haut. Vers l'ouest, une route (P 4) à travers les montagnes vous mènera vers les nécropoles mégalithiques de **Hammam Zouakra** et **Henchir Mided** – pour les amateurs de randonnées et de grands espaces.

Sbeïtla**

⋯▷ **En voiture :** 275 km S-O de Tunis par la P 3 ; 88 km S de Makthar par la P 4, puis la C 71 ; 117 km S-O de Kairouan par la P 3 ; 185 km S-O de Sousse par la P 12, puis la P 3 ; 163 km N-O de Sfax par la P 13 ; 122 km N de Gafsa par la P 3, puis la P 13. **En autocar :** liaisons t.l.j. avec Sfax. **Carnet d'adresses** p. 249.

Ce carrefour de routes, situé dans la région des hauts plateaux, au cœur d'une steppe mal irriguée, porte la marque de Rome. Dès l'entrée du village, l'**arc de la Tétrarchie*** de l'antique *Sufetula* se détache sur le ciel, offrant un joli cadrage de pierre aux architectures des trois temples dressés à l'arrière-plan. On ne connaît qu'imparfaitement l'histoire de ce site spectaculaire. On sait que la cité fut *municipe*, puis colonie, mais elle n'est pourtant que peu mentionnée dans l'itinéraire de l'empereur Antonin. Jusqu'à la période byzantine, les auteurs anciens ne citent quasiment pas son nom – peut-être car sa fondation fut assez tardive, comme tendraient à le prouver les inscriptions qui figurent sur ses monuments et dont les plus anciennes remontent à Vespasien (69-79 apr. J.-C.). Elle connut une fin dramatique en 647 apr. J.-C : c'est là qu'eut lieu la 1re grande bataille entre les armées musulmanes venues du Sud-Est et les Byzantins, dont c'était le quartier général.

La visite du site

⋯▷ Ouv. t.l.j. 7 h-19 h en été ; 8 h 30- 17 h 30 en hiver. Entrée payante. **Meilleur moment pour la visite :** la fin de la journée, lorsque le soleil couchant pare d'une lumière rosée l'ocre des pierres.

Le site a été remarquablement mis en valeur et la délimitation des monuments antiques permet de visualiser la typologie de l'ancienne *Sufetula*. Après l'entrée du site, sur la g., un **plan** avec la localisation des monuments a été gravé dans la pierre : à regarder avant d'entreprendre la visite, qui se fait sans guide.

La prospérité de la ville est attestée par les monuments que l'on y découvre. Le **forum***, l'un des mieux conservés qui nous soient parvenus, est précédé d'une porte monumentale et bordé d'un mur haut de 4 m. Trois **temples*** *(au N-O du forum)* sont dédiés, comme ceux de Dougga, à la triade capitoline : Minerve, Junon et Jupiter. On remarque les vestiges de 4 **thermes**, dont le plus grand est un édifice aux proportions assez impressionnantes (avec deux séries de salles chaudes et froides). La structure de scène et quelques gradins d'un **théâtre**, situé en bordure de l'oued, subsistent.

Le musée

⋯▷ En face des ruines, de l'autre côté de la route. Ouv. aux mêmes heures que le site.

Il présente le passé de la ville : exposition des objets trouvés lors des fouilles et de nombreuses pièces de monnaie.

Plusieurs églises et basiliques (sept ont été dégagées) montrent que la puissance de *Sufetula* ne diminua pas avec la disparition de l'Empire romain. Au contraire, elle connut son heure de gloire au VIIe s., lorsque le patrice Grégoire, ayant rejeté l'autorité de Byzance, quitta Carthage et fit de *Sufetula* sa capitale. Un an plus tard, les premiers conquérants arabes saccageaient la cité après avoir mis à mort Grégoire.

itinéraire 11 | Les steppes | 171

Le site de Sbeïtla.

L'**église de Vitalis**, au-delà des trois temples, est un édifice à cinq nefs qui a conservé ses fonts baptismaux revêtus de mosaïque blanche. Tout à côté, l'**église de Bellator** possède un baptistère incurvé. Entre les deux églises se trouve une maison qui servit de chapelle à saint Jucundus, martyrisé par les Vandales. Il y subsiste une cuve baptismale et trois colonnes. Malgré ces persécutions religieuses, *Sufetula* fut un lieu de culte pour les Vandales, comme en témoigne l'**église de Servus**, près du théâtre, sanctuaire païen qui fut aménagé en chapelle et servit peut-être de cathédrale à la communauté donatiste. Elle fut aussi un centre de fabrication et de commercialisation de l'huile d'olive, qu'attestent plusieurs pressoirs à huile qui y ont été dégagés.

●●● *À voir également :* le mer. matin, faites un tour au marché.

Vers Gafsa

⇢ Gafsa (p. 200) est la porte du Sud tunisien. Quittez Sbeïtla en empruntant la P 13, en direction de Kasserine.

● **Kasserine**★. *À 68 km*. Ce bourg *(marché les lun. et mar.)*, installé au cœur d'une région agricole orientée vers la production d'alfa, doit son développement à la présence d'une usine de cellulose. Deux **mausolées romains** se dressent, à dr., au bord de la route. La colline abrite des vestiges de l'antique *Cillium* des Romains : un arc de triomphe, une église, un fort byzantin et un **théâtre**★.

● **Le long du djebel Chambi**. Au-delà de Kasserine, la route s'élève sur un plateau. Vous pouvez apercevoir le djebel Chambi, point culminant de Tunisie (1 544 m d'alt.) et le **parc national** qui y a été aménagé : 6 000 hectares entourés par 60 km de clôture, où vit une faune allant de la gazelle à la hyène rayée. En levant les yeux, vous pouvez apercevoir, tournoyant dans le ciel, plusieurs espèces d'aigles et de vautours. En de multiples endroits, vous remarquerez la présence de ruines, en bordure de route, qui sont le plus souvent des vestiges de **pressoirs à huile**. La route traverse le village de **Thélepte** (ruines romaines) et le bourg de **Fériana** (754 m d'alt.), pour atteindre la vallée de l'oued el-Kébir et Gafsa *(p. 200)*.

Vers Sfax

⇢ Quittez Sbeïtla en empruntant la P 13 en direction de Sfax (160 km).

À la sortie de Sbeïtla, la route commence à suivre la canalisation qui transporte à Sfax les eaux captées dans la ville. Après avoir traversé **Faïd** *(à 52 km)*, elle franchit un col entre deux massifs montagneux : les **djebels Sidi Khalif** au nord et **Bou Dzer** au sud. Puis elle parvient à un plateau d'environ 200 m d'altitude s'étendant entre les **djebels Khechem** et **Khalif**. Après 32 km, elle oblique à g. pour contourner le pied septentrional du **djebel Khechem** (655 m d'alt.). Les cultures se font ensuite plus nombreuses, et l'on commence à voir des oliveraies. Un peu avant Sfax, une route à g. conduit au **signal de Cheridi** (Touïbet ech-Cheridi) où un belvédère, installé à 132 m d'alt., offre une vue sur les montagnes et sur Sfax. ●

Djerba et le golfe de Gabès

Sur le littoral, le golfe de Gabès, encore appelé « Petite Syrte », marque l'entrée dans le Sud tunisien. Les plaines d'oliviers se font plus rares, laissant la place à des paysages plus dénudés, égayés par les taches vertes des palmeraies. L'exploitation des gisements de pétrole off-shore dans les eaux du golfe a profondément changé la physionomie de la région qui s'est industrialisée. De Gabès à Zarzis, le littoral abrite de splendides rivages.

Terre douce et chaude, Djerba dégage un charme particulier. C'est à l'intérieur des terres que l'on retrouve le mode de vie traditionnel djerbien, parfaite harmonie entre l'homme et la nature. Ce bout de terre mérite qu'on s'y attarde pour succomber comme Ulysse et ses compagnons au pouvoir enchanteur de l'île.

Carte générale en rabat avant de couverture et p. 190 pour le golfe de Gabes.

Plans : Houmt-Souk p. 177 ; Gabès p. 186.

Carnet d'adresses p. 253.

▲ Le nombre de mosquées à Djerba dépasse, dit-on, celui des jours de l'année.

12 | L'île de Djerba★★★

Durée de l'itinéraire: 2 jours, mais Djerba mérite qu'on y passe plus de temps pour découvrir l'intérieur des terres et pourquoi pas en profiter pour se baigner dans la mer limpide qui la cerne *(voir Programme p. 176)*.

Accès en voiture: Houmt-Souk, chef-lieu de l'île, se trouve à 108 km à l'E de Gabès par la P 1 et la C 116 ; à 70 km N de Médenine par la C 108. **En bateau**: un **bac** assure la liaison entre Jorf et Ajim, de 6 h à minuit toutes les 30 min et de minuit à 6 h toutes les 2 h (15 min de traversée). Gratuit pour les piétons. De Zarzis, 52 km N-O par la C 117 et la chaussée d'El-Kantara. **En autocar**: liaisons t.l.j. pour Houmt-Souk au départ de Tunis, Sfax, et Gabès. **En louage**: liaisons t.l.j. pour Houmt-Souk au départ de Tunis, Sfax, Gabès, etc. **En avion**: vols directs au départ de Lyon, Marseille, Nice et Paris. Liaisons t.l.j. avec Tunis par Sevenair.

Circuler: en raison de l'absence de relief, **louer une bicyclette** reste la meilleure façon de visiter Djerba *(rens. dans les hôtels)*. Vous pouvez aussi **réserver un taxi** (pl. Sidi-Brahim **B1** et av. Habib-Bourguiba **A2** à Houmt-Souk ☎ 75.650.205 et 75.676.060) ou emprunter l'**autobus** qui dessert les principales localités de l'île. Vitesse limitée à **70 km/h** sur toute l'île.

Carte en rabat avant de couverture.

Carnet d'adresses p. 253.

Posée comme un appendice au sud de la Tunisie, à environ 500 km de Tunis, l'île de Djerba vaut à elle seule un séjour pour ceux qui veulent fuir les brouillards

◄ À Djerba, la pêche traditionnelle consiste à diriger les poissons vers des nasses grâce à des rangs de palmes plantés dans la mer et orientés selon le courant marin.

Un charme captivant

La population de l'île jouit d'une solide réputation. Artisans habiles, marchands opiniâtres ou jardiniers ingénieux, les Djerbiens sont connus jusqu'aux confins de la Méditerranée. Mais avec la baisse du salaire dans l'artisanat et l'implantation du tourisme, les modes de vie ont changé. Près de la moitié de la population vit de l'activité touristique, ce qui entraîne parfois de lourdes conséquences : vergers en friche, ateliers de tissage abandonnés, potiers en voie de disparition. Les jeunes préfèrent travailler dans les complexes hôteliers.

Malgré ces ombres qui pèsent sur l'identité de l'île, Djerba conserve un charme époustouflant. Ses paysages clairsemés plantés de palmiers, ses villages à la blancheur captivante et ses rivages dorés attirent de plus en plus de monde. À Djerba, « l'air est si doux qu'il empêche de mourir », écrivait Flaubert. Séduits sans doute par cet air et la quiétude du lieu, des Tunisiens et quelques étrangers n'ont pas hésiter à investir dans l'île, rachetant *menzel* et *houch* (maisons traditionnelles ; *p. 180*) à l'abandon pour les restaurer selon la coutume, sauvegardant ainsi un bout du patrimoine. À Er-Riadh, les petites maisons blanches, délaissées par leurs propriétaires juifs qui ont quitté le pays, ont trouvé des acquéreurs parmi l'élite artistique et intellectuelle tunisienne qui les ont magnifiquement rénovées, redonnant ainsi vie au village dont ils ont adopté le mode de vie.

hivernaux. Étonnamment plate (le vélo y est un plaisir), dotée de plages merveilleuses et jouissant d'un climat particulièrement doux l'hiver, elle offre des infrastructures touristiques très développées, et des trésors cachés à l'intérieur des terres, au milieu de paysages poétiques. Djerba est certainement l'archipel méditerranéen le plus célèbre au monde. Chantée par Homère dans *L'Odyssée*, l'île des Lotophages a gardé le secret de ses fruits de miel (les lotos) qui enlevaient à ceux qui les goûtaient tout désir de rentrer chez eux. Cette île plate qui culmine à 52 m est un monde clos, fier de ses coutumes et de son hétérodoxie religieuse – les insulaires sont les seuls, avec quelques tribus berbères, à pratiquer le rite kharijite.

Djerba et le golfe de Gabes

Un domaine encore préservé

La campagne demeure miraculeusement préservée. Outre ses *menzel* aux dômes blancs, ses vergers plantés de figuiers, d'amandiers et de grenadiers, ses palmiers échevelés et ses oliviers noueux, Djerba possède sur 514 km² plusieurs villages qui ont tous leur singularité. Ce qui peut surprendre sur cette île, dont Houmt-Souk constitue la seule agglomération, c'est l'abondance de plages désertes sur la côte ouest, où elles s'éparpillent en bordure de grands palmiers grêles. L'implantation touristique les a laissées aux amoureux de la solitude, aux dromadaires et aux ânes qui viennent s'y rafraîchir en fin de journée.

Mais le développement touristique a parfois des bienfaits : le réseau routier de l'île est d'une excellente tenue ; faire attention toutefois avant de s'engager dans les pistes non goudronnées qui sillonnent une campagne silencieuse, ponctuée de vergers et jardins, de mosquées et de *houch*.

Ancien repère de corsaires

Connue dès la plus haute Antiquité – comme en témoigne *L'Odyssée*, où Homère en a fait une escale d'Ulysse –, Djerba fut la *Meninx* carthaginoise avant d'être romaine. Sans doute avait-elle accueilli précédemment un comptoir phénicien. Des vestiges archéologiques témoignent de l'implantation du christianisme. La décadence de Rome marqua le début de troubles. Envahie par les Vandales, puis par les Byzantins, l'île fut conquise par les Arabes en 667 et dut être dévastée par l'invasion hilalienne au XIe s. Aux luttes entre Djerbiens kharijites et musulmans orthodoxes devait succéder une longue résistance contre les puissances maritimes médiévales : Sicile, Aragon, Espagne.

À partir de la seconde moitié du XVe s., Djerba devint un repaire de pirates et, en 1560, les troupes françaises, espagnoles et napolitaines du pape s'allièrent aux chevaliers de Malte pour mettre fin à leur activité. Seuls cinq mille chrétiens survécurent au premier affrontement avec le corsaire Dragut et s'enfuirent à Borj el-Kébir. Dragut finit par les en évincer et les massacra, édifiant une tour avec leurs crânes, tour qui fut détruite en 1848, à la demande de la communauté chrétienne de Tunisie. Djerba fut épargnée par les deux guerres mondiales.

---

programme
Djerba la douce

Grâce à un bon réseau routier, **deux jours** suffisent pour faire le tour de l'île et de ses principales localités (p. 180).

Prenez votre temps, promenez-vous sans itinéraire préconçu à travers la campagne et les palmeraies clairsemées. **Djerba**, avec ses jardins où poussent des primeurs et des arbres fruitiers, son quadrillage de murs de terre ou de haies de figuiers de Barbarie, ses chemins creux aux ornières de sable, est merveilleusement calme. Profitez de vos escapades pour aller prendre des bains sur les plages sauvages au sud de Borj Jillij, vous serez surpris d'y découvrir une parfaite solitude. N'hésitez pas à vous arrêter dans les villages en fin de journée. L'atmosphère paisible permet de faire de sympathiques rencontres. Admirez le coucher du soleil des hauteurs de Guellala. Enfin, goûter à l'ambiance des ruelles de Houmt-Souk tôt le matin, bien avant l'arrivée des groupes de touristes, permet d'avoir une relation privilégiée avec la ville.

tradition
Huile d'olive

Les Djerbiens faisaient le commerce de l'huile d'olive dès l'époque romaine. Les huileries, ou *maassera*, étaient construites en sous-sol pour maintenir une température ambiante adéquate à la fabrication de l'huile. Chaque producteur repartait alors avec sa récolte pour sa consommation personnelle. La dernière huilerie souterraine de Djerba a fermé ses portes il y a quelques années.

●●● *Pour en savoir plus, lire «Au pays de l'or jaune» p. 30.*

itinéraire 12 | L'île de Djerba | 177

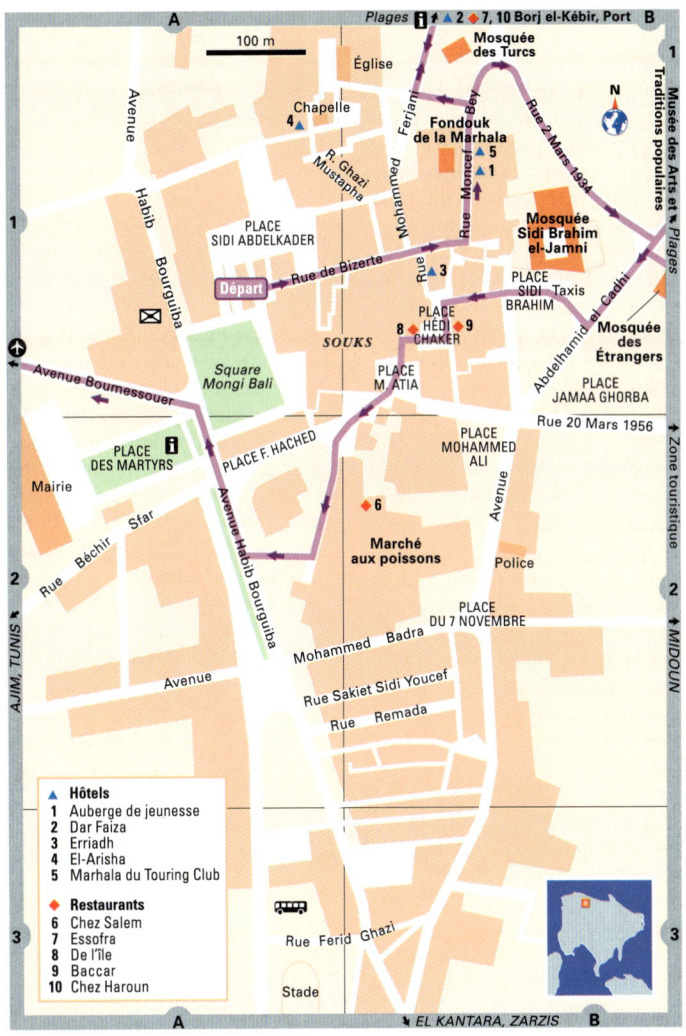

Houmt-Souk.

Houmt-Souk**

→ Au N de l'île, à 9 km O de l'aéroport. **Plan** ci-dessus. **Carnet d'adresses** p. 255.

Cette petite ville coquette est le chef-lieu de Djerba. Malgré l'augmentation du nombre de boutiques, elle a conservé une authenticité et un rythme de vie bien à elle.

● **Les souks AB1**. Houmt-Souk conserve un étroit quartier de souks traversé par de nombreuses et fines ruelles où se regroupent diverses corporations d'artisans. Le **souk des Bijoutiers** est le plus pittoresque. L'orfèvrerie est depuis toujours la spécialité des juifs de Djerba, encore nombreux dans les souks. Demandez-leur de vous montrer les beaux bijoux anciens, rarement exposés. Pénétrez dans les *fondouks* (caravansérails) transformés en **ateliers de tissage** dans la rue Moncef-Bey **B1**. À côté des souks, quelques placettes sont reliées entre elles par des passages voûtés. Des cafés y ont installé leur terrasse et c'est là que l'on vient en fin de journée observer la silhouette typique des femmes de l'île, drapées d'un voile écru bordé d'un liseré rouge et coiffées du traditionnel chapeau tressé à bords larges. À certaines tables, des parties de dominos ou de cartes font rage sous l'œil attentif des badauds. Difficile de se perdre à Houmt-Souk. En fait, il ne faut pas hésiter à flâner dans ce dédale de ruelles, seul moyen de rencontrer ce qui participe du quotidien : l'écrivain public, le club des joueurs d'échecs ou l'école de quartier aperçus derrière une porte entrouverte. On regrettera cependant le vacarme des avions qui survolent la ville.

● **Les fondouks**. À côté des souks se trouvent plusieurs *fondouks* qui, pour la plupart, ont été transformés en hôtels. Ces anciens caravansérails étaient à la fois des entrepôts et des gîtes d'étape où marchands et nomades procédaient à des échanges. Fermé par une lourde porte, chaque bâtiment est constitué d'une suite de cellules desservies à l'étage par une galerie et s'ordonnant autour d'une cour carrée pourvue souvent d'un puits à margelle ou d'un bassin. Allez au moins en visiter un, celui de la **Marhala B1** du Touring Club, par exemple *(p. 255)*, pour découvrir un modèle intéressant d'architecture tunisienne.

● **Le Borj el-Kébir** Hors pl. par B1**. *Bifurquez à g. avant le musée des Arts et Traditions populaires et le Commissariat régional au tourisme. Ouv. t.l.j. sf ven., 16 avr.-15 sept. 8 h-19 h ; 16 sept.-15 avr. 9 h-17 h. Entrée payante.* Ce grand fort, connu localement sous le nom de Borj Ghazi Moustapha, fut construit au XVe s. par le sultan hafside Abou Farès, agrandi par les Espagnols en 1560 et restauré d'abord par Dragut en 1567 (une stèle marque l'emplacement de la « tour des crânes » érigée par le corsaire), puis par le gouvernement de 1968 à 1979.

▶ À Houmt-Souk, chaque matin, la criée est un spectacle pittoresque à ne pas manquer.

Édifiées sur une avancée rocheuse, ses murailles sont balayées par la mer. On peut monter sur le chemin de ronde.

● **Le port Hors pl. par B1**. Près du fort, une marina a été aménagée, dotée d'un complexe touristique et d'un théâtre en plein air, changeant l'aspect traditionnel du petit port de pêche. Là, vous trouverez des embarcations, souvent des reproductions de galions espagnols, pour vous mener jusqu'à l'**île aux Flamants**, une langue de sable où vivent de nombreux oiseaux migrateurs, notamment les flamants roses. Une belle balade devenue, hélas ! trop touristique.

● **Les mosquées B1**. On en trouve un peu partout disséminées dans l'île, en rase campagne ou aux abords des villages, plus blanches les unes que les autres, avec des architectures totalement différentes. À Houmt-Souk, l'aménagement de la route du port qui contourne l'agglomération par le nord, entre de belles rangées d'arbres filaos, a permis de dégager trois édifices religieux typiquement djerbiens : la **mosquée des Turcs***, dont le minaret, comme bien d'autres à Djerba, indique d'après certains auteurs des réminiscences du culte phallique ; la **mosquée des Étrangers***, couverte de petits dômes ; la **mosquée Sidi Brahim el-Jamni****, avec son toit pentu à voûtes multiples, cernée par des murs recouverts de chaux, à l'apparence fruste.

● **Le musée des Arts et Traditions populaires Hors pl. par B1**. *Ouv. t.l.j. sf ven., 16 avr.-15 sept. 8 h-12 h et 15 h-19 h ; 16 sept.-15 avr. 9 h 30-16 h 30. Entrée payante.* À 800 m des mosquées, par l'av. Abdelhamid-el-Cadhi qui rejoint la route du littoral, une ancienne *zaouïa* du mausolée de Sidi Zitouna, coiffée d'un dôme dont le plafond intérieur est magnifique, était autrefois le musée des Arts et Traditions populaires. Aujourd'hui seuls quelques objets y sont encore présentés. Dans le bâtiment de 2 000 m², à l'architecture moderne, qui le jouxte, sont rassemblées de riches collections, une intéressante initiation à l'histoire, à la culture, à l'économie et aux traditions de l'île. Chacune des salles donne un aperçu des activités séculaires des Djerbiens : l'agriculture, la pêche, la poterie, la cuisine, le tissage, ou encore la façon si particulière de fabriquer l'huile d'olive. Deux salles sont consacrées aux rites et cérémonies : tous les grands moments de la vie des Djerbiens, ainsi que ceux de la communauté juive, sont expliqués à travers les objets, bijoux et costumes exposés.

● **Les marchés**. Si l'atmosphère des marchés vous intéresse, ne manquez surtout pas celui de Houmt-Souk *(lun. et jeu.)*. Il vaut plus par son aspect coloré, ses petits marchands de légumes installés à même le sol que pour les articles proposés (alimentation essentiellement).

Autre centre d'intérêt : la halle quotidienne **B2** et sa **vente de poissons à la criée** menée tambour battant par un personnage assis sur une chaise haute. Un spectacle pittoresque à voir chaque matin.

Le tour de l'île

Voir carte en rabat de couverture.

● **Le Borj Jillij**★★. *3 km N-O de l'aéroport, 12 km de Houmt-Souk.* Un phare, implanté à l'extrémité nord-ouest de l'île, domine une côte rocheuse propice à la **plongée** et à la pêche sous-marine. Très belle vue sur la mer et les *zriba*, traditionnelles pêcheries fixes, sortes de haies plantées dans l'eau et prolongées par une nasse ou cage à poissons.

Tentez une escapade en barque avec des pêcheurs vers l'îlot désert de **Taghlissia**. Depuis le Borj Jillij, une piste d'une vingtaine de km longe la plage jusqu'à Ajim. S'offre alors à vous un paysage sauvage qui contraste avec l'autre côté de l'île et sa succession d'hôtels : d'une part, des palmiers et des oliviers à perte de vue, de l'autre une succession de petits ports de pêche naturels, de criques et de plages sauvages face à la mer turquoise. Faites une halte à la mosquée de Sidi Jemour d'où l'on a un superbe point de vue sur le golfe de Gabès.

● **Ajim**★. *22 km S-O de Houmt-Souk par la C 116.* C'est le principal **port**

▶ La synagogue de La Ghriba est le témoin de la présence millénaire des juifs sur l'île.

commercial et de pêche de l'île. On y trouve encore une grande variété d'éponges et du mérou. C'est également là que l'on prend le **bac** pour gagner le continent. Non loin, la plus grande **palmeraie** de Djerba offre de douces promenades. La sève (le *lagmi*), recueillie à l'aide de cruches fixées au sommet des palmiers, bien qu'un peu âcre, a très bon goût.

● ♥ **Guellala**★★. *Env. 10 km E de Ajim par la route côtière et 22,5 km S de Houmt-Souk.* Ce hameau aux maisons éparpillées sur des tumulus parsemés de puits est devenu célèbre grâce à ses **ateliers de poterie** souterrains. À l'origine on y fabriquait de la poterie tournée, héritage laissé par les Phéniciens à Djerba, essentiellement des amphores et des jarres géantes non vernissées qui servaient à stocker les denrées, avec de l'argile extraite des profondes galeries creusées aux abords du village et blanchie à l'eau de mer.

architecture
Les « menzel »

Le *menzel* est une exploitation agricole située à l'intérieur des terres, délimitée par des haies de terre plantées de cactus et d'aloès. Toute l'activité de la famille est concentrée en ce lieu : la maison d'habitation, le *houch*, à l'allure de petit fortin, est constituée de plusieurs pièces disposées autour d'un patio à ciel ouvert où se déroulent les activités ménagères. Dotée de plusieurs éléments architecturaux, cube, voûte et coupole, la maison djerbienne a aussi une vocation de protection contre d'éventuels agresseurs, et surtout de lutte contre la chaleur. La voûte et les très fines ouvertures permettent de conserver une fraîcheur relative toute l'année. Le *menzel* abrite généralement une étable et des greniers pour stocker les marchandises, le tout étant souvent environné de vergers. L'un des grands soucis des Djerbiens étant l'eau, ils ont recours aux citernes souterraines pour stocker l'eau de pluie et vont chercher l'eau de la terre en forant des puits. À travers leur blancheur et leurs formes généreuses, les *menzel* demeurent un peu l'âme de Djerba.

tissage
El hannout

Activité ancestrale à Djerba, le tissage était assuré par les hommes. La méthode traditionnelle est devenue rare, mais des ateliers – *el hannout* – subsistent, à l'architecture particulière. Enfouis dans le sol, ils sont constitués d'une seule pièce longue et étroite. L'éclairage se fait par la porte et les ouvertures pratiquées dans les murs. La température reste donc fraîche en été et douce en hiver.

●●● *Pour en savoir plus, lire également « Zerbia, mergoum et kilim » p. 60.* ●

Il y a eu jusqu'à quatre cents ateliers de poterie. Aujourd'hui, il n'en reste plus qu'une vingtaine, à demi enfouis sous terre et repérables à leur four extérieur. Vous pouvez visiter les ateliers situés à la sortie du village, route d'El-Kantara en allant vers Ajim.

La colline qui domine Guellala est le point culminant de l'île et offre un beau point de vue sur la mer et les palmeraies, notamment au coucher du soleil.

Sur la route de Cedouikech, le **musée de Guellala** (*ouv. t.l.j. 8 h-18 h en hiver, 7 h-19 h en été* ☎ *75.761.114; comptez 2 h de visite*) est consacré au patrimoine djerbien, mais aussi à celui des différentes régions de Tunisie: fêtes, traditions, artisanat, habitat, mythes et légendes, etc.

Créé à l'initiative d'intellectuels, il est composé d'une série de pavillons en forme de *menzel* qui s'étendent sur 4 000 m².

- **Cedouikech***. *5 km E de Guellala, 17 km S de Houmt-Souk et 7 km N d'El-Kantara.* Ce petit village, situé sur la route d'El-Kantara à Houmt-Souk, doit son charme à ses maisons blanches couvertes de dômes, enfouies dans des jardins et des vergers.

- **El-May***. *8 km N de Cedouikech par la C 117 et 9 km S de Houmt-Souk.* La **mosquée** de ce village ressemble à une petite forteresse avec ses murs épais, ses ouvertures aussi étroites que des meurtrières et son minaret décentré.

- **Er-Riadh et La Ghriba*****. *7 km N-O de El-May et 10,5 km S de Houmt-Souk.* Er-Riadh est l'ancien *Hara Seghira*, « le Petit Quartier ». Comme **Hara Kébira**, « le Grand Quartier », plus proche de Houmt-Souk *(à 2 km)*, ce village fut jadis uniquement peuplé de juifs venus, selon la tradition locale, se réfugier à Djerba après la destruction, à Jérusalem au VIe s. av. J.-C., du temple de Salomon par Nabuchodonosor. Auparavant plusieurs milliers, les juifs ne sont plus que quelques centaines. Tout près d'Er-Riadh, la **synagogue La Ghriba*****, « l'Étrangère » ou « la Merveilleuse » *(9 km S de Houmt-Souk; ouv. t.l.j. sf pendant la prière du sam.)*, est le lieu d'un célèbre pèlerinage annuel, 33 jours après la Pâque juive, réunissant des fidèles venus de partout. Le pèlerinage se fait dans une atmosphère de fête qui réunit, lors du défilé de la Torah dans les rues du village, toutes les communautés religieuses. L'une des plus anciennes torahs (livre de la Loi) du monde y est conservée à l'abri de deux portes lambrissées. On peut la voir et admirer ses antiques cylindres d'argent. On raconte que lorsque le dernier juif quittera Djerba, le rabbin en exercice fermera à clé la porte de La Ghriba et jettera la clé vers le ciel… Le sanctuaire actuel date de 1920. Son décor très oriental, avec ses carreaux de faïence, ses vitraux colorés et ses boiseries sculptées, confère au lieu une profonde spiritualité. Juste derrière l'arche se trouve un fondouk qui accueille les pèlerins.

Le 11 avril 2002, un attentat à l'entrée de La Ghriba, revendiqué par Al-Qaida, a provoqué la mort de vingt et un touristes allemands et d'un Français. Cet attentat a fortement marqué cette île où les différentes communautés ont toujours vécu en parfaite harmonie.

- **Cédriane**. *9 km par la route; 5 km par la piste au N-E de El-May et 10 km S-E de Houmt-Souk.* Ce gros village possède une **mosquée** à l'architecture wahhabite, dont les murs massifs blanchis à la chaux sont surmontés d'un petit minaret. Caché par les palmiers, à la sortie du village en direction d'Houmt-Souk, se trouve un palais construit au XIXe s. par le caïd Hamida ben Ayed, gouverneur de l'île, communément appelé **Ksar Ben Ayed***. Habitée encore il y a une dizaine d'années, la demeure a été laissée à l'abandon par les héritiers. Les plafonds peints de motifs floraux et les murs garnis de stuc ciselé, la céramique et les chapiteaux de marbre montrent l'influence turque de l'époque. Mais les murs sont aujourd'hui en partie effondrés. Une poignée de passionnés cherche à réhabiliter ce lieu, que l'on peut visiter.

Grâce à l'association Djerba Mémoire, le terrain à l'abandon a été transformé en « jardin des Pommes » : on y a planté les différentes variétés arboricoles de l'île, en particulier les pommes de Djerba, de petite taille et au goût sucré. Tout autour de Cédriane, des petits chemins creux, les *jedda*, conduisent vers de charmantes mosquées et des *menzel* préservés de toute agitation.

- **Mahboubine****. *4 km S-E de Cédriane et 19 km S-E de Houmt-Souk.* Ce hameau est entouré de plantations d'oliviers, d'arbres fruitiers et de vignobles qui forment l'un des plus beaux jardins de l'île. La place du village est gardée par la **mosquée el-Katib** (mosquée du Clerc), élevée au XIXe s., tout à la fois classique et pourvue d'un toit à dômes qui lui donne une allure très orientale. Mahboubine possède la seule source d'eau douce de Djerba et certainement les plus beaux *menzel*, que vous pouvez découvrir en marchant sur les chemins de terre aux alentours.

● **Midoun***. *4 km N-E de Mahboubine et 17 km E de Houmt-Souk.* Après Houmt-Souk, c'est le centre le plus important de l'île (près de 7 000 hab.). En raison de la proximité des hôtels de la côte, ce bourg pittoresque attire de nombreux vacanciers… ce qui a engendré la prolifération de boutiques de pseudo-artisanat traditionnel. Son **marché du vendredi** (s'y rendre tôt le matin avant l'arrivée des cars de touristes…), ses ficus géants plantés près de la poste, son olivier millénaire surnommé «l'olivier aux Œufs» et sa jolie place centrale entourée de boutiques aux façades décorées de peintures naïves, ses cafés maures et ses gargotes en font le charme. Chaque mardi après-midi, on peut assister à la reconstitution d'un **mariage traditionnel** et à des spectacles de **fantasia**. À la sortie de Midoun *(à 100 m de l'hôpital sur la route de Houmt-Souk)*, on peut visiter une **maassera** *(p. 176)*, l'ancienne **huilerie souterraine Fsili** *(ouv. t.l.j. 9h-18h)*. Il en subsiste plusieurs semblables autour du bourg.

La superbe **mosquée Fadhloun** *(à 4 km en direction de Houmt-Souk; ouv. t.l.j. sauf lun. 8h-17h en hiver, 8h-20h en été)*, datant du XIIIe s., a été entièrement restaurée et ouverte au public. Ce monument d'une blancheur éclatante, isolé en pleine campagne, présente des particularités architecturales étonnantes. Il constituait, avec d'autres mosquées proches du littoral, une ligne de défense en cas d'attaque ennemie. Au milieu de la cour clôturée, la salle de prière aux voûtes croisées est surmontée d'un minaret trapu. Les murs extérieurs sont dotés de contreforts. Les dépendances extérieures abritaient une école coranique et des appartements. Le plus étonnant est d'y trouver un moulin à grains et une boulangerie souterraine, datant du XIXe s. et fidèlement reconstitués, attestant de l'activité économique du monument.

● **Rass Taguermess***. *Env. 5 km N-E de Midoun.* Face au phare de Taguermess, le parc **Djerba Explore** *(p. 258)* rassemble dans un espace intelligemment aménagé plusieurs centres d'intérêt. «Djerba Héritage», véritable reconstitution d'un authentique *menzel*, est une explication vivante des coutumes et du mode de vie traditionnels des Djerbiens: l'habitation principale (le *houch*), l'atelier de tissage, l'huilerie souterraine, l'atelier de poterie enfoui dans le sol avec le four de cuisson, l'exploitation agricole avec son puits et l'aire de battage; «la Ferme des crocodiles» où quatre crocodiles du Nil évoluent sur 2 000 m² dans un décor africain; et le musée «Lalla Hadria», le plus riche musée du genre en Tunisie, qui rassemble treize siècles d'art et d'histoire islamiques, de la calligraphie à la poterie, des costumes aux tapis, des objets religieux aux portes finement sculptées. Une collection inédite de plus de mille pièces parmi lesquelles on admirera, entre autres, les carreaux lustrés du Kachan et les étendards d'argent et de soie des confréries mystiques ou encore une remarquable chemise talismanique, avant de s'arrêter devant les poteries émaillées et la superbe collection de bijoux et de costumes tunisiens.

●●● *Pour les pêcheurs:* au-delà du phare, sur la dr., une route rejoint le *cap Taguermess*, une presqu'île préservée du tourisme. C'est l'endroit idéal pour pratiquer la **pêche sous-marine** grâce à ses fonds rocheux.

184 | Djerba et le golfe de Gabes

- **Aghir***. *Env. 6 km S-O de Midoun et 25 km S-E de Houmt-Souk.* Autrefois modeste port de pêche de la côte orientale, Aghir a été rattrapé par l'extension de la zone touristique. La plage de la Seguia est maintenant bordée de plusieurs hôtels et villages de vacances. Quelques pêcheurs proposent des balades en mer.

- **Le Borj el-Kastil*** (fort Castille). *2,5 km S de Aghir, piste de 7,5 km.* Il est situé sur la pointe d'une lagune sablonneuse. Assez bien conservé, il fut construit en 1285 par Roger de Loria, amiral du roi de Sicile. La piste qui y conduit est sujette à des ensablements et nécessite que l'on s'y aventure avec une extrême prudence.

••• *Pour pêcheurs et surfeurs :* à la pointe de la presqu'île, un courant sous-marin rend la **pêche au lancer** très fructueuse. Un petit club de **fly surf** s'est installé juste au début de la piste *(p. 258)*. *Sensations garanties !*

En remontant vers Aghir, à 3 km de l'embranchement de la piste conduisant au Borj el-Kastil, des **tombes puniques** ont été mises au jour. Les champs alentour sont pleins de fragments de **vestiges antiques**.

- **El-Kantara-Île**. *Env. 15 km S-O de Aghir et 28,5 km S-E de Houmt-Souk.* Lieu de mouillage de quelques pêcheurs, El-Kantara est le point d'arrivée de la **chaussée romaine** reliant l'île au continent sur 7 km. Probablement établie dès la colonisation carthaginoise, cette voie fut renforcée et percée par les Romains qui y installèrent des moulins à foulons fonctionnant grâce à la marée. Elle était fort dégradée quand les réparations commencèrent en 1951. Élargie et améliorée à nouveau en 1973, elle escorte les conduites d'eau de Médenine qui répondent aux besoins croissants des habitants et des hôtels de l'île. On peut voir les quelques ruines éparses de l'antique cité de *Meninx*.

▶ La ville de Gabès est cernée par le désert et la mer.

Zarzis*, l'extension continentale de Djerba

En voiture : 62 km N-E de Médenine par la P 1, puis la C 118 ; 52 km S de Houmt-Souk par la C 117 ; 47 km N de Ben Gardane par la C 109. **En autocar :** liaisons t.l.j. avec Gabès, Médenine, Houmt-Souk. **Carnet d'adresses** p. 260.

Petit port ceinturé de dattiers, d'oliviers et de plages, Zarzis est une charmante ville balnéaire située au centre d'une palmeraie, sur une longue côte bordée de villas et d'hôtels.

La cité fit son apparition en *Ifriqiya* vers 1580 et conserva longtemps un fort turc qui, en 1978, céda sa place à la Grande Mosquée. C'est sous le protectorat qu'elle connut sa première phase d'expansion.

Avec ses plages cernées de rochers et bordées de palmiers avançant vers la mer, elle est le complément continental de Djerba à laquelle elle est reliée par la chaussée romaine.

Le **musée de Zarzis** *(ouv. t.l.j. sauf lun. 8 h-17 h en hiver, 8 h-20 h en été)* est implanté dans l'ancienne église de Notre-Dame-de-la-Garde (vers le port) qui date du début du XXe s. Les collections présentent l'histoire de la presqu'île à travers quelques belles pièces provenant des sites archéologiques de la région. Outils et instruments anciens montrent que, depuis toujours, les trois activités majeures de Zarzis sont la culture de l'olivier, la pêche et le commerce.

À une vingtaine de kilomètres au sud, l'immense lagune de **Bahiret el-Bibane*** communique avec la mer par une étroite ouverture. Ce lac salé forme un vivier naturel, réputé pour ses mérous. Zarzis est le dernier port tunisien avant la Libye. On peut facilement rejoindre Médenine, à 62 km *(p. 212)*. ●

13 | Le golfe de Gabès

itinéraire

Durée de l'itinéraire : prévoir 1 jour au départ de Ajim (sur l'île de Djerba), ne manquez pas de faire le tour de la palmeraie de Gabès en calèche, une vraie détente. **Itinéraire de 86 km** jusqu'à Gabès par la C116, puis la P1.

Circuler : une voiture est conseillée pour cet itinéraire, mais les principales localités sont desservies par des autocars, voire par le train.

Carte p. 190 (carte du Sud).

Carnet d'adresses p. 259.

De Ajim à Gabès, la route est ponctuée par quelques villages et plantations d'oliviers. Une atmosphère paisible règne sur cette route peu empruntée, la C 116, où l'on croise, à partir de Mareth, quelques camions chargés de marchandises en provenance de Libye. Avant de rejoindre Mareth, vous pouvez aller visiter les **ruines de Gightis** *(20 km S de Jorf par la C 108 en direction de Médenine ; ouv. 8h-12h et 15h-19h en saison, 9h-17h hors saison ; entrée payante)* nichées au creux du golfe de Bou Gara, véritable petite mer intérieure fermée par l'île de Djerba. Elles témoignent de l'intense activité portuaire qui régnait dans la cité à l'époque romaine. Comptoir carthaginois avant de tomber aux mains des Romains, il y transitait produits et esclaves venus d'Afrique noire. Les vestiges les plus « lisibles » sont un grand temple dédié à Jupiter et une forteresse byzantine.

L'oasis de Mareth

> Revenez sur vos pas jusqu'à Jorf et reprenez sur votre dr. la C 116.

Au km 47, vous rejoignez la P 1 pour parvenir à Mareth, longue oasis qui borde la route de palmiers et d'eucalyptus. Le village est célèbre pour sa position stratégique. Pendant la Seconde Guerre mondiale, une ligne de fortification qui descendait jusqu'au sud de Tataouine y fut édifiée pour barrer la route aux troupes fascistes. Déjà au VIe s., Byzantins et Vandales se battaient sur cette ligne de démarcation. On trouve à Mareth un petit **musée militaire** de la Seconde Guerre mondiale qui commémore l'affrontement entre le général Montgomery et le maréchal Rommel en mars 1943 qui se soldera par la défaite des armées de l'Axe. *(Ligne Mareth, près de la P 1 ; ouv. t.l.j. sf lun. 9h-16h)* : documentaires, uniformes militaires, armements et maquettes des champs de bataille avec les positions des armées en présence y sont présentés.

L'oasis de Téboulbou**

Au km 68, vous traversez l'**oasis de Kettana**, qui produit les meilleures grenades du pays, puis vous pénétrez dans Gabès par l'**oasis de Téboulbou**** *(km 80,5)* qui fut créée avant le XIVe s. Son peuplement, probablement plus tardif, fut lié au retour des populations arabes et berbères qui avaient été chassées de la région par l'invasion hilalienne. L'oasis s'étend jusqu'à une belle plage de sable fin.

Gabès* et ses environs

En voiture : 406 km S de Tunis et 136 km S de Sfax par la P 1 ; 80 km O de Djerba par la C 116, puis la P 1 ; 146 km E de Gafsa par la P 15 ; 242 km N-E de Tozeur par la P 5 puis la P 13 ; 76 km N-O de Médenine par la P 1. **En autocar** : liaisons t.l.j. avec Tunis, Sfax, Djerba, Gafsa, Matmata, Médenine et Tataouine. **En train** : liaisons t.l.j. avec Tunis, Sousse, El-Djem, Sfax et Gafsa. **Plan** ci-dessus. **Carnet d'adresses** p. 259.

Gabès est une ville portuaire, célèbre pour la qualité de son **henné** *(p. 46)* dont les pyramides de poudre verte envahissent les marchés de la ville.

Jouissant d'une situation privilégiée au fond d'un golfe dont la pointe rencontre l'île de Djerba, elle a moins développé ses possibilités touristiques que sa vocation portuaire. Établis à l'écart de l'agglomération, ses complexes industriels, notamment la plus grande cimenterie du Sud, ont voué Gabès à rester une ville d'étape plutôt que de séjour. Pourtant, composée de plusieurs quartiers aérés, elle est nichée au creux d'une vaste palmeraie de plus de 300 000 palmiers qui s'étire sur le littoral jusqu'à la mer. Souvent balayé par les vents, le golfe, que les Anciens appelaient la « Petite Syrte », constitue une importante réserve ornithologique.

Gabès a conservé sa vocation de ville marchande. Fief du roi berbère Massinissa, puis colonie romaine sous le nom de *Tacapa*, la cité était autrefois un important comptoir commercial où l'on trouvait des produits du commerce caravanier : soie, laine, encens, épices venant d'Asie,

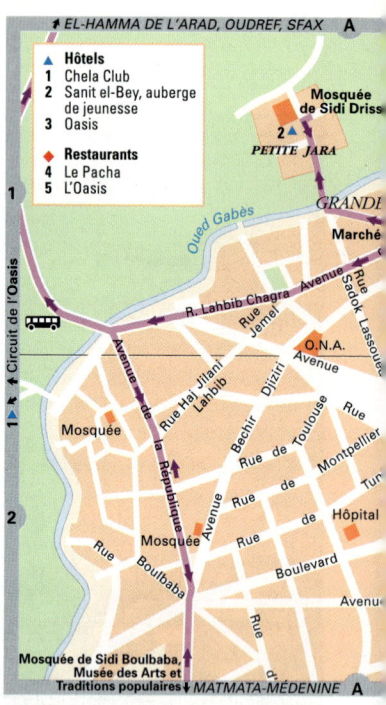

Gabès.

Hôtels
1 Chela Club
2 Sanit el-Bey, auberge de jeunesse
3 Oasis

Restaurants
4 Le Pacha
5 L'Oasis

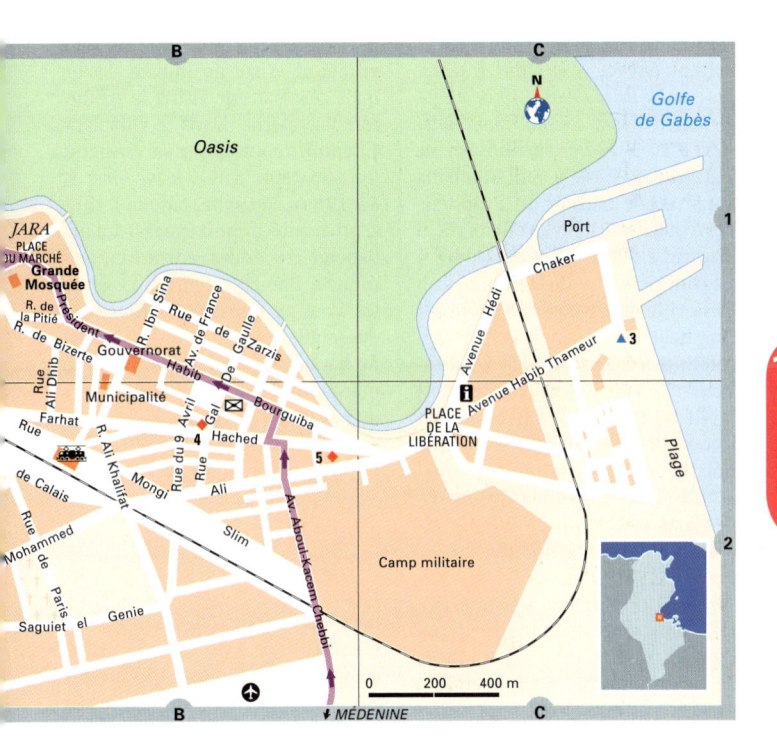

mais également ivoire, or, pierres précieuses et… esclaves. Détruite en 1943 pendant la Seconde Guerre mondiale et dévastée en 1962 par des crues d'une ampleur rare, Gabès n'offre pas le pittoresque habituel. Pour les nomades sahariens, elle fut longtemps le point de jonction entre les voies du littoral et les pistes du désert. Lors de la dernière guerre, elle servit de base stratégique à la ligne Mareth (p. 185), dont les blockhaus devaient garder les routes de Libye.

Visite de la ville

En flânant sous les palmiers, dans les vergers ou dans les rues du centre-ville, en visitant le quartier très vivant de la **Petite Jara B1** avec son marché, une vibration de l'air, un éclat particulier de la lumière ou simplement une nonchalance réservée dans les attitudes de la population permettent, pourvu que l'on y soit attentif, d'avoir une première révélation du Sud. Le port de pêche* **C1** offre chaque matin des scènes pittoresques à l'heure où le poisson est vendu à la criée.

● **L'avenue Habib-Bourguiba ABC1**. Cette avenue très commerçante traverse la ville. Passant devant la poste et des banques, elle s'incurve près de la **Grande Mosquée B1** (1952), rénovée, dont le minaret est devenu une bibliothèque d'études religieuses, pour parvenir à la **place du Marché*** (t.l.j. sf lun.), ancien caravansérail agrémenté de quelques piliers antiques. Derrière la place s'étend une zone animée de souks rénovés (vanniers, bijoutiers, forgerons). La rue qui longe l'arrière du marché, en franchissant l'oued Gabès, conduit au quartier de la **Petite Jara A1** où se dresse la **mosquée de Sidi Driss*** (XIe s.). Sa salle de prière voûtée est supportée par des colonnes antiques.

● **La mosquée de Sidi Boulbaba**✱✱
Hors pl. par **A2**. *À la sortie de Gabès par la route de Matmata. Après le pont sur l'oued Gabès, tournez immédiatement à dr. et 200 m plus loin, prenez une petite rue à la g.* Sidi Boulbaba aurait été le barbier du Prophète. Venu prêcher l'islam aux Berbères, il disparut à Gabès au VIIe s. Depuis, il est considéré comme le saint patron de la ville. Le mausolée s'ouvre sur cinq belles arcades reposant sur des colonnes à chapiteaux décorés d'entrelacs. La salle funéraire, interdite à la visite, est tapissée d'ex-voto et recouverte de tapis; une clôture en bois la sépare du tombeau. Situé à côté de la mosquée, le **musée des Arts et Traditions populaires** *(ouv. t.l.j. sf lun., 1er avr.-30 sept. 8h-13h et 16h-19h, 1er oct.-31 mars 9h30-16h30; entrée payante)*, installé dans une ancienne médersa, expose costumes, parures et modes de vie de la région, notamment des métiers à tisser.

● **L'oasis.** *De la pl. du Marché* **B1**, *prenez l'av. Habib-Bourguiba jusqu'à un rond-point. Empruntez sur la g. la rue Lahbib-Chagra* **A1**, *qui rejoint le poste à essence et la P 1 vers Sfax. La voie goudronnée face à la station franchit l'oued et pénètre dans l'oasis*, une des plus importantes du pays, qui a la particularité d'aller jusqu'à la mer. Une agréable promenade vous attend.

Dans son *Histoire naturelle*, Pline (23-79) exprimait ainsi la richesse du lieu: «Là, sous un palmier très élevé, croît un olivier, sous celui-ci un figuier, sous le figuier un grenadier, sous ce dernier la vigne; sous la vigne on sème du froment puis des légumes et des herbages; et tout cela dans la même année et croissant à l'ombre les uns des autres.» Fidèle description que l'on retrouve encore aujourd'hui. La route serpente entre les palmiers où se mêlent des plantations de légumes, de fruits, de céréales. Labyrinthique, elle parvient ainsi à **Chenini** (à 5 km), le plus important hameau de l'oasis. Si cette marche vous effraie, il existe un moyen désuet mais charmant de visiter la palmeraie: la calèche. Dans le village de Chenini, réputé pour sa vannerie, un **zoo** *(ouv. 8h-17h en hiver et 8h-19h en été; entrée payante)*, situé à proximité d'un barrage romain, héberge crocodiles, autruches, perroquets, flamants, fennecs et gazelles. Vous pouvez circuler à pied par des sentiers entre des jardins bordés de hautes levées de terre, jusqu'au **marabout de Sidi Ali Bahloul**, près du hameau d'El-Maïta.

El Hamma de l'Arad✱

⟶ *32 km O de Gabès sur la P 16, en direction de Kebili.*

Cette vaste oasis, située près de l'oued et de la *sebkha* (lac salé) du même nom, mérite le détour. Dans l'oasis jaillissent des eaux thermales légèrement sulfureuses, dont l'une (47 °C) conserve encore des installations romaines. Une **fabrique de céramiques** apporte à l'économie de la palmeraie une dynamique intéressante. N'hésitez pas à vous arrêter dans le centre du village pour boire un verre.

Oudref

⟶ *20 km N-O de Gabès par la P 1 et la P 15, en direction de Gafsa.*

Situé près d'une oasis de 180 ha irriguée par des puits, c'est un bourg célèbre pour ses tapis tissés aux motifs géométriques originaux, les *mergoum* (p. 60), et pour ses châles féminins à la lisière brodée de soie colorée. La Société des tapis vend sa production à des prix intéressants.

Au-delà, la route traverse la plaine de la Jeffara. C'est une lande sablonneuse et aride, ravinée par les oueds. À l'horizon se dresse le **djebel Tebaga Fatnassa**, pailleté de cristaux de gypse. La monotonie de cet environnement plat n'est rompue que par le marabout et la mosquée de **Sidi Mansour** *(km 75)*. ●

Le Sud

Les montagnes ocre de Gafsa, riches en phosphates, marquent à l'ouest l'entrée dans le Sud tunisien. Lentement, la steppe se fait désert, les plaines d'oliviers sont remplacées par un monde minéral. Le Sud tunisien est surtout peuplé à l'Ouest, autour de Nefta, Tozeur et Gafsa, et à l'Est, entre Gabès et Tataouine. La région offre une étonnante diversité de paysages : oasis paradisiaques, étendues de mer de sel asséchée, dunes, villages perchés et maisons troglodytiques enfouies dans le ventre de montagnes pelées. Le Djerid produit, dit-on, les meilleures dattes du monde. Dans les palmeraies, il y en existe plus de 200 variétés aux noms poétiques : « doigt de lumière », « bouchée de pharaon », « doigt de la mariée »… Le pays Nefzaoua, peuplé des grandes tribus nomades du Sahara, du chott el-Djerid aux monts Matmata, est le seuil du Grand Erg oriental où le désert s'étend à l'infini. Le Dahar, aux paysages arides et tourmentés, est d'une beauté grandiose et âpre.

Carte d'ensemble p. 190.

Plans : Tozeur p. 193 ; Nefta p. 196 ; Gafsa p. 202.

Carnet d'adresses p. 262.

▲ En traversant les paysages lunaires du chott el-Djerid, il est possible d'apercevoir des mirages.

14 | Autour du chott el-Djerid

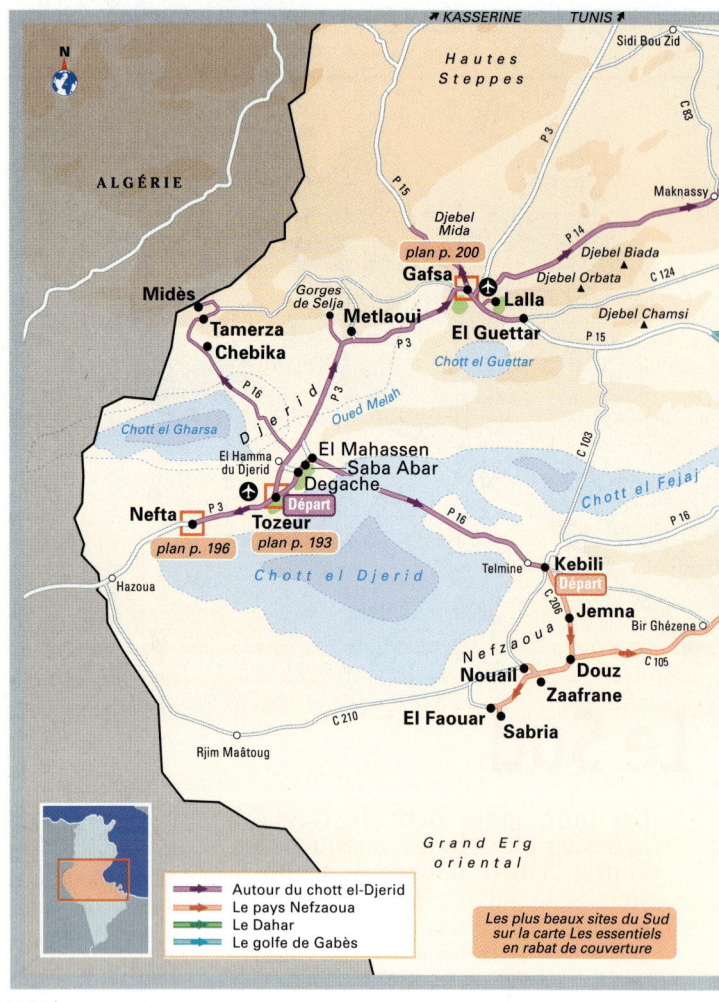

Le Sud.

Durée de l'itinéraire : 3 jours, ne manquez pas de vous promener dans la palmeraie de Tozeur, à pied, en vélo ou en calèche, ou si vous êtes pressés, en voiture.

Circuler : en voiture, et sur certains itinéraires un 4 X 4 est indispensable. En autocar, de ville à ville.

Programme. Une journée suffit à visiter Tozeur, de préférence tôt le matin, en prenant le temps de faire une halte au marché de la place Inb-Chabbat. Vous y découvrirez les produits de l'oasis de Tozeur, dont les fameuses dattes Deglet-Nour. L'après-midi, promenez-vous dans la palmeraie. **En trois jours,** vous aurez le loisir de découvrir les oasis de montagne, Nefta et sa Corbeille ainsi que les premières dunes du désert. Et surtout, ne manquez pas de traverser le chott el-Djerid, vaste dépression salée, par la route aménagée.

Carte ci-dessus.

Carnet d'adresses p. 262.

itinéraire 14 | Autour du chott el-Djerid

Au pays Djerid se côtoient le désert de sable du Sahara, le désert rocailleux des steppes et les mers de sel (chott) plus ou moins asséchées selon les saisons. Le chott el-Djerid, cerné au nord par les derniers contreforts des hautes steppes et au sud par les premières dunes du Grand Erg oriental, est la plus spectaculaire de ces dépressions salées. Au milieu de ce paysage aride surgissent oasis, véritables offrandes de la nature.

Tozeur★★★

En voiture : 93 km S-O de Gafsa par la P 3 ; 240 km O de Gabès par la P 15, puis la P 3 ; 320 km O de Djerba par la C 116, la P 1, la P 16 et la P 3 ; 450 km S-O de Tunis par la P 3. **En autocar** : liaisons t.l.j. avec Tunis et Nefta, *via* Kairouan, Sbeïtla et Gafsa (comptez entre 8 h et 12 h de trajet) ; liaisons avec Douz, Gabès, Sfax, Sousse. **En avion** : aéroport international de Tozeur-Nefta, à 3 km du centre de Tozeur sur la route de Nefta (accès en taxi) ; 3 h de vol de Paris et liaisons avec Tunis, Monastir et Djerba. **Carnet d'adresses** p. 269. **Plan** p. 193.

Tozeur, grâce à son aéroport, est aujourd'hui la cité-étape du tourisme saharien. Cette porte du Grand Sud a vu pousser comme des champignons hôtels et palaces depuis que le gouvernement a décidé d'encourager le tourisme dans le sud du pays au début des années 1990. On y a même construit, pour diversifier l'offre touristique, un golf, dont les greens quelque peu jaunissants tardent à se remplir. De nombreux étrangers commencent à investir la ville, rachetant des maisons, souvent à l'abandon, pour les restaurer avec goût dans le respect de l'architecture locale. Sans connaître l'engouement de Marrakech, Tozeur tend à devenir une destination très prisée par les Européens.

Mais Tozeur, austère et insolite, préserve son identité derrière ses façades revêtues depuis toujours de briques ocre, décorées de motifs géométriques, floraux ou fantaisistes. Ses rues semblent avoir pris forme dans le hasard des pas foulant les chemins autrefois ensablés.

C'est probablement dans le plus ancien quartier de la ville, celui des Ouled el-Hadef, dans un subtil jeu d'ombre et de lumière, que l'on peut découvrir les plus beaux et les plus typiques exemples de l'architecture du Sud tunisien. L'usage de la brique artisanale, mêlant sable et argile, a trouvé ici son accomplissement le plus parfait. Partout on a voulu triompher du simple matériau cuit au bois de palmier et partout se lit le désir d'une civilisation attentive à se mesurer au désert. On dirait que les habitants de Tozeur mènent une lutte permanente contre l'ensablement, mais également contre une certaine modernité, afin de ne pas ternir les couleurs de la vieille ville. Jardiniers magiciens et poètes, les Touzris ont aussi fait de leur palmeraie l'une des plus belles du pays. Car Tozeur, c'est aussi une oasis de 1 000 ha, irriguée par deux cents sources – aujourd'hui menacées d'assèchement *(p. 200)* –, qui témoigne de la prospérité passée et présente de cette région. Successivement numide et chrétienne (c'était un évêché au Ve s.), la ville devint musulmane à la fin du VIIe s. et fut le théâtre de luttes sanglantes entre Berbères christianisés et guerriers de l'islam. Mais la ville brilla d'un éclat incomparable durant le Moyen Âge, devenant un foyer intellectuel intense. Dernière étape pour les caravanes, située sur la route de l'or, elle était un carrefour d'idées et de découvertes.

Le centre-ville

La P 3 pénètre dans la ville en prenant le nom d'av. de la République **B1**. Tournez à dr. dans l'av. Farhat-Hached pour gagner le centre. Un peu plus loin, à g., la **mosquée de Sidi Abid★** offre un bel exemple d'architecture en briques locales. Sur votre g. part l'**av. Habib-Bourguiba A1-B2**, animée d'une profusion de boutiques de souvenirs où les vendeurs pratiquent un rabattage intempestif de la clientèle. N'hésitez pas à marchander et n'oubliez pas que l'on peut toujours dire non… Sur la place, où se trouve une station-service, le **syndicat d'initiative A1** partage les locaux d'un modeste marabout. Derrière, vous apercevez le grand minaret de la **zaouïa el-Kadria★ A1**, reconstruit en 1944. Tout près du syndicat d'initiative se trouve la **zaouïa de Sidi Mouldi A1**, au joli dôme couvert de tuiles vertes.

La médina★★

B1 La médina peut se visiter par la rue qui se trouve à l'angle de la **poste**. On pénètre alors dans le quartier des **Ouled el-Hadef** aux ruelles entrelacées, bordées de maisons à décor de briques dont certaines datent du XIVe s.

La **rue de Kairouan** passe sous un double porche qui rend compte,

itinéraire 14 | Autour du chott el-Djerid | 193

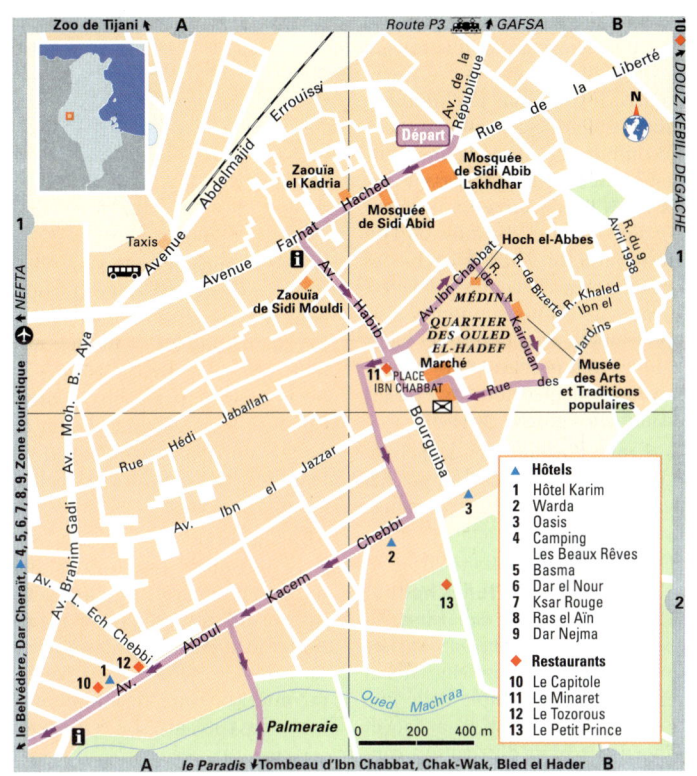

Tozeur

avec ses briques en relief dessinant des frises, de l'originalité de l'architecture locale. Au détour des ruelles, vous croiserez des femmes vêtues, été comme hiver, d'un épais *safsari* noir avec une bande bleue, la tenue traditionnelle.

À l'entrée par la rue de Kairouan, faites une halte à **Hoch el Abbes**, connu aussi sous le nom de Maison antique. Aménagée en café maure, cette maison traditionnelle se visite et permet de découvrir les intérieurs et modes de vie des Touzris.

Sous la coupole de la **zaouïa de Sidi bou Aïssa**★★★, marabout marocain arrivé à Tozeur au XVe s., le **musée des Arts et Traditions populaires** *(indiqué par des panneaux fléchés; ouv. t.l.j. sauf lun. 8h-13h et 15h-18h; entrée payante)* a été joliment restauré grâce à deux Français amoureux de la médina. Souad, la conservatrice souriante et accueillante, vous fait vivre les différents moments de la vie seminomade de la région. Elle accompagne gaiement, de sa voix claire, ses commentaires de chants traditionnels. De belles collections d'objets usuels, tapis, bijoux et costumes traditionnels, céramiques anciennes, armes ont été rassemblées. Parmi les livres anciens, un *Tableau d'eau de Tozeur* datant de 1911 explique comment régenter la répartition de l'eau dans la ville.

La palmeraie de Tozeur★★★

AB2 Après une journée d'excursion, c'est le lieu idéal pour se détendre et se rafraîchir à l'ombre des bananiers, des figuiers, des grenadiers et des vignes. La *calèche* est un moyen agréable de découvrir l'oasis. Vous en trouverez devant tous les hôtels. Les cochers sont souvent de très bons guides.

L'oasis, qui s'étend sur un peu plus de 1 000 ha, riche de quatre cent mille palmiers, est un véritable paradis inventé par les hommes. Plus de deux cents sources, qui s'écoulent dans des seguias, formant tout un réseau bruissant derrière des buttes de terre, irriguent la palmeraie. Les chemins, où l'on croise ânes ou vélos, longent des jardins privés aux cultures en étage : champs de culture surmontés d'arbres fruitiers, dominés par les hauts palmiers qui produisent les fameuses **dattes deglet-nour** ou « doigts de lumière », gorgées de sucre.

Le chemin s'insinue dans le quartier du **Bled el-Hader hors pl. par A2**, avant de parvenir à une mosquée dont le minaret est établi sur un soubassement de pierres romaines.

● **Le tombeau d'Ibn Chabbat** (1282) ★★. *Juste à dr. du minaret, un chemin conduit au tombeau.* Derrière une façade formée par cinq arches repose sous une simple dalle nue le savant arabe du XIIIe s. qui conçut l'ingénieux plan d'irrigation toujours en application dans la plupart des palmeraies.

La piste continue à longer des plantations variées, passe devant un marabout carré et traverse le quartier **Abbès**. *Après le marabout de Sidi Ali bou Lifa, vous montez vers le Paradis.*

● **Le Paradis**★★ **Hors pl. par A2**. C'est un merveilleux petit jardin créé en 1934, planté d'arbres fruitiers et agrémenté de fleurs, notamment d'étonnants rosiers. On y trouve de délicieux sirops de fleurs et de fruits (rose, violette, pistache, banane, grenade, etc.). Afin de prolonger l'effet de cette attraction, visitez le **zoo**★ du jardin *(ouv. t.l.j. 8h-18h ; entrée payante)*. Vous pourrez voir des animaux du désert (chacals, fennecs, gazelles…). On peut également y observer quelques spécimens d'espèces venimeuses (scorpions, vipère cornue, naja, serpent-minute ou vipère teguerja) et des lions. Dans la palmeraie, une multitude de pistes permettent de

▶ Le temps s'égrène tout doucement à l'ombre des palmes de Tozeur…

marcher longuement, passer d'un verger à l'autre, dépasser un ruisseau et, pourquoi pas, s'étendre le long d'un bosquet. Les promenades dans l'oasis de Tozeur n'ont pas de limites. Un paysan vous invitera certainement à déguster du vin de palme, ou *lagmi*, alcool local un peu fort, et vous offrira des dattes. Prenez votre temps…

● **Le Chak-Wak**. *(ouv. t.l.j. 8h-23h ; ☎ 76.460.400 ; entrée payante)* Sur un domaine de 5 ha à la végétation luxuriante, le **parc d'attractions Chak-Wak** (le nom provient du conte des *Mille et Une Nuits*), raconte l'histoire de l'humanité avec effets spéciaux, son et lumière.

● **Le Belvédère**★★. Pour une balade plus courte à travers l'un des plus beaux coins de l'oasis, suivez l'**av. Aboul-Kacem-Chebbi A2** au-delà des hôtels et du **tombeau** du poète de Tozeur qui a donné son nom à la rue, jusqu'au hameau de **Chabia**. Prenez la piste qui longe le bâtiment scolaire, tournez à g., puis à dr. en franchissant le pont et empruntez le chemin qui monte jusqu'au Belvédère **hors pl. par A2**, situé au pied de roches érodées dans un cirque où les palmiers semblent flotter dans l'eau des sources. Le lieu est aujourd'hui en partie défiguré par le terrain de golf qui s'étend à proximité. De là, vous avez une vue étendue sur les bras de l'oued, la palmeraie et, à l'infini, sur le chott el-Djerid. Poursuivez jusqu'à la **briqueterie** où les potiers se feront un plaisir de vous expliquer le processus de fabrication des petites briques d'argile cuites au bois de palmier, caractéristiques des bâtiments de Tozeur.

itinéraire 14 | **Autour du chott el-Djerid** | **195**

Le Dar Cheraït**

Hors pl. par A2 Ouv. t.l.j. 8h-minuit ☎ 76.452.100. Entrée payante.

Sur la route touristique, entre le Belvédère et la palmeraie, se tient le remarquable **musée** Dar Cheraït qui présente des scènes typiques de la vie de la bourgeoisie tunisienne au XIXe s. Une collection de coffres en bois, de braseros et de poteries borde les escaliers de l'entrée qui mènent au patio, orné d'une fontaine et décoré de faïences et de stucs. Chaque pièce de cet édifice, construit sur le modèle du palais d'un notable citadin, montre un aspect du quotidien : la cuisine, le hammam, les chambres, le salon des femmes et celui des hommes, avec une grande richesse de costumes, d'armes et de bijoux anciens.

Mais, plus qu'un musée, le Dar Cheraït est aussi un petit complexe culturel et touristique où l'on trouve également des **boutiques**, des expositions d'**œuvres d'art** et un **café maure**. Dans ce même complexe, un spectacle sons et lumières, **Dar Zamen**, retrace l'histoire de la Tunisie, de la préhistoire à nos jours. Et dans la **Médina des 1001 nuits** sont mis en scène les plus beaux contes de l'Orient.

Autour de Tozeur

La concession de **Onk Jemel**** (le Cou de chameau), en plein désert de sable, à quelques kilomètres au nord entre Tozeur et Nefta, abrite l'un des décors grandioses du film de George Lucas, *La Guerre des étoiles*, dont quelques épisodes ont été en partie tournés ici. C'est une promenade que nous vous recommandons, totalement insolite dans un paysage époustouflant (*rens. au syndicat d'initiative ou dans les hôtels, car seuls de puissants 4x4 peuvent s'y rendre*).

Nefta**

En voiture : 23 km S-O de Tozeur et 116 km S-O de Gafsa par la P 3 ; 262 km O de Gabès par la P 16, puis la P 3. **En autocar** : liaisons t.l.j. avec Gafsa et Tozeur. **En avion** : aéroport international de Tozeur-Nefta à 20 km N vers Tozeur (accès en taxi). **Carnet d'adresses** p. 266.

Établie aux portes de l'Algérie, Nefta est l'une des oasis les plus originales que l'on puisse voir. La ville, à l'architecture typique du Djerid, s'étend de part et d'autre de la Corbeille. Les maisons y sont moins belles qu'à Tozeur, la topographie plus simple, les rues mal dégagées de l'influence de la piste. Haut lieu du **soufisme**, Nefta, avec cent marabouts et vingt-cinq mosquées, est une ville de pèlerinage et le second centre religieux de Tunisie après Kairouan.

● **La ville**. Elle est constituée de deux quartiers séparés par l'oued qui relie la Corbeille à la palmeraie. Du côté est se trouve la **vieille ville B2**, avec ses rues à arcades autour de la place du marché. On y croise les silhouettes sombres des femmes portant le costume traditionnel berbère de la ville : noir souligné d'une bande blanche (à Tozeur, le galon est bleu). **Dar Houidi**, une maison traditionnelle de la médina, a été transformée en petit musée qui donne un aperçu du mode de vie de la région. L'av. **Habib-Bourguiba B1-2** traverse Nefta d'est en ouest.

● **La Corbeille*** AB1**. Cette partie de la palmeraie, tapie au cœur de la ville, au fond d'un cirque aux parois ocre, arides et hautes d'une trentaine de mètres, offre un spectacle de palmes s'entrecroisant mollement, bruissant au moindre souffle. Leurs tonalités, selon l'heure, laissent monter des ombres d'un vert saturé ou des éclats d'un gris légèrement argenté. C'est du rebord ouest, à partir du **café** *La Corbeille*, qu'on jouit de la meilleure vue sur ce site somptueux, sur la ville et ses innombrables coupoles de marabouts.

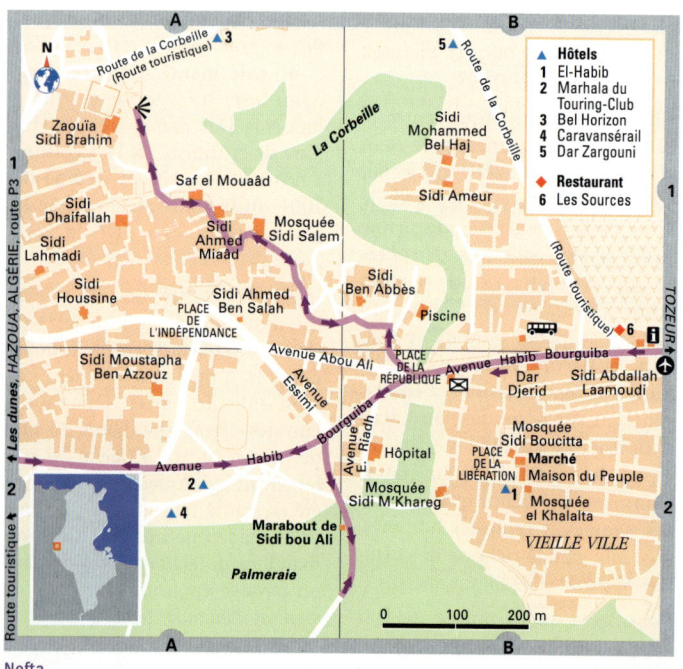

Nefta.

itinéraire 14 | Autour du chott el-Djerid | 197

● **La palmeraie**★★★ **AB2**. Irriguée autrefois par cent cinquante-deux sources aujourd'hui taries, elle constitue une oasis naturelle qui ne doit sa survie qu'au forage de puits artésiens. Vous pouvez vous y promener à pied ou en voiture, en louant les services d'un guide auprès du syndicat d'initiative (p. 266).

En déambulant entre des palmiers et les jardins fruitiers de l'oasis, vous parviendrez au **marabout de Sidi bou Ali**★★ **A2**, construit à l'emplacement où vécut le saint patron de Nefta, né au Maroc au XIIIe s. et venu combattre les doctrines schismatiques. Son corps repose dans une salle surmontée d'une coupole ornée d'une élégante décoration composée d'arabesques et d'inscriptions ciselées dans le stuc.

Dans le vert profond des palmeraies de Nefta se détachent çà et là au creux des palmiers quelques marabouts d'une blancheur éclatante et des petites mosquées, témoignant par leur présence du rôle religieux de la ville.

● **Les dunes**★★. En dehors de l'oasis, vous pouvez aller contempler les dunes de sable toutes proches. Suivez pour cela la **route de Hazoua hors pl. par A2** vers El-Oued (en Algérie) et prenez à dr. une piste longue de 400 m. Vous tomberez sur un site appelé tout simplement les **dunes**★★ : des hautes vagues de sables moutonnantes dominent un paysage de désert à perte de vue. C'est le lieu idéal pour contempler un coucher de soleil, mais il est malheureusement envahi durant la belle saison par un flot continu de 4x4 remplis de touristes.

●●● *Ouvrez les yeux!* Sur la route qui mène vers les bords du chott el-Djerid, peut-être aurez-vous la chance de contempler des mirages ! Quand le soleil est très haut dans le ciel, la surface du chott semble être une étendue sur laquelle flottent, comme par enchantement, palmiers et dunes.

♥ Les oasis de montagne★★★

→ **En voiture :** depuis Tozeur, gagnez El-Hamma du Djerid (à 9 km) par la P 3 vers Gafsa. Prenez, à g., la P 16 vers Chebika.

Au départ de Tozeur, la route parcourt une région désolée, faite de rocailles et de longues étendues salées, puisque, après l'oued Melah, on traverse l'extrémité nord-est du chott el-Gharsa qui s'étire, à 20 m au-dessous du niveau de la mer, jusqu'à la frontière algérienne.

La route se dirige vers les montagnes que l'on aperçoit à l'horizon en traversant une steppe brûlée couverte d'une éphémère végétation. On y croise quelques paisibles troupeaux de dromadaires. Et soudain, au détour de la route, apparaît une explosion de verdure au creux des rochers ocre : c'est le premier de ces jardins suspendus que sont les oasis de montagne.

Chebika★★★

→ 56 km N-O de Tozeur.

Ce hameau, établi dans le croisement de deux avancées montagneuses, domine une gorge où coule l'oued qui a donné naissance, en aval, à l'oasis. Chebika était l'un des postes du *limes* romain, ligne fortifiée qui reliait *Theveste* (Tébessa) à Gafsa.

L'ancien village, définitivement abandonné après de terribles **inondations en 1969**, est constitué de maisons à demi éboulées dont la couleur ocre se confond avec la roche. Des échoppes faisant office de buvettes proposent quelques couffins de vannerie, des colliers odoriférants à base de pâte d'ambre ainsi que des minéraux de la région.

Les familles, réinstallées plus bas, récoltent des dattes en août-sept. (ce qui donne lieu à de belles fêtes), cultivent fruits et légumes et élèvent des troupeaux de moutons, de chèvres et des dromadaires.

Le Sud

- **Excursion dans la vallée de l'oued*****. Avant de quitter Chebika descendez vers l'oued, avec ou sans guide – mais les guides locaux, sympathiques, vous livreront les coutumes et les secrets de la région. Vous pouvez remonter l'oued vers l'oasis, ou le descendre vers la source d'eau potable, le long des cascades et des filets d'eau. Vous aboutirez alors à un cirque où l'eau sort d'une terre sombre. Il s'agit d'une argile, le *tfal*, qui s'emploie comme shampooing, délayée dans l'eau.

Vers Tamerza**

En reprenant la route, vous passerez près du **nouveau village**, avec sa petite école et son dispensaire, édifié un peu plus bas. Bientôt, la route s'élève dans un paysage de montagnes presque rouges d'une extrême austérité, domine des gorges profondes et ravinées puis descend vers l'**oued el-Khangat**, superbe palmeraie qui s'étend en contrebas jusqu'aux sables du désert, qu'elle franchit avant de pénétrer dans l'oasis de Tamerza.

Environ 2 km avant le village se trouve la **Grande Cascade** (*bien indiquée*), l'une des plus importantes de la région, qui se déverse avec fracas dans une gorge encaissée. En été, on peut s'y baigner. Pour une somme modique, vous pourrez boire un bon thé à la menthe, avant de repartir pour Tamerza.

Tamerza***

10 km N de Chebika. **Carnet d'adresses** p. 267.

Cette oasis de montagne se situe à l'emplacement de l'ancienne *Ad Turres*, ouvrage défensif romain puis siège d'un épiscopat. Incrusté au fond d'une gorge couverte de palmiers, le village, dans sa partie ancienne, présente un grand nombre de maisons en ruine. On peut longer l'oued, dont certains endroits sont presque entièrement recouverts de végétation, jusqu'à une petite cascade à l'eau claire (*accès par l'hôtel* Les Cascades). Des enfants améliorent les faibles ressources familiales en vendant des géodes ou des cailloux de quartz. Leurs pierres sont souvent belles : laissez-vous tenter, cela ne vous ruinera pas. Un déjeuner dans les jardins parfumés du modeste hôtel *Les Cascades* permet de goûter au charme de Tamerza.

●●● *Beau panorama :* en direction de Midès, du côté de l'hôtel Tamerza Palace, *planté fièrement sur les hauteurs d'une colline face au vieux village fantôme, le panorama est splendide.*

- **Randonnées dans les canyons****. On peut descendre dans l'un des canyons **avec un guide** (absolument obligatoire, car la frontière algérienne est toute proche) et, durant près de 17 km, rejoindre Chebika à travers un paysage à couper le souffle (*comptez 3 h à pied*). Midès offre une autre possibilité d'excursion (*comptez env. 1 h 30*).

Midès***

8 km N de Tamerza.

Cette autre oasis de montagne, située à l'extrémité d'une bonne route, bénéficie d'une singulière situation. À deux pas de la frontière avec l'Algérie, le vieux village paraît suspendu au-dessus de gorges profondes, aux parois verticales de près de 80 m, qui l'isolent sur trois côtés. Le quatrième était autrefois barré d'une muraille qui le mettait à l'abri des razzias. D'abord romain, le hameau de Midès est ensuite devenu berbère, puis arabe.

Le point de vue sur ces canyons étroits longs d'environ 20 km, où le vent fait bruire les feuilles des palmiers, est d'une beauté rare.

▶ Le village de Midès occupe un éperon rocheux bordé sur trois côtés par un ravin vertigineux.

Le climat est ici plus clément et permet des cultures plus riches qu'ailleurs, notamment des agrumes (mandarines et citrons). On compte aussi quatorze marabouts dans le village. En oct.-nov., la récolte des dattes donne lieu, comme à Chebika et à Tamerza, à des fêtes. Midès a servi de cadre à de nombreux films, dont *Fort Sagane* (de A. Corneau, avec Gérard Depardieu, 1983) et *Le Patient anglais* (de A. Minghella, avec Juliette Binoche, 1996).

De Tozeur à Gafsa

Sur la route de Tozeur à Gafsa, on suit des chaînons, riches en phosphates, jusqu'à **Metlaoui*** (anciennement Philippe-Thomas, du nom de l'ingénieur français qui découvrit le gisement), importante agglomération qui abrite la direction des exploitations minières de la Compagnie des phosphates. Un **musée national des Mines** présente des collections d'instruments traditionnels d'extraction et du transport des phosphates.

Avant de déboucher dans la plaine du Djerid, la P 3 traverse une région accidentée. À **El-Hamma du Djerid**, le désert cède la place à l'oasis. Elle possède six sources thermales qui jaillissent à 38 °C. Leur eau est chlorurée, sodique et même, pour certaines sources, sulfureuse. Elles étaient utilisées par les Romains, qui y ont édifié des installations dont il ne reste plus de traces, et continuent à servir aux habitants du Djerid.

À 3 km avant Metlaoui, une piste mène aux **gorges de l'oued Selja** (*p. 200*), un lieu magnifique à visiter à pied ou en train. Une faille étroite, taillée à pic, donne accès à un cirque où l'eau coule sur le sable. Au-delà de cette brèche, le défilé s'élargit en de vastes cirques, puis se rétrécit à nouveau. On se croirait dans des paysages de westerns américains.

Gafsa★

En voiture: 93 km N-E de Tozeur par la P 3; 146 km N-O de Gabès par la P 15; 190 km S-O de Sfax par la P 14; 360 km S-O de Tunis et 199 km S-O de Kairouan par la P 3. **En autocar**: liaisons t.l.j. avec Tunis, Tozeur, Nefta, Gabès. **En train**: liaisons t.l.j. avec Sousse, Sfax et Gabès. **En avion**: 2 liaisons/sem. avec Tunis. **Carnet d'adresses** p. 264. **Plan** p. 202.

Gafsa, petite cité située aux confins des hautes steppes et ouvrant la voie vers le chott el-Djerid, est au centre d'une région sèche aux teintes brunes, immense, désolée. La première vision de Gafsa, la capitale du phosphate, c'est une tache de verdure sur une steppe jaunâtre. Dès l'entrée de la ville, le souvenir de la fraîcheur perçue s'estompe. À la fois ordonnée par de larges boulevards et des bâtiments géométriques et abandonnée dans une torpeur fataliste, Gafsa mêle le béton peint à l'ocre rose de ses vieilles maisons cubiques, avec la plus totale fantaisie. Résultat: une absence de style qui finit par lui donner son style. Les rues du centre sont toujours très animées. Les ruelles colorées de la modeste médina offrent une agréable balade.

Le 27 janvier 1980, la ville a été prise quelques heures par des commandos libyens, causant la mort

EXCURSION
Le « Lézard rouge »

À 3 km de Metlaoui, en direction de Tozeur, une piste sur la dr. conduit aux **gorges de Selja**★★ *(à 5 km)*, creusées dans la falaise. Elles se visitent en empruntant un petit chemin de fer, le « Lézard rouge » *(départ vers 10h sauf sam.; durée 1h45; jours et horaires à confirmer au ☎ 76.241.469)*.

Ce petit train, construit en 1910, a repris du service en 1984. Il servait autrefois à transporter les beys du Bardo jusqu'à leur résidence d'été de La Marsa. Entièrement rénové, il garde le charme désuet de l'époque avec ses sièges en velours rouge et ses parois en marqueterie.

Mieux vaut arriver avant les groupes pour choisir sa place, car le charme de cette promenade peut être gâché par la présence d'un trop grand nombre de passagers.

On peut aussi atteindre les gorges par une piste carrossable. Une faille étroite, taillée à pic, donne accès à un cirque où l'eau coule sur le sable. Le spectacle est grandiose. Au-delà de cette brèche, le défilé s'élargit en de vastes cirques, puis se rétrécit à nouveau.

ÉCONOMIE
Survie des oasis

Les oasis ont depuis toujours constitué des étapes essentielles dans le commerce transsaharien. Prélevant un droit de passage, fournissant vivres et fourrages, elles participaient elles-mêmes au commerce en affrétant des caravanes.

On y trouvait tout ce qui se comptait alors de richesses et de merveilles : or, argent, pierres précieuses, ivoire, soie, épices...

Avec la disparition progressive du commerce caravanier, les oasis ont perdu leur rôle de port de transit, laissant une partie de leur richesse. Mais la politique des autorités tunisiennes a relancé leurs activités, en les recentrant sur un intense développement touristique et la création de nouvelles palmeraies.

Un autre problème se pose alors : l'eau. L'aridité du Sud est rompue par les sources, les puits et les forages, conditions de survie des populations qui vivent dans le désert. Or, par endroits, les réserves des nappes phréatiques sont dangereusement exploitées.

Ces immenses poches d'eau captive, parfois situées à 1 000 m de profondeur, ne se renouvellent pas, et les besoins des hôtels augmentent presque quotidiennement.

▲ Les oasis sont de véritables perles de verdure sans lesquelles le désert tunisien perdrait de sa magie.

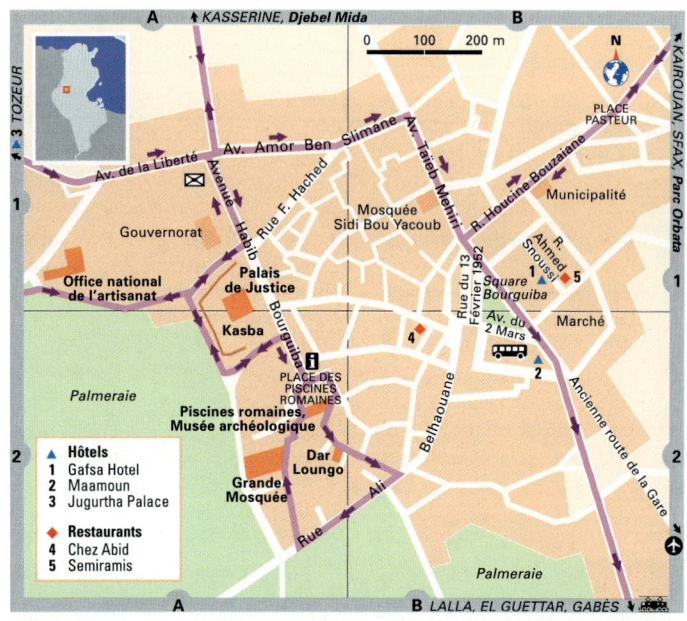

Gafsa.

d'une cinquantaine de personnes. Autour de Gafsa, les centres miniers de Redeyef et Moularès ont de tout temps nourri une conscience syndicale et une culture de la contestation qui font de cette région un des berceaux du mouvement syndical.

La Capsa romaine

La ligne dite « capsienne » de l'*Homo sapiens* tire son nom de la *Capsa* romaine, première ville apparue en ces lieux au IIe s. av. J.-C., dans les environs de laquelle furent découverts des gisements préhistoriques d'une culture spécifique. Prospère sous l'Empire romain, *Capsa* devint *municipe*, puis colonie. Entourée d'une enceinte par le patrice Solomon, vers 540, elle reçut le nom de *Justiniana*. Enlevée en 688 par le conquérant arabe Oqba ibn Nafii, la ville eut quelque difficulté à se soumettre à la nouvelle religion. Le christianisme était solidement implanté chez les Berbères sédentarisés, puisqu'on parlait encore le latin à Gafsa au XIIe s.!

Capitale du phosphate

Depuis que les premiers affleurements phosphatés furent découverts en 1886 dans les gorges de Selja, par le géologue Philippe Thomas, l'exploitation des phosphates a permis à Gafsa d'échapper à son destin rural. La région est devenue le plus important centre minier de Tunisie. Elle a toutefois su garder une vie traditionnelle. L'artisanat du tapis et des tapisseries, qui justifie à lui seul une halte, a ajouté un atout majeur à son développement économique.

● **Modestes ruines A1-2.** Les quelques vestiges antiques qui se partagent la vedette dans les dépliants touristiques sont largement surévalués : de la **kasbah A1**, sur l'av. Habib-Bourguiba, construite en 1434 et restaurée au XIXe s., il ne subsiste que les murailles extérieures. Le reste a été emporté par l'explosion d'un dépôt de munitions installé par les artificiers de Rommel. Les **piscines romaines A2** sont des fosses entourées de hautes murailles construites autour d'une source thermale au débit constant. Un bouquet de trois palmiers inclinés domine l'une des cuves.

- **Le Musée archéologique A2**. *Ouv. t.l.j. sf lun., 1er avr.-30 sept. 7h30-12h et 15h-19h ; 1er oct.-31 mars 9h30-16h30. Entrée payante.* À côté des piscines romaines et de l'office du tourisme, le musée recèle de superbes **mosaïques romaines**, notamment celle illustrant les différents sports athlétiques romains, ainsi que des outils et des armes préhistoriques. On peut également visiter le **Dar Loungo**, ancienne demeure du XIXe s., typiquement gafsienne, située dans la médina *(ouv. t.l.j. sf lun., 1er avr.-30 sept. 7h30-12h et 15h-19h ; 1er oct.-31 mars 9h30-16h30 ; entrée payante).*
- **La Grande Mosquée A2**. Juste derrière les piscines romaines, la mosquée, la troisième de Tunisie, n'ouvre ses portes que le matin.

En empruntant la rue H.-Bouzaiane, juste au nord du square Bourguiba **B1**, des panneaux indiquent la direction des **Escargotières**, petite colline où sont éparpillés des fossiles d'escargots et des silex datant de 8 000 ans av. J.-C.

- **L'Office national de l'artisanat A1**. *Ouv. t.l.j. 8h-13h.* Ne quittez pas Gafsa sans faire une visite aux **ateliers** de l'Office. Une centaine de jeunes filles de la région y produisent des tissages d'une étonnante invention, aussi bien dans les motifs que dans les gammes chromatiques. Mêlant des silhouettes naïves à des formes géométriques et à des animaux stylisés, elles réussissent à concilier la production en série et l'artisanat inventif.

Aux environs

Sur la route de Sfax sont implantés deux parcs nationaux, le **parc Orbata**★ *(à 7 km)* et le **parc Bouhedma**★ *(à 70 km)*, où l'on peut voir des animaux en liberté. Pour vous y rendre, il faut obtenir une autorisation auprès de la Direction des forêts *(rens. au bureau de tourisme de Gafsa, p. 264).*

Le **djebel Mida**, juste à la sortie de la ville, direction Kasserine, offre un beau panorama sur toute la région. Sur la route de Gabès se trouvent **Lalla**★, oasis où l'eau court sur le sable entre les palmiers, et **El-Guettar** *(à 31 km),* village situé près d'une belle palmeraie. Non loin, on peut voir la surface étincelante, recouverte de sel figé, du **chott el-Guettar**.

La traversée du chott el-Djerid★★

⇢ Une seule route traverse le chott. Sortez de Tozeur par la P 3 vers Gafsa, prenez la P 16 à dr. au 1er carrefour et suivez les indications.

Avant de pénétrer dans la zone du chott el-Djerid, la route traverse trois oasis : **Degache**★ *(à 11 km),* village de 6 500 hab. cultivant sous les palmiers de nombreux arbres fruitiers, **Saba Abar** *(à 13 km)* et **El-Mahassen** *(à 15 km),* l'antique *Thagis*, important village situé au pied du djebel Sidi bou Hellal, avec ses cafés, ses maisons blanches et ocre et sa petite place. Au-delà, commence la route du chott.

Le paysage lunaire du chott

Autrefois, la traversée du chott el-Djerid représentait la part d'aventure que l'on se devait d'affronter dans son approche du Sud. Après de courtes pluies, la piste devenait boueuse, les croûtes de sel traîtresses. Aujourd'hui, une route goudronnée, au profil surélevé, neutralise toutes les craintes. Il suffit de la suivre et surtout de ne pas s'en écarter, d'avoir de l'eau dans sa voiture, un réservoir d'essence plein et, en été, d'éviter de faire la traversée en plein milieu du jour. L'après-midi, lorsque le soleil est à une certaine hauteur, on peut y voir des mirages. Cela étant, la beauté presque lunaire du paysage vous séduira. ●

nature
Au pays des palmes

Dans le Sud tunisien, le Bled el-Djerid est le pays des palmes, là où les oasis apparaissent comme autant de jardins exubérants et de haltes délicieuses. Gafsa, Nefta et Tozeur forment un chapelet d'oasis, véritables perles sans lesquelles le désert tunisien perdrait de sa magie.

Le miracle de l'eau

Sans une ou plusieurs sources, il n'existe pas d'oasis. L'eau patiemment captée permet d'irriguer les différentes parcelles. Dans le Sud, on appelle *seguia* les petits canaux qui la distribuent. Traditionnellement, elle doit être répartie équitablement entre tous les propriétaires : chaque agriculteur reçoit l'eau pendant un certain temps, alternativement de jour ou de nuit, de façon à partager aussi les effets de l'évaporation. Mais depuis que l'eau courante alimente habitations et hôtels voisins des oasis, le débit des sources s'amenuise et l'on pompe la nappe phréatique. Près des deux tiers des ressources sont déjà mises à contribution et la Tunisie est menacée d'atteindre la fin de ses réserves continentales. D'ici à 2020, le pays risque de devoir faire face à de graves pénuries d'eau.

Le palmier-dattier

Dans le Sud saharien, quelque 800 000 palmiers-dattiers assurent à la population des ressources multiples : dattes, fibres du tronc pour tisser des cordes, palmes pour tresser des paniers et troncs qui font d'excellentes poutres. Depuis une vingtaine d'années, les agronomes savent réaliser la reproduction *in vitro* des palmiers. Auparavant, il fallait replanter les rejets détachés d'un pied femelle, mais un pied mère ne produit en cent ans que quarante rejets. Une fois plantée, la pousse de palmier ne produit des fruits qu'après 6 ans et elle n'atteint sa maturité qu'à 15 ans, pour une durée de vie d'un siècle. Selon les soins apportés au palmier, la qualité du sol et l'irrigation, il peut produire 30 à 100 kg de dattes par récolte. Les palmiers deglet nour ont tendance à supplanter ceux des espèces locales produisant des dattes plus sèches, appréciées sur place mais plus difficiles à exporter. Le nombre d'arbres plantés à l'hectare varie de deux cents à quatre cent cinquante selon l'irrigation.

Les trois étages de l'oasis

Les oasis sont rarement vouées à la monoculture du palmier-dattier. À l'ombre douce des palmes, protégés des rayons trop ardents du soleil, s'épanouissent des arbres fruitiers divers qui font le délice du voyageur entre mai et septembre. Le plus délicieux exemple de cette variété se trouve au jardin du Paradis, dans l'oasis de Tozeur *(p. 193)*. À l'étage inférieur, dans des champs grands comme un mouchoir de poche, poussent les cultures vivrières (tomates, carottes, poivrons, salades, piments, courgettes...), du blé ou des carrés de luzerne. L'élevage de bovins pour leur lait, mais surtout des ovins et des caprins, complète les ressources de l'oasis.

Travailleurs et propriétaires

Rares sont les propriétaires qui cultivent eux-mêmes leur terre : ils emploient plutôt des ouvriers agricoles. Mais actuellement, beaucoup de jeunes se détournent de cette vie rurale qui exige beaucoup de travail pour peu de revenus. La désaffection des travailleurs et le désintérêt de propriétaires lointains expliquent le semi-abandon dans lequel se retrouvent certaines oasis. ●

◀ Les «doigts de lumière» (deglet nour), meilleures dattes du pays.

▲ Ouvrier agricole, ou *khammès*. Ce nom vient du mot *khamsa* (cinq) : traditionnellement, le travailleur percevait un cinquième de la récolte. Dans la pratique, les accords entre propriétaire et exploitant sont très complexes et varient d'une oasis à l'autre.

15 | Le pays Nefzaoua

Durée de l'itinéraire : au moins 2 jours, les amateurs de méharée consacreront plus de temps à cette région.

Circuler : en voiture, mais certains circuits ne peuvent se faire qu'en 4 X 4 dès qu'on aborde le désert *(voir p. 208)*.

Carte p. 190.

Carnet d'adresses p. 262.

Le Nefzaoua est le pays des grandes tribus nomades sahariennes, Mrazig, Ghrib, Adhara, Sabria, Ouled Yacoub, aujourd'hui en partie sédentarisées dans les villages ou les oasis. Le chameau, introduit au IIe s., joue un grand rôle dans la vie de ces tribus qui continuent au printemps à planter leur tente dans le désert et y mener leurs troupeaux.

Kebili★

En voiture : 89 km E de Tozeur ou 122 km O de Gabès par la P 16 ; 104 km S de Gafsa par la P 15, puis la C 103. **En autocar :** liaisons régulières avec Gabès. **Carnet d'adresses** p. 265.

Kebili, ancien marché d'esclaves jusqu'au XIXe s., est un chef-lieu de délégation situé en bordure du désert. Centre principal du pays des Nefzaouas, dont les deux tiers sont fixés dans les oasis – les autres hivernant au Sahara pour revenir vers le nord en été –, elle possède une oasis de 100 000 palmiers, alimentée par des eaux artésiennes (par forage). En 1934, Kebili fut l'un des lieux d'exil de Bourguiba. Elle a gardé dans son apparence quelque chose des anciennes bourgades coloniales. La ville connaît une grande animation au moment de la récolte des dattes. Son **marché aux dattes** est

◀ Perchés sur leurs dromadaires, les nomades se rendent au Festival du Sahara de Douz, aux portes du désert.

réputé dans toute la région. Kebili l'ancienne, village fantôme en ruines niché dans l'oasis, a été abandonnée en 1969, après d'importantes inondations. Une partie des maisons ont été restaurées, l'une d'elles abrite un **café-musée**, sympathique halte au cours d'une promenade dans la palmeraie.

♥ Douz** et ses environs

En voiture : 28 km S de Kebili par la C 206. **En autocar :** liaisons t.l.j. avec Kebili, Tozeur, Gabès et Tunis. **Carnet d'adresses** p. 262.

Capitale des Mrazig, Douz était autrefois un centre d'approvisionnement pour les nomades. Il s'animait, et s'anime toujours, chaque jeudi, pour le marché, jour de vente du bétail et surtout de dromadaires (à ne pas manquer). Le reste du temps, le calme retombait sur sa place bordée d'arcades et sur ses rues un peu informelles. Ces dernières années, elle a répondu à l'appel du tourisme. L'implantation d'hôtels et le **festival du Sahara** de Douz (*en déc.*), le plus ancien du pays, lui ont permis de devenir l'un des grands centres tunisiens des méharées. Durant cette manifestation, qui dure quatre jours, les tribus nomades de la région se retrouvent sur la place H'nich et y installent leur campement. C'est l'occasion de se livrer à des courses de chevaux, de *sloughi* (le lévrier) ou de dromadaires, à des fantasias, ou encore de reproduire des scènes de la vie traditionnelle comme le mariage, accompagné de danses sacrées, ou le départ des caravanes.

La visite de Douz

Porte d'accès au Grand Erg, Douz lutte en permanence contre le sable. Des barrières de palme la protègent, sans pour autant empêcher la venue d'une fine poussière claire qui prête à toutes choses une sorte d'imprécision. Pour avoir un avant-goût du désert, allez sur la **dune d'Ofra** : au lever et au coucher du soleil, le paysage est splendide, mais souvent gâché par l'affluence de touristes qui se voient proposer dès leur arrivée un petit tour à dos de dromadaire.

Vous pouvez faire un tour au **musée du Sahara** (*av. Taïeb-Méhiri ; ouv. 7 h-11 h et 16 h-19 h, du 1ᵉʳ juin au 31 août et de 9 h 30 à 16 h 30 de sept. à mai, f. lun. ; entrée payante*), qui présente la culture saharienne, plus particulièrement du pays Nefzaoua. À travers des objets, des costumes et une tente où sont reconstituées la structure et l'organisation d'une famille, on découvre le cadre de vie immuable de ces tribus. Le dromadaire, le plus précieux capital du nomade, n'est pas oublié.

Pour ceux que l'**artisanat** authentique passionne, les échoppes de Douz, et surtout le **marché du jeudi** qui se tient sur la grande place, recèlent de nombreux articles à découvrir : sandales, burnous, bijoux en argent, chaussons sahariens (*p. 263*).

Les environs de Douz**

Les kilomètres sont indiqués au départ de Douz.

Il est possible, entre le chott el-Djerid et les premières dunes du Grand Erg oriental, de faire une excursion vers des oasis. Dans ces villages, les habitants ne se sont qu'en partie sédentarisés : ils travaillent à l'entretien de la palmeraie, mais chaque printemps, après les pluies, ils plantent leurs tentes dans le désert et emmènent leurs troupeaux brouter l'herbe nouvelle. Quand il fait trop chaud, ils retournent vers l'oasis. De Douz à Zaafrane (*12 km S-O*), la route traverse un somptueux paysage.

- **Jemna***. *12 km N.* Situé à mi-chemin entre Douz et Kebili, le village de Jemna est surtout réputé pour son **marché des dattes** qui a lieu tous les mercredis.

- **Zaafrane****. *12 km S-O. Plusieurs bus quotidiens.* **Carnet d'adresses p. 263.** Ce village un peu dispersé est composé de simples maisons en moellons bâties sur un plan rectangulaire. L'ancien village a été enfoui par l'avancée du sable et il n'en subsiste que quelques murs. Il ne faut pas manquer de se promener, à pied, mais surtout à dromadaire, dans ce site fantomatique. Au centre du village, des dromadaires bâtés attendent que les touristes se présentent. C'est là que s'offrent à vous les premières dunes du désert. Mais il est plus prudent d'organiser sa méharée à l'office du tourisme de Douz *(p. 262).*

- **Nouail***. *18 km O. Navettes organisées au départ de Douz.* Réputée pour l'excellence de ses dattes, cette petite palmeraie peut être un bon point de départ pour une randonnée chamelière dans le désert.

- **Sabria***. *30 km S-O, sur la route d'El-Faouar.* Également centre de sédentarisation de semi-nomades, Sabria se trouve à proximité. En contrebas des habitations s'ouvre une jolie palmeraie. On remarque quelques maisons anciennes, construites en pisé. Accessible seulement en voiture tout-terrain ou à pied, un ancien fortin de l'armée française disparaît peu à peu dans le sable. Il est aujourd'hui transformé en campement équipé de tentes nomades avec restaurant et douches. Une halte idéale pour une première prise de contact avec le désert : vous aurez la possibilité de faire de la marche dans les dunes, accompagné de guides, d'observer les couchers du soleil d'une rare beauté et de passer une nuit au campement à écouter le silence et à observer les étoiles.

- **El-Faouar****. *6 km O de Sabria.* **Carnet d'adresses p. 262.** Situé près d'un paysage de dunes escarpées, ce village est composé de maisons enfouies dans le sol *(marché le ven.).* Au-delà s'ouvre l'espace infini du Grand Erg oriental. On peut retourner à Douz par le même itinéraire ou rejoindre Kebili par la C 210 *(à 54 km).*

---

développement
Désertification

Le ministère de la Recherche scientifique et de la Technologie tunisien et l'Institut des régions arides ont développé de solides moyens pour lutter contre la désertification et fixer les populations dans le désert : forages de puits, plantations de palmiers (choix de la qualité, avec les deglet-nour), création de petites oasis et utilisation de branches de palmes plantées en haut des dunes qui bordent les routes, afin de retenir le sable. Aujourd'hui, les nouvelles oasis sont loties et distribuées gratuitement aux populations sahariennes, avec l'eau et des points d'électricité. Le pays a ainsi gagné plusieurs centaines d'hectares de palmeraie sur le désert.

mode d'emploi
Le Sahara

Un véhicule tout-terrain est indispensable pour tous les circuits qui empruntent des pistes sableuses. Il est interdit de se rendre à une seule voiture dans le désert, ce qui peut être dangereux : un vent de sable, et ils sont fréquents, modifie le paysage en quelques instants. L'idéal serait d'être accompagné par un guide local. Un permis de circulation est obligatoire pour se rendre dans le Sahara (voir p. 311). Mais pour les solitaires, voici quelques recommandations :

– éviter de faire cette expédition entre avr. et oct., la chaleur est alors trop intense ;

– ne jamais s'éloigner des pistes ;

– se munir d'un équipement approprié (tôle, boussole, pelle) ;

– partir avec un réservoir d'essence plein et un bidon de réserve ;

– emporter un jerrican d'eau et de la nourriture ;

– enfin, ne pas hésiter à suivre les conseils des nomades ou des soldats de la Garde nationale.

De Douz à Chenini par Ksar Ghilane**

Deux accès possibles : la piste de pipelines, en grande partie cimentée, la seule praticable pour les voitures de tourisme, mais attention tout de même aux cahots. Ou une piste qui descend directement vers Ksar Ghilane depuis Douz, la piste du Biben réservée aux seuls 4X4, qui nécessite une bonne expérience de la conduite dans les dunes de sable. Obligation de prévenir la Garde nationale avant votre départ. Les kilomètres sont indiqués au départ de Douz.

●●● *Attention : il est impératif de se renseigner avant de partir auprès du syndicat d'initiative, car la route peut être ensablée.*

Pour faire connaissance avec le Sahara, vous pouvez choisir cet itinéraire qui vous conduira jusqu'à l'oasis de Ksar Ghilane (*à 125 km S-E*), nichée dans les dunes du Grand Erg oriental, puis à Chenini, village troglodytique creusé dans la falaise du djebel Dahar (*à 208 km*).

● **La piste des pipelines**. Quittez Douz vers Matmata par une route asphaltée (C 105). Au km 37, à **Bir Ghézene**, se trouve une jonction avec la piste qui arrive de Kebili : vous passerez devant un café dans lequel s'arrêtent de nombreux groupes. Les murs du **café Tarzan** – c'est son nom – sont couverts de cartes de visite et de photos des voyageurs. Au km 50, à un carrefour de pistes, prenez à dr. en direction de Bir Soltane la route cimentée, baptisée « piste des pipelines ». Après quelques kilomètres, vous passez **Bir Zoumit** où les nomades viennent souvent se ravitailler en eau. Au km 87, la route longe **Bir Soltane** et, au-dessus du puits, visible de la route, se tient un poste de la Garde nationale. Après 8 km, prenez à dr. la piste en direction de Ksar Ghilane. La route croise l'oléoduc 28 km plus loin, puis traverse un petit cordon de dunes.

● ♥ **Ksar Ghilane****. *Carnet d'adresses p. 263*. Au km 125, vous atteignez enfin Ksar Ghilane, la porte du Grand Sud tunisien, encerclée de tous côtés par les dunes du Grand Erg oriental. Vous n'apercevez d'abord qu'un rideau de tamaris qui protège l'oasis en arrêtant le vent et le sable. Bien à l'abri, on découvre une palmeraie et des jardins irrigués par des sources chaudes.

Pour votre hébergement, des campements de tentes bédouines et des douches sont à votre disposition. Les prix sont modérés. Avec l'ouverture d'un relais de grand confort, avec des tentes climatisées et une piscine féerique, la paisible oasis connaît un afflux touristique. D'où l'apparition de bungalows en dur pour ajouter au confort des visiteurs. Sorti de l'oasis, le désert est là, immensité de sable à la couleur dorée. À un quart d'heure en 4x4, ou à dos de dromadaire, vous pouvez rejoindre un petit fort romain à l'abandon qui, dans un paysage de dunes à l'infini, continue de défier le sable et le temps. Ksar Ghilane faisait partie du *limes* romain, la chaîne de tours de guet qui contrôlait les déplacements des nomades.

●●● *Attention : au-delà de Ksar Ghilane, vers le sud, de nombreuses pistes traversent le Sahara jusqu'aux frontières libyenne et algérienne. Il est interdit de s'y aventurer seul et sans autorisations préalables des autorités, délivrées à Tataouine (voir p. 311).*

● **Vers Chenini**. Quittez ensuite l'oasis de Ksar Ghilane pour rejoindre la piste de Chenini ; au bord de la piste, vous remarquerez un monument à la mémoire de la colonne Leclerc, passée par là en 1943. Continuez le long de la piste principale, vers l'est, sans tenir compte des pistes qui partent vers la gauche et la droite. À 55 km de Ksar Ghilane, prenez vers la g. une piste indiquée par une borne sur laquelle se trouve inscrit Chenini. La route est un peu rude pendant 15 km, jusqu'à l'arrivée au village de **Chenini** (*p. 214*). Vous n'êtes plus qu'à 18 km de Tataouine, par une bonne route. ●

16 | Le Dahar

Durée de l'itinéraire: 3 jours en passant une nuit dans un des hôtels troglodytes de Matamata et une nuit à Tataouine pour aller découvrir la région des ksours. La découverte du Grand Sud nécessite au moins 5 jours.

Circuler: en voiture sauf pour le Grand Sud où un 4 X 4 est absolument nécessaire. Attention ne pas s'y aventurer seul et sans les autorisations nécessaires *(voir p. 311)*.

Carte p. 190.

Carnet d'adresses p. 263.

Des monts Matmata, au sud de Gabès, jusqu'au-delà de la frontière libyenne, un grand plateau, le **Dahar**, ou «dos», qui culmine à 700 m, sépare en deux le Sud tunisien. À l'est, la plaine alluviale de la **Jeffara** se prolonge jusqu'à la Méditerranée. C'est une lande sablonneuse et aride, ravinée par les oueds. À l'ouest s'étend le désert de dunes du **Grand Erg oriental**. Le Dahar se termine abruptement en parvenant aux basses steppes de la Jeffara, par une crête ou falaise que l'on désigne par le nom générique de **djebel** (montagne).

Deux types de populations se sont partagé la région: les Berbères, qui se sont réfugiés dans le djebel à l'arrivée des Arabes, ont accroché leurs villages à des pitons imprenables; les tribus arabes et nomades se sont installées dans la plaine pour assurer la pâture à leurs troupeaux. L'insécurité aidant, les Berbères ont choisi d'engranger leurs récoltes dans des greniers fortifiés (**ksour**, singulier *ksar*), où des cellules (*ghorfa*) servaient de silos. À travers les siècles,

◀ À Matmata, la maison troglodytique s'articule autour d'une cour à ciel ouvert de 10 m de profondeur. On y accède par un escalier creusé dans la roche.

certaines tribus berbères sont parvenues à préserver leur langue et leurs traditions dans leurs villages. C'est cette région passionnante, aux paysages grandioses, que nous vous invitons à découvrir. Vous y verrez des demeures troglodytiques creusées à même la roche, à l'architecture unique au monde, des villages-termitières à flanc de montagne et des ksour souvent bien conservés.

♥ Matmata ★★★

En voiture : 41 km S de Gabès par la P 1 en direction de Médenine ; après le pont sur l'oued Gabès, prenez à g. la C 107, en direction de Matmata. Vous pouvez aussi gagner Matmata depuis Douz (à 100 km) par la C 105 qui traverse des paysages arides avant de vous engager dans des massifs montagneux aux splendides panoramas. Itinéraire très agréable encore peu emprunté. **En autocar** : liaisons régulières avec Gabès, Djerba et Tunis ; précisez que vous vous rendez à l'ancienne Matmata. **Carnet d'adresses** p. 265.

La **Matmata nouvelle** *(à 28 km de Gabès)* a été créée en 1976 en même temps qu'était accompli un important effort de développement du tissu urbain et d'irrigation des champs alentour. Sans réel intérêt, ce bourg, avec ses 18 000 hab., est l'unique « agglomération » du coin.

♥ Matmata ancienne ★★★

À 15 km S de Matmata nouvelle.

Du nom d'une tribu berbère implantée dans cette région, **Matmata** s'étend au fond d'un vallon accidenté, largement ouvert et aride. Des bâtiments modernes et des mosquées blanches privent le lieu d'une partie de son étrangeté initiale. L'aspect irréel que conserve le paysage provient de cratères qui entaillent en grand nombre le vaste plateau nu. Ces cratères sont les ouvertures de maisons souterraines, véritables puits profonds de 8 à 10 m et d'un diamètre de 15 m en moyenne. Le fond constitue le patio. Tout autour, des chambres ont été creusées dans la terre ocre. Certains trous servent de greniers, de moulins à huile. Le tout baigne dans une fraîcheur agréable. Des couloirs inclinés, ouverts à flanc de colline, permettent d'accéder aux habitations. Traversée quotidiennement par des minibus et des 4x4, l'agglomération est largement ouverte aux touristes, et la population se montre des plus accueillantes. Vous découvrirez des maisons-terriers souvent confortables et parfaitement entretenues. Les femmes, dans leur belle tenue rouge ou bleue, y broient encore le blé et le couscous dans des meules en pierre.

Un petit **musée** *(heures et jours d'ouverture aléatoires !)* est installé dans une habitation troglodytique, juste derrière l'hôtel *Sidi Driss*. Il présente quelques aspects de la vie quotidienne : mobilier, outils traditionnels, métier à tisser…

Autour de Matmata

Quelques villages, sur des pitons, présentent le même type d'habitations en plus primitif et dans des lieux plus sauvages. Ils sont généralement moins visités parce que situés le long de pistes rocailleuses, impraticables après les pluies. Cependant, chacun a son attrait particulier. On peut aussi les visiter à dos d'âne à partir de Matmata.

● **Tamezret ★★**. *À 10 km sur la route de Douz et Kebili*. C'est un magnifique village édifié au sommet d'une colline. Sur la petite place, tout en haut, près de la maison du maire, un **café** berbère vous permettra de prendre le temps d'une agréable pause. Vue superbe sur la région.

- **Zeraoua***. *À 10 km N-O de Tamezret.* On y accède par une piste difficile. Le village a conservé une partie de son enceinte. On y fabrique le *bakhnoug*, grand châle d'apparat coloré tissé en laine.

De Matmata à Médenine***

Les kilomètres sont indiqués au départ de Matmata.

De Matmata, vous pouvez rejoindre Médenine par une route de montagne sinueuse, dangereuse par endroits, mais qui offre des **panoramas impressionnants** sur les paysages tourmentés du Dahar : des collines érodées creusées d'oueds, plantées de romarin, de thym et d'alfa, avec de maigres cultures en terrasses où poussent orge, palmiers et oliviers. Dans ce milieu aride, l'homme a fait preuve d'une grande ingéniosité pour exploiter au mieux les ressources en sol et en eau et créer quelques taches de verdure. Il a inventé les *jessours* (pluriel de *djesr*), murets en pierre sèche qui permettent de retenir l'eau, si rare, et la mince couche de terre arable.

- **Téchine***. *À 12 km dans la direction de Toujane.* D'un accès assez aisé, on peut y admirer un mobilier original : étagères faites de fins morceaux de bois enduits de gypse blanc, lits entourés d'un cadre de bois ouvragé, passé au même enduit blanc.
- **Toujane*****. *À 23 km.* C'est un beau village accroché à mi-pente où vous pouvez vous arrêter pour acheter un miel délicieux ou des tapis. L'artisanat est encore très authentique. Toujane dispose d'une source d'eau potable… et d'un **café**, le *Pause-Café*, qui offre la possibilité de dormir sous la tente et de se réveiller avec le lever de soleil. Bonheur garanti ! *(Rens. sur place.)*
- **Métameur**. *À 57 km.* Ce bourg animé possède un bel ensemble de ghorfas autour d'une grande cour, avec des boutiques d'artisanat local. L'un des ghorfas abrite un petit hôtel-restaurant.

Médenine

En voiture : 76 km S-E de Gabès par la P 1 ; 49 km N de Tataouine par la P 19 ; 69 km S de Djerba, à partir de Jorf, par la C 108 ; 62 km S-O de Zarzis par la C 118. **En autocar :** liaisons avec Tunis, Sousse, Sfax, Gabès, Houmt-Souk et Tataouine. **Carnet d'adresses** p. 266.

Cette ville ne présente aucun intérêt particulier, sinon celui d'être le point de départ de nombreuses pistes ou routes d'excursions. Un oued profond divise la ville en deux. Le versant sur lequel on arrive depuis Métameur est le plus ancien et le plus pittoresque, avec ses petites rues en pente et sa jolie place.

À g. de la **rue des Palmiers** se trouvent des vestiges du **ksar des Ghorfas**. Il y avait auparavant 6 000 ghorfas accolées en « ruches » autour de 25 cours et sur six niveaux. Elles furent rasées pour aider à la modernisation de Médenine. Les ghorfas qui subsistent ne donnent qu'une vague idée de l'architecture d'origine. La plupart abritent des boutiques de souvenirs.

Visitez le petit **musée des Coutumes et Traditions populaires**, une initiative privée d'un passionné des ghorfas et de la région. Dans les différentes salles sont exposés costumes et bijoux traditionnels, des objets usuels du tissage, de la sellerie ou encore des outils agricoles.

Tataouine

En voiture : 49 km S de Médenine par la P 19. **En autocar :** liaisons avec Médenine et Gabès. **Carnet d'adresses** p. 268.

Rendue célèbre par le bagne militaire français fondé en 1912, Tataouine est aujourd'hui une petite ville bien paisible.

Le **fort** qui domine la ville, transformé en caserne, est occupé par les jeunes recrues tunisiennes et ne se visite pas. Les pierres que l'on fit casser aux hommes pendant plus de quarante ans sont répandues aux alentours, sur les routes, couvertes de bitume ou dispersées sur les pistes.

La ville distille cependant un charme tranquille avec ses maisons blanches ouvertes sur la rue par de petites **boutiques** : barbiers, tailleurs, cordonniers, épiceries, boucheries, pâtisseries…

● **La place du marché Ali-Belhaouane**. Avec ses arcades, elle est pittoresque et très animée. Intéressant **marché** deux fois par semaine *(lun. et jeu.)*.

● **Musée de la Mémoire de la Terre**. *À l'entrée de la zone touristique.* Initié par l'Association des amis de la mémoire de la terre, le musée présente la vie de la région et son histoire géologique.

Sur la colline qui le surplombe se dresse la reproduction grandeur nature d'un dinosaure pour rappeler qu'on en trouve ici des traces. Le musée est le point de départ d'un circuit dans le gouvernorat de Tataouine qui conduit sur des sites marqués par le passé géologique et biologique de la région.

♥ Les demeures berbères : ksour et ghorfas★★★

Quittez Tataouine par la P 19 en direction de Remada.

De Tataouine, des routes ou de bonnes pistes de montagne conduisent vers les repaires berbères situés sur des promontoires rocheux. Les ksour, villages fortifiés du Sud, servaient de refuge aux Berbères lors des attaques nomades. Les ghorfas, greniers à grain à l'architecture arrondie, servaient aussi d'habitation.

Ksar-Ouled-Debbab

À 9 km S de Tataouine.

Le village fortifié, situé au sommet d'un piton rocheux, est l'un des plus vastes ksour de la région. Menacé de ruine, il a été repris par un promoteur privé qui a décidé d'en faire un **musée** et une étape pour les voyageurs de passage. Le ksar, entièrement restauré, abrite un restaurant ainsi que des lieux d'hébergement et une aile a été aménagée pour exposer des collections consacrées aux arts et traditions de la région.

---

tradition
Tatouages berbères

Les tatouages qui ornent le visage des femmes dans les campagnes tunisiennes remontent à l'Antiquité libyque : exécutés sur le front, le menton, les joues, les bras, les mains, les mollets et les chevilles, ils reproduisent des symboles géométriques (losange, « peigne », triangle…), végétaux (palme, stipe, palmier) ou animaliers (scorpion, tortue, dromadaire), que l'on retrouve également sur les tapis, les châles ou les poteries. Ils sont souvent un signe d'appartenance, à une tribu ou à un à clan. Emblème esthétique autant que rite à vocation prophylactique, cette tradition du tatouage, à l'origine pratiquée indistinctement sur les hommes et sur les femmes, est de moins en moins suivie.

paysage
Splendeurs perchées

Confondus avec les formes et les couleurs de la montagne, les **villages perchés** du Dahar se découvrent progressivement : anciennes fortifications, dizaines de maisons construites en grosses pierres juchées sur un piton calcaire. Ces casses singulières ceinturent littéralement les pentes abruptes.

Sur la crête, le village, souvent disposé en amphithéâtre, veille sur la vallée. Un couloir d'accès construit en dur débouche sur une cour dallée de pierre où donnent une ou deux chambres creusées dans la partie friable de la montagne. Des ruelles étroites, pentues, mènent à une place où se découvrent de vastes horizons.

Des femmes aux costumes colorés descendent des chemins, éclairant soudain cet étrange paysage, tandis que des enfants en haillons s'agitent un peu partout. ●

Douiret**

→ 20 km S-O de Tataouine.

En arrivant près du village moderne, continuez encore 1 km pour découvrir le **vieux bourg** de Douiret, accessible par un court raidillon. Le vieux village, à l'abandon, n'a conservé que de rares habitants. Il est constitué de demeures à demi excavées dans le roc qui restaient fraîches en été et protégeaient du froid en hiver. Empruntez les chemins du village jusqu'à la **mosquée** souterraine et au **pressoir à huile**. Au sommet de la falaise où se trouvent un ksar en ruine et un groupe de ghorfas, la **vue**** est époustouflante.

●●● *Faire une pause ? Un groupe de ghorfas a été restauré et aménagé en* **auberge de style local** *et bénéficiant de tout le confort nécessaire, avec un* **café restaurant**. *Une bonne halte dépaysante sur la route des ksour.*

Chenini***

→ 20 km N de Douiret. Vous pouvez gagner directement Chenini par une bonne piste. Si vous le préférez, retournez à Tataouine par le même chemin et prenez la route goudronnée pour Chenini, signalée à dr. de la P 19, à 2 km de Tataouine.

Depuis Chenini, après 5,5 km, empruntez à dr. la piste qui conduit

---

légende
La légende des Sept Dormants

Au début de l'ère chrétienne, de nombreux croyants sont encore exécutés par les autorités en place.

Quelques-uns d'entre eux décident alors de se réfugier dans une grotte en espérant être épargnés par cette vague de massacres. Dieu les épargne en les plongeant dans un long sommeil.

À leur réveil, leurs ongles ont poussé et leurs cheveux et leurs barbes sont très longs. En fait, ils ont dormi trois siècles.

En sortant, ils découvrent une société complètement christianisée, mais éprouvent néanmoins d'immenses difficultés d'intégration. Ne sachant où aller, ils décident de retourner dans leur grotte et y décèdent.

Les villageois découvrent plus tard des cadavres de géants qu'ils décident d'enterrer à côté de la grotte. Ainsi trouve-t-on, non loin de Chenini, sept immenses pierres tombales...

formalités
La piste du Grand Sud

L'itinéraire qui conduit de Tataouine à Borj el-Khadra (380 km) peut s'effectuer avec une voiture bien équipée pour le désert : la piste est roulante et bien balisée. En revanche, il s'agit d'une petite expédition saharienne qui exige des réserves d'essence et d'eau, un matériel de bivouac (tente, sac de couchage, provisions, pharmacie) et une voiture en excellent état. Un permis de circulation est obliga-

itinéraire 16 | Le Dahar | 215

▲ Les hauteurs de Chenini offrent une vue somptueuse sur les collines alentour.

toire dans cette région, territoire militaire à partir de Tataouine : il vous sera demandé à chaque poste militaire. L'autorisation est délivrée par le gouvernorat de Tataouine, auquel il faut donner les renseignements suivants :

– noms et prénoms des participants ;

– type et numéro d'immatriculation du véhicule ;

– parcours détaillé avec durée et étapes de l'itinéraire ;

– possession d'une carte routière bien détaillée (Tunisie IGN au 1/750 000 N° 85044, ou Tunisie, carte routière, éd. Tanit, que l'on trouve dans les grandes librairies tunisiennes ; voir p. 299) ;

– liste des moyens radio utilisés et des équipements de prises de vue ;

– dates de séjour.

Pour obtenir les autorisations, se présenter au Commissariat au tourisme de Tataouine ; ou les demander à l'avance, par téléphone ou fax : ☎ 75.862.674/ 75.862.556, fax 75.862.028.

au village et qui passe bientôt au pied du cirque où se trouve le bourg. Vous apercevez alors les alvéoles des anciennes ghorfas de Chenini qui dominent le nouveau village implanté dans la vallée.

Les maisons, creusées dans les parois abruptes d'un cirque de montagne, offrent un spectacle étonnant. Des centaines de trous taraudés donnent à la falaise l'aspect d'une vieille termitière. Quelques familles y vivent encore, malgré un fort exode rural. L'État entreprend de nombreux travaux afin de fixer les populations dans leurs villages : construction d'écoles, de dispensaires, de routes…

●●● **À voir tout près :** *à 1 km du village (en venant de Tataouine), on peut visiter une* **mosquée souterraine**★★ *entourée de sept pierres tombales mesurant plus de 4 m (p. 214), ainsi qu'une boulangerie troglodytique et une huilerie souterraine. Les femmes du village proposent de belles* **couvertures** (forachia), *teintes de couleurs naturelles et végétales.*

Guermessa★★★

15 km O de Tataouine ; de Chenini, 8 km par une mauvaise piste (déconseillée), ou 25 km par la route de Tataouine en prenant à 12 km sur la g. pour rejoindre la route de Guermessa.

Les Berbères ont choisi d'abord le piton le plus élevé pour bâtir leur village. Puis ils ont construit un second ksar, un peu plus bas, et deux niveaux de ghorfas. Ils ont ensuite peuplé l'autre éminence, un peu moins élevée, de la falaise. Tout cet ensemble est à l'abandon depuis les inondations de 1969 qui ont touché tout le sud de la Tunisie, au profit d'un nouveau village édifié dans la vallée. Il ne reste plus au voyageur qu'à flâner dans les ruelles silencieuses et profiter du magnifique paysage offert depuis le sommet.

Au XVIIIe s., les habitants ont abandonné leur langue berbère pour l'arabe, mais n'en continuent pas moins de respecter leurs coutumes. Ils sont principalement éleveurs de moutons et de dromadaires, qu'ils emmènent en transhumance, et pratiquent quelques cultures vivrières en terrasses.

Ghomrassen★★★

24 km O de Tataouine par la C 12 ; 8 km de Guermessa : revenez sur vos pas et prenez la route à g.

Ghomrassen occupe l'un des sites les plus étranges de la région. Les habitants sont disséminés dans une vallée encadrée de falaises qui servaient de refuge à une partie de la population. Les habitations troglodytiques sont des grottes aménagées, précédées de quatre ou cinq ghorfas. Les habitants, descendus de leurs logis escarpés, se sont installés dans la vallée, dans des constructions blanches à dôme. En grimpant au milieu de quelques ghorfas abandonnées, vous atteignez le **ksar Rsifa**★, à g. Les hommes de Ghomrassen se sont spécialisés, dans les villes du pays, dans la fabrication et la vente de beignets (les *ftaïr*).

Beni-Kheddache★ et Ksar-Jouamâa★★

Respectivement 36 et 27 km O de Médenine par la C 113.

Par une route goudronnée qui part à g. de Ghomrassen, vous parvenez au bout de 5 km à **Ksar Hadada**★, un ksar qui fut un temps transformé en hôtel mais qui est aujourd'hui désaffecté. Il fut le lieu de tournage du dernier épisode de *La Guerre des étoiles*, de George Lucas.

Une route goudronnée *(24 km : comptez environ 1 h)* vers **Beni-Kheddache**★ offre de très beaux points de vue. Le ksar a été rasé en 1958 pour faire place à des bâtiments administratifs, mais dans les environs plantés de vergers, les maisons troglodytiques sont toujours habitées.

À 8 km de Beni-Kheddache, sur la route de Médenine, une piste à dr. *(à 700 m)* mène à **Ksar-**

Jouamâa**, constitué d'un groupe de ghorfas disposées de part et d'autre d'une rue donnant accès au ksar lui-même. L'ensemble est juché sur un piton escarpé afin de dissuader les pillards qui s'attaquaient autrefois aux réserves alimentaires des populations berbères. La route descend du plateau vers la plaine agricole de la Jeffara et de Médenine *(p. 212)*.

La piste du Grand Sud : de Tataouine à Borj el-Khadra

Les amoureux des grands espaces, ceux qui veulent vraiment faire connaissance avec le désert, peuvent aller dans l'extrême Sud tunisien pour découvrir un paysage rude fait de *garâa* (petites montagnes) pierreuses et de dunes à l'infini. Ce circuit est réservé aux amateurs de silence et de solitude, car les seules rencontres seront celles, éventuelles, de nomades transhumants et de militaires aux postes de contrôle !

●●● *Conseil : ne partir que bien équipé, avec une voiture tout terrain et de préférence accompagné d'un guide (lire également nos conseils p. 311).*

De Tataouine à Remada *(80 km)*, la route est goudronnée. **Remada** est un *borj* militaire autour duquel s'est développée une petite ville de garnison. Ville étape, on y trouve un poste d'essence et l'on peut s'approvisionner dans les épiceries du centre-ville.

Halte obligatoire à **Kambout** *(à 10 km)*, où les autorisations de circuler sont visées. En arrière-plan se dessine la silhouette brune de la montagne de Kambout que l'on franchit par un col. Le paysage découpé et minéral laisse, peu à peu, place au sable.

À 30 km, laissez à dr. la piste pour El-Borma et continuez vers Lorzot *(à 45 km)*. La piste est roulante, mais recouverte de tôle ondulée. **Lorzot** est seulement un poste de contrôle de la Garde nationale, qui visera vos autorisations de circuler ; même chose à **Bir Zar**, un poste militaire situé 50 km plus loin. Dans cette région, la piste est toute proche de la frontière libyenne. Après 36 km, elle rejoint l'oléoduc et le longe, mais il est enterré, signalé tous les 10 km par des panneaux.

À 25 km, vous parvenez au poste militaire de **Tiaret** où il est possible de se ravitailler en essence (10 % plus chère) ; un relais, aménagé dans une ancienne base pétrolière, est doté de vingt-quatre chambres climatisées, d'une piscine et d'un tennis. À la sortie de Tiaret, un bouquet de palmiers constitue un lieu de bivouac agréable. À 37 km se trouve la source thermale chaude de **Aïn Sekhouna**.

Le point ultime du voyage tunisien, à la frontière avec l'Algérie et la Libye, est **Borj el-Khadra** *(à 67 km)*. Anciennement appelé Fort-Saint, c'est un poste militaire gardé par l'armée. Il est possible de bivouaquer près d'un petit lac aux eaux bleues bordé d'eucalyptus. ●

Tunis et ses environs, pratique

visites

Itinéraires 1 à 3, p. 65.

Cartes I en rabat avant de couverture, II p. 67 et III p. 70. •

Sauf mention particulière, les établissements sélectionnés acceptent les cartes bancaires.

Les prix des hôtels, indiqués par personne sur la base d'une chambre double, sont une moyenne entre la haute et la basse saison.

Carthage

Visite p. 84. **Plan** p. 85.

Hébergement

Les ▲ suivis d'un n° renvoient aux hôtels localisés sur le plan.

> DE 20 À 40 TND (11 À 23 €)

▲ **1. Résidence Carthage**, 16, rue Hannibal **B3** ☎ 71.731.779, fax 71.720.135. *12 ch*. Petit hôtel familial aux chambres confortables, situé à deux pas des ports puniques.

> DE 150 À 200 TND (86 À 114 €)

▲ **2. Villa Didon**, sur la colline de Byrsa **B2** ☎ 71.733.433, fax 71.733.488, villadidon@gnet.tn. *10 suites*. Avec son architecture moderne, ouverte sur la mer et sa décoration contemporaine et dépouillée, cet hôtel réussit à s'intégrer dans ce site historique. Son ♦ **restaurant** a une vue panoramique sur Carthage et la baie de Tunis ; on y déguste une délicieuse cuisine et le bar est très animé le soir. Un spa raffiné permet de passer un agréable moment de détente.

Restaurants

Les ♦ suivis d'un n° renvoient aux restaurants localisés sur le plan.

> DE 20 À 40 TND (11 À 23 €)

♦ **3. Gavroche**, 2 av. Pline **B2** ☎ 71.277.357. Une carte où domine une cuisine française recherchée et de qualité et quelques plats inspirés des cuisines du monde. Pas d'alcool.

♦ **4. Le Neptune**, 2, rue Ibn-Chabbat **B2** ☎ 71.731.328. Entre les thermes d'Antonin et les ports puniques, directement en bord de mer. Cadre très agréable, cuisine correcte.

♦ **5. Tchevap**, 51, av. H.-Bourguiba **B2** ☎ 71.277.089. Cuisine italienne recherchée dans un cadre agréable. Accueil chaleureux et service correct.

Shopping

● **Décoration**. El-Hanout, 2 et 4, av. J.-F.-Kennedy et 71, av. H.-Bourguiba **B3** ☎ 98.201.208. Objets de décoration raffinés, vêtements d'inspiration orientale et *foutas* (paréos tunisiens) aux couleurs magnifiques.

Les Comptoirs d'Amilcar, 132, av. H.-Bourguiba **B3** ☎ 71.775.789. Les créations de Mina ben Miled allient artisanat et modernité. Vous y trouverez meubles, objets, luminaires et linge de maison. Vous remarquerez les ustensiles en cuivre étamé, qui sont de toute beauté.

Culture

Galerie Essaadi, 16, av. des Thermes-d'Antonin **B2** ☎ 22.640.047. Expositions de peintures et de photos.

Librairie Farenheit, Centre culturel de Carthage, av. Habib-Bourguiba **B2** ☎ 71.733.676. Propose un large choix d'ouvrages et organise expos d'objets d'art et rencontres culturelles.

Adresses utiles

● **Banque**. UBCI, av. H.-Bourguiba, en face du centre commercial **B3**. Distributeur.

● **Poste**. Av. de la République, proche des thermes d'Antonin **B2** ☎ 71.733.636.

La Goulette

Visite p. 84.

Restaurants

Allez dîner à La Goulette pour savourer l'ambiance qui règne dans ses rues les soirs d'été. Quelques bonnes tables se trouvent dans l'av. Franklin-Roosevelt. Vous pourrez aussi goûter des bricks faits à la main – une spécialité – ou d'excellentes côtelettes d'agneau et du poisson tout frais pêché dans les gargotes qui ouvrent sur les trottoirs de l'avenue en été *(f. en hiver)*.

> **AUTOUR DE 15 TND (9 €)**

♦ **Chez Mohsen**, av. F.-Roosevelt. *Pas de cartes de paiement.* Le « roi du brick », comme le proclame à juste titre l'enseigne de cette gargote sans alcool et, pour les amateurs, une excellente tête d'agneau.

♦ **Le Poisson d'Or**, 15, av. F.-Roosevelt. *Pas de cartes de paiement.* Comme chez tous les poissonniers, on choisit ses poissons et fruits de mer, on les fait peser et on paie. Mais ensuite, on passe juste à côté pour les faire cuire. Ils sont servis accompagnés de salades et de frites. Un vrai régal...

> **DE 20 À 40 TND (11 À 23 €)**

♦ **Mamie Lilly**, 14, av. Pasteur ☎ 71.737.633. *F. ven. soir et sam. midi.* Dans leur maison familiale, Jacob et sa mère vous font découvrir la cuisine juive tunisienne traditionnelle. Quelques tables dans le jardin en été. Accueil pittoresque et chaleureux.

♦ **La Petite Étoile**, port de La Goulette ☎ 71.736.205. *F. lun.* Loin de l'agitation du centre-ville, sur les quais du petit port de pêche, vous y retrouverez une clientèle d'habitués venus se régaler de fruits de mer et de poissons. À préférer le midi pour la vue.

♦ **La Victoire**, 1, av. F.-Roosevelt ☎ 71.735.398. *F. lun.* L'accueil est chaleureux et la cuisine soignée. Spécialités de poissons.

> **DE 40 À 50 TND (23 À 29 €)**

♦ **Le Café Vert**, 68, av. F.-Roosevelt ☎ 71.736.156. *F. lun.* L'un des meilleurs restaurants de l'avenue. Bonnes spécialités tunisiennes et le meilleur « complet poisson » de La Goulette. Mais le service et l'accueil se sont sérieusement dégradés et les prix ont flambé. Dommage !

Détente

● **Équitation**. Club hippique de La Soukra ☎ 71.765.169.

● **Golf**. Golf de Carthage (18 trous), La Soukra, route de La Soukra ☎ 71.759.419. **The Residence Golf Course** (18 trous), Gammarth ☎ 71.910.101.

La Marsa et Gammarth

Visite p. 92.

Hébergement

> **DE 60 À 100 TND (34 À 57 €)**

▲ **Plaza Corniche**, 22, rue du Maroc, La Marsa ☎ 71.743.577, fax 71.742.554, www.plaza-corniche.net. *10 ch. et 2 suites.* À env. 300 m de la station de TGM. Chambres coquettes et confortables dans cette résidence de charme au décor kitch surplombant la mer. Prix un peu élevés. En été, attention au bruit : le restaurant autour de la petite piscine et le bar font partie des lieux branchés de La Marsa.

▲ **Melia El Mouradi**, Gammarth ☎ 71.911.511, fax 71.913.646, www.elmouradi.com. *507 ch.* Un grand hôtel qui a ouvert en 2005, sans charme réel, mais bien situé entre la forêt de Raoued et la mer. Centre de thalassothérapie bioénergétique.

▲ **Ramada Plaza**, Gammarth ☎ 71.911.100, fax 71.910.041, www.ramada.com. *320 ch.* Très bien situé en bord de mer, avec des chambres spacieuses, un accueil agréable et une belle piscine extérieure.

fêtes

● **Carthage.** *Juil.-août.* **Festival international de Carthage** : le théâtre antique accueille les grands musiciens du moment, des pièces de théâtre ou des films. *Oct.* Les années paires : **Journées cinématographiques de Carthage** (JCC), le festival international des cinémas arabo-africains. Les années impaires : **Journées théâtrales de Carthage** (JTC).

● **La Goulette.** *Juil.* **Festival de la Karaka** : variétés, évocation de l'atmosphère de La Goulette des années 1950. *Fin juil.* **Festival du poisson** : durant trois jours, on mange du poisson sur des tréteaux installés dans les rues, pour un prix dérisoire.

● **Sidi-bou-Saïd.** *Mi-août.* **Fête de la Kharja** : rencontre des cortèges de différentes confréries religieuses ; défilés, danses et transes...

● **Tunis. Festival de la médina,** *voir p. 303.* ●

> **De 150 à 300 TND (86 à 171 €)**

▲ **The Residence**, Gammarth ☎ 71.910.101, fax 71.910.144, www.theresidence-tunis.com. *162 ch., 2 suites.* Le plus bel hôtel de la baie de Tunis et, sans doute, du pays. Vaste édifice somptueusement décoré, au mobilier authentique et très raffiné. Toutes les chambres – avec coin sofa et balcon privé – ont vue sur la mer. Service haut de gamme. Thalassothérapie de qualité, dans un cadre magnifique, notamment la piscine des thermes.

| Restaurants

> **Autour de 15 TND (9 €)**

♦ **Café Saf Saf**, sur la place du même nom. *Pas de cartes de paiement.* On peut y boire un thé à la menthe en regardant le chameau qui tourne autour d'un puits ou y manger des bricks à l'œuf, des sandwichs ou des plats tunisiens. L'endroit stratégique de La Marsa.

♦ **La Dokkana**, 9, rue Mongi-Slim ☎ 98.454.643. Restaurant sur 3 niveaux. Au dernier étage, terrasse avec une belle vue sur la mer. On y trouve de tout : pizzas, poissons, viandes ou salades suivant vos envies. Sympa et plutôt bon.

> **De 20 à 40 TND (11 à 23 €)**

♦ **Le Bœuf sur le Toit**, av. Fatouma-Bourguiba, La Soukra ☎ 71.764.807. *Ouv. le soir. F. lun.* Une ancienne grange transformée en restaurant au décor magnifique. Dîner dansant animé par un DJ et une équipe de serveurs-danseurs. Et dans une autre salle, des groupes de musique chaque soir différents se produisent dans une ambiance digne des bars new-yorkais.

> **De 40 à 50 TND (23 à 29 €)**

♦ **La Closerie**, route de La Soukra ☎ 71.765.537. *F. lun., sf en juil.-août.* Très bon restaurant italien, dans une magnifique maison au milieu d'un parc avec piscine. Ambiance et accueil chaleureux.

♦ **Le Golfe**, 5, rue Larbi-Zarrouk, La Marsa ☎ 71.748.219. *F. dim. en juil.-août.* Prisé par la haute société tunisoise, ce restaurant, à la nouvelle décoration réussie, est situé dans une belle demeure fleurie face à la mer. Spécialités marines de qualité. Service impeccable.

♦ **Les Ombrelles**, 107, av. Taïeb-Méhiri, Gammarth ☎ 71.742.964. Recherché en été pour sa terrasse face à la mer. Cuisine européenne.

| Shopping

● **Bijoux.** Galerie Morjana, Centre Zéphyr, La Marsa. Amel Henchari crée de superbes bijoux à partir de pièces anciennes en argent, ambre, corail et pierres semi-précieuses.

● **Décoration.** Driba, rue Omar-ibn-Abi-Rabiaa, à g. en longeant la station de TGM La Marsa. Beaux objets de décoration : coffres en bois, tissages, petits masques puniques en broche.

Espace Sadika, zone touristique de Gammarth. Belle collection d'objets en verre soufflé, créations originales. Un espace d'art propose des expositions de peinture et d'artisanat.

Zina, 2, rue Habib-Thameur, La Marsa, non loin de la résidence de France. La boutique regorge d'objets d'artisanat contemporain et de mobilier du meilleur goût.

● **Glacier-Pâtisserie**. *Le Petit Salem*, le long de la promenade face à la mer, La Marsa. Vaste choix de glaces qui font courir les Tunisois, tout comme leurs mille-feuilles et tartes à la fraise.

Détente

● **Bowlings**. Gammarth : hôtel *Golden Tulip* ☎ 71.913.000 et au *Trinidad Club* ☎ 71.912.800. La Marsa : centre commercial Le Zéphyr.

● **Équitation**. Hôtel *Karim*, zone touristique de Gammarth ☎ 71.742.188.

● **Hammam**. Sfaxi (ou Masmoudi), rue du 7-Novembre, à La Marsa. Le matin et le dim. pour les hommes, l'après-midi pour les femmes.

● **Sports nautiques**. Bases nautiques sur la plage, à proximité des hôtels de la zone de Gammarth.

● **Thalassothérapie**. Gammarth : hôtels *Barcelo* ☎ 71.910.111, *El Mouradi* ☎ 71.910.730 et *The Residence* ☎ 71.910.101.

Culture

● **Librairie–Galerie**. Espace d'art Mille-Feuilles, face à la station de TGM La Marsa ☎ 71.744.229. Beaux ouvrages sur la Tunisie et l'Orient. Expositions de peintures, rencontres avec des auteurs. **Galerie d'art El Marsa**, 2, pl. du Saf-Saf, La Marsa ☎ 71.740.572. Expositions d'artistes contemporains.

Adresses utiles

● **Banque**. UBCI (distributeur), av. H.-Bourguiba, en face de la résidence de France ☎ 71.741.037. Et sur l'avenue du 7-Novembre.

● **Internet**. Le Net Club, 4, rue Cheikh-Zarrouk, par l'av. H.-Bourguiba ☎ 71.727.128.

● **Poste**. Rue du 9-Avril, en face du grand parking ☎ 71.740.488.

● **Tunisair**. Av. du 7-Novembre ☎ 71.775.222.

Sidi-bou-Saïd

Visite p. 89. **Plan** p. 83.

Hébergement

Les ▲ suivis d'un n° renvoient aux hôtels localisés sur le plan.

> Autour de 20 TND (11 €)

▲ **1. Sidi Boufarès**, 15, rue Sidi-Boufarès **B1** ☎ 71.740.091, fax 71.728.868, hotel.boufares@gnet.tn. *10 ch.* Près du célèbre *Café des Nattes* (p. 222). Petit hôtel au confort très simple, mais propre, aménagé dans une maison traditionnelle autour d'un joli patio et de son figuier.

De 100 à 150 TND (57 à 86 €)

▲ **2. Dar Saïd** ♥, rue Ettoumi **B1** ☎ 71.729.666, fax 71.729.599, www.darsaid.com.tn. *25 ch.* Cet ancien palais a fait peau neuve pour devenir un **hôtel de charme**. Les chambres sont décorées avec goût, autour de petits patios et les murs recouverts de céramiques. Belle vue sur le golfe depuis la terrasse. Petite piscine au milieu des bougainvilliers. Belle adresse mais prix élevés.

Restaurants

Les ♦ suivis d'un n° renvoient aux restaurants localisés sur le plan.

> Autour de 15 TND (9 €)

● **3. Le Chergui B1** ☎ 71.740.987. *Pas de cartes de paiement.* Cuisine tunisienne simple sur une grande terrasse avec une belle vue, à côté du *Café des Nattes*. Bricks, couscous et côtelettes d'agneau à petits prix.

> De 20 à 40 TND (11 à 23 €)

♦ **4. L'Amphitrite**, sur la plage d'Amilcar **B1** ☎ 71.747.591. Spécialités de poissons et couscous au pied de la colline de Sidi-bou-Saïd, directement sur la plage. Très fréquenté à la belle saison.

> De 40 à 50 TND (23 à 29 €)

♦ **5. Au bon Vieux Temps**, 56, rue Hedi-Zarrouk **B1** ☎ 71.744.733. Une porte bleue en bois sculpté ouvre sur une splendide demeure face à la baie. Salle décorée de meubles anciens. Jolie vue depuis la terrasse-jardin. Spécialités tunisiennes.

Cafés

Sidi-bou-Saïd est célèbre pour ses cafés, fréquentés par les Tunisois et les artistes charmés par le village.

Les ● suivis d'un n° renvoient aux cafés localisés sur le plan.

● **6. ♥ Le Café des nattes** ou *Café d'en haut*, au sommet de la rue piétonne. Installés sur les banquettes intérieures ou sur les marches recouvertes de nattes, on peut y passer des heures à siroter un thé à la menthe – avec ou sans pignons ! –, auprès des fumeurs de *chicha* et des joueurs de dominos.

● **7. Le Sidi Chaabane**. Le lieu est envahi par la foule à la tombée de la nuit, dès les beaux jours. Et pour cause : la vue sur le golfe est exceptionnelle. C'est le « Café des Délices » chanté par Patrick Bruel.

Shopping

● **Artisanat**. Chez Mrad, 46, rue Hedi-Zarrouk. Bijoux de qualité et belles pièces d'artisanat, au pied de la mosquée.

● **Pâtisseries**. Ne manquez surtout pas de goûter aux *bambalonis*, sorte de beignets au sucre, à côté du *Café des Nattes*. C'est un *must* de Sidi-bou-Saïd.

Et à **La Petite Suède** (à 50 m de la station de TGM), les délicieux gâteaux sont faits maison par deux Suédoises.

Sports et loisirs

● **Sports nautiques**. Port de plaisance et base nautique de Sidi-bou-Saïd **B1** ☎/fax 71.746.645.

● **Voile**. Rens. à la base nautique de Sidi-bou-Saïd **B1** ☎ 71.740.381.

Culture

Dar Annabi (*à g. avant les marches, dans la rue principale*) **B1**. On pénètre dans l'intimité du mufti Annabi en visitant cette belle demeure du XVIIIe s. à l'architecture traditionnelle : bibliothèque, chambres à coucher, salon et cuisine sont meublés et décorés avec le patrimoine familial. De la terrasse, on profite belle vue sur le village.

● **Galeries d'art**. Galeries Ammar Farhat, Le Violon Bleu, Cherif Fine Art, Espace Sidi Bahri et **musée de Sidi-bou-Saïd**, dans le village **B1**.

Fête

● **Kharja**. Le deuxième dimanche d'août. Fête à caractère religieux en l'honneur d'Abou Saïd, le patron du village. Une procession, accompagnée de chants soufis, remonte vers le haut du village, jusqu'au mausolée du saint homme.

Adresses utiles

● **Banques**. Av. H.-Bourguiba, en bas du village **B3**. Change à l'**UIB**.

● **Poste**. Av. de la République **B2**.

Tunis

Visite p. 67. **Plan d'ensemble** sur le rabat arrière de couverture. **Plan II-Centre** p. 67. **Plan III-Médina** p. 70.

🛈 1, av. Mohammed-V **II-B1** ☎ 71.341.077 et 80.100.333 (n° vert), fax 71.350.997, www.bonjour-tunisie.com. *Ouv. lun.-sam. 8h-18h. Dim. 9h-12h.* **Annexes** à la gare SNCFT, pl. de Barcelone **II-A2**

☎ 71.241.858, au port de La Goulette ☎ 71.252.752, à l'aéroport de Tunis-Carthage ☎ 71.754.000 et 71.755.000 (*ouv. 24h/24*).

●●● *Vous trouverez toutes les informations utiles lors de votre* **arrivée à Tunis** *(aéroport, navettes vers le centre, train…) et pour* **circuler** *dans la ville p. 64.*

Hébergement

Les ▲ suivis d'un n° renvoient aux hôtels localisés sur le plan.

> **Moins de 20 TND (11 €)**

▲ **1. Auberge de jeunesse**, 25, rue Saïda-Ajoula **III-B2** ☎/fax 71.567.850. *50 lits dans une maison traditionnelle, au cœur de la médina. Carte des AJ obligatoire.*

> **Autour de 20 TND (11 €)**

▲ **2. Salammbô**, 6, rue de Grèce **II-A2** ☎ 71.334.252, fax 71.337.498, hotel.salammbo@gnet.tn. *50 ch. Pas de cartes de paiement.* Sans doute le meilleur parmi les hôtels de cette catégorie. Accueil très sympathique. Chambres sobres, propres, à la décoration un peu passée. Parfois bruyant : demandez une chambre calme.

> **De 20 à 40 TND (11 à 23 €)**

▲ **3. Maison Dorée**, 6 bis, rue de Hollande (*entrée par le 3, rue d'El-Koufa*) **II-A2** ☎ 71.240.631/632, fax 71.332.401. *49 ch. Pas de cartes de paiement.* Un hôtel agréable, un brin vieillot, à deux pas de la médina. Chambres confortables et propres. ♦ **Restaurant** *Les Margaritas*, avec un menu attrayant le midi.

> **De 40 à 60 TND (23 à 34 €)**

▲ **4. Les Ambassadeurs**, 75, av. Taïeb-Méhiri **plan d'ensemble** ☎ 71.846.000, fax 71.780.042, www.hotelambassadeurs.com.tn. *145 ch.* Un hôtel propre et confortable, près du parc du Belvédère. Préférez les chambres donnant sur le parc.

▲ **5. Carlton**, 31, av. H.-Bourguiba **II-B1** ☎ 71.330.644, fax 71.338.168, www.hotelcarltontunis.com. *80 ch.* Bien situé sur l'avenue principale, une belle façade 1926 classée. Chambres confortables et insonorisées (triple vitrage !!) avec de belles salles de bains. La meilleure adresse dans cette catégorie. Parking gardé.

> **De 100 à 150 TND (57 à 86 €)**

▲ **6. Dar el Medina** ♥, 64, rue Sidi-ben-Arous, dans la médina **III-B2** ☎ 71.563.022, fax 71.563.520, www.darelmedina.com. *12 ch.* Enfin une **résidence de charme** dans la médina. Cette ancienne demeure a été entièrement réaménagée avec goût. Les chambres sont toutes différentes, avec un mobilier dessiné par les meilleurs artisans de Tunis. De la terrasse, vue superbe sur les toits de la médina.

▲ **7. Tunisia Palace**, 13, av. de France **II-B1** ☎ 71.242.700, fax 71.242.755, www.goldenyasmine.com. *48 ch.* Magnifique bâtiment du Tunis de la Belle Époque rénové selon les standards modernes. À deux pas de la médina. Allez au moins admirer le hall avec sa coupole intérieure aux magnifiques vitraux. Chambres agréables et confortables. Bars et ♦ **restaurants**.

---

hébergement
Étapes de charme

Certains anciens palais sont aujourd'hui restaurés pour être transformés en hôtels ou restaurants.

C'est le cas du **Dar el-Jeld III-B2**, dans la rue du même nom, ou du **Dar Hammouda Pacha III-B2**, rue Sidi-ben-Arous, magnifique demeure du XIIe s. Un peu plus loin dans la même rue, dans une maison entièrement restaurée, une résidence de charme, **Dar el Medina**, a ouvert ses portes en 2005 : la première du genre dans la médina de Tunis.

Restaurants

C'est à Tunis que vous découvrirez la gastronomie tunisienne. Si vous aimez les restaurants populaires, vous aurez le choix : dans les petites rues perpendiculaires à l'av. H.-Bourguiba, de nombreux établissements et snack-bars dispensent, à des prix modestes, une nourriture correcte. La médina est pleine de ressources, elle aussi : des gargotes, ouvertes seulement le midi, proposent des plats simples à des prix défiant toute concurrence. C'est là que vous pourrez goûter les spécialités populaires et les meilleures côtelettes d'agneau. Vous pouvez aussi vous régaler de cuisine traditionnelle dans des magnifiques demeures à l'architecture traditionnelle.

●●● *Voir également notre rubrique Farandole de saveurs p. 38.*

Les ♦ suivis d'un n° renvoient aux restaurants localisés sur le plan.

> **Autour de 15 TND (9 €)**

♦ **8. El Abed**, 2, souk es-Sekkajine, dans la médina **III-C2**. *Pas de cartes de paiement. F. le soir et le dim.* Les meilleures côtelettes d'agneau de Tunis. Très bons plats du jour. Une bonne adresse dans les souks.

♦ **9. Elwalima**, 35, rue du Liban **plan d'ensemble** ☎ 71.840.309. *Pas de cartes de paiement. F. soir et le dim.* Tenu par la petite-fille du bey de Tunis qui offre à sa clientèle d'habitués de la cuisine tunisienne familiale à des prix raisonnables.

♦ **10. Mahdaoui**, rue Jemaa-ez-Zitouna, dans la médina **III-C2**. *Pas de cartes de paiement. F. le soir et dim.* Près de la Grande Mosquée. Halte idéale dans les souks.

> **De 20 à 40 TND (11 à 23 €)**

♦ **11. Chez Nous**, 5, rue de Marseille **II-A1** ☎ 71.254.043. *F. dim. et en août.* Sympathique bistrot qui sert une cuisine bourgeoise française. Menu à prix raisonnable. Aux murs, des photos rappellent la clientèle célèbre des années 1960.

♦ **12. M'Rabet**, souk el-Trouk, dans la médina **III-C2** ☎ 71.261.729. *F. dim. Voir visite p. 72.*

♦ **13. Tontonville**, 96, rue de Yougoslavie **II-B2** ☎ 71.253.918. *F. dim.* Une grande salle sans cachet, mais une cuisine de qualité. Le patron est sympathique et le midi, une clientèle d'habitués s'y presse. Excellents poissons et fruits de mer. À éviter toutefois le soir, car l'ambiance change.

♦ **14. Chez Slah**, 14 bis, rue P.-de-Coubertin **II-B1** ☎ 71.258.588. *F. lun. et en août.* Cuisine variée alliant agréablement gastronomies orientale et française. L'une des tables les plus prisées de Tunis. Spécialités de poissons et de fruits de mer et, en saison, fraises à la chantilly. *Rés. indispensable.*

> **À plus de 50 TND (29 €)**

♦ **15. Dar el-Jeld**, 5, rue Dar-el-Jeld, dans la médina **III-B2** ☎ 71.560.916 et 71.567.130. *F. dim. et en août.* Dans le cadre somptueux d'un ancien palais. Cuisine locale raffinée. Préférez une table placée dans le patio où vous pourrez écouter de la musique traditionnelle. Demandez à visiter la galerie-boutique **Le Diwan**, au cadre traditionnel superbe. *Rés. plusieurs jours à l'avance.*

Cafés

Depuis que l'av. H.-Bourguiba **II-AB1** a fait peau neuve, de nombreuses terrasses de café ont fait leur apparition. Les plus agréables sont celle du **Café de Paris**, à l'angle de l'av. de Carthage, et celle de l'hôtel **El Hana International** (essayez aussi le bar, sur le toit de l'hôtel). Le bar de l'hôtel **Africa El Mouradi** est très prisé. Et avant d'entamer un tour dans la médina, posez-vous au **Café Dinar**, à la porte de France **III-B1**, pour contempler l'animation du quartier le matin.

Ceux qui veulent fumer la *chicha* iront dans la médina, au **Café Ezzitouna**, rue Jemaa-Ezzitouna **III-C2** au pied de la Grande Mosquée; les soirées « ramadanesques » y sont particulièrement animées. Ou au **Café Mnouchi**, souk el-Leffa, à l'atmosphère authentique; s'y retrouvent les marchands des souks pour d'interminables parties de cartes.

Shopping

● **Artisanat**. Au préalable, faites une visite à la **Maison de l'Artisanat** (*ouv. t.l.j. 8h-12h30 et 16h30-20h en été; 8h-19h en hiver*), dans le centre commercial **Palmarium**, av. H.-Bourguiba, à l'angle de l'av. de Carthage **II-A1**. Les **souks de la médina** proposent les produits artisanaux du pays. Chaque venelle, chaque ruelle est réservée à un type de produits et à un artisanat particulier. Le **Diwan**, rue Dar-el-Jeld, dans la médina **III-B2**, est à la fois une galerie d'art, avec une belle collection de bijoux anciens, d'habits traditionnels et de livres, et une boutique qui vend les objets des jeunes créateurs tunisiens. **Ed-Dar**, 8, rue Sidi-ben-Arous, dans la médina **III-C2**, est l'un des plus beaux magasins des souks; il offre une bonne sélection d'artisanat ainsi que de très belles pièces d'antiquités. Au n° 1 du souk el-Trouk **III-C2**, **La Rachidia** présente une belle sélection d'objets d'art, tapis et bijoux, anciens ou modernes, de toutes les régions de Tunisie. De même à la **Maison d'Orient**, 31, souk el-Leffa **III-C2**, qui possède sur sa terrasse une belle collection de carreaux de céramique anciens. À la **Maison de Senteurs**, 87, rue Jemaa-Ezzitouna **III-C2**, découvrez la gamme de produits (savon, huile de massage, lait corporel) parfumés aux différentes senteurs du pays: jasmin, fleur d'oranger, rose…

● **Bijoux anciens**. Vous en trouverez de belle qualité dans les boutiques autour de la Grande Mosquée **III-C2**, ainsi que dans le **souk el-Berka**. Là, l'argent est vendu au gramme. Chez les frères **Mnouchi**, 23, souk el-Leffa, vous pourrez composer vous-même vos bijoux en fouillant dans l'amoncellement de pierres et parmi les pièces en argent cachées dans les tiroirs. Au **Foyer de l'artiste**, 42, rue Sidi-ben-Arous, belles créations de bijoux plus modernes.

● **Brocante**. Dans le quartier de la Hafsia, dans la partie basse de la médina, accessible par la rue Mongi-Slim **III-B1**, et dans celui de Melassine **plan d'ensemble**, derrière la kasbah: brocante et friperie.

● **Librairies**. Ben Abdallah, 17, av. de France **II-A2**. Clairefontaine, 4, rue d'Alger **II-A2**. Le Diwan, rue Dar-el-Jeld, dans la médina **III-C2**. El-Kitab, 43, av. H.-Bourguiba **II-A1**. El-Moez, 23, rue El-Moez, El-Menzah **plan d'ensemble**.

● **Marché**. N'oubliez pas de passer, un matin (*sf lun.*), par le marché central (*p. 68*), entre la rue Ch.-de-Gaulle et la rue d'Allemagne **II-A2**. Comment résister à l'animation du lieu, à ses odeurs et à ses couleurs?

Culture

● **Galeries d'art**. Galerie el-Médina, 11, rue Dar-el-Jeld **III-B3** ☎ 71.561.377. Galerie Gorgi, 31, av. Jugurtha **I-AB1** ☎ 71.280.890. Palais Khereddine, rue du Tribunal **III-B2** ☎ 71.561.780. Le musée de la ville

---

festival

La médersa Bir el-Hajar (*p. 76*) est aujourd'hui le siège du Festival de la médina qui a lieu pendant le ramadan. Durant ce mois sacré, la vieille ville s'anime la nuit: concerts, ballets, récitals et spectacles sont donnés dans les anciens palais et les vieilles demeures, ouverts au public pour l'occasion. Les rues sont sillonnées par de joyeux noctambules qui se retrouvent autour d'un thé à la menthe dans le souk des Chéchias où se produisent des orchestres. ●

de Tunis accueille des expositions temporaires en attendant d'abriter la collection de la ville.

Loisirs

● **Cinémas**. La plupart des salles sont regroupées au centre de l'av. H.-Bourguiba et dans les rues avoisinantes (rue Ibn-Khaldoun **II-AB2**, av. de Paris **II-A1**, av. de Carthage **II-B2**), ou dans le quartier d'El-Manar. Programmes dans le quotidien *La Presse*.

● **Discothèques**. Tous les hôtels de classe internationale possèdent leurs bar et night-club ; peu d'ambiance.

● **Hammam**. Pour les hommes, **Kachachine**, rue des Libraires, à côté de la Grande Mosquée **III-C2** : l'un des plus authentiques de la ville *(ouv. 5h-17h)*. Pour les femmes, **Halfaouine**, rue Sidi-Chicha, près de Bab Souïka **hors pl. III par A3**.

● **Spectacles et concerts**. En saison, des spectacles dramatiques ou lyriques, en français et en arabe, sont donnés au **Théâtre municipal** ☎ 71.259.499, av. H.-Bourguiba **II-A1**. Le Théâtre national tunisien (TNT), 27, av. de Paris **II-A1**, offre une programmation internationale plus variée. Vous pouvez entendre de la musique malouf authentique à la **maison de la Rachida**, rue Dar-el-Jeld, dans la médina **III-B2**. L'association qui anime cette maison organise également des concerts au **Conservatoire de musique**, av. de Paris **II-A1**. El Teatro, dans l'hôtel *El-Mechtel*, av. O.-Haffouz **plan d'ensemble** ☎ 71.894.313, programme des spectacles entre théâtre et café-théâtre et organise des expositions à la galerie Aire libre.

Sports

Apportez votre équipement. De nombreuses activités sportives sont organisées par les hôtels.

● **Chasse**. Club de Radès, Fédération de chasse ☎ 71.434.910, fax 71.427.313.

● **Ski nautique**, **voile**, **plongée**. Rens. à la **Fédération nationale des sports nautiques** ☎/fax 71.738.824 et à la **Fédération nationale de voile** ☎ 71.750.878.

Adresses utiles

● **Agences de voyages**. Nombreux bureaux à l'aéroport de Tunis-Carthage. **Carthage Tours**, 59, av. H.-Bourguiba ☎ 71.347.015, fax 71.352.173, atlantis@gnet.tn. **Tunisirama**, 5, rue Mohammed-Badra, au Belvédère ☎ 71.782.740, fax 71.780.740. **Voyages, îles et plaisirs**, 10, rue du Lac-de-Constance, Les Berges du Lac ☎ 71.963.964, fax 71.961.245, vip@planet.tn, organise de bons circuits à la demande dans le Sud tunisien.

● **Ambassades et consulat**. Ambassade de France, pl. de l'Indépendance **II-A1-2** ☎ 71.105.111, fax 71.105.191. Consulat de France, pl. de l'Indépendance **II-A1-2** ☎ 71.105.000, fax 71.105.001. Ambassade de Belgique, 47, rue du 1er-Juin **plan d'ensemble** ☎ 71.781.655, fax 71.792.797. Ambassade de Suisse, imm. Stramica, Les Berges du Lac **plan d'ensemble** ☎ 71.962.997, fax 71.965.796.

● **Banques**. Il y en a un peu partout, même dans la médina. La plupart disposent de **distributeurs**.

● **Compagnies aériennes**. Air France, 1, rue d'Athènes **II-A1** ☎ 71.105.300. www.airfrance.com/tn. **Sevenair** (vols intérieurs), bd du 7-Novembre ☎ 71.942.626/71.942.323, www.sevenair.com.tn. **Tunisair**, www.tunisair.com. réservations ☎ 70.838.111. Agence 48, av. H.-Bourguiba **II-A2** ☎ 71.336.500.

● **Divers**. Association tunisienne des auberges et tourisme de jeunes, 10, rue Ali-Bach-Hamba **II-A2** ☎ 71.353.277, fax 71.352.172, ataj@planet.tn. **Automobile-Club**, 28, av. H.-Bourguiba **II-B1** ☎ 71.350.217. **Touring-Club de Tunisie**, 15, rue d'Allemagne

II-A2 ☎ 71.323.182, www.touringclubtunisie.org. **Institut Bourguiba de langues vivantes**, 47, av. de la Liberté **plan d'ensemble** ☎ 71.832.418, fax 71.833.684. Cours d'arabe en été.

● **Gare ferroviaire**. SNCFT, Place de Barcelone **plan d'ensemble** www.sncft.com.tn ☎ 71.254.440 et 71.345.511. *Voir principales liaisons ferroviaires p. 310.*

● **Gares routières**. Bab Alioua **plan d'ensemble** ☎ 71.399.255 et 71.490.440. Dessert le centre et le Sud. **Bab Saadoun**, à 400 m de la place du même nom **plan d'ensemble** ☎ 71.562.299/532. Dessert le Nord et l'Ouest.

Les **louages** sont des taxis collectifs qui desservent les principales villes du pays *(p. 312).* Pl. **Moncef-Bey plan d'ensemble**, pour les villes du Sud, **Bab Saadoun**, pour le nord du pays et **Bab Alioua** pour le cap Bon.

● **Internet**. Publinet des ingénieurs, 28, av. H.-Bourguiba **II-C2**. Le Publinet le plus important se trouve au 35, rue Mokhtar-Attia **II-B1-2**.

● **Location de voitures**. Avis, 90, av. de la Liberté **plan d'ensemble** ☎ 71.780.593. Budget, 12, rue d'Autriche **plan d'ensemble** ☎ 71.708.000. Camel Rent a Car, aéroport de Tunis-Carthage ☎ 71.754.000. Europcar ☎ 71.940.100. Hertz ☎ 71.702.099.

● **Poste**. Poste centrale, 30, rue Ch.-de-Gaulle **II-A2**. Bureau, rue Gamal-Abdel-Nasser **II-A2**.

● **Urgences**. Médecins de garde ☎ 71.780.000. **Perte ou vol de passeport**, ambassade de France ☎ 71.105.111. **Police secours** ☎ 197. **Pompiers** ☎ 198. **Samu** ☎ 190.

Village Ken

Visite p. 96. Route de Sousse-Bou Ficha (à 20 km de Hammamet).

Centre d'exposition et de fabrication d'artisanat d'art ☎ 73.252.110, fax 73.252.112, www.villageken.com.tn. Dans ce village reconstitué, des artisans produisent des objets de style traditionnel : tissages, ébénisterie, poteries… **Appartements à louer**, décorés avec le mobilier des artisans du village, une piscine et un ♦ **restaurant**.

Zaghouan

Visite p. 95.

Hébergement

> **DE 40 À 60 TND (23 À 34 €)**

▲ **Dar Zaghouan** ☎ 71.845.665/23.309.309, www.darzaghouane.com. Le premier gîte rural en Tunisie. Dans un domaine de 3 ha, planté d'oliviers et d'amandiers. 3 chambres et 3 suites décorées avec les objets chinés par les propriétaires. La piscine est alimentée par l'eau de source. Idéal pour les adeptes du tourisme écolo. Possibilité de promenades à cheval et parcours de santé balisé dans le domaine. ●

Le cap Bon, pratique

visites
Itinéraire 4, p. 97.
Carte p. 98. ●

Sauf mention particulière, les établissements sélectionnés acceptent les cartes bancaires.

Les prix des hôtels, indiqués par personne sur la base d'une chambre double, sont une moyenne entre la haute et la basse saison.

El-Haouaria
Visite p. 106.

● **Marché** le jeu.

Hébergement

> **Autour de 20 TND (11 €)**

▲ **Les Grottes**, route des Carrières Romaines ☎ 72.297.296, fax 72.269.070. www.centregrotte.com.tn. *16 ch.* Face à la mer, les chambres sont disposées autour d'une grande cour balayée par la fraîcheur salée. Deux bons ♦ **restaurants**, dont une pizzeria.

> **Entre 20 et 40 TDN (11 à 23 €)**

▲ **L'Épervier**, av. H.-Bourguiba ☎ 72.297.017, fax 72.297.258. *11 ch.* Hôtel accueillant. Chambres spacieuses à la décoration monotone, mais propres. La plupart sont dotées d'une TV. Le ♦ **restaurant** propose une bonne cuisine, servie dans le patio, à l'ombre d'un caoutchouc géant. Au menu, fruits de mer et plats tunisiens.

Restaurants

Sur la plage d'El-Haouaria, demandez aux pêcheurs de vous emmener pique-niquer sur un îlot au large. Ils vous feront déguster le produit de leur pêche grillé au feu de bois.

> **Autour de 15 TDN (9 €)**

♦ **Le Pêcheur**, plage de Rass ed-Dreck. *Pas de cartes de paiement.* Même direction que l'hôtel *L'Épervier*. Sur une plage de sable blanc, vous pourrez déguster des poissons grillés ou quelques plats tunisiens.

> **Entre 15 et 30 TDN (9 à 17 €)**

♦ **La Daurade** ☎ 72.269.080. Bon restaurant à la décoration simple, juste à côté des carrières romaines. Spécialités de poissons, de fruits de mer et de langoustes. Belle vue sur la Méditerranée. Dispose aussi d'une buvette en contrebas, près des rochers. Le patron propose des journées en bateau acquavision avec possibilité de pêche sous-marine.

Hammamet
Visite p. 98. Plan p. 99.

ℹ av. de la République **B2** ☎ 72.280.423. *Ouv. lun.-sam. 8h à 20h et de 9h à 12h et 15h à 19h le dim. en été, 8h30 à 17h45 en hiver sauf dim.* ℹ av. H.-Bourguiba **B2** ☎ 72.262.891, fax 72.262.966. ℹ face à l'hôtel *La Perla* **hors pl. par A1** ☎ 72.249.103, fax 72.249.262. *Ouv. lun.-sam. 8h30-13h30 et 17h-21h en été, 8h30-13h et 15h-17h45 en hiver.*

● **Marché** le jeu. matin

Hébergement

Les ▲ suivis d'un n° renvoient aux hôtels localisés sur le plan.

CAMPING

> **Autour de 15 TDN (9 €)**

▲ **1. Camping Samaris**, à l'entrée de la ville, près de l'autoroute ☎ 72.226.353, fax 72.226.380. Sur un terrain bien tenu, loin de la plage.

HÔTELS

Sauf exception, tous les hôtels de bon standing disposent d'une piscine, d'un night-club, d'un bar et proposent des activités sportives telles que tennis, ski nautique, équitation, planche à voile, etc. Dans la zone sud **hors pl. par A1**, une nouvelle station touristique, Yasmine Hammamet, a vu le jour. Une ville nouvelle sans charme avec des hôtels au luxe dernier cri et une marina bordée de cafés et restaurants, très animée l'été.

> AUTOUR DE 20 TDN (11 €)

▲ **2. Mirage**, 173, av. de la République **B1** ☎ 72.280.601, fax 72.281.568, Un petit hôtel dans le centre-ville, avec des chambres confortables et climatisées. Tenu par une Française.

> ENTRE 20 ET 40 TDN (11 à 23 €)

▲ **3. Les Citronniers**, av. de Nevers **hors pl. par A1** ☎ 72.281.650, fax 72.282.601, www.hotelles citronniers.com. *60 ch.* Un hôtel confortable et bien tenu, à 300 m de la plage. Chambres climatisées rénovées, piscine et plage aménagée. Excellent rapport qualité-prix. Une adresse à retenir.

> ENTRE 40 ET 60 TDN (23 à 34 €)

▲ **4. Bel Azur**, route touristique nord **hors pl. par B2** ☎ 72.280.318, fax 72.280.275, belazurhotels@ orangers.com.tn. *310 ch.* Cet hôtel agréable niché dans un beau jardin propose des chambres doubles réparties entre un bâtiment central et des bungalows. Centre de thalassothérapie et casino.

> ENTRE 60 ET 100 TDN (34 à 57 €)

▲ **5. Hammamet Club**, route touristique nord **hors pl. par B2** ☎ 72.281.882, fax 72.281.670, www. hammametclub.com. *212 ch.* Entre Hammamet et Nabeul, face à une superbe plage. Un hôtel convivial qui offre le meilleur accueil possible aux enfants et une animation sympathique. Piscine olympique.

▲ **6. Le Sultan**, route touristique nord **hors pl. par B2** ☎ 72.280.588, fax 72.280.373, www.lesultan. com. *250 ch.* En bord de plage, avec une piscine qui semble plonger dans la mer. Chambres élégantes. Ambiance sympathique avec une clientèle fidèle. Randonnées équestres organisées par le **Sultan Ranch** dont les moniteurs sont de qualité.

> ENTRE 100 ET 150 TDN (57 à 86 €)

▲ **7. Alhambra Thalasspa**, Hammamet sud, zone Yasmine Hammamet **hors pl. par A1** ☎ 72.241.524/72.240.590, fax 72.240.720, www.alhambra-thalasso.com. *184 ch.* Avec son architecture arabo-andalouse, ce luxueux hôtel est tout simplement l'un des plus accueillants de la zone. Les chambres sont joliment décorées et le centre de thalassothérapie est bien équipé. Plage privée à 200 m.

▲ **8. Sindbad**, av. des Nations-Unies **hors pl. par A1** ☎ 72.280.122, fax 72.280.004, www.hotel-sindbad.com. *142 ch.* Élégance, sobriété, service haut de gamme. Les chambres sont disséminées dans un jardin luxuriant. En ville et en bord de mer. Tout cela a bien du charme…

RÉSIDENCES HÔTELIÈRES

> ENTRE 40 ET 60 TDN (23 à 34 €)

▲ **9. Royale Résidence**, Rue Dag Hammarskjoeld **hors pl. par A1** ☎ 72.283.333, fax 72.282.00. A 250 m de la plage, et à proximité du centre-ville, des appartements bien aménagés, avec piscines et ♦ restaurants à la carte.

▲ **10. Résidence La Paix**, av. du Koweït **A1** ☎ 72.283.000, fax 72.282.710, www.residence lapaix.com. À 10 min. à pied du centre-ville et à 150 m de la plage. *64 app.* équipés. Vous pouvez aussi bénéficier des services de l'hôtel mitoyen, du même nom.

> ENTRE 60 ET 100 TDN (34 à 57 €)

▲ **11. Résidence Villamar**, Hammamet Sud, à 200 m de la plage **hors pl. par A1** ☎ 72.249.666, fax 72.249.749. Charmante résidence constituée de petites villas bien équipées pour 2 à 6 pers., réparties autour d'une piscine. ♦ **Restaurant** à la carte.

▲ **12. Résidence Villa Noria**, Yasmine Hammamet **Hors plan par A1** ☎ 72.240.044, fax 72.241.150, www.villanoria.com. Résidence conçue comme un village hammametois. Vous vous y sentirez comme chez vous dans les bungalows éparpillés dans un luxurieux jardin. Tous les services hôteliers traditionnels. Accueil et ambiance sympathiques. Piscine en plein air et piscine chauffée.

Restaurants et cafés

Les restaurants cités sont tous situés dans la ville d'Hammamet. Toutefois, vous en trouverez un large choix à la marina de Yasmine Hammamet, ainsi que de nombreuses terrasses de café où il est agréable de boire un verre.

Les ♦ et ● suivis d'un n° renvoient aux restaurants et cafés localisés sur le plan.

> **Moins de 15 TDN (9 €)**

● **13. Café Sidi Bouhid**, fort de Hammamet **B2**. Intégré dans le fort et face à la mer, c'est l'un des endroits les plus prisés des estivants tunisiens. En été, il ne désemplit pas de la nuit. À l'intérieur se trouve le marabout de Sidi Bouhid, un saint vénéré par les Hammametois.

> **Autour de 15 TDN (9 €)**

♦ **14. Angolo Verde**, rue Ali-Belhaouane **B2** ☎ 72.262.641. Ici on mange des pizzas et de bonnes pâtes dans un décor sympathique de bistrot, fréquenté par la jeunesse de Hammamet. Pour une douceur sucrée, essayez les glaces du glacier voisin, le **Tiramisu** (c'est le même patron), elles sont excellentes.

♦ **15. La Médina**, vieille ville **B2** ☎ 72.281.728. *Pas de cartes de paiement*. En haut du fort de Hammamet, avec une superbe vue sur le golfe. Pour goûter sa cuisine typiquement tunisienne.

> **Entre 15 et 30 TDN (9 à 17 €)**

♦ **16. Chez Achour**, rue Ali-Belhaouane **B2** ☎ 72.280.140. À l'extérieur, une très agréable terrasse ombragée, à l'intérieur, une salle décorée de tentures. Une des plus anciennes adresses de la ville, toujours réputée. Il faut y être allé au moins une fois. Cuisine de qualité.

> **Plus de 30 TDN (17 €)**

♦ **17. Pomodoro**, 6, av. H.-Bourguiba **B2** ☎ 72.281.254. Une des bonnes tables d'Hammamet avec un service de qualité. Vous pouvez y déguster des spécialités raffinées à base de poissons et fruits de mer dans un cadre un peu guindé mais agréable. Une annexe a ouvert dans la marina de Yasmine Hammamet.

♦ **18. Sidi Slim**, 156, av. du Koweït **A1** ☎ 72.279.124. Spécialités de poissons et fruits de mer. Essayez le poisson en croûte de gros sel ou le filet de saint-pierre. Dans le cadre agréable d'une terrasse fleurie, avec un personnel attentionné.

Shopping

Les souks de la médina sont plutôt décevants ; toutefois, en cherchant bien, vous trouverez quelques petits bijoux en argent du meilleur goût et à des prix agréables.

● **Robes et tissages**. Fella, dans la médina **B2** ☎ 72.280.426. Des créations modernes puisées dans le patrimoine tunisien et adaptées à l'élégance contemporaine. Tissages, broderies traditionnelles, caftans, linge de maison et bijoux ou objets anciens.

● **Artisanat moderne**. Rive sud-Le lézard rouge, rue Dag Hammarskgsoeld **A1** ☎ 72.364.999. De la poterie traditionnelle revisitée par le modernisme : une large gamme de formes et de couleurs. Cendriers, brûle-encens, objets de salle de bains, et aussi *foutas* et bijoux.

Hammamet | 231

Sports

● **Équitation**. Ahmed ben Farhat, en face de l'hôtel *Sindbad* **hors pl. par A1**. Sultan Ranch, hôtel *Sultan* **hors pl. par B2** ☎ 72.280.588. Très beaux chevaux et moniteurs qualifiés. Randonnées. De nombreux autres centres équestres à Hammamet *(rens. dans les hôtels)*.

● **Golfs**. Golf Citrus **hors pl. par A1**, 2 parcours *championship* 18 trous, « La Forêt », 6 128 m et « Les Oliviers », 6 069 m ☎ 72.226.500, fax 72.226.400. Golf Yasmine Course **hors pl. par A1**, 18 trous, 6 115 m ☎ 72.227.001, fax 72.226.722.

● **Plongée sous-marine**. Odysea Diving School, hôtel *Sultan*, zone touristique nord **hors pl. par B2** ☎ 72.280.588/97.443.836, centre de plongée Padi et à l'hôtel *Samira Club*, zone touristique sud ☎ 72.226.484 et **Diving Center**, port de Yasmine Hammamet ☎ 98.319.741.

● **Port de plaisance**. Marina de Yasmine Hammamet **hors pl. par A1** ☎ 72.241.111, fax 72.241.212, www.portyasmine.com.tn.

Loisirs

● **Casinos**. Grand Casino de Hammamet, hôtel *Sol Azur* ☎ 72.261.777. Grand Casino de Yasmine Hammamet ☎ 72.240.777. Casino La Médina, Yasmine Hammamet ☎ 72.241.777. Réservés aux étrangers, devises et pièces d'identité nécessaires.

● **Discothèques**. Calypso, av. Moncef-Bey, Hammamet sud **hors pl. par A1** ☎ 72.227.530 *(ouv. en été)*. La boîte « branchée » de Hammamet où se presse la jeunesse tunisienne. Habana Club, av. Moncef-Bey, Hammamet Sud **hors pl. par A1** ☎ 72.226.883. Un bar latino très fréquenté pour danser la salsa et manger des tapas et El Pacha, la boîte de nuit mitoyenne en plein air *(ouv. en été)*. À la hauteur de la démesure des folles nuits hammametoises, L'Oasis, av. Moncef-Bey, ☎ 72.311.388 la plus grande discothèque d'Afrique du Nord, ☎ 72.311.388

● **Médina Mediterranea**. Yasmine Hammamet **hors pl. par A1** ☎ 72.241.000, www.medina.com.tn. Dans cette médina reconstituée de toutes pièces, un souk avec ses boutiques de souvenirs jouxte cafés et restaurants. Des résidences hôtelières se cachent au détour des ruelles. Dans la salle de cinéma, un film en 3D, *Tunisia Odyssée* raconte 3 000 ans d'histoire de la Tunisie. En été, concerts sur la grande place centrale et animations diverses.

● **Parc d'attractions**. Carthageland, Médina Mediterranea, Yasmine Hammamet **hors pl. par A1** ☎ 72.240.111, www.carthageland.com. Un parc ayant pour thème l'histoire de la Tunisie.

● **Thalassothérapie**. Bio Azur Thalasso, hôtel *Royal Azur* ☎ 72.278.310, fax 72.279.990. Hasdrubal Thalassa et Spa, hôtel *Hasdrubal* ☎ 72.248.913, fax 72.248.910. Thalassa Palace Nahrawess, hôtel *Nahrawess* ☎ 72.262.555, fax 72.282.625. Vital Center International, hôtel *Khartago* ☎ 72.240.666, fax 72.240.377. Five Senses Thalasso, hôtel *Solaria Iberostar* ☎ 72.280.588, fax 72.241.559.

excursions

Hammamet, avec ses longues plages bordées d'hôtels, est vouée au séjour balnéaire. Cependant, si vous disposez d'une voiture, Tunis est toute proche par l'autoroute (à 63 km) et il est possible d'aller y passer une journée pour visiter le musée du Bardo ou bien la médina. De même, le tour du cap Bon (circuit de 233 km) peut s'effectuer en un jour *(p. 104)*. ●

fêtes

- **El-Haouaria.** *Juin.* Festival de l'Épervier : démonstrations de chasse, folklore, veillées artistiques.
- **Hammamet.** *Juil.-août.* Festival international de Hammamet : variétés, théâtre, ballets, danses folkloriques, jazz. Programme au Centre culturel international.
- **Kelibia.** *Août, années impaires.* Festival international du cinéma amateur.
- **Nabeul.** *Avr.* Foire internationale de Nabeul et festival des Orangers suivi du festival des fleurs, au moment de la distillation des fleurs d'oranger, des roses ou des géraniums. *Juil.-août.* Festival d'été : théâtre de plein air, concerts et arts populaires.
- **Sidi Daoud.** *Mai-juin. Matanza* : pêche au thon traditionnelle *(voir p. 106).*

Adresses utiles

- **Taxis**. Station à l'entrée de la kasbah **B2**.
- **Banques**. Nombreuses banques av. de la République. **STB**, av. de la République **B2**, distributeur.
- **Hôpital**. Rue Mongi-Slim **B2** ☎ 72.285.022.
- **Internet**. Publinet, 117, av. de la Libération, vers Nabeul **hors pl. par B1** ☎ 72.260.288.
- **Location de voitures**. Avis, av. du Koweït **A1** ☎ 72.280.164. Europcar, av. Dag-Hammarskjoeld **hors pl. par A1** ☎ 72.280.146. Hertz, av. de Nevers **hors pl. par A1** ☎ 72.280.187.
- **Police**. Av. H.-Bourguiba **B1** ☎ 72.280.079. Police touristique ☎ 72.280.542.
- **Poste**. Av. de la République **B2** ☎ 72.280.598.
- **Transports**. Gare ferroviaire, au bout de l'av. H.-Bourguiba **B1** ☎ 72.280.174. Il est préférable toutefois de se rendre à la gare de Bir Bouregba ☎ 72.317.027, qui assure les liaisons directes avec le reste du pays. Gare routière, à Barakhet Sahel **hors pl. par B2** ☎ 72.227.711, bus et louages pour Tunis, Kairouan et Sousse. Bus de Nabeul et Tunis, av. de la République **B2**. Louages pour Tunis, rue Mongi-Slim **B2**.

Kelibia

Visite p. 105.

- **Marché** le lun.

Hébergement

> **Moins de 20 TDN (11 €)**

▲ **Auberge de jeunesse**, route de Mansoura ☎ 72.296.105. *80 lits.*

> **Entre 20 et 40 TDN (11 à 23 €)**

▲ **Anis**, av. Erriadh ☎ 72.295.777. *12 ch. Pas de cartes de paiement.* Petite pension située en centre-ville. Les chambres sont confortables et propres. Le ♦ **restaurant** du même nom offre une carte de qualité avec des spécialités de poissons et d'agneau. Une bonne adresse.

▲ **Mamounia** ☎ 72.296.219, fax 72.296.858. À la sortie de Kelibia, en bord de mer, plage moyenne. Accueil sympathique dans cette petite résidence-hôtel dont les bungalows, assez sommaires, sont disséminés dans un jardin sur la mer. Le ♦ **restaurant** est agréable.

> **Entre 40 et 60 TDN (23 à 34 €)**

▲ **Palmarina**, route du Port ☎ 72.274.064, fax 72.274.055. *36 ch.* En front de mer et à deux pas du port. Les chambres sont moyennes et le bar fréquenté tard la nuit, un des rares qui sert de l'alcool en ville. Uniquement pour une halte.

> **Entre 60 et 100 TDN (34 à 57 €)**

▲ **Kelibia Beach**, route d'El-Haouaria, après la citadelle ☎ 72.277.777, fax 72.275.274, kbeach.dir@altamara.tn. *210 ch.* Au bord d'une superbe plage, cet établissement propose des chambres confortables. Piscines couvertes et en plein air, tennis. Idéal pour un séjour calme. *Rés. indispensable.*

Restaurants et cafés

Il y a peu de choix dans la ville pour se restaurer, hormis quelques petites gargotes où manger bricks et sandwichs.

> **Moins de 15 TDN (9 €)**

♦ **Café de la Forteresse**, il faut aller y manger des crêpes en buvant un jus de fruit au moment du coucher du soleil. Superbe panorama.

> **Entre 15 et 30 TDN (9 à 17 €)**

♦ **El-Mansourah** ☎ 72.295.169, fax 72.273.206. Sur la route, après la citadelle en s'éloignant de Kelibia, tournez à dr. Un panneau indique le restaurant. Les grandes baies vitrées s'ouvrent sur la mer et les tables sont installées sur les rochers et la plage. On y sert une bonne cuisine à base de produits de la mer. *Il est préférable de réserver en saison.*

Kerkouane

Visite p. 106.

Maison d'hôte

> **Entre 40 et 60 TDN (23 à 34 €)**

▲ **Dar Zenaidi** ☎ 72.721.084/22 77 47 05. www.dar-zenaidi.com. Près du site archéologique. *5 ch.* avec vue sur mer dans une villa moderne, sans charme mais située dans un site magnifique et sauvage. À 200 m de petites criques de sable blanc.

Korba

Visite p. 104.

Hôtel

> **Entre 60 et 100 TDN (34 à 57 €)**

▲ **Africa Jade**, av. H.-Bourguiba ☎ 72.384.633, fax 72.385.353. À l'écart de l'agitation, face à une plage. Décoration africaine : c'est déroutant, mais on s'y fait. Chambres confortables. Idéal pour un vrai repos.

Korbous

Visite p. 107.

Hébergement

> **Entre 20 et 40 TDN (11 à 23 €)**

▲ **Résidence des Thermes**, en centre-ville ☎ 72.284.520, fax 72.284.755. *46 ch.* Hôtel-résidence au charme désuet. Chambres lumineuses qui gagneraient à être rénovées.

Restaurant

> **Entre 15 et 30 TDN (9 à 17 €)**

♦ **Dhib**, en centre-ville. Cuisine excellente. Poissons, grillades. Agréable terrasse sur rue.

Nabeul

Visite p. 102. **Plan** p. 103.

ⓘ av. Taïeb-Méhiri **hors pl. par B2** ☎ 72.286.800, fax 72.223.358. *Ouv. t.l.j. sf dim. lun.-jeu. 8 h 30-13 h et 15 h-17 h 45 ; ven. et sam. 8 h 30-13 h 30.*

● **Marché** le ven. Aux environs : **Maamoura** le jeu. ; **Dar Chaâbane** *le dim.*

Hébergement

Les ▲ suivis d'un n° renvoient aux hôtels localisés sur le plan.

Ils sont pour la plupart situés dans la zone touristique **hors pl. par A2**. *Il est préférable de choisir de se loger dans la zone toute proche de Hammamet où les hôtels sont plus agréables.*

> **MOINS DE 20 TDN (11 €)**

▲ **1. Auberge de jeunesse** à Nabeul Plage **hors pl. par B3** ☎ 72.285.547. *42 lits*. Établissement simple mais bien tenu.

▲ **2. Camping Les Jasmins**, rue Aboul-Kacem-Chebbi **hors pl. par A2** ☎ 72.285.343. Emplacement installé autour d'une jolie construction de style mauresque.

> **AUTOUR DE 20 TDN (11 €)**

▲ **3. Les Jasmins**, rue Aboul-Kacem-Chebbi **hors pl. par A2** ☎ 72.285.343, fax 72.285.073. *53 ch*. Un petit établissement dans un beau jardin avec piscine. Le confort est précaire, mais l'ambiance très conviviale.

> **ENTRE 40 ET 60 TDN (23 À 34 €)**

▲ **4. Les Pyramides**, av. H.-Bourguiba **B3** ☎ 72.285.444/775, fax 72.287.461. *74 ch., 176 bungalows*. Résidence située près du centre, en bordure de mer. Les bungalows sont répartis dans un parc de 7 ha, autour d'un bâtiment central.

> **ENTRE 60 ET 100 TDN (34 À 57 €)**

▲ **5. Le Khéops**, av. Mohammed-V, à 600 m du centre **B3** ☎ 72.286.555, fax 72.286.024, hotel.kheops@planet.tn. *320 ch*. Chambres joliment décorées et confortables. Plage commune avec l'hôtel *Les Pyramides*. Dispose d'une piscine olympique.

Restaurants et cafés

Les ♦ et ● suivis d'un n° renvoient aux restaurants et cafés localisés sur le plan.

> **MOINS DE 15 TDN (9 €)**

● **6. Café Errachidiya**, av. H.-Thameur **A1**. Une agréable étape dans ce salon de thé décoré avec goût. L'endroit est idéal pour déguster de délicieuses pâtisseries en sirotant un thé vert à la menthe.

● **7. Pâtisserie Taguia**, 136, av. H.-Bourguiba **A1**. Un très grand choix de pâtisseries, des bonnes glaces ainsi que des sandwichs, paninis et pizzas.

> **ENTRE 15 ET 30 TDN (9 À 17 €)**

♦ **8. L'Olivier**, av. H.-Chaker **A1** ☎ 72.286.613. Décor chaud et service agréable. Carte très variée, avec poissons, fruits de mer et couscous. Bonne cuisine.

> **PLUS DE 30 TDN (17 €)**

♦ **9. Au Bon Kif**, 25, rue Marbella **A1** ☎ 72.222.783. Spécialités de fruits de mer et de poissons, couscous au mérou et paella sur commande. Goûtez au gigot d'agneau à l'ail. La salle climatisée est sobrement décorée et la terrasse fort agréable. Certainement la meilleure adresse.

Shopping

● **Artisanat**. Magasins Socopa de l'ONA, av. H.-Thameur **A2** ☎ 72.285.007, et av. F.-Hached **AB1** ☎ 72.285.177.

● **Céramique**. C'est la spécialité qui a fait la réputation de Nabeul. Si vous en avez le temps, vous pouvez visiter un atelier de fabrication de céramiques, ils sont nombreux sur la route entre Hammamet et Nabeul et pourvus d'un magasin d'exposition.

Vous y découvrirez le Nabeul traditionnel (motifs géométriques ou scripturaires traités en vert et jaune), la décoration de la production classique courante (motifs végétaux traités en volutes dans les tons brun, jaune, bleu, vert sur fond blanc), ainsi que les synthèses modernistes réalisées depuis quelques années.

Chez **Ben Harriz**, rue El-Arbi-Zarrouk **B1**, vous trouverez un beau choix de poterie traditionnelle. Chez **Kharraz**, av. H.-Thameur **A1-2** ☎ 72.285.034, un des grands maîtres de la poterie de Nabeul, vous dénicherez des créations originales sans cesse renouvelées.

Également **Chez Gastli**, av. F.-Hached **B1** ☎ 72.222.247, à l'entrée des souks.

●●● *Voir également notre rubrique Céramique p. 54.*

● **Laine**. Au village voisin **Beni Khiar hors pl. par A1**, vous pourrez trouver des articles réalisés par des spécialistes (tapis, couvertures, vêtements).

● **Nattes**. Allez voir les nattiers travailler dans leurs petites échoppes, comme Mohamed, rue Khereddine **B1** qui tresse installé à même le sol, ou rue de la Révolution, derrière la poste.

● **Sculpture sur pierre**. Si elle vous intéresse, rendez-vous à **Dar Chaâbane** (1 km N), où d'habiles artisans exécutent, sur une pierre calcaire, des figures géométriques ou végétales stylisées. Ces motifs sculptés ornent des linteaux ou des montants de portes, que l'on peut admirer dans presque tous les villages.

Adresses utiles

● **Banques**. Plusieurs banques se situent sur l'av. H.-Bourguiba **B2**. Nombreux distributeurs et bureaux de change.

● **Compagnie aérienne**. Tunisair, 178, av. H.-Bourguiba **A1** ☎ 72.286.092, 72.286.200.

● **Hôpital régional**. Av. Mohammed-Tahar-Maâmouri **hors pl. par A2** ☎ 72.285.633.

● **Location de voitures**. Avis, hôtel *Khéops* **B3** ☎ 72.286.555. Hertz, av. H.-Thameur **A2** ☎ 72.285.327.

● **Poste**. 170, av. H.-Bourguiba **A1** ☎ 72.285.289.

● **Publinet**. 79, av. H.-Chaker **B1** ☎ 72.224.217. *Ouvert de 8h à minuit.*

● **Transports**. Gare ferroviaire, av. H.-Bourguiba **B2** ☎ 72.285.054. Gare routière, av. H.-Thameur **A2** ☎ 72.285.273 et 72.287.000. Louages, av. H.-Thameur, près de la gare routière **A2**. ●

Le Nord et les plaines du Tell, pratique

visites

Itinéraires 5 à 8, p. 109.
Cartes d'ensemble, p. 110 et 125.

---

bonnes adresses

Sauf mention particulière, les établissements sélectionnés acceptent les cartes bancaires.

Les prix des chambres, indiqués par personne sur la base d'une chambre double, sont une moyenne entre la haute et la basse saison.

Aïn-Draham

Visite p. 125.

● **Marché**. Le lun.

Hébergement

> **Moins de 20 TDN** (11 €)

▲ **Auberge de jeunesse**, rue Principale ☎ 78.655.087, fax 78.655.189. *60 lits.*

▲ **Résidence Les Pins**, sur la rue Principale ☎ 78.656.200, fax 78.656.182. *40 ch. Pas de cartes de paiement.* Petites chambres propres avec TV dans cet hôtel situé dans le village.

> **Entre 30 et 40 TDN** (17 à 23 €)

▲ **Rihana Hôtel** ☎ 78.655.391/392, fax 78.655.578, www.royalrihana-hotel.com. *74 ch.* Incontestablement le meilleur hôtel, il surplombe le village. Bon confort, agrémenté d'une piscine couverte. C'est le rendez-vous préféré des chasseurs. ♦ **Restaurant** de qualité.

> **Entre 40 et 70 TDN** (23 à 40 €)

▲ **La Forêt** ☎ 78.655.302, fax 78.655.335, www.hotellaforet.com.tn. *62 ch.* À côté du complexe sportif, à l'orée de la forêt. Bonne étape pour un séjour au grand air.

Sports et loisirs

● **Chasse au sanglier**. Des battues ont lieu de mi-oct. à fin janv. La chasse se fait exclusivement à balle. *Rens. auprès de l'❶ de Tabarka ou des hôtels.* Ces derniers organisent aussi des **randonnées pédestres** et à **VTT**.

Bizerte

Visite p. 115. **Plan** p. 116.

❶ route de la Corniche, à côté de l'hôtel Bizerta Resort, **hors plan par B1** ☎ 72.432.897, fax 72.438.600. *Ouv. lun.-jeu. 8h30-13h et 15h-17h45, ven. 8h30-13h30, sam. 8h-13h30.*

● **Marché**. Le sam. (le mar. pour les produits agricoles) **A1**. Aux environs : **Sejenane**, le jeu.

Hébergement

La **route de la Corniche hors pl. par B1**, au N du fort d'Espagne, rejoint une longue plage au bord de laquelle sont situés les plus confortables hôtels de Bizerte. Attention au bruit, néanmoins…

Les ▲ suivis d'un n° renvoient aux hôtels localisés sur le plan.

> **Moins de 20 TDN** (11 €)

▲ **1. Résidence Aïn Meriem hors plan par B1** 72.443.377/72.431.912, fax 72.432.459. *86 ch.* Dans le style appart' hôtel, des bungalows autour d'une piscine et d'un jardin, le long de la plage. Service correct et bon ♦ **restaurant**.

> **Autour de 20 TDN** (11 €)

▲ **2. El-Feth**, av. H.-Bourguiba **A2** ☎/fax 72.430.596. *24 ch. Pas de cartes de paiement.* Un hôtel bien situé, avant la mosquée, en plein centre-ville. Propose des chambres au confort sommaire, mais propres. Accueil chaleureux.

> ENTRE 20 ET 30 TDN (11 à 17 €)

▲ **3. Le Petit Mousse hors plan par B1** ☎ 72.432.185, fax 72.438.871. *12 ch.* Un petit hôtel à l'atmosphère bon enfant, réputé pour son ♦ **restaurant** qui compte parmi les bonnes tables de Bizerte. Établissement situé face à la mer.

> ENTRE 40 ET 70 TDN (23 à 40 €)

▲ **4. Bizerta Resort hors plan par B1** ☎ 72.436.966, fax 72.422.955. *104 ch.* Un établissement aux chambres agréables et confortables, qui donne directement sur la mer. Centre de fitness.

| Restaurants

Les ♦ suivis d'un n° renvoient aux restaurants localisés sur le plan.

> AUTOUR DE 10 TDN (6 €)

♦ **5. La Mammina**, 1, rue d'Espagne **A2**. *F. dim. Pas de cartes de paiement.* De bonnes pizzas, servies uniquement le soir. Également pâtes, viandes et poissons. Pas d'alcool. Cadre sympathique et mezzanine à l'étage.

> ENTRE 10 ET 30 TDN (6 à 17 €)

♦ **3. Le Petit Mousse**, route de la Corniche **hors plan par B1** ☎ 72.432.185. Restaurant de l'hôtel du même nom. Un des plus anciens et appréciés de Bizerte, mais qui vit un peu sur sa réputation. Jolie vue sur la mer. Spécialités de poissons et cuisine française.

♦ **6. Restaurant du Bonheur**, 31, rue Thaabli **A2** ☎ 72.431.047. *F. dim. soir. Pas de cartes de paiement.* Dans un cadre sans prétention, mais à l'ambiance chaleureuse, vous aurez le choix entre plusieurs menus avec une grande variété de couscous et de poissons.

> PLUS DE 30 TDN (17 €)

♦ **7. Sport nautique**, quai Tarik-ibn-Ziad **B2** ☎ 72.432.262. Sur le port de plaisance. Belle terrasse sur la mer. Une très bonne adresse pour déguster d'excellents fruits de mer,

---

fêtes
À Bizerte

● **Juil.-août** (années impaires). **Festival de Bizerte** : au programme, folklore, théâtre, poésie dans le théâtre de plein air du fort d'Espagne.

● **Sept.** (1re sem.). **Journées touristiques** : folklore *malouf*, concours de natation, rallyes automobiles. ●

---

crustacés et poissons (les poissons de Bizerte sont réputés dans tout le pays) et goûter aux huîtres de la région. Toutefois, les prix sont assez élevés.

| Sports et loisirs

Pour pratiquer du surf, ski et autres activités nautiques : **Port de plaisance B2** ☎ 72.436.610, fax 72.435.681. **Base nautique**, hôtel *Corniche* **B2** ☎ 72.431.844/831. **Club Nautique B2** ☎ 72.432.262.

| Adresses utiles

● **Artisanat**. Socopa, sur le vieux port **A1** *F. ven.et sam. après-midi et dim.* À côté se trouve un **café** sympathique, lieu de rendez-vous des Bizertins.

● **Banques**. Nombreuses dans le centre, autour de la place du marché **A1**. Et sur l'av. H.-Bourguiba **A2**.

● **Compagnie aérienne**. Tunisair, 76, av. H.-Bourguiba **A2** ☎ 72.432.201.

● **Location de voitures**. Avis, 7, rue d'Alger **A2** ☎ 72.433.076. Europcar, 19, rue Mohammed-Rejiba **B2** ☎ 72.431.455. Hertz, pl. des Martyrs **B2** ☎ 72.433.679.

● **Police**. Av. du 20-Mars-1956 **B2** ☎ 72.431.200.

● **Poste**. Av. d'Algérie **A2** ☎ 72.431.190.

● **Transports**. Gare ferroviaire, SNCFT, rue de Russie **A3**

☎ 72.433.588. **Gares routières**, quai Tarik-ibn-Ziad **A2** : SNTRI, ☎ 72.431.222 ; SRT, ☎ 72.431.317. **Station de louages**, quai Tarik-ibn-Ziad **B2**, près du pont qui enjambe le canal.

●●● *Voir également notre rubrique Pratique p. 310.*

Hammam-Bourguiba

Visite p. 125.

Hôtel

> Entre 40 et 70 TDN (23 à 40 €)

▲ **El Mouradi** ☎ 78.610.555/556, fax 78.610.557, www.elmouradi.com. *150 ch.* Un hôtel de standing, conçu pour les curistes de la station thermale spécialisée dans les soins ORL.

Le Kef

Visite p. 128. **Plan** p. 116.

● **Marché** le jeu. Aux environs : **Jendouba** le mer. ; **Bou-Salem** le jeu. ; **Siliana** le jeu.

Hébergement

Les ▲ suivis d'un n° renvoient aux hôtels localisés sur le plan.

> Autour de 20 TDN (23 €)

▲ **1. El-Medina**, 18, rue F.-Hached, centre-ville **A2** ☎ 78.204.183. *12 ch. Pas de cartes de paiement.* Un hôtel modeste et propre, au confort minimum. Un peu bruyant, mais sympathique.

▲ **2. Résidence Vénus**, rue Mouldi-Khamessi, non loin de la kasba **A1** ☎ 78.204.695, fax 78.202.411. *20 ch. Pas de cartes de paiement.* Confort simple et accueil agréable. Une terrasse sur le toit offre un très beau panorama sur la vallée du Kef.

> Entre 20 et 30 TDN (11 à 17 €)

▲ **3. Les Pins**, av. de l'Environnement **hors pl. par B2** ☎ 78.204.300/021, fax 78.202.411, www.hotel-lespins.com. *55 ch.* Sur la route qui monte au centre-ville. Hôtel moderne aux chambres particulièrement spacieuses. Personnel serviable. Très belle vue sur la vallée et les pins.

> Entre 30 et 40 TDN (17 à 23 €)

▲ **4. Dar Chennoufi**, région de Samama, à 5 km du Kef **hors pl. par B2** ☎ 98.327.971/21.521.291, www.dar-chennoufi.com. À l'entrée du Kef, prendre la direction de Tajerouine ; après le premier rond-point, prendre la première route à g. et suivre les indications. Une **maison d'hôte** en pleine campagne, au décor traditionnel, avec un beau panorama sur le Kef. Piscine pour les beaux jours. L'hôtesse vous concoctera les plats de la région à la demande. *Il est préférable de réserver.*

Restaurants

Les petits restaurants du Kef sont majoritairement accueillants, parfois déroutants, mais toujours sympathiques. On vous y servira une cuisine traditionnelle, dans une atmosphère authentique.

Les ♦ suivis d'un n° renvoient aux restaurants localisés sur le plan.

> Autour de 10 TDN (6 €)

♦ **5. Chez Vénus**, angle av. H.-Bourguiba et rue F.-Hached **A2** ☎ 78.200.355. *F. ven. Pas de cartes de paiement.* Appartient à l'hôtel du même nom. Très prisé des Kéfois. Cuisine correcte et accueil chaleureux.

Adresses utiles

● **Association de sauvegarde de la médina** (ASM), pl. de l'Indépendance **A2**. Des passionnés qui se feront un plaisir de vous guider dans la ville.

● **Banques**. BNA, rue Ali-Belhaouane **A2** ☎ 78.221.553. STB, rue Salah-Ayach **A2** ☎ 78.221.616.

● **Internet**. Publinet, av. H.-Bourguiba **B2** ☎ 78.200.749.

● **Police** ☎ 78.200.955.

- **Poste**. Av. H.-Chaker **A1**.
- **Transports**. Gare routière, rue Mongi-Slim **hors pl. par A2** ☎ 78.221.416. Autobus et louages.

●●● *Voir également notre rubrique Pratique p. 310.*

Medjez-el-Bab

Maison et table d'hôte

▲ **Côté Ferme**, Km 5 route de Testour ☎ 98.354.848, medjerda valley@yahoo.fr. *Sur réservation.* Situé au cœur de la vallée de la Medjerda, cette adresse de charme en pleine campagne est une halte idéale sur la route de Dougga. Les maîtres de céans de cette jolie ferme vous accueillent dans un cadre raffiné pour un repas digne des bonnes tables (méchoui, couscous et quelques bonnes spécialités). Possibilité de chambres d'hôte.

Tabarka

Visite p. 120. Plan p. 121.

ℹ 65, bd du 7-Novembre **B1** ☎ 78.671.491/78.673.496, fax 78.673.428. *Ouv. lun.-sam. 8h30-13h et 15h-17h45 en hiver, 8h30-13h30 et 14h-20h en été.* **Bureau d'informations**, 32, av. H.-Bourguiba **A1**. *Ouv. de juin à août.*

- **Marché**. Le jeu. après-midi et le ven. matin.

Hébergement

Ils sont pour la plupart situés dans la zone touristique **hors pl. par B1**.

Les ▲ suivis d'un n° renvoient aux hôtels localisés sur le plan.

> Entre 20 et 30 TDN (11 à 17 €)

▲ **1. Les Aiguilles**, 18, av. H.-Bourguiba **A1** ☎ 78.673.789, fax 78.673.604. hotel.lesaiguilles@planet.tn. *19 ch.* Chambres étroites, mais propres et sympathiques, climatisées. Bonne cuisine et accueil très chaleureux. En plein centre-ville, donc un peu bruyant en saison.

fêtes À Tabarka

- **Juil. Festival de jazz** : musiciens de renommée internationale.
- **Juil.-août. Festival international de Tabarka** : musique, théâtre, variétés.
- **Sept.** Festival international de l'image sous-marine. ●

> Entre 30 et 40 TDN (17 à 23 €)

▲ **2. Dar Mimosas**, sur la colline dominant la ville **B2** ☎ 78.673.018/028, fax 78.673.276. *74 ch.* Dans une demeure ancienne, avec une vue superbe sur la ville et la mer. Récemment rénovées, les chambres sont bien tenues, situées dans des bâtiments modernes. Grande piscine. Cuisine locale dans le ♦ **restaurant**. Terrasse agréable pour boire un verre.

▲ **3. Dar Morjane Yadis**, zone touristique **hors plan par B1** ☎ 78.643.411/107, fax 78.673.888. *160 ch.* Le premier hôtel construit sur la plage de sable fin, avant le développement de la zone touristique. Les chambres sont simples et agréables, tout comme l'ambiance. Mais une rénovation s'impose !

▲ **4. Résidence Méhari** (appart'hôtel), zone touristique **hors plan par B1** ☎ 78.671.444/445, fax 78.673.943. Ensemble de bungalows confortables, avec cuisine et petite terrasse. Très calme, car situé dans une pinède. Une bonne solution quand on est nombreux.

> Entre 40 et 70 TDN (23 à 40 €)

▲ **5. Zen Hôtel**, 31, rue Ali-Zouaoui **A2** ☎ 78.673.100, fax 78.673.202, www.zenhotel-tabarka.com. *16 ch.* Une adresse de charme située au cœur de la ville, dans un ancien immeuble joliment transformé. La décoration allie équipements ultra-modernes (Wifi, TV LCD) et matériaux traditionnels, avec un patio intérieur. Les chambres sont de mini-appartements pouvant accueillir jusqu'à 4 ou 6 personnes. Quant au bar de l'hôtel, il est le rendez-vous de la jeunesse branchée de Tabarka.

> **Entre 70 et 100 TDN (40 à 57 €)**

▲ **6. Iberostar Tabarka Beach**, zone touristique **hors plan par B1** ☎ 78.672.100, fax 78.673.852, www.iberostar.com. 253 ch. Hôtel de grand luxe à la décoration moderne de bon goût. Le point de vue dès l'entrée vaut le coup d'œil : on a l'impression de plonger directement dans la mer. Pour un moment de détente, allez faire un tour au centre de thalassothérapie : il est superbe et les soins sont de qualité.

Restaurants et café

Outre ceux des hôtels (**Dar Mimosas**, **Les Aiguilles**), on trouve en ville un certain nombre de restaurants très simples qui servent une cuisine tunisienne à des prix modérés. La langouste est une des spécialités de Tabarka et on en trouve pendant la saison dans de nombreux restaurants. Fixez cependant le prix à l'avance, car elle est vendue au poids.

Les ♦ et ● suivis d'un n° renvoient aux restaurants et cafés localisés sur le plan.

> **Moins de 10 TDN (6 €)**

● **7. Café Andalou**, av. Hedi-Chaker **A2**. *Pas de cartes de paiement*. Un café maure, aux murs ornés de faïence et à la belle collection de coffres en bois. Certainement le lieu le plus réputé de Tabarka. Allez-y pour boire un verre et profiter de l'ambiance.

> **Autour de 10 TDN (6 €)**

♦ **8. Khemir**, av. H.-Bourguiba **A2** ☎ 78.671.586. Un excellent rapport qualité-prix dans cet établissement qui propose aussi une carte à base de produits de la mer.

♦ **9. Le Corail**, 76, av. H.-Bourguiba **A2**. *Pas de cartes de paiement*. Un bon choix de plats tunisiens et de pâtisseries à prix modérés. L'établissement ne sert pas d'alcool.

> **Entre 10 et 30 TDN (6 à 17 €)**

♦ **10. Le Mondial**, La Marina **A1** ☎ 78.670.051. On y sert une cuisine simple et excellente à base de produits de la mer. Accueil chaleureux.

♦ **11. Touta**, Porto Corallo **A1** ☎ 78.671.018. L'ambiance est sympathique et conviale. À la carte : de bons poissons ainsi que des fruits de mer.

Sports

● **Chasse**. Organisée par les hôtels **Dar Mimosas** (▲ 2) et **Rihana** (Aïn-Draham **hors pl. par B2**). Pour les formalités, se renseigner à l'❶ (*p. 239*).

● **Équitation**. Golf Beach Equitation, zone touristique, près de l'hôtel *Golf Beach* **hors pl. par B1** ☎ 78.673.002.

● **Golf**. Tabarka Golf, route touristique **hors pl. par B1** ☎ 78.671.031/038, fax 78.671.026. Un parcours de 18 trous sur 6 400 m, dans un paysage magnifique. L'un des rares parcours au monde à compter 7 trous en bord de mer.

● **Plongée et pêche sous-marine**. *Voir ci-contre*. Loisirs de Tabarka, sur le port de plaisance **A1** ☎ 78.670.664, www.loisirsdetabarka.com, *ouv. mars-nov*. Affilié à l'UCPA en France.

Club le Mérou, dans la résidence Méhari (▲ 4) **hors plan par B1** ☎ 78.670.184.

Club nautique de Tabarka, sur le port de plaisance **A1** ☎ 78.673.352. Organise également des excursions à La Galite.

● **Port de plaisance**. **A1** ☎ 78.670.599, fax 78.673.595.

- **Randonnées pédestres**. Tabarka Voyages, route d'Aïn-Draham **hors pl. B2** ☎ 78.673.740, organise des randonnées pédestres et à VTT dans la région de Kroumirie.

Loisirs

- **Hammam**. Rue F.-Hached **A2**. Pour les hommes : 5h-12h et 17h-22h ; pour les femmes : 12h-17h. Réservé aux hommes le dim.

Shopping

Le **corail** est la spécialité-phare de Tabarka. De nombreux artisans taillent des grains réguliers pour les colliers, montent des fragments polis en bague ou en boucles d'oreille.

Les prix sont toutefois assez élevés et auraient tendance à s'établir à « la tête du client ». **Un conseil** : prenez le temps de visiter toutes les boutiques (elles sont situées le long de l'av. H.-Bourguiba) avant de vous décider. Vous aurez ainsi une meilleure idée des tarifs pratiqués.

Autres spécialités de Tabarka : les **pipes en bruyère**, fabriquées artisanalement de père en fils, et l'**artisanat du liège**.

Adresses utiles

- **Aéroport**. Aéroport du 7-Novembre, à 12 km du centre **hors pl. par B2** ☎ 78.680.005, fax 78.680.133.
- **Banques**. BNA, 69, av. H.-Bourguiba **B2**. UIB, 48, av. H.-Bourguiba **B2**.
- **Compagnie aérienne**. Sevenair, av. du 7-Novembre ☎ 78.670.811 **A1** et à l'aéroport **hors pl. par B2**.
- **Location de voitures**. Hertz, résidence Corallo **A1** ☎ 78.670.670.
- **Police**. Rue du Peuple **A2** ☎ 78.670.021.
- **Poste**. Av. H.-Chaker **A1**.
- **Publinet**. Av. du 7-Novembre **A1**.
- **Samu** ☎ 78.673.653.
- **Taxi** ☎ 78.673.636.

plongée
Fonds marins

Les fonds marins du littoral tunisien, très variés selon les régions, forment de véritables théâtres sous l'eau.

À Tabarka, où la montagne tombe droit dans la mer, les fonds atteignent rapidement 200 m, permettant les plongées les plus étonnantes du pays. La clarté de l'eau offre même une visibilité jusqu'à une vingtaine de mètres. Vous pouvez ainsi croiser des gorgones, des coraux multicolores, des mérous, des castagnoles (minuscules poissons noirs qui circulent en banc), des girelles-paons argentés et striés de bleu... ●

- **Transports**. Gares routières : SNTRI, rue du Peuple **A2** ☎ 78.670.404, dessert Tunis et les villes du Nord ; SRT, av. H.-Bourguiba **B2** ☎ 78.670.087, dessert les villes du Nord. Louages : av. H.-Bourguiba, à l'angle de la rue de Bizerte **B2**.

●●● *Voir également notre rubrique Pratique p. 310.*

Téboursouk

Visite p. 136.

Hôtel

> **Entre 20 et 30 TDN (11 à 17 €)**

▲ **Thugga** ☎ 78.466.647, fax 78.466.721. *33 ch. Pas de cartes de paiement.* Cet hôtel est situé dans un cadre accueillant, au milieu d'une forêt d'oliviers. Il est possible de déjeuner dans le jardin après avoir visité le site. Le lieu est agréable. Mais en raison de sa situation, près du site de Dougga, et comme c'est le seul hôtel du coin, il est très fréquenté. Il vaut donc mieux réserver. ●

Le Sahel et les steppes, pratique

visites
Itinéraires 9 à 11, p. 139 :
Cartes p. 141 ●

bonnes adresses

Sauf mention particulière, les établissements sélectionnés acceptent les cartes bancaires.

Les prix des hôtels, indiqués par personne sur la base d'une chambre double, sont une moyenne entre la haute et la basse saison.

El-Djem

Visite p. 154. **Plan** p. 155.

❶ près de l'amphithéâtre

● **Marché**. Le lun.

Hôtels

Les ▲ suivis d'un n° renvoient aux hôtels localisés sur le plan.

> **AUTOUR DE 15 TDN (9 €)**

▲ **1. Hôtel Julius**, près de la gare **B2** ☎ 73.630.044, fax 73.630.523. *Pas de cartes de paiement. 14 ch.* C'est l'unique hôtel de la ville. Les chambres à la décoration kitsch donnent sur un patio qui abrite un ♦ **restaurant**, correct, où l'on sert de l'alcool.

> **ENTRE 30 ET 50 TDN (17 à 29 €)**

▲ **2. Ksar el Djem**, à 4 km d'El-Djem en direction de Tunis **hors pl. par A1** ☎ 73.632.800, fax 73.630.390. Un hôtel-club, en pleine campagne, avec piscine, au milieu d'un beau jardin fleuri. Le bar attire les habitants d'El-Djem le soir. Une bonne halte pour une nuit.

Restaurant

Vous n'aurez pas vraiment le choix à El-Djem. Allez plutôt manger un **méchoui** sur la route de Sfax. Vous y trouverez des établissements avec un barbecue extérieur fumant prêt à accueillir la viande que vous aurez choisie et achetée au poids.

Les ♦ suivis d'un n° renvoient aux restaurants localisés sur le plan.

> **AUTOUR DE 10 TDN (6 €)**

♦ **3. Le Bonheur**, non loin de l'hôtel *Julius*, route de Sfax **B2** ☎ 73.690.306. *Pas de cartes de paiement.* Cuisine tunisienne simple et un accueil sympathique. Petite terrasse aérée.

Brochettes et grillades dans les **gargotes** face à l'amphithéâtre.

Shopping

Sur la pl. de l'Amphithéâtre **B2**, quelques **boutiques d'antiquités** proposent des objets traditionnels et des bijoux berbères de qualité. On peut faire des affaires, à condition de marchander fermement.

Festivals

● **Juil.-août**. Festival international de musique symphonique, dans l'amphithéâtre : orchestres de chambre et symphoniques venus du monde entier.

Adresses utiles

● **Banques**. Av. H.-Chaker **A2**.

● **Poste**. Route de Sfax **B2**.

● **Transports**. Gare routière et ferroviaire, **station de louages** : en face de l'hôtel *Julius* **B2**.

Kairouan

Visite p. 162. **Plan** p. 165.

❶ pl. des Martyrs **C3** ☎ 77.231.897, fax 77.237.897. *Ouv. lun.-jeu. 8 h 30-13 h et 15 h-17 h 45 en hiver, 7 h-19 h en été, ven. et sam 8 h-13 h.* **Agence de mise en valeur du patrimoine et de la promotion culturelle (AMVPPC)**, pl. des Bassins-des-Aghlabides **B1** ☎/fax 77.270.452. *Ouv. t.l.j. 8 h-18 h (ven. 8 h-13 h).* C'est là que vous trouverez le maximum de renseignements pour visiter les nombreux monuments de la ville. Et vous si désirez avoir un guide pour visiter les monuments de la ville, c'est le seul endroit où s'adresser.

● **Marché**. Le lun.

Hébergement

Les ▲ suivis d'un n° renvoient aux hôtels localisés sur le plan.

> MOINS DE 15 TDN (9 €)

▲ **1. Auberge de jeunesse**, av. de Fès **hors pl. par D3** ☎ 77.228.239. *80 lits.*

> AUTOUR DE 15 TDN (9 €)

▲ **2. Sabra**, rue Ali-Belhaouane, en face de la porte des Martyrs **C3** ☎ 77.230.263, fax 77.228.355. *30 ch. Pas de cartes de paiement.* Un hôtel sans prétention, juste à côté de la médina. Chambres propres avec douche et toilettes communes. Terrasse sur le toit.

> ENTRE 30 ET 50 TDN (17 À 29 €)

▲ **3. Splendid**, rue du 9-Avril **C3** ☎ 77.227.522, fax 77.230.829. *40 ch.* Cet ancien hôtel offre, avec ses grandes chambres au plafond haut, un vrai moment de dépaysement. À deux pas de la médina, une adresse idéale pour passer quelques jours à Kairouan. Le ♦ restaurant accueille beaucoup de groupes à midi et le bar, qui sert de l'alcool, est plein le soir.

> ENTRE 80 ET 120 TDN (46 À 68 €)

▲ **4. La Kasbah**, av. Ibn-el-Jazzar, cité La Mosquée **C1** ☎ 77.237.301, 77.233.438, fax 77.237.302, www.goldenyasmin.com *97 ch.* L'architecture de cet **hôtel de charme** est parfaitement intégrée aux remparts de la vieille ville. Une belle porte en bois en ouvre l'accès. Les chambres, décorées avec raffinement, offrent tout le confort moderne au cœur du Kairouan historique. Le décor du café maure est réussi. Grande piscine avec terrasse, solarium et hammam.

Restaurants

Ils ne sont pas nombreux à Kairouan, mais il y a pas mal de petites gargotes. Si vous voulez faire un repas avec alcool, essayez les restaurants des hôtels.

Les ♦ suivis d'un n° renvoient aux restaurants localisés sur le plan.

> AUTOUR DE 10 TDN (6 €)

♦ **5. Restaurant Sabra**, av. de la République **C3** ☎ 77.235.095. *Pas de cartes de paiement.* La cuisine est familiale, composée de spécialités locales. Accueil très sympathique du patron. Ne sert pas d'alcool.

♦ **6. Roi du couscous**, pl. de la Victoire **C3**. ☎ 77.231.237. *Pas de cartes de paiement.* On y sert du couscous, de plusieurs sortes et délicieux, et d'autres plats sans prétention, dans une ambiance chaleureuse.

> ENTRE 10 ET 30 TDN (6 À 17 €)

♦ **4. La Sofra**, av. Ibn-el-Jazzar, **C1** ☎ 77.237.301. Le cadre du restaurant de l'hôtel *La Kasbah* est raffiné, à l'image de la cuisine que l'on y sert, d'inspiration internationale ou tunisienne. Certainement la table la plus chic de Kairouan.

pratique
La finesse des tapis

Elle s'exprime en points par mètre carré et est garantie par une estampille officielle. Il existe quatre catégories : les tapis berbères (10 000 à 12 000 pt/m²), les tapis semi-fins (20 000 à 35 000 pt/m², décor Bizerte ou Kairouan), les tapis fins (40 000 à 90 000 pt/m², décor Bizerte ou Kairouan) et les tapis super fins (160 000 à 250 000 pt/m², décor Kairouan). C'est à la gamme des tapis de 250 000 pt/m² qu'appartiennent les tapis de soie.

●●● *Voir également «Zerbia, mergoum et kilim» p. 60.* ●

Shopping

- **Artisanat.** Les **tapis** (souk des Tapis **C2** ou fabriques nombreuses dans la ville, mais souvent pièges à touristes…) sont au 1er rang de la production artisanale locale. Autre production : les ustensiles en **cuivre martelé**, spécialité de Kairouan. Avant d'acheter un tapis, allez visiter l'**Office national de l'artisanat**, av. Ali-Zouaoui **B3** ☎ 77.232.013. Vous aurez une bonne idée des prix.

- **Pâtisserie. Segni C2**, rue du 7-Novembre. Vous y dégusterez, entre autres, le fameux *makhroud* (pâtisserie aux dattes) qui fait la réputation de Kairouan.

Fête et festival

- **Fête du Mouled.** *Date selon le calendrier lunaire (p. 301).* L'anniversaire du Prophète prend ici une dimension particulière : les façades des maisons s'ornent de tapis et de guirlandes, les souks restent illuminés toute la nuit, les Kairouanais revêtent leurs plus beaux habits traditionnels et les vendeurs de pâtisseries envahissent les trottoirs.

Adresses utiles

- **Banques.** Près du commissariat régional au tourisme. STB et UIB avec distributeur **C3**.

- **Hôpital.** Av. Ibn-el-Jazzar, près du bassin des Aghlabides **B1** ☎ 77.226.300.

- **Internet.** Publinet, près de la station Agil, par la rue Zouagha **B2** ☎ 77.231.041.

- **Location de voitures.** Hertz, av. Ibn-el-Jazzar **B1** ☎ 77.234.303.

- **Police.** À l'angle de la rue du 20-Mars, en face de l'hôtel *Splendid* **C3** ☎ 77.230.577.

- **Poste.** Pl. de la Victoire **C3**.

- **Transports.** Gare routière, près de la mosquée du Barbier **hors pl. par A2** ☎ 77.300.011. Station de louages près de la gare routière.

Les îles Kerkennah

Visite p. 160. Carte p. 161.

- ⓘ à Sfax, *p. 249*.
- **Marché.** Le jeu.

Hébergement

Les ▲ suivis d'un n° renvoient aux hôtels localisés sur le plan.

> **Autour de 15 TDN (9 €)**

▲ **1. Aziz**, plage de Sidi-Frej ☎/fax 74.489.932. *38 ch.* Résidence-hôtel. Chambres avec coin-cuisine équipé. Piscine, belle terrasse panoramique.

> **Entre 15 et 30 TDN (9 à 17 €)**

▲ **2. Cercina**, route de Sidi-Frej ☎ 74.489.953, fax 74.489.878. *20 ch. et 13 bungalows.* Chambres confortables dans un bâtiment récent, ou bungalows au confort sommaire directement sur la mer. Le ♦ **restaurant** propose une cuisine familiale, où le poulpe est à l'honneur. Le couscous *melthout*, à base d'orge, est un vrai régal. La meilleure adresse de l'île. Location de vélos.

▲ **3. Seabel Grand Hôtel**, plage de Sidi-Frej ☎ 74.489.861/864, fax 74.489.866. *94 ch.* Les jardins et la piscine font oublier le peu de charme du bâtiment et des chambres. ♦ **Restaurant** sur la plage.

Restaurant

Le ♦ suivi d'un n° renvoie au restaurant localisé sur le plan.

> **Autour de 10 TDN (6 €)**

♦ **4. Chez Najet**, dans le village d'El-Ataya, au nord de l'île Chergui ☎ 98.291.235. Demandez sur place, on vous indiquera le chemin. Accueil chaleureux de Najet qui vous fera goûter sa délicieuse cuisine : soupe de poulpes ou spaghettis aux fruits de mer, spécialités de l'île.

Loisirs

Samir ☎ 96.365.195. Pêcheur, Samir organise des sorties en mer et vous fait découvrir la pêche traditionnelle.

Et pour la détente : grillades de poissons et baignades. Pour les amoureux de la nature : campements dans les lieux préservés de Kerkennah.

Fêtes et festivals

● **Fin mars**. Festival du Poulpe, à la fin de la saison de la pêche : spectacles et sorties en mer.

● **Fin juil.- début août**. Festival de la Sirène : spectacles folkloriques.

Adresse utile

● **Ferries au départ de Sfax**. Sonatrak, av. Mohammed-Hedi-Kefacha **hors pl. par A2** ☎ 74.498.216. Liaisons t.l.j.

Mahdia

Visite p. 151. Plan p. 152.

❶ rue El-Moez, à l'entrée de la médina **A1** ☎/fax 73.681.098. *Ouv. t.l.j. sf dim. 8h30-18h.* ❶ av. du 2-Mars **A1** ☎ 73.680.000, fax 73.680.662. *Ouv. t.l.j. sf dim. 8h30-18h.*

● **Marché**. Le ven.

Hébergement

La plupart des hôtels sont situés sur la plage **hors pl. par A1**, qui commence à souffrir de l'accroissement des équipements touristiques. Des hôtels de plus en plus luxueux s'élèvent chaque année.

Les ▲ suivis d'un n° renvoient aux hôtels localisés sur le plan.

> Autour de 15 TDN (9 €)

▲ **1. Auberge de jeunesse**, rue Ibn-Rached, près de la plage **A2** ☎ 73.681.559. *60 lits.*

▲ **2. El Médina**, rue El-Kaem, dans la vieille ville **B1** ☎ 73.694.664, fax 73.696.384. *12 ch. Pas de cartes de paiement.* Petit hôtel sans prétention, mais plein de charme et accueillant. *Souvent plein en saison, mieux vaut réserver.*

▲ **3. Jazira**, rue Ibn-Fourat, sur le bd Cap-Afrique **B1** ☎ 73.681.629, fax 73.680.274. *7 ch. Pas de cartes de paiement.* Une petite maison organisée en hôtel avec salle de bains et cuisine communes. L'accueil est chaleureux, et si l'hôtel est complet, on vous propose de dormir sur la terrasse, en été bien sûr !

> Entre 30 et 50 TDN (17 à 29 €)

▲ **4. Dar Sidi** ☎ 73.687.001/002. *10 ch.* Situé à 3 km de Mahdia, direction Rejiche, un petit **hôtel de charme** en bord de mer, avec piscine, dans une maison à l'architecture traditionnelle. Toutes les chambres sont différentes. Pour un séjour calme et intime.

▲ **5. El Medhi** ☎ 73.671.300, 73.671.309, www.elmehdihotel.com. *300 ch. (f. en hiver).* À l'entrée de la zone touristique, un hôtel idéal pour les séjours en famille, avec de grandes chambres face à la mer. Le **restaurant** est sympathique et l'on y sert de la bonne cuisine mahdoise.

> Entre 50 et 80 TDN (29 à 47 €)

▲ **6. Mansour** ☎ 73.696.696, fax 73.696.669. *225 ch.* Un des hôtels les plus élégants de la ville, et celui dont le service est le plus efficace. Demandez les bungalows sur la mer, avec jardin.

Restaurants

Les ♦ suivis d'un n° renvoient aux restaurants localisés sur le plan.

> Autour de 10 TDN (6 €)

♦ **7. Médina**, pl. du 1er-Mai **A1** ☎ 73.680.607. *Pas de cartes de paiement.* Un restaurant simple, près du marché, pour goûter *kamounia* ou couscous.

> Entre 10 et 30 TDN (6 à 17 €)

♦ **8. Dar Shat**, zone touristique **hors pl. par A1** ☎ 73.695.210/213. *Ouv. mai-oct.* Joli restaurant de plage avec une terrasse les pieds dans l'eau. Excellentes pâtes aux fruits de mer.

♦ **9. Le Lido**, sur le port **A2** ☎ 73.681.339. Spécialités de poissons grillés. Le plus snob des authentiques restaurants de pêcheurs, non loin du port. Une très bonne table.

♦ **10. Neptune**, av. du 7-Novembre **A1** ☎ 73.681.927. Sur la route de la corniche. Une carte basée sur les produits de la mer, cuisinés avec talent. Accueil chaleureux du patron. Les meilleures tables sont sur la terrasse du 1er étage qui surplombe la mer.

Cafés

Les ● suivis d'un n° renvoient aux cafés localisés sur le plan.

● **11. Café Sidi Salem**, rue du Borj **B1**. C'est le rendez-vous de la jeunesse mahdoise. Rien que pour la vue magnifique sur la mer…

● **12. Club El Mehdi**, av. F.-Hached **A2**. Un lieu réservé aux hommes, un peu comme les clubs anglais d'antan, mais à la mode orientale.

● **13. El Médina**, face à la Grande Mosquée **B1**. Décoration traditionnelle de bon goût. La terrasse ombragée est agréable et calme.

Shopping

● **Artisanat**. Mahdia est une ville de tisserands. Les costumes des mariées mahdoises sont parmi les plus riches du pays. Le vendredi matin, au marché de la **Skifa el-Kahla**, les femmes viennent vendre leurs costumes. Allez aussi chez **Karim Arous**, dans la rue principale de la médina, choisir de belles pièces de tissu ou des étoles en soie. Pour les amateurs de bijoux, plusieurs boutiques des souks offrent une belle sélection de boucles d'oreilles.

Fêtes et festivals

● **Mai**. Festival de la soie : présentation des habits traditionnels et des tissages en soie.

● **Juil**. Nuits de Mahdia : musique et arts populaires.

● **Juil**. Festival de la mer : dégustation de poissons, soirées animées sur le port et la plage.

Sport et loisirs

● **Plongée sous-marine**. Centres de plongée : le Grand Bleu, hôtel *Cap Mahdia* ☎ 73.694.602, fax 73.696.632, **Sub Way**, bd Cap-Afrique **B1** ☎ 73.696.492 et 98.556.542 (GSM).

● **Thalassothérapie**. Thalasso Palace Mahdia ☎ 73.673.713, fax 73.673.710. **Thalassa Mahdia Vital Center**, hôtel *Thalassa Beach* ☎ 73.694.889, fax 73.694.300.

Adresses utiles

● **Banques**. STB, av. H.-Bourguiba (distributeur) **A1**. BIAT, à l'entrée de la médina.

● **Location de voitures**. Avis, av. H.-Bourguiba **A1** ☎ 73.696.342. Hertz, av. H.-Bourguiba **A1** ☎ 73.695.255.

● **Police**. Av. Taïeb-Méhiri ☎ 73.681.099/388.

● **Poste**. Av. H.-Bourguiba **A1** ☎ 73.681.714/388.

● **Transports**. Gare ferroviaire et Métro du Sahel, sur le port **A2** ☎ 73.680.177. Gare routière, sur le port **A2** ☎ 73.460.926. Station de louages, pl. de la gare.

Monastir

Visite p. 148. Plan p. 149.

ℹ en face de l'aéroport, route de Sousse **hors pl. par A2** ☎ 73.520.205 et 73.521.089. ℹ rue de l'Indépendance **A2**. Ouv. t.l.j. 8h-14h en hiver (sf dim.), 9h-14h et 15h-20h en été. ☎ 73.460.434.

● **Marché**. Le sam.

Hébergement

À l'exception de quelques établissements situés à Monastir même, dans une baie à demi envasée, la plupart des hôtels occupent, loin de la ville, au N de Skanès **hors pl. par A1**, soit une corniche rocheuse ponctuée de criques sablonneuses, soit, un peu plus loin, les larges plages de la corniche de la Dkhila. Certains hôtels ferment en hiver.

Les ▲ suivis d'un n° renvoient aux hôtels localisés sur le plan.

> **ENTRE 15 ET 30 TDN (9 à 17 €)**

▲ **1. Les Palmiers**, plage de Skanès ☎ 73.502.636/150, fax 73.502.149, hotel.lespalmiers@planet.tn. *65 ch.* Des chambres simples, confortables et très propres. L'hôtel dispose de sa plage particulière.

> **ENTRE 30 ET 50 TDN (17 à 29 €)**

▲ **2. Abou Nawas Sunrise**, plage de la Dkhila ☎ 73.521.644, fax 73.521.282, sunrise@abounawas.com.tn. *F. 15 nov.-15 mars. 314 ch.* Un village de vacances à l'architecture mauresque dans un parc de 10 ha planté de palmiers et de lauriers-roses. Piscine, plage, tennis, base nautique et mini club.

> **ENTRE 50 ET 80 TDN (29 à 46 €)**

▲ **3. Kuriat Palace**, plage de la Dkhila, à Skanès ☎ 73.521.200, fax 73.520.049, kuriat.palace@gnet.tn. *220 ch.* L'un des établissements de luxe de la plage de la Dkhila. Chambres et suites somptueuses. Carte remarquable au **restaurant**.

Restaurants

Les ♦ suivis d'un n° renvoient aux restaurants localisés sur le plan.

> **AUTOUR DE 10 TDN (6 €)**

♦ **4. Dar Echraka**, rue de l'Indépendance **A2** ☎ 73.460.528. Agréable petit restaurant situé dans une maison à l'architecture traditionnelle, donnant sur un patio intérieur. Cuisine simple et de qualité. Spécialités sur commande, 24 h à l'avance, et, si l'on se fie à la carte, ce sont de vrais plats traditionnels tunisiens.

> **ENTRE 10 ET 30 TDN (6 à 17 €)**

♦ **5. El-Farik**, route de la Corniche, vers Mahdia **hors pl. par B2** ☎ 73.468.555. Pour goûter aux spécialités tunisiennes comme la *kamounia* ou la gargoulette aux fruits de mer, face à la mer.

♦ **6. Le Pirate**, port de pêche, sur la route de Mahdia **hors pl. par B2**. *F. lun. et le midi, sf dim. et été.* Dans un décor de bateau en bois, une des meilleures adresses de Monastir. Pas d'alcool. Menu à prix fixe.

> **PLUS DE 30 TDN (17 €)**

♦ **7. Cap Grill**, sur la marina **B1** ☎ 73.460.923. Spécialités culinaires méditerranéennes et de viandes. Clientèle haut de gamme.

Shopping

● **Marché aux tapis.** À Ksibet el-Mediouni (*à 10 km S par la C 82* **hors pl. par A3**) les jeu. et ven.

● **Office national de l'artisanat**, près de la Grande Mosquée **B2** ☎ 73.462.190. Artisanat moderne et traditionnel.

Fêtes et festivals

● **Mai.** À Lamta, Festival de la *bsissa*.

● **Juil.** Festival international au ribat : variétés occidentales et orientales, théâtre, ballets, musique malouf. Festival de la mer.

Sports et loisirs

Tous les **sports balnéaires**, ainsi que l'équitation, le tennis et le mini-golf. *Rens. à votre hôtel.*

● **Golf.** Flamingo Golf Course, route de Ouardanine, 18 trous, 6 140 m ☎ 73.500.283, fax 73.500.285. Palm Links, Dkhila, Skanès, 18 trous, 6 300 m **hors pl. par A1** ☎ 73.521.910, fax 73.521.913.

● **Plongée.** Club Monastir Plongée et Loisirs, port Cap Marina **B1** ☎ 73.462.509. Et dans les hôtels *Kuriat* et *Thalassa*, dans la zone touristique.

● **Port de plaisance.** Cap Marina Monastir **B1** ☎ 73.462.305, fax 73.462.066.

● **Thalassothérapie.** Vital Center International, à l'hôtel *Miramar*, à Skanès **hors pl. par A1** ☎ 73.520.953.

Adresses utiles

● **Aéroport de Skanès-Monastir**, à 6 km du centre **hors pl. par A2** ☎ 73.520.000 et 73.521.300. Bus n° 52 vers Monastir.

● **Agences de voyages.** Box à l'**aéroport Skanès-Monastir** ☎ 73.521.300 : Carthage Tours, Europtours, Tunisian Travel Service, Tunisie Voyage, Ulysse Tours… En ville, **CT Tours**, complexe Habib ☎ 73.449.606, fax 73.449.998.

● **Banques. STB** et **UIB**, av. H.-Bourguiba **B2**. Distributeur.

● **Compagnies aériennes. Tunisair**, aéroport Skanès-Monastir ☎ 73.521.000. **Nouvelair**, aéroport Skanès-Monastir ☎ 73.521.182.

● **Location de voitures.** Box à l'aéroport : Avis, Europcar et Hertz ☎ 73.521.300.

● **Police.** Rue de Libye **A2** ☎ 73.461.432.

● **Poste.** Av. H.-Bourguiba **A2** ☎ 73.464.707.

● **Samu** ☎ 190 et 73.241.919.

● **Transports. Gare ferroviaire**, rue des Martyrs **A2** ☎ 73.460.755. **Gare routière**, au coin de l'av. de la République **A2** ☎ 73.460.926. **Métro du Sahel**, gare H.-Bourguiba, rue Salem-Béchir **A2** ☎ 73.460.725. **Station de louages**, av. de la République **A2** ☎ 73.461.059.

Port el-Kantaoui

Visite p. 147.

ⓘ marina de Port el-Kantaoui ☎ 73.348.799.

Hébergement

Les hôtels se multiplient sur la côte, et la station s'étend encore. Attention aux prix en saison.

> **ENTRE 30 ET 50 TDN (17 À 29 €)**

▲ **Les Maisons de la Mer** ☎ 73.348.799, fax 73.348.961, www.portelkantaoui.com.tn. Sur les quais de la marina, jolis appartements de style tunisien adaptés aux vacances familiales. Studios et appartements pour 2 à 6 personnes.

> **ENTRE 50 ET 80 TDN (29 À 46 €)**

▲ **El-Kanta** ☎ 73.348.666, fax 73.348.656. *250 ch.* Les chambres sont très bien équipées. La réception a adopté un style mauresque raffiné et le ♦ **restaurant** *La Fontaine* est surmonté d'un solarium spacieux.

▲ **Royal Kenz** ☎ 73.246.100, fax 73.246.069, www.hotelroyalkenz.com. *400 ch.* Le service y est bon, l'accueil chaleureux et les chambres agréables. Les piscines incitent à la paresse.

Restaurants

Ils sont nombreux à la marina, avec des terrasses agréables.

> **AUTOUR DE 10 TDN (6 €)**

♦ **Nuova Marina** ☎ 73.348.407. Une pizzeria fort sympathique qui a l'avantage de se trouver face à la mer, derrière le port.

> **PLUS DE 30 TDN (17 €)**

♦ **Le Méditerranée** ☎ 73.348.788. On y sert une bonne cuisine internationale. Goûtez aux spécialités de poissons et gigot d'agneau farci.

Sports

● **Golf.** El-Kantaoui Golf Course ☎ 73.348.600/756. Un beau parcours de 2 fois 18 trous à flanc de colline, qui domine la station.

● **Karting.** Hergla Park ☎ 73.251.485. À une quinzaine de km de El-Kantaoui, un circuit de kart amateur et professionnel.

● **Port de plaisance.** ☎ 73.348.799 et 73.378.600, fax 73.348.757.

Loisirs

● **Thalassothérapie.** Hasdrubal Thalassa & Spa, à l'hôtel *Hasdrubal* ☎ 73.348.944, fax 73.348.969.

Sbeïtla

Visite p. 170. **Plan** p. 171

ℹ ☏ 77.466.506.

Hôtels-restaurants

▲ **Sufetula**, au N-O des ruines ☏ 77.465.074, fax 77.465.582. *37 ch. et 10 bungalows. Pas de cartes de paiement.* Dispose de l'une des plus belles vues sur les ruines romaines de *Sufetula*. Chambres propres. Le ♦ **restaurant** prépare une cuisine sans imagination, mais honnête. Agrémenté d'une piscine.

▲ **Bakini**, rue du 2-Mars-1934 ☏ 77.465.244, fax 77.465.048. *35 ch. Pas de cartes de paiement.* Établissement aux chambres simples et propres. Dispose d'un ♦ **restaurant**.

Sfax

Visite p. 157. **Plan** p. 158.

ℹ av. Mohammed-Hedi-Kefacha, à côté de l'embarcadère pour les îles Kerkennah **A2** ☏/fax 74.497.041. *Ouv. t.l.j. 7h30-19h en été, 8h30-13h et 15h-17h45 en hiver.*

● **Marché**. Le ven.

Hébergement

Les ▲ suivis d'un n° renvoient aux hôtels localisés sur le plan.

> **Moins de 15 TDN (9 €)**

▲ **1. Auberge de jeunesse**, sur la route de l'aéroport **hors pl. par A1** ☏ 74.243.207. *12 lits.*

> **Autour de 15 TDN (9 €)**

▲ **2. Thyna**, pl. Marbourg-Bab-Bhar **A1** ☏ 74.225.317, fax 74.225.773. *25 ch.* Un hôtel très bien placé dans le centre-ville, aux chambres climatisées et confortables.

> **Entre 15 et 30 TDN (11 à 17 €)**

▲ **3. El Andalous**, bd des Martyrs **A1** ☏ 74.405.406, fax 74.406.425. *90 ch.* Un établissement simple et confortable.

> **Entre 50 et 80 TDN (29 à 46 €)**

▲ **4. Borj Dhiafa**, Route Soukra km 3, entre le centre-ville et l'aéroport **hors plan par A1** ☏ 74.677.777, fax 74.676.777, www.hotel-borjdhiafa.com. *30 ch.* Hôtel de charme et de luxe édifié à l'image des *borjs* sfaxiens, ces magnifiques demeures à l'architecture arabo-musulmane. Chambres confortables et richement décorées. ♦ **Restaurant** : délicieuse cuisine sfaxienne, comme à la maison.

▲ **5. Mercure Sfax**, av. H.-Bourguiba **B1** ☏ 74.225.700/701, fax 74.225.521, www.accorhotels.com. *128 ch.* Chambres parfaitement équipées et service irréprochable. Sans grand caractère, mais confort assuré.

> **Entre 80 et 120 TDN (46 à 68 €)**

▲ **6. Les Oliviers Palace**, 25, av. Hédi-Chaker **B2** ☏ 74.201.999, fax 74.201.888, www.goldenyasmin.com. *137 ch.* Cet hôtel à l'architecture arabo-mauresque, construit en 1923, a fait peau neuve après de longues années de fermeture. La rénovation est très réussie, avec une architecture intérieure contemporaine et des chambres spacieuses et agréables. Y aller aussi tout simplement pour boire un verre dans le bar du patio et admirer le décor.

Restaurants et café

Les ♦ et ● suivis d'un n° renvoient aux restaurants et cafés localisés sur le plan.

> **Moins de 10 TDN (6 €)**

● **7. Bab Diwan**, **A1**. Café situé sur les remparts, après la porte Bab Diwan **A1**, à 100 m à g. Pour y siroter un thé à la menthe dans un décor superbe, en profitant de la vue sur la médina.

> **Entre 15 et 30 TDN (11 à 17 €)**

♦ **8. La Sirène**, sur le port, près de l'embarcadère **hors pl. par B2**. *F. ven.* Une adresse que s'échangent les Sfaxiens qui aiment venir se regaler des superbes poissons ramenés par les pêcheurs. Ambiance maritime garantie.

> **Plus de 30 TDN (17 €)**

♦ **9. Le Bagdad**, 63, bd F.-Hached **A1** ☎ 74.223.856. *F. ven.* Voici une excellente adresse pour déguster les spécialités culinaires de Sfax ; le restaurant est très fréquenté par les Sfaxiens.

Shopping

Sfax est réputée pour la qualité de ses pâtisseries à base d'amandes, toutes plus raffinées les unes que les autres, typiques de la région. À la **pâtisserie Masmoudi**, 6, av. F.-Hached **A1** ☎ 74.298.161, on a envie de toutes les goûter !

Adresses utiles

● **Aéroport** Sfax-Thyna, à 6 km sur la route de Gafsa **hors pl. par A1** ☎ 74.278.000. Bus n° 14 vers Sfax.

● **Banques**. STB, av. H.-Chaker **B2** ; distributeur. BNA, av. Taïeb-Méhiri **A2**.

● **Compagnies aériennes**. Air France, 15, av. Taïeb-Méhiri **A2** ☎/fax 74.224.847. Tunisair, 4, bd de l'Armée-Nationale **B1** ☎ 74.228.028, fax 74.299.573.

● **Maison de France**. 9, av. H.-Bourguiba **B1** ☎ 74.221.533. Une antenne de l'ambassade de France à caractère culturel, proposant également des services consulaires pour les Français.

● **Ferries pour les îles Kerkennah**. Sonatrak, av. Mohammed-Hédi-Kefacha **B2** ☎ 74.498.216. 14 voyages par jour en été, 8 en hiver.

● **Internet**. Cybercenter, sur la route de l'aéroport, immeuble Ellouati, à côté du Club Alya **hors pl. par A1** ☎ 74.246.151. Publinet, 10-11, av. Mejide-Boulila (devant la maternité) ☎ 74.200.763.

● **Location de voitures**. Avis, rue Tahar-Sfar **B2** ☎ 74.224.605. Hertz, av. H.-Bourguiba **B1** ☎ 74.228.626.

● **Police**. Rue Victor-Hugo **B1** ☎ 74.229.700.

● **Poste**. 4, av. H.-Bourguiba **B1**.

● **Samu**. Route El-Aïn, à 500 m du centre-ville ☎ 190 et 74.241.894.

● **Transports**. **Gare ferroviaire**, av. H.-Bourguiba **B1** ☎ 74.225.999. **Gare routière SNTRI**, rue Tazerka **B1** ☎ 74.222.355, pour Tunis et le Sud. **Gare routière Soretras**, av. du Cdt-Bejaoui, au bout de l'av. H.-Bourguiba **hors pl. par A2** ☎ 74.229.522, pour les villes de province. **Station de louages**, av. du Cdt-Bejaoui, près de la gare routière **hors pl. par A2** ☎ 74.220.071.

Sousse

Visite p. 141. **Plan** I p. 142 et **plan** II p. 145.

❶ 1, av. H.-Bourguiba **I-B2** ☎ 73.225.157/159, fax 73.224.262. *Ouv. lun.-jeu. 8 h 30-13 h et 15 h-17 h 45, ven. et sam 8 h 30-13 h 30 en hiver ; ouv. t.l.j. 7 h 30-19 h, dim. 9 h-12 h en été.* ❶ pl. Sidi Yahia **I-B2**.

● **Marché**. Le dim.

Hébergement

La plupart des hôtels de standing sont répartis sur plusieurs plages plus ou moins éloignées du centre-ville. La plus proche est celle de **Bou Jaffar**, située au N du port, suivie de celle de **El-Hana**.

Les ▲ suivis d'un n° renvoient aux hôtels localisés sur le plan.

> **Autour de 15 TDN (11 €)**

▲ **1. El-Faracha**, rue El-Faracha **I-A1** ☎ 73.227.279, fax 73.227.270. *15 ch. Pas de cartes de paiement.* Non loin de la mer, une pension de famille aux chambres propres et climatisées. Accueil excellent. Un lieu qui tranche par rapport au clinquant des hôtels du front de mer.

▲ **2. Hôtel de Paris**, rue du Rempart-Nord **II-B1** ☎ 73.220.564, fax 73.219.038. *42 ch. Pas de cartes* *de paiement.* Dans la médina, des chambres d'une irréprochable propreté réparties autour d'un patio, pour un prix plus qu'abordable. Confort sommaire, mais accueil chaleureux.

▲ **3. Médina**, 15, rue Othman-Osman, dans la médina **II-B1** ☎ 73.226.325. *55 ch. Pas de cartes de paiement.* Un hôtel au style oriental, tout à côté de la Grande Mosquée : attention au chant du muezzin ! Petites chambres confortables et accueil agréable.

> ENTRE 15 ET 30 TDN (11 À 17 €)

▲ **4. Sousse Azur**, rue Amilcar **I-B2** ☎ 73.226.960 et 73.227.760, fax 73.228.145. *22 ch.* Un charmant hôtel proposant des chambres peintes en bleu avec balcon, très propres. Vue sur parc et mer. Service impeccable, accueil sympathique. *Il est plus prudent de réserver en saison.*

> ENTRE 30 ET 50 TDN (17 À 29 €)

▲ **5. El-Hana Beach**, bd H.-Chaker, en bord de mer **I-A1** ☎ 73.225.818, fax 73.210.844, beach.elhana@planet.tn. *130 ch.* Cette tour de béton sans charme constitue l'un des bons hôtels de la ville. Service discret et impeccable. ♦ **Restaurant** à la carte proposant des plats de qualité.

▲ **6. Shéhérazade**, bd du 7-Novembre **hors pl. I par A1** ☎ 73.241.412, fax 73.241.531, hotel.sheherazade@planet.tn. *216 ch.* Vaste établissement directement en bord de mer. Chambres confortables face à la plage.

> ENTRE 80 ET 120 TDN (46 À 68 €)

▲ **7. Karthago el-Ksar**, bd du 7-Novembre **hors pl. I-A1** ☎ 73.240.460, fax 73.240.600, dg.elksar@karthago.com.tn. *336 ch. et 100 bungalows.* Dans la zone touristique entre Sousse et Port el-Kantaoui, entouré d'un magnifique jardin, l'hôtel, à l'architecture plutôt saharienne, fait face à une belle plage.

Restaurants

Les restaurants sont très nombreux à Sousse, les bonnes tables fréquentes, mais un peu onéreuses. Les petits restaurants de la médina sont parfaits pour des déjeuners rapides.

Les ♦ suivis d'un n° renvoient aux restaurants localisés sur le plan.

> MOINS DE 10 TDN (6 €)

♦ **8. Restaurant du Peuple**, rue du Rempart-Nord **II-B1**. Idéal pour déjeuner d'une cuisine simple et bonne en visitant la médina.

> ENTRE 10 ET 30 TDN (6 À 11 €)

♦ **9. Le Lido**, av. Mohammed-V, en face du port **I-B2** ☎ 73.225.329. Spécialités de poisson et de fruits de mer. Le jardin, face au port, est délicieusement agréable. L'accueil est moins convivial que dans le passé, toutefois, la cuisine reste de qualité.

> PLUS DE 30 TDN (17 €)

♦ **10. L'Escargot**, 87, route de la Corniche **I-A1** ☎ 73.224.779. Le cadre et l'accueil sont agréables, tout comme la petite terrasse fleurie. On y sert une bonne cuisine, plus française que locale.

Loisirs

● **Thalassothérapie**. Hôtel Abou Nawas Boujaafar **I-B1** ☎ 73.226.030. Le pionnier de la thalassothérapie en Tunisie.

Shopping

Il n'y a pas d'artisanat particulier à Sousse ; toutefois, quelques boutiques de la médina proposent des articles intéressants. **Soula Center**, pl. Sidi-Yahia ou F.-Hached **I-B2**, à l'entrée de la médina ☎ 73.229.612, est une sorte de supermarché de l'artisanat : bonne sélection d'objets.

Fêtes et festivals

● **24 juil.** Festival de Baba Aoussou : danses et chants folkloriques, défilés de chars.

pratique
Shopping méthodique

Le développement du tourisme a entraîné l'expansion d'un artisanat presque exclusivement voué au marché étranger.

La production s'adapte davantage au goût des touristes qu'à celui de la clientèle nationale.

Méfiez-vous donc des endroits trop touristiques, où les produits de mauvaise qualité ne sont pas rares. Avant une séance de shopping au souk, un tour à l'Office national de l'artisanat de la localité vous donnera une idée des articles proposés et des prix pratiqués. ●

● **Juil.-août**. Le Tourisme en fête : animations de jour comme de nuit, avec orchestres sur les plages et le long de la corniche.

● **Décembre**. Kaala Kebira, festival de l'Olivier.

Vie nocturne

● **Discothèques**. Impossible de s'ennuyer, la vie nocturne est trépidante à Sousse, surtout en été. On y trouve les boîtes de nuit les plus branchées de Tunisie : le **Bonaparte hors pl. par A1**, un bar-discothèque très animé toute l'année, le **Café del Mar**, le **Red Iguana** à Port el-Kantaoui et le **Bora-Bora**, une discothèque en plein air où se produisent les plus grands DJ.

Adresses utiles

● **Aéroport de Skanès-Monastir**, à 15 km **hors pl. par I-B3** ☎ 73.520.000 et 73.521.300. Bus n° 52 vers Sousse toutes les 30 min.

● **Banques avec distributeur**. BNA, av. H.-Bourguiba **I-B2** ☎ 73.212.080. STB, av. H.-Bourguiba **I-B2** ☎ 73.226.500.

● **Compagnie aérienne**. Tunisair, av. H.-Bourguiba **I-B2** ☎ 73.227.955.

● **Location de voitures**. Avis, route de la Corniche **I-A1** ☎ 73.225.901. Budget, 65, av. H.-Bourguiba **I-B2** ☎ 73.227.611. Europcar, route de la Corniche **I-A1** ☎ 73.226.252. Hertz, av. H.-Bourguiba **I-B2** ☎ 73.225.428.

● **Police**. Rue Pasteur, à l'angle de l'av. H.-Bourguiba **I-B2** ☎ 73.225.566.

● **Poste**. Angle av. de la République et bd Mohammed-Maarouf **I-A2**.

● **Taxis**. Station pl. F.-Hached. Allo taxis **I-B2** ☎ 73.230.000.

● **Transports**. Gare ferroviaire, bd Hassen-Ayachi **I-A2** ☎ 73.224.955. Métro du Sahel, pl. Bab-el-Jedid **I-B3** ☎ 73.225.321. Gares routières (horaires affichés au bureau d'information) à proximité du marché du dimanche **hors pl. par A3** ☎ 73.237.973 : bus pour toutes les destinations de Tunisie en dehors du Sahel ; pl. Sidi-Yahia, non loin de la pl. F.-Hached **I-A2** ☎ 73.224.382 : environs de Sousse et Sahel. Station de louages, près du marché du dimanche **hors pl. par A3**. ●

Djerba et le golfe de Gabès, pratique

visites

Itinéraires 12 à 13, p. 173 :
Cartes Djerba, en rabat avant de couverture, Gabès p. 190 ●

Sauf mention particulière, les établissements sélectionnés acceptent les cartes bancaires.

Les prix, indiqués par personne sur la base d'une chambre double, sont une moyenne entre la haute et la basse saison.

Île de Djerba

Visite p. 174.

❶ route de Sidi-Mahrez, Houmt-Souk **hors pl. par B1** ☎ 75.622.666, fax 75.650.581. *Ouv. 7h30-13h30 et 17h-19h en été, 8h30-13h et 15h-17h45 en hiver. F. ven. et sam. après-midi, dim. et j.f. toute la journée.* ❶ À **l'aéroport de Djerba-Zarzis** ☎ 75.650.233. ❶ pl. des Martyrs **A2**. ❶ À **Midoun**, place centrale.

Hébergement

La plupart des hôtels de Djerba se trouvent dans la zone hôtelière, qui s'étend à l'extrémité orientale de l'île, de part et d'autre du cap Taguermess, à env. 10 km de Houmt-Souk et à 5 km de Midoun. Ces établissements proposent un grand nombre d'activités sportives. La zone hôtelière est bien desservie vers Houmt-Souk et le reste de l'île par un réseau de bus et de taxis (*p. 258-259*).

ZONE TOURISTIQUE

> **MOINS DE 20 TND (11 €)**

▲ **Campings**, **Club Sidi Ali**, sur la plage d'Aghir ☎ 75.750.455. **Camping Aghir**, sur la plage d'Aghir ☎ 75.750.266.

> **ENTRE 40 ET 60 TDN (23 À 34 €)**

▲ **Dar Ali** ♥ ☎ 75.758.671, fax 75.758.045, hoteldarali@topnet.tn. *15 ch.* Un charmant petit hôtel, rénové récemment, situé à l'entrée de la zone touristique, près de la plage de Sidi Mahrez. Pour l'ambiance familiale et l'accueil chaleureux des nouveaux propriétaires. Les chambres climatisées sont situées autour de la piscine. *Attention, il est préférable de réserver en saison.*

▲ **Dar Taoufik** ☎ 75.757.742, fax 75.757.742, dar.taoufik@gnet.tn. *40 ch.* À 200 m de la plage, un petit hôtel à l'ambiance sympathique et aux chambres climatisées réparties autour d'une piscine. Un cadre simple qui change des grandes constructions de la zone touristique.

▲ **Rym Beach** ☎ 75.745.614, fax 75.747.072, www.seabelhotels.com. *354 ch.* Situé au milieu d'une palmeraie de 11 ha, face à une magnifique plage. Piscines olympique et couverte, base nautique, tennis. Discothèque sur la plage en été et **night-club** très fréquenté par les îliens. Hôtel-club réputé pour ses animations et son mini club de qualité. Ambiance conviviale assurée. Une bonne adresse dans cette catégorie.

▲ **Les Sirènes** ☎ 75.757.266, fax 75.757.267, www.djerbasirenes.com. *120 ch.* Établissement de 2 étages construit autour d'une grande piscine thermale. Chambres climatisées et aménagements sportifs variés. Thalassothérapie.

> **ENTRE 60 ET 100 TDN (34 À 57 €)**

▲ **Dar el Bhar** ☎ 75.757.350, fax 75.757.360, www.darelbhar.com. *26 ch.* Petite résidence de charme, dont le nom signifie « maison de la mer », réalisée selon la tra-

bonnes adresses

excursions

La plupart des touristes qui séjournent dans l'île ne quittent pas leur hôtel et la plage qui en dépend. Pourtant, des balades en mer sont proposées par nombre d'hôteliers ou certains restaurateurs. En outre, desservie par un aéroport international, Djerba peut être le point de départ d'un itinéraire dans le Sud tunisien : Tozeur, Nefta et le chott el-Djerid *(2 jours minimum)*, Tataouine et les ksour *(1 à 2 jours)*, méharées dans le désert *(2 à 6 jours)*...

De très nombreuses agences de voyages agréées par la délégation nationale au Tourisme, souvent correspondantes de tour-opérateurs français, permettent d'organiser sur place ces périples. S'adresser à l'office du tourisme ou à son hôtel.

●●● *Pour le Sud, voir p. 262.* ●

dition djerbienne autour d'un patio fleuri. Les chambres, où se mêlent décors oriental et moderne, ouvrent sur des terrasses face à la mer. L'ambiance est chaleureuse dans le ♦ **restaurant** et le bar. Détente assurée au spa intégré.

▲ **L'Oasis Menzel** ♥ ☎ 75.730.832, 97.105.517, www.oasismenzel. ifrance.com. bonjourdjerba@ yahoo.fr Une **maison d'hôte** à Djerba, enfin. Elvire, adepte du tourisme solidaire, vous accueille dans son magnifique *menzel*, niché au cœur d'une luxuriante oasis de 9 000 m². Elle met à votre disposition 5 chambres d'hôte réparties à travers le *menzel* pouvant accueillir de 4 à 8 pers. Un véritable havre de paix, dans un décor oriental et raffiné, situé non loin du golf et à 600 m de la mer. Piscine et ateliers culturels. *Réservation nécessaire.*

▲ **Palm Azur** ☎ 75.750.700, fax 75.750.710, www.solmelia.com. *326 ch.* Au sud de Djerba, en bordure d'une belle plage, plusieurs édifices disposés autour d'une immense et belle piscine ceinturée par des jardins ombragés. Également ♦ **restaurants**, bars, discothèque, boutiques, etc.

▲ **Villa Azur** ♥ ☎ 75.757.572, fax 75.758.129, www.villa-azur-djerba.com. *16 ch.* Une maison intelligemment transformée qui donne directement sur la plage. Un petit **hôtel de charme**, dont toutes les chambres, simples et joliment décorées, ainsi que les salles de bains, ouvrent sur la mer. Idéal pour un séjour calme et intime.

> **Entre 100 et 150 TDN (57 à 86 €)**

▲ **Radisson Sas** ☎ 75.757.600, fax 75.757.601, www.djerba.radis sonsas.com. *290 ch.* Très bel hôtel, récemment rénové, à la décoration moderne et de bon goût. Chambres spacieuses, confortables et élégantes. Large choix de ♦ **restaurants** à la cuisine de qualité, ainsi que des **bars** où passer des moments agréables. Très bon **centre de thalassothérapie**, à l'atmosphère intime, ouvrant sur la mer (deux piscines d'eau de mer).

▲ **Yadis** ☎ 75.747.235, fax 75.747.223, www.yadis.com. *332 ch.* Situé en bordure d'une des plus belles plages de Djerba et à proximité du golf. Chambres très agréables réparties dans des *menzel* traditionnels, au milieu d'un vaste jardin fleuri. Agrémenté d'une belle piscine et de 5 courts de tennis, pour un séjour balnéaire de grande qualité. Beau centre de thalassothérapie où sont dispensés des soins de qualité.

ER-RIADH

> ENTRE 60 ET 100 TDN (34 À 57 €)

▲ **Dar Dhiafa** ♥, à 1 km de la Ghriba ☎ 75.671.166/167, fax 75.670.793, www.hoteldardhiafa.com. *10 ch. et 6 suites.* Cet hôtel de charme regroupe 5 anciennes petites maisons basses reliées entre elles par des patios. Magnifique architecture et décoration raffinée, toutes les chambres sont différentes. Les 2 piscines avec solarium compensent l'éloignement par rapport à la mer. Pour un séjour intime à la *Mille et Une Nuits*.

HOUMT-SOUK

Plan p. 177. Les ▲ suivis d'un n° renvoient aux hôtels localisés sur le plan.

> MOINS DE 20 TDN (11 €)

▲ **1. Auberge de jeunesse**, rue Moncef-Bey, à côté du Marhala **B1** ☎ 75.650.619. *100 lits. Pas de cartes de paiement.* Dans un ancien fondouk restauré, des chambres à 2 lits ou des dortoirs.

> AUTOUR DE 20 TDN (11 €)

▲ **2. Dar Faiza**, 6, rue de la République, en face du Borj el-Kébir et du nouveau port de plaisance **hors pl. par B1** ☎ 75.650.083, fax 75.651.763, www.darfaizadarsalem.com. *25 ch.* Dans une ancienne villa dotée de patios fleuris et d'une petite piscine, cet hôtel aux chambres très simples et joliment décorées demeure une bonne adresse, près du centre-ville. *Réservez à l'avance, beaucoup d'habitués.*

▲ **3. Erriadh**, 10, rue Mohammed-Ferjani **B1** ☎ 75.650.756, fax 75.650.487. *28 ch. Pas de cartes de paiement.* Dans une ancienne tannerie, chambres au décor traditionnel, disposées autour d'un patio fleuri de bougainvilliers. Un hôtel simple et agréable, en plein centre.

▲ **4. El-Arisha**, sur la place de l'Église **A1** ☎ 75.650.384, fax 75.650.945 hotel.arisha@gnet.tn. *20 ch.* Un ancien *fondouk* transformé en hôtel. Chambres réparties autour d'un patio où se trouve un petit bassin faisant office de piscine. Confort très modeste.

▲ **5. Marhala du Touring Club**, rue Moncef-Bey **B1** ☎ 75.650.146, fax 75.658.317. *42 ch. Pas de cartes de paiement.* Un ancien caravansérail transformé en hôtel et édifié autour d'une cour intérieure fleurie. Chambres propres, douches communes. Un hôtel modeste pour vivre au rythme des appels à la prière de la mosquée toute proche. Souvent complet.

MIDOUN

> ENTRE 20 ET 40 TDN (11 À 23 €)

▲ **Djerba Midoun**, rue du 13-Août ☎ 75.730.006, fax 75.730.093, *36 ch.* L'hôtel s'élève autour d'un charmant patio intérieur aux murs recouverts de carreaux de faïence. Les chambres sont spacieuses et confortables. Très bien situé, en plein centre-ville.

Fêtes Djerba

● **Juil.-août.** Festival d'Ulysse et **Fête de la mer**, au théâtre de plein air à Houmt-Souk : manifestations folkloriques autour du thème de la pêche, reconstitution du débarquement d'Ulysse et élection de sirènes. **Festival de la Plongée en apnée** à Ajim.

● **Août. Festival de la Poterie à Guellala** ; festival des **Musiques des îles** qui rassemble des musiciens venus des îles du monde entier.

● **Fin avr.-début mai. Pèlerinage de la Ghriba**, dans la synagogue de l'île ; la date coïncide avec le 33ᵉ jour après le début de la pâque juive.

●●● *Sur la Tunisie festive, voir également p. 302.* ●

Djerba et le golfe de Gabès, pratique

Restaurants

ZONE TOURISTIQUE

Dans la zone touristique, chaque année, de nouveaux restaurants voient le jour pendant l'été ainsi que des bars et des cafés. Seulement certains restent ouverts toute l'année...

> **AUTOUR DE 15 TDN (9 €)**

♦ **Le Tunisien**, zone touristique ☎ 75.758.842. Habib a installé son restaurant à proximité de l'hôtel *Palm Beach*. Accueil sympathique. Bonne cuisine djerbienne : couscous, agneau à la gargoulette...

> **ENTRE 15 ET 30 TDN (9 À 17 €)**

♦ **Le Beskri**, zone touristique ☎ 75.758.671. Le restaurant, à l'étage, appartient aux propriétaires de l'hôtel *Dar Ali (p. 253)*, qui proposent une cuisine mêlant subtilement les saveurs locales et internationales ; en bas, **L'Ardoise** présente une cuisine locale, simple et abordable basée sur les produits du marché du jour.

♦ **Da Mario**, zone touristique ☎ 75.758.009. Un restaurant italien, directement sur la plage, à côté du *Palm Beach*. Un vrai lieu de détente.

> **PLUS DE 30 TDN (17 €)**

♦ **Le Fatroucha**, zone touristique, sur la route, près du casino ☎ 75.733.676. On y sert des poissons et des fruits de mer magnifiquement accommodés, et quelques bonnes spécialités tunisiennes. Chaleureux accueil du patron, un Zarzisien amoureux de sa région.

HOUMT-SOUK

De nombreux petits restaurants à l'atmosphère typique ont ouvert leurs portes dans le centre de Houmt-Souk. Ils proposent une cuisine souvent très bonne et vraiment tunisienne, notamment à base de poisson.

Les ♦ suivis d'un n° renvoient aux restaurants localisés sur le plan.

> **AUTOUR DE 15 TDN (9 €)**

♦ **6. Chez Salem**, à côté du marché de poissons **B2**. *F. le soir et le dim. Pas de cartes de paiement.* Après avoir acheté votre poisson au marché, rendez-vous chez Salem qui se fera un plaisir de le griller et de l'assaisonner en vous offrant table et couvert, moyennant une somme modique.

♦ **7. De l'île**, pl. H.-Chaker **B1** ☎ 75.650.651. Tous les grands classiques de la cuisine tunisienne, dans un cadre certes modeste, mais très chaleureux.

♦ **8. Essofra ♥**, rue Taieb Mehiri **hors pl. par B1**. *Pas de cartes de paiement.* Toute la famille est aux fourneaux pour vous accueillir et vous préparer une excellente cuisine traditionnelle djerbienne qui attire les habitants de l'île, dans un décor authentique où se mêlent fer forgé et objets anciens. Pas d'alcool.

> **ENTRE 15 ET 30 TDN (9 À 17 €)**

♦ **9. Baccar**, pl. H.-Chaker **B1** ☎ 75.650.708. Spécialités de la mer et un excellent couscous aux poissons. Un accueil sympathique de la part du patron.

> **PLUS DE 30 TDN (17 €)**

♦ **10. Chez Haroun**, près du port, **hors pl. par B1** ☎ 75.650.488. Ce fut le restaurant le plus réputé de l'île, mais il s'est endormi un peu sur ses lauriers depuis quelque temps : la qualité du service varie selon les jours. Dommage, le cadre reste agréable. Poissons, spécialités locales, dont l'agneau à la gargoulette.

MIDOUN

> **AUTOUR DE 15 TDN (9 €)**

♦ **Le Sidi-bou-Saïd**, pl. du 7-novembre ☎ 97.470.582. *F. le dim. et le soir, sf mar., jeu., ven. en saison. Pas de cartes de paiement.* Ce sympathique petit restaurant sans alcool, tenu par un Français, propose une cuisine traditionnelle djerbienne, sans prétention. Agréable terrasse au premier étage.

Cafés et bars

Vous les trouverez concentrés autour de la pl. F.-Hached, dans le centre de Houmt-Souk **A2**. Le café **Ben Yedder** est le rendez-vous des Djerbiens. Djerba étant hautement touristique, l'essentiel de la vie nocturne a lieu dans les hôtels de la zone touristique. À Midoun, la terrasse du café-pâtisserie le **Palais Royal**, av. H.-Bourguiba, est le lieu idéal pour observer l'animation de la ville tout en buvant un jus de fruits frais ou en fumant la *chicha*.

● **Café Chichkhan**, route de Midoun, km 2 ☎ 75.765.793. Un magnifique café maure très fréquenté par les Djerbiens pour fumer la *chicha* et savourer un thé à la menthe.

Shopping

Couvertures, nappes, tapis de couleurs vives, bijoux, poteries de Guellala…, les productions artisanales djerbiennes sont de bonne qualité. Méfiez-vous, cependant, des objets de pacotille que l'on trouve parfois dans les souks d'Houmt-Souk.

Toutefois, des magasins d'antiquités – quelques-uns sont immenses, comme **Ben Ghorbal**, 14, rue de Bizerte à Houmt-Souk **AB1** – ont rassemblé des pièces superbes (tapis, coffres, poteries) que l'on vient acheter de toute la Tunisie.

Dans le *fondouk* **Bouchadack**, dans la rue Moncef-Bey à Houmt-Souk **B1**, au dessus d'une échoppe où s'entremêlent toutes sortes d'objets anciens, des nattiers tressent chapeaux et paniers.

Chez **Maria**, rue du 20-Mars à Houmt-Souk **B1**, vous trouverez une belle sélection d'objets, de bijoux et de vêtements, imaginés par Maria et inspirés de l'artisanat traditionnel.

Chez **Amarante**, à l'entrée des souks de Houmt-Souk, près de la pl. H.-Chaker **B1**, vous aurez le choix entre savons parfumés, bijoux traditionnels stylisés et écharpes aux couleurs douces.

Carlotta Déco, à Midoun, à côté du Mimosa Center, a choisi de développer un artisanat moderne pour les tout petits. On y trouve des objets de décoration, des jouets et du petit mobilier.

● **Bijoux**. Dans les souks et dans le périmètre des places qui les entourent se tiennent de nombreux orfèvres. Les juifs, encore nombreux à Djerba, sont pour la plupart bijoutiers de père en fils. Dans leurs boutiques, à côté de la production locale (bijoux en or et argent finement filigranés), ils présentent des bijoux plus massifs avec pierres dures et argent. Certains sont des bijoux bédouins authentiques, d'autres sont des montages ingénieux réalisés à partir de fragments de bijoux anciens et de pierres venues d'un peu partout. Les prix ayant sensiblement augmenté ces dernières années, soyez exigeant vis-à-vis de la qualité proposée.

● **Poteries**. La poterie tournée de **Guellala** tente de survivre au milieu des étals couverts de poterie industrielle. L'atelier de **Younès el Ghoul** et celui de **Aroussi Ben Amor**, dans la rue principale, continuent à produire des pièces artisanales.

● **Vannerie**. Au marché du matin de **Cedouïkech**, on trouve des objets de vannerie (couffins, nattes…) tressés dans les *menzel* des environs.

Sports et loisirs

On peut pratiquer un grand nombre de sports de plein air et balnéaires sur l'île, qui dispose d'une trentaine de bases nautiques et autant de centres d'équitation. Balades en mer au départ du port de Houmt-Souk sur des répliques de vieux galions. *Renseignez-vous au syndicat d'initiative ou auprès de votre hôtel.*

Djerba et le golfe de Gabès, pratique

● **Bowling**. Zone touristique de Midoun ☎ 75.746.806, fax 75.746.807.

● **Casino**. Casino Djerba, zone touristique de Midoun ☎ 75.757.531, fax 75.757.544. 159 machines à sous et tables de jeux. Restaurants et spectacles.

● **Djerba Explore Parc**. Zone touristique de Midoun, face au phare de Taguermess ☎ 75.745.277, fax 75.745.255. Un parc d'animation avec plusieurs cafés et restaurants, des boutiques qui rassemblent trois centres d'intérêt totalement différents : **Crocod'îles**, une grande ferme qui rassemble plus de 400 crocodiles ; **Djerba Héritage**, une reconstitution d'un *menzel* traditionnel montrant l'habitat, les coutumes et les métiers de l'île ; **Lalla Hadria Museum**, un musée avec une riche collection d'art arabo-islamique allant de la calligraphie à la céramique et des parures à la miniature.

● **Fly et kitesurf**. École de *fly* et *kitesurf* **Les Dauphins**, sur la route entre Aghir et El-Kantara ☎ 75.705.844, 94 388 315, 98.302.417. Sur la plage, à 7 km avant El-Kantara, face à une immense lagune avec une eau peu profonde. **Kitesurf center**, Sidi Smaël, km 5 sur la route touristique de Sidi Mehrez ☎ 22.792.515.

● **Golf**. Djerba Golf Club, zone touristique de Midoun ☎ 75.745.055, fax 75.745.051. Un parcours 18 trous *championship* et un parcours 9 trous. Conçu par l'Anglais Martin Hawtree.

● **Marché**. Ajim, Er-Riadh et Mellita le dim. ; Houmt-Souk le lun. et le jeu. ; Cedouïkech le mar. ; Guellala le mer. ; Midoun le ven. ; El-May le sam. Les marchés commencent la veille dans l'après-midi.

● **Plongée**. Merry Land Beach, à l'hôtel *Golf Beach* ☎ 75.745.614. **La Sirène**, à l'hôtel *Jasmina* ☎ 75.652.118.

● **Thalassothérapie**. Près d'une quinzaine de centres sont ouverts à Djerba. Dans les hôtels **Radisson** ☎ 75.757.610, **Club Med La Nomade** ☎ 75.746.565, **Dar Yasmine** ☎ 75.745.191, **Hasdrubal** ☎ 75.731.042, **Khartago** ☎ 75.751.000, **Mövenpick Ulysse** ☎ 75.758.188, **Vincci Al kantara** ☎ 75.751.140, et **Yadis** ☎ 75.747.410.

●●● Voir également la rubrique Sports et loisirs p. 307.

| Adresses utiles

● **Aéroport de Djerba-Zarzis**. À 9 km à l'O de Houmt-Souk **hors pl. par A1** ☎ 75.650.233. Liaisons en bus jusqu'à Houmt-Souk.

● **Agences de voyages**. De nombreuses agences de voyage sont présentes sur l'île. La plupart organisent des circuits en 4x4 dans le Sud tunisien et le Dahar.

Calypso Voyages, 69, av. H.-Bourguiba, Houmt-Souk **A1** ☎ 75.620.561, fax 75.620.558.

Tunisie Voyages, zone touristique, Sidi Mahrez **hors pl. par B2** ☎ 75.757.962, fax 75.757.429.

● **Bac**. À Ajim. Liaisons avec Jorf sur le continent toutes les 30 min de 6 h à minuit et toutes les 2 h entre minuit et 6 h.

● **Banques**. Change dans toutes les banques (dans le centre de Houmt-Souk) et dans les hôtels. Distributeurs automatiques : **UBCI** et **BIAT**, sur l'av. H.-Bourguiba **A1-2** ; **STB**, pl. F.-Hached **A2**.

● **Bus locaux**. À la gare routière de Houmt-Souk **A3**. Liaisons avec Ajim, Beni Maguel, Guellala, l'aéroport, Midoun et le tour de l'île, ainsi qu'un bus desservant tous les hôtels entre Houmt-Souk et la zone hôtelière.

● **Compagnies aériennes**. Tunisair, av. H.-Bourguiba, Houmt-Souk **A2** ☎ 75.650.159/410. Sevenair, à l'aéroport **hors pl. par A1** ☎ 75.650.233 ou 75.673.777. Air France ☎ 75.650.239.

- **Gare routière**, rue Mosba-Jarboua, Houmt-Souk **A3** ☎ 75.650.076/508. Liaisons avec Bizerte, Gabès, Médenine-Tataouine, Sfax, Sousse, Tunis et Zarzis.
- **Location de vélos et motos**. Vélos, scooters, motos… c'est le meilleur moyen de visiter l'île. Il existe de nombreux loueurs. *Renseignez-vous auprès de votre hôtel ou dans les syndicats d'initiative.*
- **Location de voitures**. Tous les loueurs sont représentés. *Renseignez-vous auprès de votre hôtel ou dans les syndicats d'initiative.* Mais il faut toutefois savoir que la location n'est pas bon marché et, comme l'île est petite, vélo, mobylette, taxis ou bus peuvent amplement suffire.
- **Louages**. Parking du stade, près de la gare routière, Houmt-Souk **A3** ☎ 75.650.475.
- **Poste**. Av. H.-Bourguiba, Houmt-Souk **A1** et dans tous les villages de l'île.
- **Taxis**. Petits taxis, pl. Sidi-Brahim, Houmt-Souk **B1** et av. H.-Bourguiba, Houmt-Souk **A2** ☎ 75.650.205. Ils n'ont pas le droit de sortir de Djerba. **Grands taxis**, près de la poste, Houmt-Souk **A1**, effectuent les excursions à l'intérieur mais également hors de l'île. Il est préférable de fixer le prix à l'avance.
- **Urgences**. Hôpital, au bout de l'av. H.-Bourguiba, Houmt-Souk, vers El-Kantara **hors pl. par B3** ☎ 75.650.018.

●●● Voir également la rubrique Pratique p. 307.

Gabès

Visite p. 186. Plan p. 187.

- ⓘ pl. de la Libération **D1** ☎ 75.275.055, fax 75.270.254. *Ouv. 8h30-13h et 15h-17h45 ; en juil.-août 7h30-13h30 et 17h-19h. F. dim. et les ven. et sam. après-midi.*
- **Marché**. Le dim.

Hébergement

Les ▲ suivis d'un n° renvoient aux hôtels localisés sur le plan.

Les prix, indiqués par personne sur la base d'une chambre double, sont une moyenne entre la haute et la basse saison.

> AUTOUR DE 15 TND (9 €)

▲ **1. Chela Club**, à Chenini de Gabès *(5 km O)* **hors pl. par A2** ☎ 75.227.442, fax 75.227.446. *Pas de cartes de paiement.* Des chalets dispersés au cœur d'une palmeraie. Ambiance décontractée et souriante, mais confort un peu sommaire pour le prix. Piscine, restaurant. Beaucoup de groupes.

▲ **2. Sanit el-Bey**, auberge de jeunesse et camping, rue de l'Oasis **A1** ☎ 75.270.271. *200 lits (5 ch. de 40 lits).* À l'entrée de l'oasis de Gabès, quartier de la Petite Jara. Chambres de 4 à 8 lits. Priorité aux titulaires de la carte AJ. **Camping** à la même adresse. Douches et sanitaires.

> ENTRE 30 ET 50 TND (17 À 29 €)

▲ **3. Oasis**, sur la plage, accès par l'av. H.-Thameur **C1** ☎ 75.270.381/884, fax 75.271.749, hotoasis@gnet.tn. *110 ch. Pas de cartes de paiement.* Hôtel un peu vieillot dans un grand jardin en bord de mer. Chambres et service qui laissent à désirer. Pour une étape d'une nuit.

Restaurants

Les ♦ suivis d'un n° renvoient aux restaurants localisés sur le plan.

> AUTOUR DE 10 TND (6 €)

♦ **4. Le Pacha**, 36, av. F.-Hached **B2** ☎ 75.272.418. Cuisine tunisienne copieuse et sans prétention dans une salle propre et agréable.

> ENTRE 10 ET 30 TND (6 À 17 €)

♦ **5. L'Oasis**, 15-17, av. F.-Hached **B2** ☎ 75.270.098. *F. dim.* L'un des plus anciens et le meilleur restaurant de la ville. Belle carte de poissons. Essayez le risotto aux seiches.

Shopping

L'artisanat de Gabès propose de magnifiques **tapis**, des **couvertures**, des **châles de femmes** *(bakhnoug)* et de la **vannerie aux couleurs africaines**. Exposition et vente d'objets à l'**ONA**, av. F.-Hached **A1** ☎ 75.270.775. **Souks** pittoresques dans le quartier de la Grande Jara, autour de la Grande Mosquée **B1**.

Fêtes et festivals

● **Juin.** Festival régional de la musique et des arts populaires.

● **Juil.-août.** Festival international de Gabès : folklore, joutes poétiques, cavalerie.

● **Fin du ramadan.** Fête religieuse de Sidi Boulbaba.

Adresses utiles

● **Banques.** Av. H.-Bourguiba **B1-2**.

● **Compagnie aérienne.** Tunisair, 86, av. H.-Bourguiba **B2** ☎ 75.271.250.

● **Internet.** Av. H.-Bourguiba **B1** ☎ 75.275.724.

● **Location de voitures.** Avis, rue du 9-Avril **B2** ☎ 75.270.210. Hertz, 30, rue Ibn-el-Jazzar **C2** ☎ 75.270.525.

● **Police.** Rue de Médenine **hors pl. par A2** ☎ 75.270.390.

● **Poste.** Av. H.-Bourguiba **B2**.

● **Transports. Gare ferroviaire**, rue Mongi-Slim **B2** ☎ 75.270.744. **Gare routière**, route de l'Oasis **A1** ☎ 75.270.323. **Louages** (Kebili, Djerba, Médenine, Sfax et Tunis), route de l'Oasis **A1**. **Taxis**, marché de la Jara **B1**. **Calèches**, route de l'Oasis **A1**.

Zarzis

Visite p. 184.

❶ route des Hôtels, près de l'hôtel Sangho ☎/fax 75.706.445. *Ouv. 7h30-13h30 et 17h-19h en été, 8h30-13h et 15h-17h45 en hiver. F. ven. et sam. après-midi, dim. et j.f. toute la journée.*

● **Marché.** Le lun. et le ven. Marché berbère à El Mouensa le mer.

Hébergement

Les hôtels sont concentrés le long des plages, un peu à l'extérieur de la ville.

▶ Entre 20 et 30 TND (11 à 17 €)

▲ **Zyen** ☎ 75.706.630/531, fax 75.706.629. *15 ch.* Dans la zone touristique Sangho, un petit hôtel de bonne facture, aux chambres confortables, qui domine la palmeraie.

▶ Entre 30 et 50 TND (17 à 29 €)

▲ **Oasis Marine club**, route touristique ☎ 75.705.770, fax 75.705.685, www.oasis-marine.com. *270 ch.* Ambiance idéale pour des vacances familiales, avec des activités balnéaires. Logements dans des bungalows agréables pouvant accueillir jusqu'à 4 personnes.

▲ **Sangho Club** ☎ 75.705.124, fax 75.705.715, sangho.zarzis@planet.tn. *276 ch.* Le plus ancien des hôtels de la zone. Une valeur sûre pour ceux qui aiment les clubs de vacances. Confortables bungalows et petits bâtiments répartis sur une palmeraie de 14 ha. Nombreuses activités sportives et animations.

▲ **Résidence Sultana** ♥ ☎ 75.705.115, fax 75.705.167, www.residence-sultana.com. *12 ch.* Comment résister au charme de cette résidence hôtelière ? Directement sur la plage, dans un agréable jardin, les chambres au décor différent sont situées autour de la piscine. On a l'impression d'être chez soi. Le couple de propriétaires est attentif aux désirs des clients, même dans la préparation des menus. Petit hammam traditionnel aux couleurs chaudes pour la détente.

▶ Entre 50 et 100 TDN (29 à 57 €)

▲ **Odyssée Resort**, route touristique ☎ 75.705.705, fax 75.705.190, www.odysseeresort.com. *340 ch.* Bel hôtel aux chambres vastes et confortables, à l'architecture troglodytique et aux couleurs mexicaines. Les ascenseurs sont en bois de palme. Thalassothérapie dans des grottes reconstituées.

Restaurants

> **Autour de 10 TDN (6 €)**

♦ **Le Relais des Palmes**, centre-ville. *Pas de cartes de paiement*. Petit restaurant à la cuisine simple. Une bonne halte en ville.

> **Entre 10 et 30 TDN (6 à 17 €)**

♦ **Abou Nawas**, route des Hôtels ☎ 75.650.583. Cet établissement est considéré comme le meilleur restaurant de la zone. Il est l'un des rares à servir de l'alcool. Grillades, poissons et agneau sont proposés au menu.

♦ **Il Jardino**, zone touristique Lalla Mariam, près de l'hôtel *Oasis* ☎ 75.705.781. Restaurant agréable. Au menu : produits de la mer et pizzas. Une cuisine de qualité.

♦ **La Thonière**, zone touristique Sangho ☎ 75.706.670. Restaurant très bien situé sur la plage à proximité des hôtels. La carte est basée sur les produits de la mer. Bonne cuisine, alcool et accueil sympathique.

Fêtes et festivals

● **Juil.-aout.** Festival des Éponges.

Adresses utiles

● **Banques**. En centre-ville. **Banque de Tunisie**, av. F. Hached, **BNA**, rue de Palestine.

● **Internet**. Av. F.-Hached, à env. 500 m de la gare ☎ 75.694.566.

● **Poste**. Av. H.-Bourguiba.

● **Transports**. Gare routière, av. F.-Hached ☎ 75.690.643 pour les villes du Nord et ☎ 75.684.560 pour le Sud. **Louages**, av. F.-Hached, près de la gare routière. Agences de location de voitures dans la zone touristique. ●

Le Sud, pratique

> ## visites
> **Itinéraires** 14 à 16, p. 189.
> **Cartes** p. 190. ●

Sauf mention particulière, les établissements sélectionnés acceptent les cartes bancaires.

Les prix des hôtels, indiqués par personne sur la base d'une chambre double, sont une moyenne entre la haute et la basse saison.

Douz et ses environs

Visite p. 207.

❶ route de Zaafrane ☎ 75.470.351. *Ouv. t.l.j. sf ven. et sam. après-midi et, dim. 8 h 30-13 h et 15 h-18 h, en juil.-août 8 h 30-13 h et 15 h-20 h.* Toutes sortes de rens. sur la région et les méharées dans le Sahara.

● **Marché**. Douz le jeu.; **El-Faouar** le ven.; **Jemna** le mer. (dattes).

Hébergement

Des établissements sont implantés dans la zone touristique aménagée entre la palmeraie et le Grand Erg. Ils accueillent surtout des groupes et proposent des services de qualité.

> **Moins de 15 TDN (9 €)**

▲ **Camping**, **Désert Club** ☎/fax 75.470. 575, portable 97.216.132, www.campingdouz.skyblog.com. Dans la palmeraie, emplacements pour tentes et caravanes. Possibilité d'hébergement sous tente bédouine avec lit. Douches et sanitaires impeccables. ♦ **Restaurant** sous les palmiers où l'on sert de la cuisine italienne et tunisienne, avec alcool. Le rendez-vous des amoureux du désert.

▲ **El Médina**, rue El Hanin, dans le centre-ville, près de la place du marché ☎ 75.470.010. *20 ch.* Un petit hôtel tout simple aux chambres vieillottes, mais convenables.

> **Entre 30 et 50 TDN (17 à 29 €)**

▲ **Méhari**, route touristique ☎ 75.471.088, fax 75.471.589, www.goldenyasmin.com/mehari-douz. *127 ch.* Cet hôtel, qui a l'allure d'un vieux fort, a été bâti autour d'une source d'eau chaude dont peuvent profiter les clients. Quelques chambres avec vue sur les dunes. Deux piscines, un bar et un bon ♦ **restaurant**. Et à 25 km vers Zaafrane, le **campement Méhari** vous accueille en plein désert dans des tentes très confortables et un restaurant avec vue sur une mer de sable.

▲ **Saharien**, dans la palmeraie ☎ 75.471.337, fax 75.470.339. *100 ch.* Cet hôtel plein de charme propose de confortables bungalows à l'ombre des palmiers. Doté de trois piscines, dont l'une est thermale.

> **Entre 50 et 70 TDN (29 à 40 €)**

▲ **El Mouradi**, route touristique ☎ 75.470.303, fax 75.470.905, www.elmouradi.com. *180 ch.* Le plus luxueux hôtel de Douz est à la hauteur de sa réputation : piscines couverte et découverte, plusieurs ♦ **restaurants**… Face aux premières dunes du désert.

Dans le centre de Douz, de nombreuses gargotes proposent des couscous, des bricks ou des brochettes à des prix modiques. À retenir : ▲ **La Porte du Sahara**, très prisé des habitants de Douz. Accueil chaleureux de son patron.

EL-FAOUAR

> **Entre 30 et 50 TDN (17 à 29 €)**

▲ **El-Faouar** ☎ 75.460.531, fax 75.460.576. *141 ch.* Chambres climatisées, piscine et ♦ **restaurant**. Édifié en plein désert, à l'entrée du bourg, cet hôtel est parfait pour ceux qui sont en quête de solitude et de silence. Accueil agréable.

KSAR GHILANE

Une oasis au milieu du désert avec plusieurs campements aménagés autour d'une source d'eau chaude.

> ENTRE 70 ET 100 TDN (40 À 57 €)

▲ **Relais Pansea** ☎ 75.900.506. Contactez le bureau à Djerba ☎ 75.621.870, fax 75.621.872, www.pansea.com. *Pas de cartes de paiement*. 60 tentes de 28 m² chauffées et climatisées, avec salle de bains et coin salon. Le luxe au milieu des dunes. Belle piscine dominée par une tour avec vue panoramique sur le désert. ♦ restaurant, bar-salon, boutiques. Magnifiquement bien situé, au milieu de la palmeraie. Un havre de paix et de tranquillité.

ZAAFRANE

> ENTRE 30 ET 50 TDN (17 À 29 €)

▲ **Zaafrane**, à dr. à la sortie du village, en direction de Sabria ☎ 75.450.020, fax 75.450.033. *40 ch*. climatisées. Bar, ♦ restaurant, piscine. Simple et correct. Possibilités de randonnées à dos de dromadaire et campement organisé dans le désert.

Shopping

La grande spécialité de Douz, ce sont les **chaussures sahariennes** en cuir de dromadaire, brodées de fils de couleur, souples et confortables comme des pantoufles. Les artisans peuvent vous les faire sur mesure, de la couleur de votre choix. Au petit souk, grand choix d'**étoffes tissées** et de couvertures pouvant faire office de tapis. Au marché, vous trouverez bijoux en argent, burnous, couvertures de laine, vannerie, roses des sables. Les nomades viennent s'y approvisionner en dattes, couscous, fruits, légumes et bétail.

Loisirs

Centre d'aventures Pégase, route touristique ☎ 75.470.793, fax 75.470.835. Avion ultra léger, overcraft, karting, montgolfière : pour découvrir le désert autrement. Également un village bédouin sous tentes.

● **Méharées**. *Rens. auprès de l'*ℹ️, *des nombreuses agences de voyages et des hôtels*. D'une durée allant de 1 à 8 jours, on parcourt environ 25 km par jour à dos de chameau dans le désert. Dépaysement et silence assurés.

Fêtes et festivals

● **Déc. Festival du Sahara** : rencontres entre les différentes populations du Sud, avec fantasias, défilés, courses de chevaux, de *sloughi*, de dromadaires, combats de chameaux, mariages traditionnels, représentations théâtrales, danses locales et expositions. Un vrai festival populaire, malgré la présence croissante des touristes.

Adresses utiles

● **Agences de voyages**. Abdelmoula Voyages, av. des Martyrs ☎ 75.470.282, fax 75.470.366. Organise des randonnées d'une semaine ou plus dans le désert. **Douz Voyages**, 12, pl. de l'Indépendance ☎ 75.470.178/179, fax 75.470.315. Propose des randonnées sahariennes à dos de dromadaire ou en 4x4. **Ghilane Travel Services**, 38, av. Taïeb-Méhiri ☎ 75.470.692, fax 75.470.682, gts@planet.tn. Pour découvrir le désert dans les meilleures conditions.

● **Banques**. Banque du Sud (change), route de Kebili.

● **Internet**. Publinet, rue El-Hanin, à côté de la place du marché ☎ 75.472.777.

● **Poste**. Av. Taïeb Méhiri.

● **Transports**. Gare routière, pl. de la République : la **SNT** Tunis, *via* Gafsa et Kairouan, ou Gabès, Sfax et Sousse.

● **Urgences**. Hôpital, av. des Martyrs ☎ 75.470.323.

> ### aventure
> # Méharée dans les dunes
>
> Pour s'imprégner du désert, traversez les dunes du Grand Erg oriental en participant à une méharée entre Douz et Ksar Ghilane. Comptez 5 à 6 jours de marche en compagnie de guides locaux qualifiés et avec des dromadaires portant les bagages et les provisions. Après les nuits sous la tente, l'arrivée sur le petit fort romain de Ksar Ghilane en est encore plus saisissante.
>
> À Douz, de nombreuses agences de voyages locales proposent des méharées à la carte pour découvrir toutes les richesses du désert, à pied, à dos de dromadaire ou en 4 x 4. *Rens. et inscriptions auprès des tour-opérateurs français spécialistes (p. 296), des agences de voyages locales ou de votre hôtel à Douz (p. 262).* ●

Gafsa

Visite p. 200. **Plan** p. 202.

❶ pl. des Piscines-Romaines **A2** ☎ 76.221.664. *Ouv. t.l.j. 8h30-13h et 15h-18h, en juil.-août 8h30-13h et 15h-20h. F. ven. et sam. après-midi et dim.*

● **Marché**. Le mer.

Hébergement

Les ▲ suivis d'un n° renvoient aux hôtels localisés sur le plan.

> **ENTRE 15 ET 30 TDN (9 À 17 €)**

▲ **1. Gafsa Hôtel**, rue Ahmed-Snoussi, face au jardin public **B1** ☎ 76.224.000, 76.225.000, fax 76.224.747. *40 ch.* Hôtel simple et sans prétention, mais bien tenu. Quelques belles chambres avec TV câblée. Deux ♦ **restaurants**.

> **ENTRE 30 ET 50 TDN (17 À 29 €)**

▲ **2. Maamoun**, pl. d'Afrique, au coin de l'ancienne route de la Gare, près du marché **B2** ☎ 76.224.441, fax 76.226.440. *64 ch.* Autrefois le meilleur hôtel de Gafsa, il a perdu un peu de son charme. Piscine. Le ♦ **restaurant** *Errachid* offre une carte classique mais de qualité.

> **ENTRE 70 ET 100 TDN (40 À 57 €)**

▲ **3. Jugurtha Palace**, route de Feriana, à la sortie de Gafsa en direction de Tozeur **hors pl. par A1** ☎ 76.211.200, fax 76.211.220, www.hoteljugurthapalace.com. *130 ch.* Entouré de verdure et de palmiers, face aux montagnes, cet hôtel mêle architecture du Sud et style andalou dans un décor pour le moins étonnant pour cette région. Un mobilier kitsch aux tailles disproportionnées accapare l'espace dans les chambres. À voir pour sa démesure.

Restaurants

Les ♦ suivis d'un n° renvoient aux restaurants localisés sur le plan.

De petits restaurants proposent, un peu partout, des repas simples.

> **AUTOUR DE 10 TDN (6 €)**

♦ **4. Chez Abid**, Pl. des Notaires **B1** ☎ 76.221.055. Petit restaurant sympathique pour manger une cuisine sans prétention et correcte.

> **ENTRE 15 ET 30 TDN (9 À 17 €)**

♦ **5. Semiramis**, av. Ahmed-Snoussi, juste derrière le *Gafsa Hôtel* **B1** ☎ 76.221.009. En étage, sert notamment des poissons et des spécialités locales. Belle carte de vins tunisiens.

Shopping

Les **tapis** de Gafsa sont devenus célèbres pour leurs motifs stylisés et répétitifs de couleurs vives.

Vous pourrez les admirer à la **maison de l'Artisanat de l'ONA**, située sur la rue Sidi-Bou-Yahia **A1** ☎ 76.220.152.

Fêtes et festivals

- **Fin juil.-début août**. Festival international d'El-Borj : chansons tunisiennes et du monde arabe, représentations théâtrales.

Adresses utiles

- **Aéroport**. À env. 3 km S-E du centre **hors pl. par B2** ☎ 76.273.700.
- **Banques**. Av. Taïeb-Mehiri **B1**.
- **Police**. Av. Taïeb-Mehiri **B1** ☎ 76.225.012.
- **Poste**. Av. H.-Bourguiba **A1**.
- **Transports**. Gare ferroviaire, à 2,5 km S de Gafsa **hors pl. par B2** ☎ 76.270.666. Gare routière, av. du 2-Mars **B2** ☎ 76.221.587. Louages, juste à la sortie de la ville, près du marché et de l'hôtel *Maamoun* **B2**.
- **Urgences**. Hôpital régional Houcine-Bouzaiane **hors pl. par B1** ☎ 76.226.278.

‖ Kebili

Visite p. 206.

- ⓘ centre-ville, à côté de la station de louages ☎ 75.492.531. *Ouv. sf ven. et sam. après-midi et dim. 8h30-13h et 15h-18h, en juil.-août 8h30-13h et 15h-20h.*
- **Marché**. Le mar.

Hébergement

> **Entre 30 et 50 TDN (17 à 29 €)**

▲ **Dar Ismaïl Les Dunes** ☎ 75.480.711/715, fax 75.480.653. www.hôteldarismail.com. *90 ch.* Hôtel situé à l'entrée du chott el-Djerid. Dispose de jolies chambres autour d'une piscine et une tour haute de 22 m. Du haut de celle-ci, vous pourrez admirer le panorama de la région. Une très belle halte avant de gagner les oasis.

> **Entre 50 et 70 TDN (29 à 40 €)**

▲ **Yadis Oasis**, à la sortie de la ville, vers Douz ☎ 75.491.436/113, fax 75.491.140. www.yadis.com. *124 ch.* Ce très bel hôtel à l'architecture locale, possède de vastes chambres, à la décoration réussie, qui sont disposées autour de deux piscines.

Fêtes et festivals

- **Mai**. Festival de la musique et des arts populaires.
- **Décembre**. Festival de la cueillette des dattes : traditions populaires, fantasias…

Adresses utiles

- **Banques**. Change à la BNA, pl. de l'Indépendance.
- **Poste**. Pl. de l'Indépendance.

‖ Matmata

Visite p. 211.

- ⓘ à l'entrée du village ☎ fax 75.240.075. *Ouv. en été, lun.-sam. 8h-14h, dim. 10h-12h ; permanence 17h-19h. En hiver, ouv. de 8h30-13h et 15h-17h45. F. dim. ainsi que les ven. et sam. après-midi.* ⓘ ☎ 75.240.114. Horaires variables.
- **Marché**. Le lun. à Matmata, le mar. à la Matmata nouvelle.

Hébergement

> **Entre 30 et 50 TDN (17 à 29 €)**

▲ **Kousseila** ☎ 75.230.303, fax 75.230.265. *35 ch.* Un hôtel de bonne tenue, même si l'architecture est quand même assez triste. Cerise sur le gâteau, il y a une tour pour admirer le panorama. Dispose d'un très bon ♦ **restaurant**.

▲ **Ksar Amazigh** ☎ 75.240.062, fax 75.240.173. *50 ch.* Hôtel construit comme une petite médina autour d'une grande piscine, face à un paysage somptueux. Les chambres sont petites, mais confortables et joliment décorées.

bonnes adresses

Les troglodytes

> **Autour de 15 TDN (9 €)**

▲ **Marhala du Touring-Club** ☎ 75.240.015, fax 75.240.109. *38 ch. et 140 lits. Pas de cartes de paiement.* Les chambres sont creusées dans le tuf, reliées par des boyaux souterrains. Pour vivre une nuit à la manière des habitants du site. Le confort y est certes rustique mais la propreté est incontestable.

> **Entre 15 et 30 TDN (9 à 17 €)**

▲ **Sidi Driss** ☎ 75.240.005. *140 lits. Pas de cartes de paiement.* Un labyrinthe de chambres autour de plusieurs cours. Cet hôtel servit de décor pour *La Guerre des étoiles*. Aujourd'hui, il est envahi par les touristes. Pour les inconditionnels seulement.

> **Entre 50 et 70 TDN (29 à 40 €)**

▲ **Diar al-Barbar**, à la sortie de Matmata sur la route de Douz ☎ 75.240.074, fax 75.240.144. www.diarelbarbar.com.*162 ch.* Les étages sont creusés dans les parois, comme une immense maison troglodytique. Piscine sur une terrasse avec vue panoramique.

Restaurant

> **Moins de 10 TDN (6 €)**

♦ **Chez Abdoul**, dans le centre du village, face au syndicat d'initiative. De délicieux couscous tunisiens.

Fête et festival

● **Mars**. Festival de Matmata : axé sur les coutumes traditionnelles (mariages, fantasias et spectacles).

Adresses utiles

● **Internet**. Publinet près du bureau de poste.
● **Transports**. Gare routière sur la place du souk (liaisons avec les villes environnantes). Se rendre à la **nouvelle ville de Matmata** pour rejoindre les grandes villes de Tunisie.

Médenine

Visite p. 212.
● **Marché**. Le jeu.

Shopping

Couvertures et **coussins** sont les produits de l'artisanat les plus courants à Médenine.

Fête et festival

● **Fin mai-début juin**. El-Jezz : festival des Arts populaires, à l'occasion de la tonte des moutons.

Adresses utiles

● **Banques**. Av. H.-Bourguiba.
● **Internet**. Publinet, immeuble Ettania ☎ 75.646.781.
● **Location de voitures**. Mattei, rue du 18-Janvier ☎ 75.643.540.
● **Poste**. Pl. des Martyrs.
● **Transports**. Gare routière, rue du 18-Janvier (Gabès, Djerba, Zarzis et Tataouine). La SNT dessert Tunis (env. 7 h). **Louages** près de la gare routière.

Nefta

Visite et **Plan** p. 196.

❶ à l'entrée de la ville, av. H.-Bourguiba **B1** ☎ 76.430.236. Très efficace, organise de nombreux circuits en 4x4 ou à dos de dromadaire, avec guides pour les oasis de montagne.

● **Marché**. Le jeu.

Hébergement

Les ▲ suivis d'un n° renvoient aux hôtels localisés sur le plan.

> **Autour de 15 TDN (9 €)**

▲ **1. El-Habib**, pl. de la Libération **B2** ☎ 76.430.497. *16 ch.* Dans le centre-ville, un bâtiment moderne qui s'intègre à l'architecture traditionnelle de la ville. Très simple mais assez bien tenu. Toilettes communes, mais chaque chambre dispose d'un cabinet de toilette avec douche.

> Entre 15 et 30 TDN (9 à 17 €)

▲ **2. Marhala du Touring-Club**, route touristique **A2** ☎ 76.430.027, fax 76.430.511, marhala@yahoo.fr. *34 ch.* Un établissement confortable, doté d'une piscine. ♦ **Restaurant** avec vue sur l'oasis. Une bonne adresse.

> Entre 30 et 50 TDN (17 à 29 €)

▲ **3. Bel Horizon**, sur le rebord de la Corbeille **A1** ☎ 76.430.088, fax 76.430.500. *140 ch.* Très jolies chambres avec terrasse privée et vue sur la palmeraie. Dispose d'une grande piscine. Tout le confort d'un établissement prestigieux au charme authentique. Une très bonne adresse.

> Entre 50 et 70 TDN (29 à 40 €)

▲ **4. Caravansérail**, route touristique **A2** ☎ 76.430.355, fax 76.430.344. *129 ch.* Bel édifice en pierre au bord de la palmeraie. Rien ne manque, même si la piscine est un peu exiguë. Chambres très confortables et suites bien aménagées.

> Entre 70 et 100 TDN (40 à 57 €)

▲ **5. Dar Zargouni**, face à la Corbeille. **A1** www.darzargouni.com. darzargouni@yahoo.fr. Une maison d'hôte qui bénéficie d'une vue panoramique sur la Corbeille et la palmeraie. Très confortable et joliment décorée, vous pouvez louer une des suites ou le tout. Pour un séjour de tout repos.

Restaurants

Le ♦ suivi d'un nº renvoie au restaurant localisé sur le plan.

> Autour de 10 TDN (6 €)

♦ **6. Les Sources**, proche du syndicat d'initiative **B1** ☎ 76.430.351. *Pas de cartes de paiement.* Bonne cuisine tunisienne, pas d'alcool.

Shopping

Couvertures et **burnous de laine** composent l'essentiel de la production artisanale locale.

Fête et festival

● **Déc.** Festival de la Cueillette des dattes.

Adresses utiles

● **Aéroport**. Sur la route de Tozeur **B1-2**, à 26 km N (accès en taxi) ☎ 76. 453.388.
● **Banques**. Av. H.-Bourguiba **B2**.
● **Police touristique** ☎ 76.432.099/ 430.134.
● **Poste**. Av. H.-Bourguiba **B2**.
● **Transports**. Gare routière, av. H.-Bourguiba **B1** ☎ 76.430.602.
● **Urgences**. Hôpital **B2** ☎ 76.430.193.

Tamerza

Visite p. 198.
● **Marché**. Le ven.

Hébergement

Pas de juste milieu entre le grand luxe et le presque camping.

> Autour de 15 TDN (9 €)

▲ **Les Cascades** ☎/fax 76.485.332. *50 ch. Pas de cartes de paiement.* Dans un site magnifique, au milieu d'une palmeraie, à deux pas d'une petite cascade, quelques paillotes au confort précaire. Bon ♦ **restaurant**.

> Entre 100 et 150 TDN (57 à 86 €)

▲ **Tamerza Palace** ♥ ☎ 76.485.344/345, fax 76.485.322, www.tamerza-palace.com. *109 ch.* Un luxueux havre de paix : les chambres sont confortables et à l'élégance remarquable. La nouvelle extension a été réalisée dans un style contemporain, avec une vue imprenable sur les montagnes et le village abandonné. Le service est impeccable. Dispose d'une piscine. Le ♦ **restaurant** offre une carte aux plats raffinés et délicieux. S'y arrêter au moins pour boire un verre sur la terrasse et admirer le panorama.

Restaurant

> **AUTOUR DE 10 TDN (6 €)**

♦ **Le Chedly** ☎ 76.485.458. *Pas de cartes de paiement.* On y mange d'excellents couscous et le patron vous accueille chaleureusement.

Fête et festival

● **Mars**. Festival des Oasis de montagnes.

Tataouine

Visite p. 212.

🛈 av. Habib-Bourguiba ☎ 75.862.674, fax 75.862.028. *Ouv. 7h30-13h30 et 17h-19h en été, 8h30-13h et 15h-17h45 en hiver. F. dim. et, en hiver, ven. et sam. après-midi.* Délivre les autorisations pour se rendre en 4X4 dans certaines zones du désert tunisien.

🛈 av. Hedi-Chaker ☎ 75.850.850, fax 75.850.999. *Ouv. 7h30-13h30 et 17h-19h en été, 8h30-13h et 15h-17h45 en hiver. F. dim. et, en hiver, ven. et sam. après-midi.* Le directeur peut vous aider dans les démarches pour obtenir les autorisations pour se rendre dans le désert.

● **Marché**. Le lun. et le jeu.

écotourisme
Trekking à Chebika

Pour favoriser le développement d'un écotourisme dans les oasis de montagne, des associations ont mis au point un circuit, de Chebika à Tamerza, sur lequel des guides, tous enfants du pays, vous mènent à la découverte du milieu naturel, de la faune et de la flore, riche et diversifiée, et des ressources patrimoniales de la région. Idéal pour ceux qui n'ont pas peur des longues marches. *Guides* ☎ 98.563.845, 98.524.349. ●

Hébergement

> **ENTRE 15 ET 30 TDN (9 à 17 €)**

▲ **La Gazelle**, av. H.-Chaker ☎ 75.860.009, fax 75.862.860. *23 ch. Pas de cartes de paiement.* Établissement fonctionnel climatisé.
♦ **Restaurant** médiocre.

> **ENTRE 30 ET 50 TDN (17 à 29 €)**

▲ **Sangho Privilège**, route de Chenini ☎ 75.860.102, fax 75.862.177 www.sangho-tataouine.com. *101 ch.* La bonne étape de la région. Les bungalows climatisés et confortables sont disséminés dans un superbe jardin. ♦ **Restaurants** et bars décorés avec goût entourent une piscine.

Restaurants

Les restaurants ferment tôt à Tataouine, généralement vers 19h.

> **AUTOUR DE 10 TDN (6 €)**

♦ **Chez Mabrouk**, sur la route de Chenini. ☎ 75.852.367. *Pas de cartes de paiement.* Dispose d'une vaste salle qui accueille les groupes sur la route des villages perchés et des ksour. Un bon menu.

♦ **Sindbad**, près de la station de louages. *F. dim. Pas de cartes de paiement.* Ce restaurant local est situé dans un cadre agréable. Pour déguster un bon couscous et des plats tunisiens.

Fête et festival

● **Mars**. Festival des Ksour: fantasia, chants, arts et traditions du désert.

Shopping

Pâtisserie du Sud, av. F.-Hached. De délicieux gâteaux à emporter. Goûtez les cornes de gazelle, la spécialité de la région.

Adresses utiles

● **Banques**. Aux alentours de l'av. H.-Bourguiba.

● **Poste**. Av. H.-Bourguiba.

- **Transports**. Gare routière, rue du 1er-Juin-1955 ☎ 75.860.031, liaisons pour Djerba, Zarzis, Médenine, Ksar Hadada et Remada. La **SNTRI** dessert Tunis *via* Gabès, Sfax et Sousse. Départ av. H.-Bourguiba. **Louages**, av. F.-Hached.
- **Urgences**. Hôpital régional, cité du 7-Novembre ☎ 75.870.704.

Tozeur

Visite p. 191. Plan p. 193.

🛈 av. Aboul-Kacem-Chebbi, vers la zone touristique **A2** ☎ 76.454.088, fax 76.452.051. *Ouv. 7 h 30-13 h 30 et 17 h-19 h en été, 8 h 30-13 h et 15 h-17 h en hiver. F. dim. et, en hiver, ven. et sam. après-midi.* 🛈 av. H.-Bourguiba **A1** ☎ 76.462.034.

- **Marché**. Le dim.

Hébergement

Les ▲ suivis d'un n° renvoient aux hôtels localisés sur le plan.

En ville

> **Autour de 15 TDN (9 €)**

▲ **1. Hôtel Karim**, av. Aboul-Kacem-Chebbi **A2** ☎ 76.454.574. *34 ch*. L'accueil est si chaleureux qu'on a l'impression d'être un membre de la famille. Les petites chambres sont disposées autour d'un patio. Confort minimum.

▲ **2. Warda**, av. Aboul-Kacem-Chebbi **B2** ☎ 76.460.000, fax 76.452.744. *34 ch*. Un établissement modeste, mais bien tenu et accueillant. Une petite terrasse sur les toits, fort agréable, domine la ville. *Souvent complet : réservez en saison.*

> **Entre 30 et 50 TDN (17 à 29 €)**

▲ **3. Oasis**, av. Aboul-Kacem-Chebbi **B2** ☎ 76.452.300, fax 76.461.522. *124 ch*. Cet hôtel d'avant-guerre possède un charme désuet. Chambres confortables réparties autour de plusieurs patios et de piscines. On est ici de plain-pied dans la ville.

Zone touristique
Hors pl. par A2

> **Moins de 15 TND (9 €)**

▲ **4. Camping Les Beaux Rêves** ☎ 76.453.331, fax 76.452.744, campingbeaureves@voila.fr. Bien situé à l'entrée de la palmeraie. Les huttes et le mobilier sont en bois de palme. Sanitaires, ♦ **restaurant** et café en plein air. Accueil très sympathique.

> **Entre 30 et 50 TND (17 à 29 €)**

▲ **5. Basma** ☎ 76.452.488, fax 76.452.294. *88 ch*. Un hôtel au hall accueillant, aux chambres simples et confortables. Service de bon niveau.

> **Entre 50 et 70 TND (29 à 40 €)**

▲ **6. Dar el Nour** ☎ 23.524.203. *2 ch*. Une maison d'hôte située dans un quartier populaire. Deux Français l'ont aménagée et décorée avec goût pour accueillir ceux qui recherchent une autre façon d'aborder Tozeur. Un vrai bonheur !

▲ **7. Ksar Rouge** ☎ 76.454.933, fax 76.453.163. *111 ch*. Un hôtel à la magnifique architecture du Sud, aux tons ocre. Chambres vastes et raffinées, avec coin-salon. Bon ♦ **restaurant**. Animations et excursions organisées.

▲ **8. Ras el Aïn** ☎ 76.452.698, 76.452.444, fax 76.452.189, www.goldenyasmin.com. *143 ch*. Hôtel sobre et élégant. Superbe piscine couverte avec jacuzzi.

> **Entre 70 et 100 TND (40 à 57 €)**

▲ **9. Dar Nejma** ☎ 76.460.830/ 21.913.275 ou 06.30.49.41.95 en France. *7 ch*. Une maison d'hôte, tenue par une Française, en plein cœur de la médina, magnifiquement aménagée, à l'image des *ryadhs* marocains. Dispose de deux piscines et des chambres à la décoration recherchée. Une table d'hôte peut-être servie à la demande. Prix élevés.

Restaurants

Les ♦ suivis d'un n° renvoient aux restaurants localisés sur le plan.

> **Autour de 10 TDN (6 €)**

♦ **10. Le Capitole**, 158, av. Aboul-Kacem-Chebbi **A2** ☎ 76.462.631. *Pas de cartes de paiement.* Dans ce restaurant, on sert une bonne cuisine traditionnelle. N'hésitez pas à découvrir la pizza berbère, qui est une spécialité de la maison.

♦ **11. Le Minaret**, av. Habib-Bourguiba, derrière la mosquée Ferkous **A2** ☎ 23.524.203. *F. lun. Pas de cartes de paiement.* Un établissement tenu par deux sympathiques Français. Vous y découvrirez une bonne cuisine tunisienne que vous dégusterez en profitant d'un agréable patio découvert.

♦ **12. Le Tozorous**, av. Aboul-Kacem-Chebbi **A2**. *Pas de cartes de paiement.* Dans une salle climatisée, au décor agréable, fait d'un mélange de briques et de bois de palme, une cuisine simple mais de qualité vous era proposée.

> **Entre 15 et 30 TDN (9 à 17 €)**

♦ **13. Le Petit Prince**, situé près du palais du Gouverneur **B2** ☎ 76.452.518. Dans une ambiance saharienne, vous pourrez déguster une cuisine agréable, composée de couscous aux légumes, de bricks à l'œuf, de grillades ainsi que d'une délicieuse *chakchouka* (ratatouille avec un œuf). Il est possible de dîner dehors sous la tonnelle, qui est fort agréable. Alcool servi. À noter : L'établissement organise régulièrement des spectacles traditionnels.

Shopping

En flânant dans les boutiques de Tozeur, vous trouverez tapis et nattes de style berbère, mais également des bijoux berbères en argent et des roses des sables.

Chaque tapis, dans le Sud, a une histoire.

Dans la **Grande Boutique de la Médina**, rue de Kairouan **B1**, on vous expliquera la spécificité du voile de la mariée, du tapis en poil de dromadaire, du tapis « mirage » ou du nomade. Kilims, *berragamas* et burnous se mêlent à quelques belles pièces anciennes. Du premier étage, transformé en salon de thé, on bénéficie d'un beau point de vue sur la médina et la palmeraie.

La Maison de l'Artisanat, av. Aboul-Kacem-Chebbi **A2** ☎/fax 76.452.236 est spécialisée dans les tapisseries murales et les poteries.

Dans la **boutique d'Abderrazak ben Aïch**, située sur l'av. Aboul-Kacem-Chebbi, vers la zone touristique, vous trouverez un étonnant **mobilier en bois de palmier**, dit « meubles des coopérants » car les étrangers furent les premiers à les commander. Fauteuils, petites tables pliantes, porte-livres... Des articles originaux et faciles à transporter.

Sports

● **Golf**. Golf des Oasis, **hors plan par A2** ☎ 76.470.831, fax 76.473.505. Un beau parcours de 18 trous dessiné par l'Américain Ronald Fream. Il est situé face à la palmeraie.

● **Cheval**. Centre Ranch Equiballades, **hors plan par A2** ☎ 76.452.613/98.450.218. Ce centre équestre propose de nombreuses ballades à cheval à travers la palmeraie, mais également une excursion d'une journée à travers la région.

Fêtes et festivals

● **Mars**. L'Orientale africaine : festival des musiques orientales et africaines, concerts à travers toute la ville durant 4 jours.

● **Fin déc**. Festival des Oasis : défilé de chars, folklore, combats de dromadaires.

Adresses utiles

- **Aéroasis**. Pour survoler la palmeraie en montgolfière, av. Aboul-Kacem-Chebbi **A2** ☎ 76.454.577.
- **Aéroport de Tozeur-Nefta**. Il est situé à 3 km du centre de Tozeur, sur la route de Nefta **hors pl. par A1** ☎ 76.453.388. Accès en taxi (vous devrez compter environ 2,5 dinars pour le centre-ville).
- **Banques**. Vous trouverez la plupart la plupart d'entre elles sur l'av. F.-Hached et sur l'av. H.-Bourguiba **AB1**.
- **Compagnie aérienne**. Tunisair, av. F.-Hached **hors pl. par A1** ☎ 76.452.127.
- **Internet**. **Palmes Net**: de l'av. F.-Hached, empruntez la 1re rue à dr. après le stade, juste avant le tribunal **hors pl. par A1** ☎ 76.463.227.

Publinet, rue du 7-Novembre, situé à proximité du Commissariat régional au tourisme **hors pl. par A2** ☎ 76.463.357.

- **Location de voitures**. Adressez-vous aux hôtels ou à l'aéroport **hors pl. par A1** ☎ 76.453.388.
- **Police**. Av. F.-Hached, sur la route de Gafsa **B1** ☎ 76.452.343.
- **Poste**. Pl. du Marché **B1** ☎ 76.450.000.
- **Transports**. Gare routière, av. F.-Hached **A1** ☎ 76.453.557. La SNTRI assure des liaisons vers Gafsa (en 2 h), Nefta (en 30 min), Kebili, Kairouan (en 4 h) et Tunis (en 8 h); elle dessert également Tunis *via* Gabès, Sfax et Sousse. Départ av. H.-Bourguiba **A1**. **Louages**, av. F.-Hached **A1**, à côté de la gare routière: liaisons avec Nefta, Gafsa, Kebili et Tunis. **Taxis**, station sur l'av. F.-Hached **A1**.
- **Urgences**. Hôpital ☎ 76.450.400.

repères

Mosaïque d'Ulysse, musée de Bardo © Nicolas Fauqué/images-detunisie.com

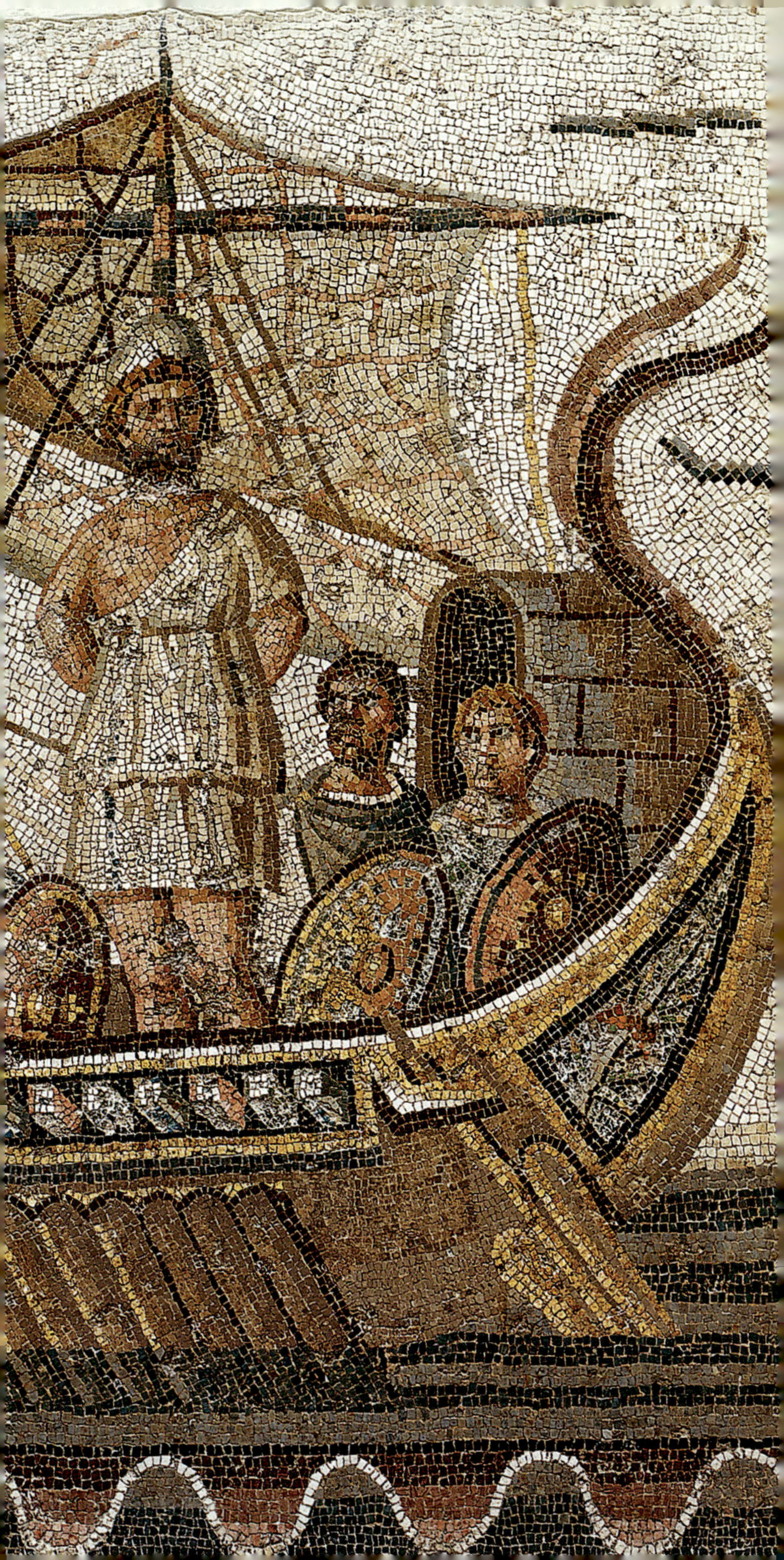

histoire
Les dates qui ont fait la Tunisie

▲ Durant le règne des Aghlabides, le territoire est équipé d'une infrastructure hydraulique savante dont témoignent encore les bassins de Kairouan.

Vers 2590-2565 av. J.-C.
Règne de Khéops en Égypte. Construction de la grande pyramide.

De l'âge de pierre à la période punique

La préhistoire tunisienne remonte à plus de deux millions d'années, comme le montrent les ossements et les galets découverts dans le Sud tunisien, près de Kebili. Des vestiges de la civilisation acheuléenne ont été mis au jour dans diverses régions du pays. Le gisement le plus intéressant est l'Hermaïon d'El Guettar, non loin de Gafsa, qui remonterait à 40 000 ans av. J.-C. ; il est considéré comme le plus ancien édifice religieux du monde.

8000 à 1000 av. J.-C. La **civilisation capsienne** – de *Capsa*, nom antique de l'actuelle Gafsa – fonda à cette époque (Paléolithique) une brillante civilisation dont les restes sont encore présents autour du chott el-Djerid, dans la région de Gafsa. Les **Berbères**, appelés Numides ou Libyques par les Romains, ethnie de pasteurs nomades, peuplaient l'Afrique du Nord au début du IIe millénaire av. J.-C. Ils fabriquaient une céramique brute, des outils de bois et de cuir. Leur langue est sûrement à l'origine des dialectes berbères encore parlés aujourd'hui.

XIIᵉ s. av. J.-C. C'est avec l'arrivée des Phéniciens que la Tunisie fait son entrée dans l'Histoire. Ce peuple, originaire de Tyr et de Sidon, a développé un véritable empire, basé sur des cités commerçantes, dans toute la Méditerranée orientale. Vers 1100 avant notre ère, des Phéniciens ont créé leur premier comptoir tunisien à **Utique**.

735 av. J.-C. Fondation de Rome

814 av. J.-C. Selon la légende, Elissa, princesse tyrienne dont le surnom, **Didon**, signifie « l'Errante » en phénicien, fonde **Kart Hadasht**, « la ville nouvelle ». Le site choisi, au fond d'un golfe dominant la mer, assure une protection contre les attaques extérieures. **Carthage** devient très vite une ville opulente qui ne cesse de se développer *(voir p. 278)*.

Au Vᵉ s. av. J.-C., Carthage est à l'apogée de sa puissance. Elle domine le commerce maritime en Méditerranée et veut élargir son empire. La Sicile, toute proche, est l'objet de sa convoitise. Mais **Rome**, la nouvelle puissance montante, est elle aussi attirée par les richesses siciliennes. Débute alors un conflit qui va durer cent dix-huit ans et décider du sort de la Méditerranée.

507 av. J.-C. Clisthène établit la démocratie à Athènes.

264-241 av. J.-C. La **première guerre punique** donne l'avantage à Rome ; Carthage perd la maîtrise de la mer. En 237 av. J.-C., les dirigeants carthaginois doivent faire face à une rébellion de mercenaires, écrasée par le général **Hamilcar Barca**. Carthage lui confie le soin de fonder un autre empire en Espagne : ce sera Carthagène. Hamilcar, secondé par son fils Hannibal, soumet en moins de vingt ans une partie du pays (238-219 av. J.-C.). Rome comprend la menace et déclare la guerre à sa rivale punique.

218-201 av. J.-C. Cette **deuxième guerre punique** est marquée par les exploits militaires d'**Hannibal**. À la tête de son armée et de ses éléphants, il traverse les Pyrénées, le Rhône et les Alpes, et remporte d'écrasantes victoires jusqu'à Rome. Là, mal soutenu, il voit son expédition tourner court. Rome a déplacé la guerre en Espagne et en Afrique où **Scipion** attaque Carthage et en sort victorieux. La paix, signée en 201 av. J.-C., oblige Carthage à payer un lourd tribut de guerre et à livrer sa flotte.

149-146 av. J.-C. La **troisième guerre punique** marque la fin de la puissance commerciale de Carthage. Assiégée pendant trois ans par les Romains, Carthage se rend à Scipion Émilien. Rome ordonne la destruction totale de la ville.

La domination romaine

146 av. J.-C. Rome annexe le territoire carthaginois et crée la *Provincia Africa*. Débute alors une brillante période de développement urbain et économique.

46 av. J.-C. Jules César rétablit Carthage au rang de capitale provinciale. Jusqu'au milieu du IIe s. apr. J.-C., l'Afrique romaine connaît la paix et la prospérité. Carthage est de nouveau un grand port de commerce, au mode de vie opulent. Des villes s'édifient à travers tout le pays.

IIe s. apr. J.-C. Avec la montée du christianisme, des troubles intérieurs apparaissent sous le règne de **Septime Sévère**. Les Berbères du Sud font subir de graves revers aux légions romaines.

151 apr. J.-C. Géographie universelle de Ptolémée d'Alexandrie, astronome et géographe grec.

455. Sac de Rome par le Vandale Genséric.

481. Avènement de Clovis.

439. Le roi vandale **Genséric** s'empare de Carthage et en fait sa capitale. Les terres sont confisquées et distribuées aux chefs de guerre vandales. Une certaine romanité persiste toutefois.

563. Byzance est maître de l'Italie.

533. Justinien, empereur de Constantinople, se décide à intervenir et les Byzantins vainquent rapidement les Vandales.

La conquête islamique

632. Mort du prophète Mahomet et début des conquêtes musulmanes.

647. L'islam, qui s'est imposé en Égypte, regarde maintenant vers le Maghreb. Une incursion de guerriers musulmans décime la garnison de *Sufetula* (aujourd'hui Sbeïtla) : désormais le péril ne vient plus de la mer, mais du désert.

670. Une armée, commandée par **Oqba ibn Nafii**, pénètre dans le pays et fonde une ville au cœur de la steppe, **Kairouan**, dont la Grande Mosquée constitue encore aujourd'hui un lieu de pèlerinage pour le monde musulman occidental. Base stratégique pour la conquête de l'Ouest, la ville devient vite capitale arabe et centre religieux. Une farouche résistance berbère aux nouveaux envahisseurs s'organise, avec à sa tête une femme, **la Kahena**, reine des Aurès.

698. Les troupes musulmanes envahissent la Carthage byzantine qui, une fois de plus, est rasée. Son port est abandonné au profit de celui de Tunis. Puis les Arabes reprennent l'offensive contre les Berbères. La Kahena et son armée, retranchées dans les Aurès, sont battues en 702 ; la reine est tuée. Rapidement, les Berbères se convertissent à l'islam. La *Provincia Africa* romaine devient l'*Ifriqiya* arabo-musulmane. Le pouvoir est exercé par des gouverneurs agissant successivement au nom des califes de Damas, d'obédience omeyyade ; puis de ceux de Bagdad, de la dynastie des Abbassides.

800. Ibrahim ibn el-Aghlab, calife abbasside, obtient de fonder une dynastie d'émirs à condition de conserver des liens d'allégeance avec Bagdad. Durant le règne des **Aghlabides** (800-909), le pays connaît l'un des siècles les plus brillants de son histoire. **Kairouan** est devenue une capitale religieuse prestigieuse, les émirs résident à Rakada, une ville dont il ne reste aujourd'hui que quelques vestiges. Toute la côte est protégée par une ligne de médinas fortifiées et de *ribats* – mi-casernes, mi-monastères – où sont formés des « moines-soldats » *(mourabitines)*. La sécurité favorise le commerce, l'artisanat, la circulation et les travaux des champs. La pensée musulmane est cependant minée de l'intérieur par les propagandistes chiites. Les discussions autour de la succession des califes provoquent un schisme qui donne naissance à la **dynastie fatimide**.

Une succession de dynasties

Rudement réprimée en Occident comme en Orient, la propagande chiite rencontre un vif succès dans les montagnes de la Petite Kabylie, auprès des Berbères Kotamas.

910. Les Berbères s'emparent de Kairouan pour y installer un prince **fatimide**, l'imam **Obaïd Allah**. Celui-ci fonde une nouvelle capitale, **Mahdia**, fortifiée, en bordure de mer et tournée vers l'Orient, prochaine étape pour la conquête du monde musulman. Très tôt, la nouvelle dynastie est confrontée à une secte égalitaire, les **kharijites**, qui assiègent Mahdia. La révolte est réprimée à grand-peine et le calife Abou Taher Ismaïl, victorieux, se donne le titre de **El-Mansour**. Il doit néanmoins abandonner sa capitale pour en fonder une nouvelle, près de Kairouan : Sabra el-Mansouriah.

969. Les Fatimides conquièrent l'Égypte et fondent une nouvelle ville, **Le Caire**, quatre ans plus tard. L'administration de l'*Ifriqiya* est alors confiée par le calife fatimide au chef de la famille des **Zirides**, désormais très éloigné. Le pays connaît une ère de grande prospérité.

1048. Les Zirides se détachent du Caire pour reconnaître désormais le calife abbasside de Bagdad comme seul chef religieux. La réaction fatimide ne se fait pas attendre ; elle est brutale et sanguinaire : en 1050 une armée de nomades, les **Beni Hilal**, détruit tout sur son passage. L'*Ifriqiya* connaît alors une période de crises successives. Kairouan perd son rayonnement et devient une petite bourgade. Les attaques des chrétiens de Sicile, puis des Almoravides, se font incessantes.

---

711. Les musulmans sont maîtres de l'Espagne.

732. Charles Martel arrête l'invasion musulmane à Poitiers.

800. Charlemagne est sacré empereur d'Occident.

973. Fondation du **Caire** par les chiites fatimides.

▲ Le théâtre de Carthage. Les Carthaginois ne manquaient pas de spectacles. Chaque bourgade possédait son théâtre où le public venait goûter à la tragédie, à la comédie et aux belles lettres. Une foule passionnée se rendait au cirque pour les courses de chars et à l'amphithéâtre pour les combats de gladiateurs.

histoire
L'épopée carthaginoise

L'arrivée des Phéniciens en Tunisie marque l'histoire du continent africain. Ce peuple de navigateurs et de commerçants est originaire de Tyr (région du Liban actuel). Ils établissent des comptoirs sur les rivages sud-méditerranéens pour créer des escales sur la route de l'Espagne. Ils fondent Kart Hadasht, « ville nouvelle », future Carthage, vers 814 av. J.-C.

Une société triomphante

Au Ve s. av. J.-C., la cité est à l'apogée de sa puissance. Elle domine le commerce maritime en Méditerranée. Agronomes de talent, les Carthaginois ont introduit en Afrique du Nord la culture de la vigne, de l'olivier et de l'oranger. Le blé envahit les plaines. De nouvelles villes se développent, belles et imposantes. Les marins phéniciens s'aventurent de plus en plus loin sur les côtes africaines. De nombreux monuments témoignent de la grandeur punique et de l'ampleur de son occupation territoriale.

La révolte des mercenaires

Au IIIe s. av. J.-C., s'initie entre Carthage et **Rome** un duel qui va durer cent dix-huit ans. La **première guerre punique** (264-241 av. J.-C.) donne l'avantage à Rome : Carthage doit renoncer à toute ambition sur la Sicile, la Sardaigne et la Corse. Une autre épreuve ébranle la cité : sa propre armée de mercenaires, soutenue par des tribus berbères, se révolte. En 237 av. J.-C., le général carthaginois **Hamilcar Barca** vainc les troupes rebelles. Carthage confie ensuite à son héros le soin de fonder un autre empire en Espagne. Secondé par son fils **Hannibal**, il soumet rapidement toute la péninsule Ibérique au sud de l'Èbre. Rome, se sentant menacée, profite d'un incident à la frontière pour déclencher la guerre.

Hannibal et ses éléphants

Cette **deuxième guerre punique** (218-201 av. J.-C.) est légendaire. **Hannibal** décide d'attaquer Rome à revers : à la tête de 50 000 fantassins, 9 000 cavaliers et 37 éléphants, il franchit l'Èbre, les Pyrénées, le Rhône et les Alpes. Sur le point de prendre la ville, il attend des renforts qui n'arriveront jamais. Il est alors rappelé en Afrique : les Romains, alliés au roi numide **Massinissa**, attaquent et vainquent Carthage. La flotte est démantelée, la cité renonce à ses possessions d'Espagne et doit payer un lourd tribut à Rome.

« Il faut détruire Carthage »

Dix ans après sa défaite, Carthage a réuni assez d'argent pour payer sa dette. Si la ville n'est plus une puissance militaire, elle demeure attractive commercialement. La **troisième guerre punique** (149-146 av. J.-C.) correspond à un siège par les Romains. Après d'âpres combats, **Hasdrubal**, le préfet de la cité, se rend. Rome, encouragée par les discours de Caton (« *Delenda est Carthago* »), ordonne l'anéantissement de la ville.

La domination romaine

Dès sa victoire, Rome annexe le territoire carthaginois et crée la *Provincia Africa*, inaugurant une brillante période de développement urbain et économique. Selon le camp qu'elles ont choisi pendant les guerres, certaines villes demeurent libres et d'autres sont soumises à l'autorité romaine. En 46 av. J.-C., **Jules César** reconstruit Carthage et la rétablit au rang de capitale provinciale.

Apogée et décadence de la société romano-africaine

Jusqu'au milieu du IIe s. apr. J.-C., l'Afrique romaine connaît la prospérité. Carthage retrouve sa place de grand port méditerranéen. De ses quais partent le vin, l'huile d'olive et le blé produits par les grandes exploitations et les marchandises africaines véhiculées par les caravanes à travers le Sahara. Pourtant, dès la fin du IIe s., naît un mécontentement social doublé d'une agitation religieuse liée à la montée du christianisme. Affaiblie par ces troubles intérieurs et par les attaques des Berbères du Sud, la province est incapable de résister aux Vandales qui s'emparent de Carthage en 439. L'épopée glorieuse de la cité s'achève. ●

1095-1099. **Première croisade** et prise de Jérusalem.

1187. Reconquête de Jérusalem par les musulmans, menés par Saladin.

1226. Louis IX roi de France.

1453. Prise de Constantinople par les Turcs.

1492. Fin de la *Reconquista* chrétienne sur les musulmans d'Espagne.

1519. Charles Quint, empereur du Saint Empire romain germanique.

1159. La dynastie des **Almohades** règne sur le Maroc après avoir supplanté les **Almoravides**. Elle entreprend d'unifier l'Afrique du Nord. Ses descendants, les Hafsides, ont choisi **Tunis** pour capitale ; ils ne tardent pas à se proclamer indépendants.

1236-1574. Les **Hafsides** restent au pouvoir jusqu'en 1574. Ils embellissent Tunis, l'entourent de remparts au XIVe s. et la rendent cosmopolite (les royaumes chrétiens y ouvrent des ambassades). Sous cette dynastie, le pays connaît une nouvelle période de paix et de prospérité, malgré les difficultés : la croisade de **Saint Louis**, qui coûte la vie au monarque chrétien (1270), les attaques espagnoles, la piraterie.

Début du XVIe s. L'*Ifriqiya* devient l'enjeu des ambitions rivales des maîtres de la Méditerranée : les Turcs et les Espagnols. Sur mer, la lutte est sans merci ; chaque souverain, le sultan de Constantinople comme le roi d'Espagne, arme des bateaux corsaires chargés de protéger leur flotte marchande et de piller celle de l'ennemi. En Tunisie, comme dans le reste du Maghreb, les ports se transforment lentement en petits États qui participent à cette guerre en se mettant au service du plus offrant des belligérants. En 1534, le sultan de Constantinople orchestre le renversement de la dynastie hafside. **Charles Quint** envoie une armée de 30 000 hommes et une flotte de 400 navires pour reprendre Tunis. La ville tombe entre ses mains en 1535. L'empereur reparti, le sultan Soliman le Magnifique donne à Dragut, seigneur de la piraterie allié des Turcs, le gouvernement de Tripoli, en 1556.

La Tunisie turque et husseinite

1574. La Tunisie devient une province de l'Empire ottoman. Elle constitue une régence confiée à un **pacha**, lui-même secondé par une milice commandée par un **agha**. Le territoire est quadrillé de garnisons occupées par des janissaires. Bientôt, le pouvoir des **beys** qui commandent l'armée, contrôlent l'intérieur du pays et prélèvent l'impôt, prend le pas sur celui des **deys** investis par la lointaine Sublime Porte. Tout en continuant de prêter allégeance à l'Empire ottoman, les beys instaurent une véritable monarchie dont la charge devient héréditaire.

1631-1705. La dynastie **mouradite**, créée par Osta Moratto Corso, un Corse fait esclave par des corsaires tunisiens et converti à l'islam, s'installe au pouvoir. Les Morisques, chassés d'Espagne, affluent à Tunis. Ils apportent avec eux leurs savoir-faire qui influencent fortement l'architecture et l'aménagement des habitations tunisiennes. Les Mouradites sont renversés par une ultime révolte des janissaires contre l'appropriation du pouvoir par les beys.

1705. **Hussein ben Ali**, fondateur de la dynastie des **Husseinites**, se fait proclamer bey. Cette dynastie se maintiendra au pouvoir, avec des bonheurs divers, jusqu'en 1957. Les beys sont le plus souvent de vaillants défenseurs de la religion, de redoutables commerçants, des chefs de famille qui doivent toujours prendre garde aux appétits de leurs successeurs et des libertins entretenant de somptueux et vastes harems. Les Husseinites connaissent de nombreuses révolutions de palais. Ils parviennent à maintenir leur pouvoir beylical, reconnu par la communauté internationale, au prix d'une graduelle aliénation de l'indépendance économique du pays. La montée des impérialismes européens au cours du XIXe s. affaiblit leur pouvoir et précipite leur chute.

1830. Les Français s'installent en Algérie et entretiennent des relations de bon voisinage avec la Tunisie. La France devient le principal créancier du pays. **Ahmed Bey** (1837-1855), conscient du besoin de modernisation de l'État, amorce une série de réformes : mise sur pied d'une armée reposant sur la conscription, modernisation de l'administration, réforme de la justice, abolition de l'esclavage. Le régime se lance dans une série d'emprunts à long terme auprès des Français et des Italiens. Son successeur **Mohammed es-Saduq** (1859-1882) doit faire face à une crise sociale sans précédent, due au doublement de l'impôt. Le pays, surendetté, est mis sous tutelle en 1869 par une commission financière internationale où siègent la France, l'Italie et l'Angleterre. En 1878, l'Angleterre et l'Allemagne reconnaissent à la France, premier créancier du pays, le droit de consolider sa position.

| Le protectorat français

1881. La **France** intervient militairement en Tunisie pour régler un conflit de frontière avec l'Algérie. Elle fait signer au bey Mohammed es-Saduq le **traité du Bardo** (mai 1881) qui autorise la France à occuper le pays « en vue du rétablissement de l'ordre et de la sécurité de la frontière et du littoral ».

1883. Après avoir assuré son contrôle sur l'ensemble du territoire, la France impose au bey un

1789. Révolution française.

1830. Les Français occupent Alger.

1885. **Conférence de Berlin** : l'Europe se partage ses zones d'influence en Afrique.

protectorat. Cette formule respecte officiellement l'existence du beylicat tout en imposant une administration directe française. En quelques décennies, 4 000 familles de colons français s'installent sur 850 000 ha tandis que les colons italiens en annexent 70 000. Les productions agricoles destinées à l'exportation (céréales, oliviers, vignes) deviennent prédominantes. Les mines de zinc, de phosphate, de fer et de plomb sont valorisées. Des fonctionnaires métropolitains occupent tous les postes importants. La nouvelle ville de Tunis, érigée à l'extérieur de la médina, prend l'aspect d'une ville coloniale.

La présence française entraîne un développement spectaculaire de l'équipement du pays au service de la puissance coloniale. Le réseau routier, les installations portuaires de Bizerte, de Tunis et de Sfax, les plantations d'oliviers dans le Sahel, les exploitations viticoles, le chemin de fer (conçu pour le transport des phosphates) et la création de nombreuses industries ouvrent le pays au monde moderne. Revers de la médaille : les salaires demeurent dérisoires, le chômage devient un mal chronique, de nombreux fermiers musulmans sont dépossédés de leurs terres. Le mécontentement s'exprime d'abord chez l'élite intellectuelle, formée au collège Sadiki, à Tunis.

|| L'indépendance

1914-1918. Première Guerre mondiale.

1920. Avec la fondation du parti **Destour** (« constitution » en arabe) en 1920, le thème de l'indépendance apparaît pour la première fois dans le débat politique. En 1934, une scission donne naissance à un nouveau parti, le **Néo-Destour**, sous l'impulsion d'**Habib Bourguiba**, renforcé par la création de l'UGTT (Union Générale des Travailleurs Tunisiens) à l'initiative de **Farhat Hached**. Durant la Seconde Guerre mondiale, les néo-destouriens continuent leur action en faveur de l'indépendance et mettent en place un réseau de cellules politiques dans l'ensemble du pays. Ils reçoivent le soutien, en 1942, de **Moncef Bey** qui vient d'accéder au trône.

1936. Front populaire en France.

1940-1945. Seconde Guerre mondiale.

1942. Débarquement allié au **Maroc** et en **Algérie**.

1943. La campagne de Tunisie des Forces alliées marque la fin de l'occupation allemande. Moncef Bey est contraint d'abdiquer en 1943, accusé de collaboration avec les Allemands. Son successeur, **Lamine** (1943-1957), surnommé le « bey destourien », revendique une monarchie constitutionnelle.

1949-1954. La lutte pour l'indépendance s'intensifie. En 1950, le président du Conseil, Robert Schuman, se montre favorable à un acheminement par étapes vers l'indépendance. Mais l'année suivante, la position française se durcit : **Habib Bourguiba** est arrêté, emprisonné, puis assigné à résidence en France. Grèves et émeutes réprimées par l'armée se succèdent ; en 1952, **Farhat Hached** est assassiné.

1954. **Pierre Mendès France**, nouveau président du Conseil, reconnaît l'autonomie interne de la Tunisie et se prononce en faveur de la constitution d'un gouvernement tunisien. En 1955, Bourguiba fait un retour triomphal à Tunis et participe, le 3 juin, à la signature officielle des conventions d'autonomie interne.

20 mars 1956. La France reconnaît l'**indépendance** de la Tunisie.

La République tunisienne

13 août 1956. Promulgation du **Code du statut personnel** (CSP) qui reconnaît l'égalité des droits entre l'homme et la femme.

25 juillet 1957. La République est proclamée, avec **Habib Bourguiba** pour premier président. Le bey est écarté du pouvoir ainsi que le principal opposant de Bourguiba, **Ben Youssef**, qui se réfugie au Caire d'où il continuera le combat contre le bourguibisme jusqu'à son assassinat, à Francfort, en 1961.

1er juin 1959. La nouvelle **Constitution** entérine le pouvoir présidentiel, et, sans pourtant jamais le nommer, confirme le Néo-Destour dans son rôle de parti unique. Le nouvel État réorganise le découpage administratif du pays, procède à une refonte et à une sécularisation de l'appareil judiciaire.

1960-1969. Une politique de nationalisations et de réformes est menée par le ministre de l'Économie **Ahmed ben Salah**. En 1961, une crise éclate entre les armées française – restée basée à Bizerte – et tunisienne, qui aboutit à l'évacuation totale des troupes françaises le 15 octobre 1963.

1970. **Hédi Nouira** est nommé Premier ministre (il le restera jusqu'en 1980) ; il mène une politique libérale qui aide au développement du pays.

1974. Bourguiba, réélu trois fois déjà, ne peut plus briguer un nouveau mandat. Il se fait nommer président à vie, s'arrogeant le droit de désigner son successeur. Cela déclenche une guerre de succession qui durera jusqu'à sa destitution.

1978. La grève générale qui immobilise le pays dégénère en émeutes, réprimées par les forces de sécurité sans que Bourguiba n'intervienne.

1980. À Gafsa, le coup de force, mené par des Tunisiens de retour de Libye, marque l'irruption

1954. Début de la **guerre d'Algérie**.

1955. **Conférence de Bandung** des pays décolonisés.

1956. Indépendance du **Maroc**.

1958. **De Gaulle** président de la République française.

1962. Indépendance de l'**Algérie**.

1964. Création de l'Organisation de libération de la Palestine (OLP).

1967. **Guerre des Six Jours** entre Israël et les pays arabes limitrophes.

1975. Guerre civile au Liban.

1978. Accord de paix à Camp David, entre l'Égypte et Israël.

1981. **François Mitterrand** président de la République française.

1988. Traité de Zeralda (Algérie), entérinant la création de l'Union du Maghreb arabe (UMA). Réélection de François Mitterrand.

1989. Chute du mur de Berlin.

1991. Guerre du Golfe.

1993. Poignée de main entre Itzhak Rabin et Yasser Arafat. **Autonomie palestinienne.**

1995. Assassinat de Itzhak Rabin en Israël.

1999. La parité de l'**euro** est établie : la nouvelle monnaie européenne entre en vigueur.

2000. « **Deuxième Intifada** » dans les territoires occupés.

2001. 11 septembre : **attentats** à New York et à Washington.

2003. Les Américains envahissent l'**Irak** ; Saddam Hussein est arrêté en décembre.

2004. Attentats de Madrid et mort de Yasser Arafat.

2005. Attentats de Londres.

---

du mouvement islamiste. Les arrestations se multiplient. En septembre 1987, quand s'ouvre le procès contre le Mouvement de la tendance islamiste (MTI), Bourguiba est favorable à la condamnation à mort des leaders ; à l'inverse son Premier ministre, le général **Zine el-Abidine Ben Ali**, préconise l'emprisonnement et la répression.

1987. Le 7 novembre, Bourguiba, déclaré médicalement incompétent, est destitué. Son Premier ministre, **Zine el-Abidine Ben Ali**, le remplace à la tête de l'État, conformément à la Constitution. Le nouveau président se présente comme un homme d'ouverture : il supprime la présidence de la République à vie, limite à deux fois le renouvellement du mandat présidentiel, autorise le multipartisme et interdit les tribunaux d'exception.

1989. Ben Ali sort vainqueur des **élections présidentielles et législatives** malgré la présence de nombreux islamistes inscrits sur des listes « indépendantes ». Le gouvernement réagit avec vigueur et entame une lutte sans merci contre les intégristes. Il mène par ailleurs une politique économique libérale qui profite à la croissance de la Tunisie.

1994. Ben Ali est réélu pour cinq ans avec 99,91 % des suffrages. L'opposition est toutefois représentée (faiblement) au Parlement, grâce à l'introduction d'une dose de proportionnelle.

1995. La Tunisie est le premier pays non européen à participer à la création d'une zone de libre-échange avec l'Union européenne.

1999. Malgré la tenue d'élections pluralistes, la réélection de Zine el-Abidine Ben Ali se fait avec le même pourcentage de voix qu'en 1994. À la Chambre, l'opposition occupe 20 % des sièges, conséquence de la réforme électorale.

2002. L'attentat perpétué par Al-Qaida contre la synagogue de la Ghriba, à Djerba, met la Tunisie sur le devant de la scène internationale. En mai, une nouvelle **réforme constitutionnelle**, approuvée par 99 % des électeurs, prévoit le renouvellement sans limites des candidatures à la présidence et repousse de 70 à 75 ans l'âge maximum des postulants.

2004. Le président **Ben Ali** est réélu pour la quatrième fois avec 94,49 % des voix.

2005. La deuxième phase du Sommet mondial de l'information (SMSI) est organisé à Tunis au mois de novembre.

2007. Le président **Ben Ali** fête ses 20 ans de pouvoir en Tunisie. ●

▲ Mausolée de Habib Bourguiba à Monastir.

portrait
Habib Bourguiba

Habib Bourguiba, benjamin d'une famille nombreuse, est né en 1903 à Monastir. Son père est un modeste fonctionnaire de l'administration beylicale. Bon élève, le jeune Habib est reçu au collège Sadiki puis au lycée Carnot de Tunis, avant de poursuivre ses études de droit à Paris.

Il revient en Tunisie en 1925 pour exercer le métier d'avocat. Très engagé dans la vie politique, il démissionne du Destour en 1934 et concourt à la fondation du Néo-Destour *(p. XX)*. Son activité politique en faveur de l'indépendance lui vaut d'incessantes assignations à résidence ou peines d'emprisonnement. De 1949 à 1952, il participe aux discussions en vue de l'autonomie de la Tunisie, mais les autorités françaises l'assignent de nouveau à résidence et, en 1954, il est exilé sur l'île de Groix. Héros de l'indépendance, il devient président en 1957. Il mènera une politique laïque à l'intérieur du pays et renforcera son prestige à l'extérieur.

Nommé président à vie en 1974, Bourguiba cultivera l'ambiguïté grâce à sa stature de « Combattant suprême » et de fondateur du nouvel État. Il se place au-dessus des contingences et n'hésite pas à désavouer publiquement les hommes ou les décisions de son gouvernement. C'est ainsi qu'il a dénoué la crise de 1969 en désavouant Ahmed ben Salah. Lors des révoltes de 1978 et de l'intervention des forces de sécurité, il se tient à l'écart. En 1984, à la suite des émeutes s'opposant à l'augmentation du prix du pain, il annonce dans un discours télévisé qu'il en décide l'annulation. Mais ce sont les dernières retrouvailles entre le peuple et son père. La fin de son règne est marquée par un pouvoir trop personnalisé et les luttes intestines du pouvoir. L'irruption du mouvement islamiste dans les années 1980 impose à l'État une lutte délicate à mener. Jugé par ses médecins dans l'incapacité de continuer à assumer ses fonctions, Bourguiba est destitué en 1987, à l'âge de 83 ans, et finit ses jours dans une résidence d'État à Monastir. Pour beaucoup, Bourguiba reste le héros de l'indépendance et les femmes n'ont pas oublié qu'elles lui doivent leur émancipation.

À sa mort, à l'âge de 96 ans, le 6 avril 2000, l'émotion qui a saisi la population a témoigné de sa reconnaissance à l'égard du « père de la Tunisie moderne ». ●

documentation
Lecture et musique

| Littérature

T. Baccar et S. Garmardi, ***Écrivains de Tunisie***, Sindbad, 1982. Anthologie de la littérature tunisienne.

H. Béji, ***L'Œil du jour***, Nadeau, 1985, Cérès, 1993. La vie de l'auteur et de sa famille dans la médina de Tunis.

A. Belkhodja, ***Hannibal***, Apollonia, 2000. La vie d'Hannibal en BD.

F. Bey, ***La Dernière Odalisque***, Stock, 2001. Une fresque romanesque et historique sur la Tunisie des beys.

G. Dugas, ***Tunisie – Rêve de partages***, Omnibus, 2005. La réunion de textes d'auteurs aussi divers que Maherzia Bornaz, Claude Roy, Michel Tournier ou Adrien Salmieri ; un voyage littéraire à travers la Tunisie et son histoire.

C. Fellous, ***Avenue de France***, Gallimard, 2001. Un siècle d'histoire d'une famille racontée à travers l'histoire d'une avenue. Une belle écriture.

G. Flaubert, ***Salammbô***, Garnier-Flammarion *(p. XX)*.

P. Highsmith, ***L'Empreinte du faux***, Calmann-Lévy, 1969. Un suspense angoissant par la spécialiste du genre, avec la côte tunisienne pour cadre.

A. Kacem, ***L'Hiver des brûlures***, Cérès, 1994. Poésie. L'univers singulier d'un grand poète, enfant du pays.

A. Memmi, ***Agar***, 1955 ; ***Portrait d'un juif***, 1962 ; ***La Libération du juif***, 1966 ; ***La Statue de sel***, 1966 ; ***Portrait du colonisé***, précédé du ***Portrait du colonisateur***, 1966 ; ***L'Homme dominé***, 1968, ***Le Scorpion***, 1969,

◀ Festival de Douz, dans le sud tunisien.

Folio. Un romancier brillant né dans la communauté juive de Tunis.

N. MOATI, *Belles de Tunis*, coll. « Points », Le Seuil, 1984/coll. « Contemporains en poche », Cérès, 2000. La saga de trois générations de femmes juives durant la période de la domination française. Chronique foisonnante, émouvante et savoureuse, à l'image de la ville.

G. NACCACHE, *Cristal*, Salammbô Éd., réed. 2000. Les événements de 1968, à travers les faits et les hommes.

J. QUÉMÉNEUR, *Énigmes tunisiennes*, Institut des belles lettres arabes, 1997. Tous les mystères de l'antique Tunisie.

●●● Librairies à Tunis : voir le *Carnet d'adresses*, p. 225.

Histoire, politique

J. BERQUE, *Histoire de l'Afrique du Nord*, Le Seuil. Un classique.

M. CAMAU, *La Tunisie*, coll. « Que sais-je ? », PUF, 1989. Un « digest » utile.

B. COHEN, *Bourguiba, le pouvoir d'un seul*, Flammarion, 1986. Portrait réaliste de l'artisan de l'indépendance tunisienne.

Culture et civilisations

A. BESCHAOUCH, *La Légende de Carthage*, coll. « Découvertes », Gallimard, 1993. Un joli petit ouvrage, abordable.

A. BESCHAOUCH, M. ERRAIS BORGES, S. JABEUR, *Confidences de Tunisie*, Cherche-Midi et Oikos, 2008. Des promenades historiques et culturelles, agrémentée de belles photos, et des textes

M. H. FANTAR, *Kerkouane, cité punique*, Hatier/Alif, 1998. Une fine étude sur les mœurs d'une cité encore en cours de dégagement.

A.-G. HAMMAN, *La Vie quotidienne en Afrique du Nord au temps de saint Augustin*, Hachette, 1985. Pour découvrir le christianisme en Tunisie.

M. HOURS-MIEDAN, *Carthage*, coll. « Que sais-je ? », PUF, 1982. Les repères essentiels.

S. LANCEL, *Carthage*, Fayard/Cérès, Paris/Tunis, 1992-1999. Un ouvrage sérieux pour comprendre la civilisation carthaginoise.

E. MESTIRI, *La Tunisie*, Karthala, 1995. Une bonne synthèse du pays aujourd'hui.

P. SEBAG, *Tunis, histoire d'une ville*, L'Harmattan, 1998. Ce livre émouvant est le fruit d'un long travail. Essentiel pour aller plus loin dans sa rencontre avec Tunis.

D. SOREN, A. BEN ABED et H. SLIM, *Carthage. Splendeur et décadence d'une civilisation*, Albin Michel, 1994. Pour qui veut approfondir le sujet.

Beaux livres

D. BOUZID et A. EL DJAZAÏRI, *L'École de Tunis*, Alif, 1995. Une introduction à l'œuvre des fondateurs de la peinture tunisienne.

J. DUVIGNAUD, *Klee en Tunisie*, coll. « Peinture », Cérès, 1980. Les somptueuses aquarelles d'un amoureux de la Tunisie.

A. ENNABLI, G. FRADIER, J. PEREZ, *Carthage retrouvée*, Cérès, 1995. Pour découvrir les vestiges du passé glorieux de Carthage.

M. H. FANTAR et B. FOURRURE, *Carthage, cité phénicienne d'Afrique*, Hatier/Alif, 1992. La cité mythique en images animées.

N. FAUQUÉ, J. FONTAINE, P. GRESSER, *Tunisie, carrefour des civilisations*, éd. ACR, 2000. La riche histoire de Tunis, avec de belles illustrations.

J. GASTELLI, textes de A. MEMMI et A. MEDDEB, *En Tunisie*, éd. Éric Koehler, 1998. L'œil d'un photographe tunisien sur son pays.

G. MERMET, textes de M. BLANCHARD-LEMÉE, M. ENNAÏFER, H. et L. SLIM, *Sols de l'Afrique romaine*, Imprimerie nationale, 2000. Tout sur les mosaïques et leur histoire. Un magnifique ouvrage.

S. MOSCATI, *L'Empire de Carthage*, Hatier/Alif, 1996. Un bel ouvrage livré avec un CD-Rom.

Z. MOUHILI et J. MC GUINNESS, *Médinances, huit visages de la médina de Tunis*, Association de sauvegarde de la Médina/Alif, 1998. Une superbe promenade à travers la médina en photos et textes.

F. ROITER, *Tunisie*, Cérès, 2004. Un voyage à travers une Tunisie non touristique.

H. SLIM, N. FAUQUÉ, *La Tunisie antique, de Hannibal à saint Augustin*, Mengès, 2006. Un voyage illustré à travers les richesses du patrimoine.

P. VALLET, *Capitales oubliées : Kairouan*, éd. du Demi-Cercle, 1995. Superbes photos en noir et blanc.

Art de vivre

Pour découvrir les superbes demeures tunisiennes avec leur histoire :

N. BEN KHELIL et N. FAUQUÉ, *Maisons de Carthage*, Dar Ashraf Éd., 1996.

J. BINOUS et S. JABEUR, *Les Maisons de la Médina*, Dar Ashraf Éd., 2001.

N. MASSEY et A. AZZOUZ, *Maisons de Hammamet ; Maisons de Sidi-bou-Saïd*, Dar Ashraf Éd., 1988.

J. REVAULT, *Palais, demeures et maisons de plaisance à Tunis et ses environs*, Édisud, 1984.

S. SANTELLI, *Médinas, histoire d'architecture traditionnelle*, Dar Ashraf Éd., 1992.

••• *Voir également notre rubrique « Lieux de vie, à l'abri des regards… » p. 49.*

Disques

H. ABASSI et S. HAMZAOUI, *Tunis chante et danse*, 1900-1950, Alif, rééd. 2000. Un CD présentant des chansons de l'époque accompagne le livre.

Le plus populaire des jeunes compositeurs tunisiens, **Anouar Brahem**, le « prince de l'oud », a enregistré plusieurs albums : la bande originale du film *Les Silences du palais* (Virgin) ; *Barzakh* (ECM), avec Béchir Selmi et Lassad Hosni ; *Conte de l'incroyable amour* (ECM) ; *Madar* (ECM), avec Jan Garbarek et Shaukat Hussein ; *Khomsa* (ECM), avec Richard Galliano ; *Thimar* (ECM), avec John Surman et Dave Holland ; *Astrakan Café* (ECM), avec Barbaros Erkose et Lassad Hosni.

Le Malouf tunisien, AAA 054.

Musique judéo-arabe, vol. 2 : La Tunisie, Club du disque arabe, AAA 072. Les grandes voix de 1908-1955 : Habiba Msika, Louisa Tounsia, Chafia Rochdi, Saliha, Raoul Journo…

Tunisie : chants et rythmes, Club du disque arabe, AAA 001. Folklore des années 1970.

••• *Voir également notre rubrique « Arts tunisiens, arts multiples » p. 53.* •

---

littérature
Flaubert et Salammbô

En 1857, Gustave Flaubert commence à écrire un roman historique ayant pour thème la civilisation carthaginoise. Il se documente considérablement et fait un voyage en Tunisie : du 12 avril au 6 juin 1858, il visite les ruines de Carthage, arpente celles d'Utique. Il choisit de placer son action durant l'épisode historique de la révolte des mercenaires (241-237 av. J.-C.). Le titre de l'ouvrage, *Salammbô*, est le nom de son héroïne, personnage de pure fiction dont il fait la fille du général Hamilcar. À son évocation lyrique de la Carthage punique se mêle une histoire d'amour complexe entre Salammbô et Mâtho, le chef des mercenaires révoltés. Le livre paraît en 1862 et son succès auprès du public est immédiat. •

glossaire
Le petit dico

Architecture
Bab : entrée, porte.
Bir : puits.
Borj : bastion, ferme.
Douar : groupe de tentes.
Fondouk : caravansérail.
Ghorfa : grenier couvert d'une voûte en berceau (prononcer « rorfa »).
Jebbana : cimetière.
Kasbah : quartier fortifié, citadelle.
Kbar : tombe.
Khaïma : tente arabe
Kherba, kherbet : ruines.
Koubba : dôme.
Ksar : village fortifié du Sud, palais (plur. **ksour**).
Manar : tour à signaux.
Marabout : dérivé de *murabit* (homme vivant dans le *ribat*), ce mot désigne un saint homme, sa tombe, le monument qui l'abrite.
Marsa : port.
Médina : ville traditionnelle arabe, qui comprend la mosquée principale et les souks.
Menara : phare.
Menzel : exploitation agricole.
Moucharabieh : panneau de bois ajouré placé aux balcons, fenêtres, etc., permettant de voir sans être vu.
Riad : jardin d'une maison.
Ribat : couvent fortifié.
Sour : rempart.
Zaouïa : siège d'une confrérie religieuse.

Arts
Haïk : longue pièce d'étoffe des femmes tunisiennes.
Haïtia : tenture murale.
Hanna : henné, teinture à base de plantes.
Jebba : genre de cafetan que portent les hommes.
Jeld : peau, cuir.
Kilim : tapis tissé.
Koufique : forme ancienne et élégante de l'écriture arabe.
Malouf : musique traditionnelle d'origine andalouse.
Mergoum : tapis tissé.
Oud : luth arabo-andalou, instrument majeur de la musique traditionnelle.
Souf : laine.
Zerbia : tapis à points noués.

La famille
Abou : père.
Aziz : chéri, bien aimé (fém. **aziza**).
Ibn : fils.
Oum : mère.
Sadiq : ami.

La société
Ben : fils de (plur. **beni**).
Bey : titre donné aux souverains, vassaux du sultan, ou à certains hauts fonctionnaires turcs.
Fellah : paysan sédentaire.
Ihoudi : juif.
Kabila : tribu.
Mokkadem : chef du quartier ou de confrérie.
Roumi (familier) : européen.
Taleb : étudiant.

Religion
Chahada : profession de foi.
Haj : pèlerin de La Mecque.
Jemaa : mosquée.
Mansour : victorieux.
Médersa : école coranique.
Mihrab : dans les mosquées, niche indiquant La Mecque.
Minbar : chaire pour le prêche.
Moumène : croyant.
Mourabitines : moines-soldats.
Muezzin : musulman qui lance l'appel à la prière du haut du minaret.
Ouali : saint ou préfet.
Salat : prière.
Saoum : jeûne.
Tophet : sanctuaire où la divinité se manifestait.
Zakat : aumône.

pratique

© Nicolas Fauqué /imagesdetunisie.com

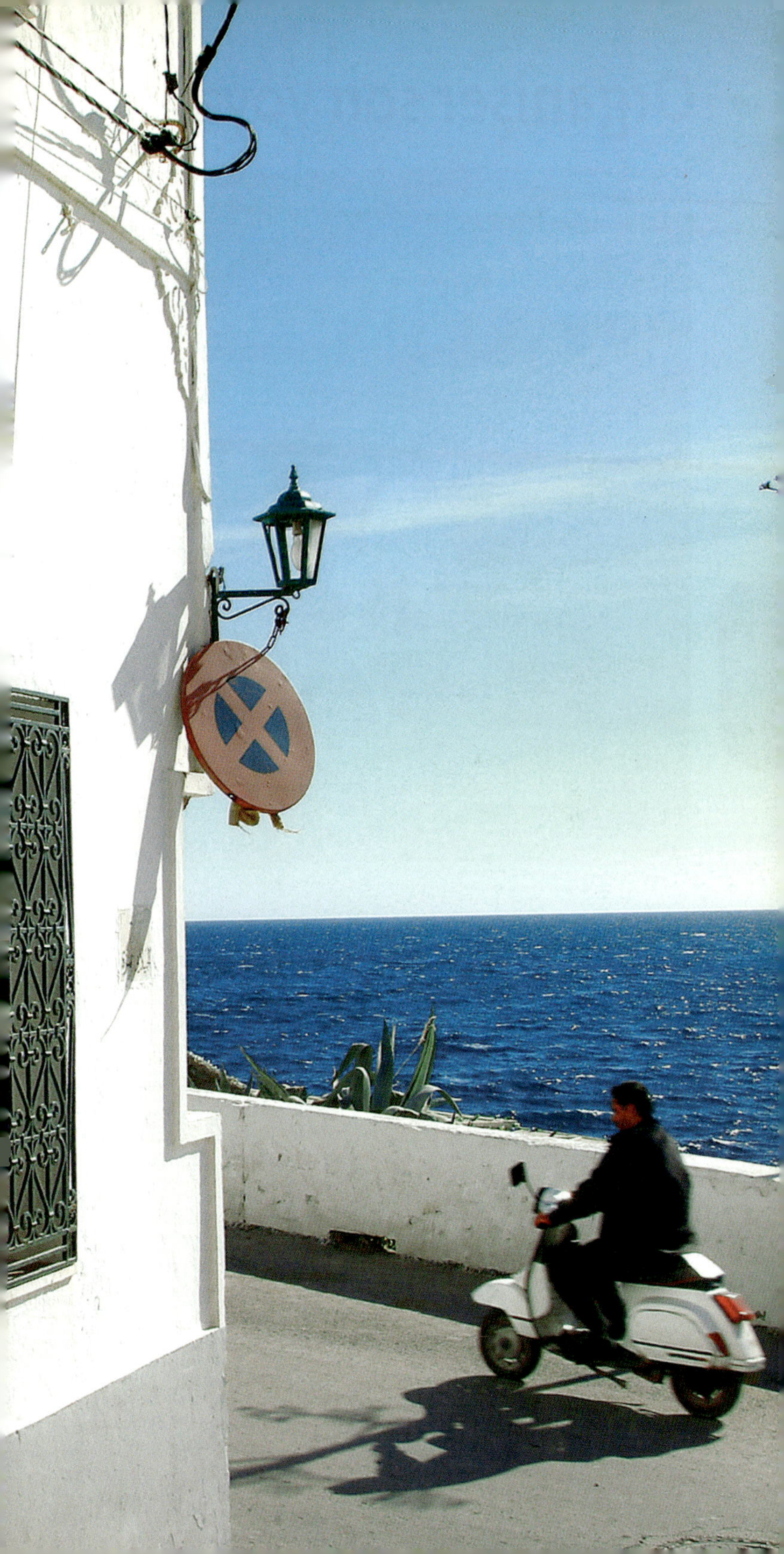

Organiser son voyage

pratique

© Nicolas Fauqué / imagesdetunisie.com

S'informer

Informations touristiques

Cartes, dépliants touristiques, informations pratiques, adresses utiles sont largement dispensés dans les bureaux des **offices nationaux du tourisme tunisien.**

● **En France**. 32, av. de l'Opéra, 75002 Paris ☎ 01.47.42.72.67, www.bonjour-tunisie.com. *Ouv. lun.-ven. 9 h-18 h (17 h le ven. et juil.-août)* ; 12, rue de Sèze, 69006 Lyon ☎ 04.78.52.35.86. *Ouv. lun.-ven. 9 h-18 h (17 h le ven. et juil.-août).*

● **En Belgique**. 162, av. Louise 1000 Bruxelles ☎ (02) 648.30.78. *Ouv. lun.-ven. 9 h-17 h (15 h juil.-août).*

● **En Suisse**. Bahnhofstrasse, 69, Zürich 8001 ☎ (01) 211.48.30. *Ouv. lun.-ven. 9 h-12 h et 13 h-18 h.*

La Tunisie à Paris

Outre les librairies de voyage mentionnées plus haut, voici quelques lieux, où, avant votre départ, vous pourrez avoir un avant-goût de Tunisie.

● **Apprendre l'arabe. INALCO**, 2, rue de Lille, 75007 ☎ 01.55.26.81.10, www.inalco.fr. Cours en soirée à l'année pour débutants et avancés. Env. 300 € de frais d'inscription.

● **Danse orientale.** www.baladi.fr : le portail de la danse orientale, avec un annuaire des cours et compagnies de danse par région. **Centre de danse du Marais**, 41, rue du Temple, 75004 ☎ 01.42.77.58.19, www.parisdanse.com.

● **Culture. Grande Mosquée de Paris**, 2 bis, pl. du Puits-de-l'Ermite, 75005 ☎ 01.45.35.97.33, www.mosquee-de-paris.org. *Ouv. t.l.j. sf ven. 9 h-12 h*

Pages précédentes: Porte de palais dans la médina de Mahdia.

◀ *L'agriculture tient encore une place importante dans l'économie tunisienne.*

et 14h-18h. Visites guidées et conférences. **Institut du monde arabe**, 1, rue des Fossés-Saint-Bernard, 75005 ☎ 01.40.51.38.38, www.imarabe.org. *Ouv. t.l.j. sf lun. 10h-18h*. L'Institut présente la civilisation musulmane, dispose d'une bibliothèque *(ouv. t.l.j. sf dim. et lun. 13h-20h)* et d'un espace Image et Son où l'on peut consulter des documents audiovisuels. Librairie bien fournie. **Librairie du Monde Arabe**, 220, rue Saint-Jacques, 75005 ☎ 01.43.29.40.22.

● **Épiceries**. **Le Comptoir de Tunisie**, 30, rue de Richelieu, 75001 ☎ 01.42.97.14.04, www.lecomptoirdetunisie.com. Épicerie fine et art de la table.

● **Restaurants**. **Chez Hamadi**, 12, rue Boutebrie, 75005 ☎ 01.43.54.03.30. **La Boule Rouge**, 1, rue de la Boule Rouge, 75009 ☎ 01.47.70.43.90.

Quand partir?

Printemps, **été** et **automne** sont les meilleurs moments pour se rendre en Tunisie. Cependant, jusqu'à la mi-avril, il peut pleuvoir et faire assez frais dans le Nord (Bizerte, Tabarka, reliefs de Kroumirie).

Juin et **septembre** sont des mois délicieux: températures douces, soleil et peu de touristes.

Le **printemps** est frais dans la moitié nord; le Sud bénéficie alors de températures agréables. La végétation est à son apogée et les lumières magnifiques. C'est la saison idéale, surtout à partir du mois de mai.

L'**été**, chaud et sec, est tempéré sur le littoral par des brises maritimes. C'est la période où la **fréquentation touristique** des plages est la plus haute. La température moyenne de la mer est alors de 23 °C. Mais le voyage dans le sud du pays, au climat saharien, n'est pas conseillé à cette saison.

En **automne**, il fait généralement beau jusqu'à la fin du mois d'octobre. Durant cette période, on peut aussi bien découvrir l'intérieur du pays que se baigner dans une mer encore tiède. À partir de novembre, il pleut par ondées ou brusques averses et la température de la mer baisse. En cette saison, les oasis du Sud saharien offrent des séjours tempérés et lumineux. Bien que rares, des pluies abondantes peuvent toutefois survenir et rendre impraticables routes et pistes.

En **hiver**, il ne fait jamais froid, mais le temps est parfois gris. Les oasis de Tozeur ou l'île de Djerba bénéficient d'un climat plus clément, avec des embellies, mais les nuits sont froides.

Prévisions météo: www.meteotunisie.com. Températures et tendance pour les cinq prochains jours dans une vingtaine de villes.

●●● *Vous trouverez les informations pratiques nécessaires à votre arrivée dans les carnets d'adresses des principales localités.*

Comment partir?

En avion

COMPAGNIES RÉGULIÈRES

● **De France**. Nombreux vols pour Tunis, Djerba, Monastir, Tozeur, Sfax et Tabarka depuis Paris et la province. Depuis Paris, 2h20 de vol pour Tunis, 3h pour Tozeur. Paris-Tunis à partir de 280 € A/R.

Air France, ☎ 36.54, www.airfrance.fr. Depuis Roissy-Charles-de-Gaulle, 4 à 5 vols/j. pour Tunis, 1 vol le dim. pour Djerba au départ d'Orly. Depuis la province, Tunis est desservie t.l.j. au départ de Lyon (1h50), Marseille (1h30) et Nice (1h30); 4 fois/sem. au départ de Toulouse; 2 fois/sem. au départ de Bordeaux. **Tunisair**, ☎ 0.820.044.044, www.tunisair.com.tn. Agence: 15, av. de Friedland, 75008 Paris. Au départ de

Paris-Orly-Sud, vols pour Tunis, Djerba, Monastir, Tozeur, Sfax. Liaisons avec Tunis depuis Marseille, Nice, Toulouse, Bordeaux, Lyon et Strasbourg.

● **De Belgique**. **Tunisair**, Av. Louise 182, 1050 Bruxelles ☎ (02) 627.05.50. 4 vols/sem. Bruxelles-Tunis (2 h 40). 1 à 2 vols/sem. pour Djerba et 2 à 3 vols/sem. pour Monastir.

● **De Suisse**. **Tunisair**, 5, rue du Mont-Blanc, 1201 Genève ☎ 0840.07.07.07. 4 vols/sem. Genève-Tunis, 2 vols/sem. Zurich-Tunis. Liaison Zurich-Djerba et Genève-Djerba (d'avr. à oct.), ainsi que Genève-Monastir.

VOLS À TARIFS NÉGOCIÉS

Leurs tarifs sont équivalents aux premiers prix des compagnies régulières. Plus vous vous y prendrez tôt, plus les prix seront attrayants.

Easy Voyage ☎ 0.899.700.207, www.easyvoyage.com. Propose toutes les offres des meilleurs sites (Opodo, Anyway, Lastminute, Go Voyages, Voyages-sncf, Directours et Ebookers), ce qui permet de comparer.

Bourse des voyages ☎ 0.800.942.932, www.bourse-des-voyages.com. Recense les programmes de vols et de voyages des tour-opérateurs francophones. Vols sur compagnies régulières et charters vers Tunis, Djerba, Tozeur, Monastir, Tabarka.

Nouvelles Frontières ☎ 0.825.000.747, www.nouvelles-frontieres.fr. 200 agences en France (également en Belgique, au Luxembourg et en Suisse). En ligne et sur inscription, enchères des invendus des vols moyens et long courrier *les mar. 10 h-12 h et 15 h-17 h et jeu. 10 h-12 h*.

En bateau

Des cars-ferries font la navette en 24 h depuis la France – ou l'Italie –, permettant ainsi de partir avec sa voiture. Plus chère que l'avion, cette solution peut être avantageuse si vous habitez le sud-est de la France et si vous voulez faire un circuit. Comptez 840 à 950 € A/R pour une famille de deux adultes et deux enfants, et 460 € A/R pour la voiture.

●●● *Voir également La Tunisie en voilier p. 308.*

Internet
La Tunisie en ligne

● **Informations générales**. www.tunisie.com. Site officiel du gouvernement tunisien. Informations historiques, économiques, politiques, culturelles, touristiques… Nombreux liens. www.arab.net. Informations sur les pays de culture arabe *via* des journalistes d'opinion de la presse du Moyen-Orient (en anglais). www.khaoula.com. Tout sur la vie quotidienne dans le monde maghrébin : chroniques, recettes de cuisine… avec un espace dédié aux femmes. www.commune-tunis.gov.tn. Le portail de Tunis : descriptions des sites et monuments.

● **Actualité, presse**. www.lapresse.tn. Quotidien tunisien d'informations en français. www.tunisiatv.com. Site de la télévision nationale. www.radiotunis.com. Site de la radio nationale.

● **Informations touristiques**. www.bonjour-tunisie.com. Site de l'office du tourisme tunisien : hôtels et restaurants des grandes villes, musées, festivals, transports… www.cap-tunisie.com. Guide des régions, assorti d'un portail renvoyant aux opérateurs touristiques (agences de voyages, chaînes hôtelières, loueurs de voitures). www.tunislanuit.com. La vie nocturne à Tunis : boîtes de nuit, restaurants, spectacles. www.bab-el-web.com. Revue de presse, spectacles et renseignements divers (horaires, publinet, n° de tél. utiles…). www.nachoua.com. Guide touristique de la Tunisie, histoire, archéologie, renseignements pratiques. ●

climat
Températures moyennes en °C

Mois	J	F	M	A	M	J	J	A	S	O	N	D
Tunis	10	11	13	15	19	23	25	27	25	21	16	12
Tabarka	11	11	13	15	18	21	23	26	24	20	12	12
Cap Bon	12	11	13	15	18	21	24	27	25	21	17	13
Monastir	11	12	14	16	20	23	25	28	26	23	17	14
Tozeur	10	13	16	19	24	28	31	32	29	24	18	12
Djerba	11	13	15	18	20	24	25	28	26	24	19	14

Températures moyennes de la mer (en °C)

J	F	M	A	M	J	J	A	S	O	N	D
15	15	15	16	18	21	24	25	25	23	20	17

- **France-Tunisie. SNCM** ☎ 3260 et dire : « SNCM », www.sncm.fr. Dans les agences de la compagnie et dans les agences de voyages. Assure, en partenariat avec la CTN (Compagnie tunisienne de navigation), des liaisons vers Tunis (La Goulette) au départ de Marseille (2 à 3 fois/sem. en hiver, t.l.j. en été).

- **Italie-Tunisie.** La **SNCM** assure toute l'année la liaison Gênes-Tunis.

Voyage organisé

L'industrie touristique tunisienne est très structurée et la majorité des chambres d'hôtels sont vendues en gros à des voyagistes. Seuls les établissements très simples, la plupart du temps propres et confortables, sont commercialisés directement sur place. Le plus simple et le moins onéreux est de passer par un voyagiste qui bénéficie de stocks importants de lits, vendus à des tarifs très raisonnables. Les voyagistes proposent une large palette de formules.

En vedette : le **séjour balnéaire**, dans des clubs ou des hôtels, et les **circuits organisés** en groupe ou en individuel, en voiture de location, à travers les sites antiques du pays et dans les oasis du Sud. Comptez entre 300 et 700 € selon la saison pour une semaine de séjour balnéaire en pension complète dans un 3 étoiles au départ de Paris ; entre 350 et 700 € dans un 4 étoiles en demi-pension ; env. 600 € pour un circuit organisé d'une semaine en autocar au départ de Paris.

●●● *Sauf mention de l'adresse, les voyagistes cités sont en vente dans les agences de voyages.*

Séjours balnéaires et circuits

Fram ☎ 0.826.463.727, www.fram.fr. Voyagiste solidement installé en Tunisie. Circuits organisés en groupe ou en individuel et choix important d'hôtels.

Jet Tours ☎ 0.820.830.880, www.jettours.com. Autotours et voyages sur mesure dans la brochure *Jumbo*.

Nouvelles Frontières ☎ 0.825.000.747, www.nouvelles-frontieres.fr. Toute les formules : vols secs, voyages à la carte, circuits, locations de voitures.

Républic Tours ☎ 01.53.36.55.50, www.republictours.com. Toutes les formules, avec une prédominance de séjours balnéaires.

Rev'Vacances ☎ 0.825.139.900, www.rev-vacances.fr. Hôtels balnéaires et circuits.

Tabarka Évasion, 1, av. de Corbéra, 75012 Paris ☎ 01.43.40.64.90, www.tabarkaevasion.com. *Rens. à l'agence uniquement sur r.-v.* Hôtels de charme et circuits.

Tunisia Resort, www.tunisia-resort.com. Une bonne sélection d'hôtels de charme en Tunisie.

Séjours en clubs

Club Méditerranée ☎ 08.200.200.08, www.clubmed.fr. 3 villages à Djerba, 1 à Hammamet et Nabeul.

Fram ☎ 0.826.463.727, www.fram.fr. 5 clubs « Framissima » à Monastir, Mahdia, Djerba, Hammamet et Tozeur.

Jet Tours ☎ 0.820.830.880, www.jettours.com. 5 clubs « Eldorador » à Djerba, Hammamet, Mahdia, Port el-Kantaoui et Tozeur.

Look Voyages ☎ 0.892.788.778, www.look-voyages.fr. 2 clubs « Lookea » dans le golfe d'Hammamet et 2 à Djerba. Séjours balnéaires.

Marmara ☎ 0.892.160.180, www.marmara.com. Champion des petits prix. 7 clubs « Marmara » à Djerba et Hammamet et quelques hôtels d'excellent rapport qualité-prix.

Nouvelles Frontières ☎ 0.825.000.747, www.nouvelles-frontieres.fr. Hôtels-clubs « Paladien » à Monastir, Hammamet et Djerba. À moindre frais, hôtels-clubs « Koudou » à Monastir et Djerba.

Circuits culturels

Arts et Vie, 251, rue de Vaugirard, 75015 Paris ☎ 01.40.43.20.21, www.artsvie.asso.fr. Agences en province. Circuits « Tunisie découverte » et « Tunisie romaine et Sud » avec guides spécialisé.

Clio, 27, rue du Hameau, 75015 Paris ☎ 0.826.10.10.82, www.clio.fr. Voyages en autocar à travers les sites antiques avec guide conférencier.

Voyages sur mesure et luxe

Odegam Travel, 1, rue Lyautey, 75016 Paris ☎ 01.45.20.21.21, www.odegam.fr. Du luxe et du charme pour une sélection d'adresses triées sur le volet.

Sangho, 28 bis, rue de Richelieu, 75001 Paris ☎ 01.42.97.14.00, www.sangho.fr. 3 clubs « Sangho » à Zarzis, Tataouine et Djerba. Excursions et circuits sur mesure. Réservations d'hôtels. Randonnées dans le désert.

Symphonie Voyages, 1-3, rue J.-Jusserand 69003 Lyon ☎ 0.820.150.600, www.symphonievoyages.com. Du sur-mesure : circuits en bus, en 4x4 ou combinés ; séjours en hôtels ou en clubs ; circuits à la carte.

Voyageurs du monde, 55, rue Sainte-Anne, 75002 Paris ☎ 0.892.23.73.73, www.vdm.com. Voyages à la carte.

Randonnées dans le désert

Allibert, 37, bd Beaumarchais, 75003 Paris ☎ 0.825.090.190, www.allibert-trekking.com. Randonnées pédestres.

Atalante, 41, bd des Capucines 75002 Paris ☎ 01.55.42.81.00, www.atalante.fr. Séjours de 8 à 15 j. avec randonnées pédestres et chamelières.

Club Aventure, 18, rue Séguier, 75006 Paris ☎ 0.826.88.20.80, www.clubaventure.fr. Randonnées, treks et circuits-découverte.

Déserts, 75, rue de Richelieu, 75002 Paris ☎ 0.892.236.636, www.deserts.fr. Expéditions en 4x4 et randonnées haut de gamme.

Nomade Aventure, 40, rue de la Montagne-Sainte-Geneviève, 75005 Paris ☎ 0.825.701.702, www.nomade-aventure.com. Randonnées et circuits-aventure.

Terres d'Aventure, 30, rue Saint-Augustin, 75002 Paris ☎ 0.825.700.825, www.terdav.com. Voyages à pied.

Thalassothérapie

Une vingtaine de centres de thalassothérapie à Djerba, Zarzis, Sousse, Hammamet, Gammarth, Mahdia et Tabarka. Forfaits avec :

Jet Tour ☎ 0.820.830.880, www.jettours.com.

Fram ☎ 0.826.463.727, www.fram.fr.

Républic Tours ☎ 01.53.36.55.50, www.republictours.com.

Thomas Cook ☎ 0.826.826.777, www.thomascook.fr.

budget

Dans nos carnets d'adresses, les établissements sont classés par tarifs. Les prix donnés ici n'ont donc qu'une valeur indicative et sont une moyenne entre la haute et la base saison. Pour les **hôtels** (tarif/pers. sur la base d'une ch. double, petit déjeuner inclus), comptez 15 TND (8,5 €) pour un hôtel bas de gamme, un camping ou une auberge de jeunesse, 30 TND (17 €) à 40 TND (23 €) pour un hôtel de catégorie intermédiaire, 70 TND (40 €) en classe supérieure, et au moins 100 TND (57 €) si vous souhaitez du grand luxe. Un **menu complet** vous coûtera 13 TND (7,40 €) dans un restaurant bon marché, plus de 35 TND (20 €) dans un restaurant de bon standing.

Pour une course en **taxi** dans Tunis comptez entre 2 et 6 TND (1 à 3,4 €), 7 TND de Tunis à Sidi-bou-Saïd (4 €) et 800 millimes – 0,45 € – en TGM. En **car**, un trajet Tunis-Kairouan coûte 8,200 TND (4,6 €), un Tunis-Tozeur 21,200 TND (12 €). Un aller-retour Tunis-Djerba pour les non-résidents en **avion** : 208 TND (114 €). 1 l de **super** : env. 1,320 TND (0,75 €) ; 1 l de **diesel** : 1 TDN (0,57 €).

Une entrée de **musée** : entre 1,5 et 6 TND (0,85 à 3,4 €).

●●● *À noter:* en 2009, 1 TND valait 0,57 €. ●

Golf

Parcours de 18 trous de niveau international, dont beaucoup ont été dessinés par Ronald Fream : à Tabarka, Carthage, Gammarth, Hammamet (3 parcours), Port el-Kantaoui, Monastir (2 parcours), Tozeur et l'île de Djerba. Séjours à forfait avec réservation de *green fees* chez :

Golf autour du monde, Voyages Gallia, 12, rue Auber, 75009 Paris ☎ 01.53.43.36.36, www.voyages-gallia.fr.

Greens du monde, ☎ 0.825.800.917, www.greensdumonde.eu.

Argent

L'unité monétaire est le **dinar tunisien** (TND). Il existe des billets de 5, 10, 20 et 30 dinars, et des pièces de 0,5, 1,5 dinar ainsi que 5, 10, 20, 50 et 100 millimes. 1 TND vaut 1000 millimes. L'importation des devises étrangères est illimitée. Change uniquement sur place (p. 301).

●●● *À noter :* fin-2008, 1 TND valait 0,57 €.

Cartes bancaires

De nombreux hôtels acceptent la Carte Bleue Visa, Eurocard/MasterCard ; plus rarement American Express et Diners Club. Vous pourrez retirer de l'argent dans les banques avec votre carte ou chéquier. On trouve des **distributeurs de billets** dans toutes les grandes villes.

● **Perte ou vol de carte**. Avant de partir, la meilleure des précautions est de se procurer, auprès de son agence bancaire, le numéro de téléphone à composer de l'étranger pour faire immédiatement opposition. Le noter précieusement dans ses carnets, ainsi que le numéro de sa carte bancaire (mais surtout pas le code confidentiel !) et sa date de validité. De France, vous pouvez appeler le ☎ 0.892.705.705 (service groupé de mise en opposition). **Carte Bleue Visa** ☎ 0.800.90.11.79, www. visaeurope.com. **Cartes American Express** ☎ 00.33/1.47.77.72.00, www.americanexpress.fr. **Carte MasterCard** ☎ 0.800.90.13.87, www.mastercard.france.com. **Carte Diners Club** ☎ 00.33/1.49.06.17.76, www.diners-club.fr.

Formalités

Assurance et assistance

Les assurances (annulation d'un voyage, perte de bagages, accidents ayant porté un préjudice matériel à autrui) et assistances (rapatriement, assistance médicale sur place) ne sont pas comprises dans le prix d'achat des prestations touristiques, à l'exception des circuits accompagnés effectués en groupe.

Ces polices sont en vente dans les **agences de voyages** ou les **compagnies spécialisées dans le tourisme** :

AVA (Assurance Voyages & Assistance) ☎ 01.53.20.44.20, fax 01.42.85.33.69, www.ava.fr.

Europ Assistance ☎ 01.41.85.86.86, www.europassistance.com.

Mondial Assistance ☎ 01.42.99.82.81, fax 01.42.99.02.47, www.mondial-assistance.fr.

Attention, certaines **cartes bancaires internationales** couvrent les risques liés au voyage, mais dans une moindre mesure par rapport aux compagnies spécialisées et l'assurance annulation est rarement comprise. Ces garanties ne peuvent jouer qu'à condition de régler son voyage au moyen de la carte en question.

Papiers

● **Passeport.** Pour un séjour d'une durée inférieure ou égale à trois mois, le visa n'est pas nécessaire, mais un **passeport en cours de validité** est obligatoire. Une carte nationale d'identité de moins de dix ans, accompagnée du carnet de voyage délivré par l'agence, est **tolérée** pour les voyages en groupe.

Au-delà de trois mois, un visa et une carte de séjour doivent être obtenus auprès du ministère de l'Intérieur. Les enfants mineurs doivent désormais avoir leur propre passeport.

● **Permis de conduire.** Le permis de conduire national français et la carte grise sont reconnus en Tunisie où les voitures de tourisme munies de la plaque réglementaire d'immatriculation nationale sont admises librement pour une durée de trois mois.

La **carte verte d'assurance internationale**, signée, est obligatoire ; elle vous sera délivrée par votre compagnie d'assurances. Il est fortement recommandé de contracter une assurance rapatriement.

● **Permis de naviguer.** Les bateaux de plaisance ne peuvent accoster que dans les ports pourvus d'un bureau de douane et de police.

Lors de la première escale dans un port tunisien, l'utilisateur du bateau doit présenter l'**acte de nationalité** et l'**attestation d'assurance du navire**. Le service des douanes lui délivre alors un **permis de naviguer** dans les eaux territoriales.

Consulats

● **En France.** 17, rue Lubeck, 75116 Paris ☎ 01.53.70.69.10.

● **En Belgique.** 103, bd Saint-Michel, 1040 Bruxelles ☎ (02) 732.61.02.

● **En Suisse.** Kirchenfeldstrasse, 63, Berne 3005 ☎ (031) 352.60.06.

Douanes

Chaque visiteur adulte a le droit d'acheter : 200 cigarettes (ou 50 cigares ou 250 g de tabac), 2 l de vin, 1 l de boisson alcoolisée à plus de 22°, 500 g de café, 50 g de parfum, 1/4 l d'eau de toilette. Les franchises pour les autres marchandises ne doivent pas dépasser la valeur de 175 € par voyageur.

Veillez à emporter les factures de vos appareils : elles peuvent vous être demandées.

Rens. ☎ 0.825.30.82.63, www.douane.minefi.gouv.fr.

Animaux

Les chiens et les chats doivent absolument être accompagnés d'un certificat de bonne santé et de vaccination antirabique. Ce dernier doit être daté de plus de un mois et de moins de six mois. Les chiens doivent également être vaccinés contre la maladie de Carré (certificat exigé).

Santé

Vaccinations

Aucun vaccin n'est exigé, mais il est toutefois conseillé d'être à jour de ses vaccins contre le tétanos, la poliomyélite et la fièvre typhoïde, car ces maladies sont plus fréquentes en Afrique qu'en Europe.

Vous pouvez vous renseigner sur le **site Internet d'Air France** (www.airfrance.fr) ou à l'**Institut Pasteur** (25-28, rue du Docteur-Roux, 75015 Paris ☎ 01.45.68.80.00, www.pasteur.fr). Pas de paludisme.

Médicaments

Outre vos **médicaments habituels** en quantité suffisante pour votre séjour, emportez un traitement **antidiarrhéique**, car les changements de climat et de nourriture peuvent déranger le système digestif. Prévoyez une **crème solaire** efficace.

Précautions sanitaires

L'eau est potable en ville, mais il est préférable de consommer de l'eau minérale. Évitez les viandes peu cuites, pelez fruits et crudités. Pour de plus amples renseignements, consultez le site du **Comité d'informations médicales** (CIMED), www.cimed.org.

Faire sa valise

Vêtements

Légers d'avril à octobre, plus chauds en hiver. À l'intérieur du pays, chaussures de marche indispensables. Pour les pistes sahariennes, vêtements légers et amples, à manches longues, chapeau de toile et lunettes de soleil. Évitez les tenues négligées.

Cartes

Carte Michelin Tunisie n° 744, 1/800 000, avec plan de Tunis. **Carte IGN** n° 85044, 1/750 000. Sur place, vous trouverez des cartes à l'**Office de la topographie et de la cartographie**, Cité olympique, Tunis ☎ 71.771.100. ●

place

pratique

Arrivée

En avion

Suivant votre destination en Tunisie, vous pourrez atterrir dans l'un des six aéroports internationaux suivants : **Tunis-Carthage** *(p. 64)*, **Skanès-Monastir**, **Sfax-Thyna**, **Djerba-Zarzis**, **Tozeur-Nefta** et **Tabarka**.

Vous trouverez à l'arrivée de nombreux bureaux de change, des distributeurs de billets et des bureaux d'informations touristiques. Vous pourrez également louer un véhicule aux comptoirs des compagnies de locations de voiture.

En bateau

Le port d'arrivée se trouve à **La Goulette** *(11 km de Tunis ; p. 84)*. Durant l'été, il est vivement conseillé de réserver plusieurs semaines à l'avance (voire plusieurs mois), surtout si l'on désire faire la traversée avec son véhicule. Dans ce cas, sachez que l'attente avant le débarquement peut être très longue lors des grands retours estivaux. La traversée entre Tunis et Marseille dure 24 h. Bureau d'informations touristiques sur place. Les plaisanciers pourront accoster dans les 30 ports ou mouillages du pays, dont 6 marinas bien équipées.

◀ Marchand de laine dans la médina de Houmt-Souk.

●●● *Voir La Tunisie en voilier p. 308. Voir aussi la rubrique Arrivée dans le carnet d'adresses des principales villes de Tunisie.*

Change

●●● *Voir également notre rubrique Argent p. 297.*

En 2009, 1 dinar valait environ 0,57 €. L'importation et l'exportation de dinars tunisiens sont formellement interdites. Les banques et bureaux de change installés aux frontières acceptent, à la sortie, de changer jusqu'à 30 % de la somme initialement convertie en dinars, et ce jusqu'à un maximum de 100 dinars. Conservez donc soigneusement les récépissés délivrés par les banques ou par les bureaux de change des hôtels. Un conseil : changez régulièrement des petites sommes afin de ne pas risquer d'être en possession d'une grande quantité de dinars à la fin de votre séjour. Sachez que les dinars ne sont pas acceptés dans les boutiques hors taxes des aéroports.

Il vous sera possible de changer de l'argent dans les **banques** et dans **la plupart des hôtels**. Préférez cependant les banques, dont les taux sont plus avantageux. Prenez garde à leurs horaires : elles ferment l'après-midi durant le mois du ramadan et en été, durant ce qu'on appelle la « séance unique » *(p. 304)*. Les **bureaux de poste** des grandes villes font aussi office de change, à des taux officiels, et ont l'avantage d'être ouverts le samedi. Les guichets automatiques sont désormais nombreux dans les grandes villes et dans les aéroports. Attention toutefois, tous ne sont pas accessibles aux cartes de crédit internationales : vérifiez avant d'introduire votre carte.

Courrier

Toujours situés dans le centre des villes ou des bourgs, les bureaux de poste sont ouverts en été et durant le mois de ramadan de 8 h à 13 h 30, du lundi au samedi ; en hiver de 8 h à 12 h et de 15 h à 18 h du lundi au vendredi, et de 8 h à 12 h le samedi. Il faut s'armer de patience devant des guichets toujours encombrés. Mieux vaut acheter ses **timbres** à la réception de son hôtel ou dans un bureau de tabac. Les bureaux de poste des grandes villes proposent aussi un service de fax.

Le délai d'acheminement du courrier est aléatoire : une carte postale envoyée vers l'Europe peut mettre entre 48 h et 15 jours pour arriver.

Fêtes et jours fériés

Fêtes religieuses

●●● *Voir également notre rubrique Gourmandises en fête p. 42.*

Les dates des fêtes religieuses musulmanes, calculées selon le calendrier lunaire, sont variables. En conséquence, les dates indiquées ici peuvent varier d'un jour ou deux. Sachez que ces commémorations sont l'occasion de festivités collectives ou familiales très animées.

● **Aïd el-Kébir** (« grande fête ») ou **Aïd el-Idha**. Jour où l'on commémore le sacrifice d'Abraham en égorgeant, en principe dans chaque famille, un mouton. Cette fête donne lieu, plusieurs jours à l'avance, à tout un commerce de moutons *(zoom p. 42)*.

Calendrier : 29 novembre 2009, 19 novembre 2010, 9 novembre 2011.

● **Aïd es-Seghir** (« petite fête ») ou **Aïd el-Fitr**. Deux jours qui commémorent la fin du mois de ramadan. Les enfants sont habillés de neuf. Une vraie fête, après le mois de jeûne rituel, qui se prolonge tard dans la nuit.

Calendrier : 20 septembre 2009, 10 septembre 2010, 31 août 2011.

● **Mouled (El-Mouloud)**. Anniversaire de la naissance du prophète Mahomet.

Calendrier : 1ᵉʳ mars 2009, 18 février 2010, 8 février 2011.

- **Rass el-Am (Nouvel An)**. Célébré 20 jours après l'Aïd el-Kébir. Depuis l'an 622 de l'ère chrétienne, date à laquelle Mahomet fuit La Mecque pour Médine, ce jour marque l'entrée dans la nouvelle année qui commence par le mois de Muharran.

Calendrier : 19 décembre 2009, 9 décembre 2010, 30 novembre 2011.

Fêtes nationales

- **1ᵉʳ janvier**. Jour de l'an grégorien.
- **20 mars**. Fête nationale, commémorant l'indépendance proclamée en 1956.
- **21 mars**. Fête de la Jeunesse.
- **9 avril**. Journée des Martyrs, commémorant le 9 avril 1938, marqué à Tunis par des manifestations contre le protectorat français, durement réprimées.
- **1ᵉʳ mai**. Fête du Travail.
- **25 juillet**. Anniversaire de la proclamation de la République, en 1957.
- **13 août**. Journée de la Femme, commémorant l'adoption du Code du statut personnel, dès l'indépendance, en 1956.
- **15 octobre**. Fête de l'Évacuation de Bizerte, en 1963.
- **7 novembre**. Anniversaire de l'arrivée au pouvoir du président Ben Ali.

Festivals internationaux

Voir également p. 56.

Musique, théâtre, folklore, le plus souvent dans des sites uniques. Voici les principaux :

- **Avril. Jazz à Carthage**, dans la banlieue nord de Tunis (*p. 84*). Festival de jazz qui attirent de grands noms internationaux et les jazzmen tunisiens. Se déroule dans les hôtels de Gammarth et à Sidi-bou-Saïd.
- **Juillet-août. Festival du *malouf***, à **Testour**, au nord-ouest du pays (*p. 136*). Rencontre de troupes de musiciens de *malouf*, musique d'origine andalouse tout comme la ville de Testour. **Festival international de musique symphonique d'El-Djem** (*p. 154*). Concerts, dans l'amphithéâtre romain. **Festival international de jazz** à **Tabarka** (*p. 120*), dans la première quinzaine du mois de juillet, puis **Festival de musiques du monde** (*world music, raï, latino*). **Festival international de Monastir** (*p. 148*). Représentations théâtrales, musicales et folkloriques, sur l'esplanade face à la mer ou dans le théâtre municipal. **Festival international de Hammamet** (*p. 98*). Théâtre, musique, danse folklorique, dans les jardins de la demeure des Sebastian. **Festival international de Carthage** (*p. 84*). Théâtre, danse, musique, folklore, dans le théâtre antique. **Festival du théâtre de Dougga** (*p. 131*). Représentations théâtrales du répertoire classique, dans le théâtre romain.

- **Octobre. Festival international des Journées cinématographiques de Carthage (JCC)**, à **Tunis** (*p. 84*), les années paires. Projections de films méditerranéens et africains, débats et séminaires. **Festival international des Journées théâtrales de Carthage (JTC)**, les années impaires. **Octobre musical**, à l'Acropolium, ex-cathédrale Saint-Louis, à **Carthage** (*p. 84*). Musique classique.

- **Décembre. Festival du Sahara**, à **Douz** (*p. 207*). Combats de chameaux, course de méharis, folklore, scènes de mariage traditionnel.

Festivals régionaux

Au rayonnement essentiellement national, ils mettent en relief les traditions et les spécialités du pays.

- **Mars. Festival des ksour**, à **Tataouine** (*p. 212*). Fantasia, chants, arts et traditions du désert.
- **Juin. Festival de l'Épervier**, à **El-Haouaria** (*p. 107*). Démonstrations de chasse, folklore, veillées.
- **Juillet-août. Festival de Baba Aoussou**, à **Sousse** (*p. 141*). Concerts, folklore, défilés de chars et spectacles. **Festival d'Ulysse**, à **Houmt-Souk** (*p. 177*), en alternance avec le **Festival du film historique et mythologique**. **Fête de la Kharja**, à **Sidi-bou-Saïd** (*p. 89*), fête à caractère religieux.

- **Décembre. Festival des Oasis**, à **Tozeur** (p. 191). Défilé de chars, folklore, combats de chameaux.
- **Pendant le ramadan. Festival de la Médina**, à **Tunis** (p. 69). Concerts, spectacles et expositions dans la médina qui pour l'occasion ouvre ses portes la nuit.

Hébergement

●●● *Pour établir votre budget, voir l'encadré p. 297.*

Le parc hôtelier est très développé en Tunisie et il offre une large gamme de prix et de confort, mais principalement dans les zones touristiques et le bord de mer : il est difficile de trouver à se loger en dehors des circuits recommandés. Les prix varient souvent du simple au double entre la basse et la haute saison. On assiste à une timide apparition des hôtels de charme, absents jusqu'à présent, ainsi que de quelques maisons d'hôtes. La location saisonnière et les appartements en *time share* sont désormais plus répandus et on trouve des villas à louer sur Internet. Campings et gîtes sont rares.

Hôtels en bord de mer

La Tunisie ayant privilégié le tourisme balnéaire, vous aurez l'embarras du choix le long des côtes, où des hôtels modernes ont poussé comme des champignons ces dernières années. Implantés dans des sites agréables et équipés de façon à rendre le séjour attrayant, ils ne sont pas exactement équivalents à l'infrastructure hôtelière d'Europe occidentale.

Les établissements sont classés officiellement par l'**Office national du tourisme tunisien** en 6 catégories : 5 étoiles, 4 étoiles luxe, 4 étoiles, 3 étoiles, 2 étoiles, 1 étoile. Un 5 étoiles ou un 4 étoiles luxe tunisien équivaut à un 4 étoiles aux normes européennes. Dans nos carnets d'adresses, nous avons retenu les normes tunisiennes. Le 1 étoile tunisien n'en aurait sans doute aucune en Europe : il peut toutefois offrir des chambres bien tenues, car la propreté et la qualité du service n'entrent pas forcément dans les critères de classement. Ainsi, on peut avoir la désagréable surprise de séjourner dans un 5 étoiles pas très net et où le service laisse à désirer !

Les trois premières catégories d'hôtels bénéficient de tous les **aménagements** modernes (piscine, terrain de sport, bar, plage aménagée et air climatisé) et offrent la possibilité de pratiquer les sports nautiques ou le tennis. De plus en plus d'hôtels s'orientent vers le *all inclusive*, avec « ambiance club ».

Le **voyageur itinérant** est pénalisé par rapport à celui qui séjourne une semaine dans le même hôtel. La formule la plus économique pour lui sera la demi-pension, compte tenu de la modicité du prix des repas.

Hôtels de charme

En Tunisie, contrairement à ce qui se passe au Maroc, les hôtels de charme n'avaient pas jusqu'à présent les faveurs des investisseurs. Quelques particuliers ont heureusement voulu se démarquer du « tourisme de masse », et vous trouverez une petite dizaine de ces établissements à travers le pays. Ce sont le plus souvent des habitats traditionnels reconvertis en hôtels, où chaque chambre et chaque espace ont un décor personnalisé, donnant toute sa place à l'artisanat traditionnel.

Hôtels en ville

En dehors des « zones touristiques », où sont implantés les hôtels de construction récente, on trouve dans les villes importantes des hôtels anciens, souvent dans les médinas – ce qui fait leur charme – et à des prix très raisonnables.

Gîtes

Dans le sud du pays, des « gîtes d'étape » ou *marhalas* accueillent les voyageurs dans des maisons traditionnelles aménagées : une habitation troglodytique à **Matmata** (p. 211), par exemple, ou un ancien caravansérail à **Djerba** (p. 174). Le prix est modique, le confort relatif, mais suffisant. Ils sont

hébergement
Auberges et maisons de jeunesse

Il y a 30 auberges et maisons de jeunesse en Tunisie (notamment à Kairouan, Djerba, Hammamet et Monastir). Une nuit avec petit déjeuner y coûte entre 8 et 10 dinars (env. 5 €). La carte d'adhérent des FUAJ est nécessaire pour y séjourner (15,30 € pour les plus de 26 ans ; 10,70 € pour les moins de 26 ans).

Association tunisienne des auberges et tourisme de jeunes, 8, rue d'Alger, 1000 Tunis ☎ (216) 71.353.277, fax (216) 71.352.172, www.atatj.planet.tn.

Fédération unie des auberges de jeunesse (FUAJ), 27, rue Pajol, 75018 Paris ☎ 01.44.89.87.27, www.fuaj.org. ●

---

gérés par le **Touring-Club de Tunisie** dont les membres restent prioritaires, mais un touriste de passage peut y être accueilli. Il règne dans ces établissements, encore peu nombreux, une ambiance chaleureuse et décontractée.

Auberges de jeunesse

Réparties dans tout le pays, elles sont très économiques. L'Office national du tourisme tunisien en fournit la liste. Vous pouvez également vous adresser, en France, à la **Fédération unie des auberges de jeunesse** *(encadré ci-dessus)*.

Campings

Il existe quelques terrains de camping aménagés, mais les équipements sont souvent rudimentaires. On peut néanmoins dresser sa tente, garer sa caravane ou son camping-car sur les plages ou aux abords des sites, sous réserve d'avoir demandé l'autorisation au propriétaire du terrain, à la Garde nationale ou au poste de police le plus proche. Le Sud tunisien compte d'agréables terrains, à **Tozeur** et à **Douz** notamment *(p. 269 et 262)*. À ne pas confondre avec les campements de tentes berbères, montées par les agences de voyages dans le désert, qu'on loue pour la nuit comme à l'hôtel.

Villages de vacances et hôtels-clubs

●●● *Pour les coordonnées des principales agences, voir p. 295.*

La Tunisie s'adapte bien à cette formule. Les principaux opérateurs français, comme le **Club Med**, **Jet Tours** ou **Nouvelles Frontières**, sont présents dans les grandes régions touristiques. Dans ces structures, tout est organisé, pour les adultes comme pour les enfants.

Location saisonnière et appart'hôtels

Pour louer une villa ou un appartement indépendant, consultez les petites annonces dans les trois quotidiens tunisiens francophones distribués en France ou consultables sur Internet : *La Presse*, *Le Renouveau* et *Le Temps*. Les sites Internet de locations de vacances commencent à faire figurer la Tunisie dans leur catalogue. La formule de l'appart'hôtel associant service hôtelier et location traditionnelle est en plein essor.

Heure locale

La Tunisie vit à l'heure GMT + 1 et change d'heure en été. Elle est à la même heure que la France, en hiver comme en été.

Horaires

Le jour de congé hebdomadaire est le dimanche. Toutefois, certains magasins, surtout dans les souks, sont fermés le vendredi (jour de prière). La Tunisie pratique la « séance unique » en juillet et août et durant le mois de Ramadan : les entreprises et les services publics ne sont alors ouverts que le matin.

- **Services publics**. Du 1er septembre au 30 juin, de 8 h 30 à 13 h 30 et de 14 h à 17 h 30 ; du 1er juillet au 31 août, de 7 h à 13 h 30. Le dimanche est un jour de congé.
- **Banques**. Dans les grandes villes, elles sont ouvertes en continu de 8 h à 16 h 15, du lundi au vendredi. Certains établissements ferment toutefois entre 12 h et 13 h 30. En juillet et août et pendant le mois de ramadan, ouverture de 8 h à 12 h 30.
- **Musées**. Ils sont généralement ouverts le matin de 9 h à 12 h. L'après-midi, du 1er octobre au 31 mars, de 14 h à 17 h 30 ; du 1er avril au 30 septembre, de 15 h à 19 h. Ils sont fermés le lundi et les jours de fête religieuse.
- **Magasins**. Ils sont en général ouverts de 8 h à 12 h et de 16 h à 19 h en été, de 8 h 30 à 12 h et de 15 h à 18 h en hiver. Ils sont fermés le dimanche et les jours fériés. Dans les **souks**, les boutiques sont pour la plupart ouvertes sans interruption ; quelques-unes ferment le vendredi. C'est le matin de bonne heure que l'animation est la plus importante. À Tunis, l'activité est quasiment inexistante dans les souks le dimanche après-midi.
- **Ramadan**. Durant le ramadan, les horaires d'ouverture changent dans tous les secteurs d'activité. Les entreprises privées ferment généralement à 14 h. À l'heure de la rupture du jeûne, et pendant l'heure qui suit, vous ne trouverez ni transport en commun ni taxi : il est préférable d'avoir rejoint son hôtel avant.

Les magasins ferment environ deux heures avant la rupture du jeûne. Nombreux sont les restaurants qui choisissent cette période pour leur fermeture annuelle. Aucun changement de rythme dans les hôtels des zones touristiques.

Attention : de 2009 à 2014, le mois de Ramadan correspondra aux mois d'août et juillet. Certains horaires de visite et d'ouverture des magasins seront modifiés et les restaurants et cafés en dehors des grandes zones touristiques seront en partie fermés.

Informations touristiques

L'**Office national du tourisme tunisien** a établi un bon réseau de délégations ou de syndicats d'initiative dans les principales villes et centres touristiques du pays. Vous y trouverez de la documentation, des plans, des listes d'hôtels et de restaurants. Ils peuvent vous renseigner et proposer excursions ou guides. Un numéro vert est à la disposition des touristes : ☎ 80.100.333, ainsi qu'un site Internet : www.bonjour-tunisie.com.

••• *Voir leurs coordonnées dans les carnets d'adresses des localités concernées.*

Les **agences de voyages locales** peuvent réserver hôtels et moyens de transport, organiser des excursions. La plupart d'entre elles sont les correspondantes des voyagistes internationaux et assurent une permanence dans les grands hôtels.

Internet

Toutes les grandes villes sont dotées d'espaces Internet, signalés par le panneau **Publinet** et accessibles à tous (env. 2 dinars/h).

••• *Voir leurs coordonnées dans les carnets d'adresses des localités concernées.*

Langue

••• *Voir également notre rubrique Quelques mots de tunisien p. 313.*

La langue nationale est l'**arabe** : classique dans les journaux, l'enseignement et à la télévision ; dialectal dans les rues et les souks, pour les conversations familières.

Le **français** est parlé dans tout le pays, car il est enseigné dès la troisième année d'école primaire. Les panneaux de signalisation routière sont souvent bilingues arabe-français, sauf dans les zones excentrées. En revanche, tous les papiers administratifs sont en arabe.

Dans la région de Matmata, au sud du pays (*p. 211*), les habitants de certains villages parlent encore le **berbère** entre eux.

Médias

Journaux

Tous les grands noms de la **presse internationale** sont distribués en Tunisie, en général le lendemain de leur parution. Le choix est d'autant plus varié que la ville est importante et touristique.

Quatre **quotidiens** tunisiens francophones paraissent : *La Presse* (propriété de l'État), www.lapresse.tn ; *Le Quotidien*, www.lequotidien-tn.com ; *Le Renouveau* (organe du RCD) ; *Le Temps* (quotidien privé de tendance libérale), www.letemps.com.tn.

Parmi les **hebdomadaires** : *Réalités*, importante revue d'informations générales ; *Tunis Hebdo*, *L'Économiste maghrébin*, journal bi-mensuel d'informations économiques ; *Nuance*, journal féminin ; *Le Sport*.

Radio

La Radiodiffusion tunisienne propose quotidiennement des programmes en français sur la **Chaîne internationale** (92 et 98 MHz sur la bande FM). **Mosaïques**, la radio privée de la bande FM (94,8 MHz), a vu le jour en novembre 2003 ; elle s'adresse aux jeunes.

Télévision

La télévision diffuse deux chaînes nationales en arabe : **TV 7** et **Canal 21** (cette dernière a vocation culturelle et est destinée à la jeunesse) et la chaîne italienne **Rai Uno**. La première chaîne privée tunisienne, **Hannibal TV**, a vu le jour en 2005. La majorité des hôtels ainsi que la plupart des foyers tunisiens sont équipés d'**antennes paraboliques** qui leur permettent d'accéder aux chaînes étrangères.

Photographie

Il est interdit de photographier les lieux stratégiques et les bâtiments officiels. C'est généralement indiqué, et il se trouvera toujours un policier pour vous le rappeler. Évitez de photographier les gens sans leur accord : ils peuvent en prendre ombrage.

Politesse et usages

La Tunisie est un pays musulman et la majorité des Tunisiens respecte les préceptes et les lois de leur religion. En ville ou pour visiter des monuments, veillez à porter des **tenues décentes** : shorts, tenues décolletées, robes très courtes ou moulantes sont à exclure. La visite des salles de prière des mosquées est interdite aux non-musulmans.

Durant le mois de **ramadan**, évitez, autant que faire se peut, de fumer, boire ou grignoter ostensiblement dans la rue et les lieux publics (à l'exception, bien entendu, des hôtels et des restaurants) pendant les heures de jeûne. La nuit, en revanche, les villes sont en fête : la léthargie de la journée cède la place à l'animation, dans les rues et les cafés.

●●● *Voir également notre rubrique Horaires, p. 304.*

Dans les lieux touristiques, une **femme**, accompagnée ou non, sera souvent interpellée sous le terme de « gazelle ». Cette habitude devient vite agaçante, mais les Tunisiens sont respectueux des autres et ne sont pas désagréablement insistants.

Pourboire

Le pourboire est une tradition toujours en vigueur. Il constitue souvent le salaire de nombreux petits métiers : gardiens de parking, porteurs, serveurs ou guides non officiels. Au restaurant, laissez environ 10 % du prix du repas, même chose pour le chauffeur de taxi. Vous laisserez 1 ou 2 dinars au porteur de l'hôtel, 5 dinars au gardien du site archéologique qui guidera votre visite. Pour éviter tout désaccord, mieux vaut se mettre d'accord à l'avance sur le prix du service rendu. Donnez 500 millimes à 1 dinar (en repartant) au « gardien » qui se précipite lorsque vous garez votre voiture. Ne vous laissez pas piéger par les jeunes gens qui vous proposeront de vous faire visiter les souks : ils voudront forcément un pourboire conséquent à l'arrivée. Les guides des sites archéologiques disposent d'une carte professionnelle et appliquent un tarif officiel.

Santé

●●● *Voir également notre rubrique Santé, p. 299.*

Aucun vaccin n'est obligatoire pour se rendre en Tunisie. Pour voyager en toute sécurité, mieux vaut avoir contracté auparavant une assurance rapatriement *(p. 298)*. La Sécurité sociale française couvre tous les soins médicaux sur présentation des ordonnances et des factures.

Pas de recommandations sanitaires particulières, sauf celle de boire de préférence de l'**eau minérale**, décapsulée devant vous : elle a, en plus, meilleur goût que celle du robinet. Vous pouvez manger tous les fruits et légumes, bien lavés. Par précaution, emportez un antiseptique intestinal : la cuisine tunisienne est souvent très relevée.

Les pharmacies délivrent les mêmes **médicaments** qu'en Europe. Toutes les grandes villes sont équipées de cliniques modernes, à préférer souvent au réseau hospitalier. En cas de besoin, demandez-les coordonnées d'un médecin à l'hôtel, au poste de police ou dans une pharmacie. Les pharmacies de service et les médecins de garde sont signalés dans la presse locale.

Sécurité

Vols et **agressions** ne sont pas plus fréquents en Tunisie qu'en France. Tunis, par exemple, est une ville sensiblement plus sûre que Paris. Il convient néanmoins de rester vigilant, principalement dans les grands centres urbains et dans les médinas. Pensez à bien fermer votre véhicule en ne laissant rien de visible à l'intérieur. Dans les médinas, essayez de faire en sorte que vos sacs, portefeuilles et appareils photo ne soient pas trop voyants. Laissez vos objets de valeur dans les coffres des hôtels plutôt que dans les chambres. Les salaires sont bas en Tunisie et les tentations d'autant plus grandes.

Une **femme voyageant seule** sera respectée si elle-même conserve une attitude discrète et ne provoque aucun malentendu.

Shopping

L'artisanat tunisien est toujours de qualité et nombreux sont les magasins, dans les souks et les zones touristiques, à proposer une large gamme de produits. Il faut être un peu connaisseur pour repérer, au milieu des objets les plus fantaisistes, les tapis de qualité ou la poterie faite main. Les magasins de l'Office national de l'artisanat (Socopa) offrent une bonne sélection à prix fixes : à visiter pour vous faire une idée avant d'aller marchander dans les souks.

Sports et loisirs

●●● *Voir également la rubrique Sports et loisirs dans le carnet d'adresses de chaque localité.*

La plupart des hôtels des stations balnéaires proposent, moyennant un supplément, diverses activités sportives : tennis, équitation, ski nautique, voile, planche à voile, mini-golf... Pensez à emporter votre équipement.

La chasse

Le nord du pays, surtout la Kroumirie et le djebel Korbous, est riche en gibier, notamment en sangliers. Les périodes de chasse sont très réglementées. Les agences de voyages organisent des séjours en liaison avec les sociétés de chasse. Elles vous informeront avant votre départ sur les documents et l'équipement nécessaires. Pour plus de renseignements, adressez-vous au **ministère de l'Agriculture**, à Tunis ☎ 71.786.833.

Le golf

Depuis quelques années, ce sport connaît un essor particulier. La diversité des huit parcours attire de plus en plus d'adeptes des *greens*. Il y en a pour tous les goûts et pour tous les niveaux. Les amateurs trouveront de quoi satisfaire leur passion à **Carthage** *(p. 219)*, **Gammarth**, **Hammamet** *(p. 231)*, **Djerba** *(p. 258)*, **Monastir** *(p. 247)*, **Port el-Kantaoui** *(p. 248)*, **Tabarka** et **Tozeur** *(p. 270)*. De nombreux hôtels situés à proximité des

▲ Pour une découverte au fil de l'eau...

pratique
La Tunisie en voilier

On peut aisément accoster dans trente ports ou mouillages le long des côtes tunisiennes. Six marinas bien équipées vous attendent.

● **Bizerte** *(p. 237)* : l'un des plus anciens ports de plaisance du pays avec 160 anneaux, un certain nombre étant réservé aux visiteurs (☎ 72.436.610 et 72.435.681). Actuellement en travaux, il se transforme et s'agrandit pour pouvoir accueillir jusqu'à 1 000 bateaux. Le restaurant du club nautique offre une carte de qualité à base de produits de la mer.

● **Cap Monastir** *(p. 247)* : marina, intégrée à un complexe hôtelier, au cœur de la ville arabe (☎ 73.462.305, fax 73.462.066). Pourvue de 400 anneaux, dont 200 pour les visiteurs, elle propose toutes les commodités : eau douce, électricité, sanitaires, téléphone, carburant et laverie automatique.

● **Hammamet** *(p. 231)* : marina de Yasmine Hammamet, ouverte en août 2001, et intégrée à la nouvelle station touristique de Hammamet Sud (☎ 72.241.111, fax 72.241.212, www.portyasmine.com.tn). Autour du port de plaisance (15 ha de plan d'eau), dotée de 740 anneaux, pouvant accueillir des bateaux de 110 m, elle égrène habitations, commerces, restaurants et cafés le long d'une plage de sable fin. Toutes commodités.

● **Port el-Kantaoui** *(p. 248)* : marina parfaitement intégrée à la station balnéaire (☎ 73.348.799, fax 73.348.757) avec 320 anneaux dont 120 réservés aux hôtes de passage. Toutes commodités : eau douce, électricité, sanitaires, téléphone, carburant et laverie automatique.

● **Sidi-bou-Saïd** *(p. 222)* : la plus pittoresque des marinas du pays est un port de pêche qui offre 400 anneaux, dont 60 réservés à l'accueil (☎ 71.741.645, fax 71.744.217). Amarrage à quai ou ancrage dans le port possibles. Toutes commodités : eau douce, électricité, sanitaires, téléphone et carburant.

● **Tabarka** *(p. 241)* : marina près du fort génois. Elle dispose de 100 anneaux, dont 70 réservés aux visiteurs (☎ 78.670.599, fax 78.643.595). Amarrage à quai. Toutes commodités : eau douce, électricité, sanitaires, téléphone et carburant. ●

thalassothérapie
Une activité en vogue

Depuis l'ouverture du premier centre de thalassothérapie à Sousse, en 1994, la Tunisie est devenue la deuxième destination mondiale pour cette activité. La plupart des nouveaux hôtels proposent désormais un « espace bien-être » à leur clientèle. Les centres se sont multipliés dans tout le pays, offrant un compromis idéal entre tradition et techniques modernes, exigence médicale, détente et plaisir. Ils rivalisent de splendeur tout en utilisant les spécificités architecturales et artisanales du pays : une véritable invite à la détente et à l'évasion, au dépaysement et au ressourcement. Dotés de personnel sérieux et compétent, les centres de remise en forme dispensent tous les soins classiques, agrémentés de nouvelles techniques comme la réflexologie plantaire, le *shiatsu* ou le *reiki* venus d'Asie, ou encore le bain de fleurs, summum de détente. Grâce aux prix serrés pratiqués par les tour-opérateurs, la cure en Tunisie est particulièrement abordable, transport compris. Une agréable façon de mêler tourisme balnéaire et soins de qualité. Les centres en activité se situent notamment à Tabarka *(p. 241)*, Hammamet *(p. 231)*, Mahdia *(p. 246)*, Monastir *(p. 247)*, Sousse *(p. 251)*, Djerba *(p. 258)* et Zarzis *(p. 260)*. Liste complète et informations sur le site Internet www.cap-tunisie.com ●

---

golfs organisent des navettes et offrent à leurs clients des réductions d'environ 20 % sur les *green fees*.

●●● *Pour obtenir des informations sur les parcours : www.cap-tunisie.com.*

La navigation de plaisance

●●● *Voir également notre rubrique La Tunisie en voilier.*

Pour découvrir la Tunisie par la mer en faisant escale dans les trente ports ou mouillages aménagés. Renseignements auprès de l'Office national du tourisme, à Tunis *(p. 222)*.

La pêche sous-marine et la plongée

Elles se pratiquent essentiellement près des côtes rocheuses de Tabarka, Bizerte, Mahdia, Monastir ou du cap Bon. Les fonds y sont particulièrement beaux et variés. Vous trouverez des clubs de plongée affiliés CMAS ou PADI à **Hammamet** *(p. 231)*, **Monastir** *(p. 247)*, **Port el-Kantaoui** *(p. 248)*, **Mahdia** *(p. 246)*, **Bizerte** *(p. 237)* et **Tabarka** *(p. 241)*. Des écoles de plongée forment des corailleurs (Tabarka) ou des pêcheurs d'éponges (Zarzis).

La pêche est libre en Tunisie, mais celle au fusil est réglementée. La pêche au mérou est interdite.

Les sports nautiques

Les côtes se prêtent bien aux activités nautiques : voile, planche à voile, ski nautique, jet-ski, parachute ascensionnel, kitesurf ou banane pour les plus jeunes vous sont proposés dans les bases nautiques, devant les plages d'hôtels.

Téléphone

Le téléphone est automatisé dans la majeure partie du pays. Il est possible de joindre l'ensemble du pays depuis les centraux téléphoniques signalés par les panneaux **Taxiphone** et **Publitel**. Sur place, un préposé se charge de faire la monnaie. Le réseau de téléphonie sans fil est développé à travers tout le pays, seules quelques petites zones, aux confins du désert, ne sont pas accessibles : pas de problèmes donc pour utiliser votre portable français. Plus économique : un opérateur privé tunisien, **Tunisiana**, a développé la vente de cartes rechargeables à

téléphoner

- **À l'intérieur du pays** : pour téléphoner en local ou en inter urbain, il suffit de composer le numéro à 8 chiffres de votre correspondant.

- **Appeler l'étranger depuis la Tunisie** : pour obtenir la France, composez le 00.33 suivi du numéro de votre correspondant sans le 0 initial. Pour obtenir la Belgique, l'indicatif est le 00.32, pour la Suisse, le 00.41.

- **Appeler la Tunisie** : depuis la France, la Belgique et la Suisse, composez le 00.216 + le numéro à 8 chiffres de votre correspondant.

- **Numéros utiles** : pour les appels en PCV, composez le ☎ 1717. Renseignements téléphoniques : ☎ 1210 pour les particuliers et 1200 pour les entreprises et services.

---

5 dinars. Pour ce prix, vous disposez d'une ligne tunisienne, si toutefois votre portable est débloqué. Attention, les communications sont beaucoup plus chères dans les hôtels.

Toilettes

Il n'y a pas de toilettes publiques. En ville, adressez-vous aux hôtels ou aux restaurants.

Transports intérieurs

En avion

C'est une solution plus rapide et assez abordable pour aller de Tunis à Djerba, Gafsa, Monastir, Sfax, Tabarka et Tozeur sur **Sevenair**, compagnie intérieure tunisienne. Pour avoir plus d'informations sur la fréquence des vols, renseignez-vous auprès de **Tunisair** à Paris (p. 294), ou **Sevenair** en Tunisie : 10, rue de l'Artisanat - Z. I Charguia II Tunis-Carthage ☎ 71.942.323 ou 71.942.626, www.sevenair.com.tn et à l'aéroport Tunis-Carthage ☎ 71.754.000, p.3465. Les prix des vols intérieurs ne sont pas aux mêmes tarifs pour les non-résidents en Tunisie.

Des avions-taxis et des hélicoptères peuvent être réservés auprès de la compagnie **Tunisavia**, à Tunis ☎ 71.235.630, www.tunisavia.com.

En train

Avec une longueur de 2 200 km, le réseau ferroviaire tunisien dessert les principales villes du pays. Le train tunisien a la réputation d'être ponctuel. Les **horaires** sont affichés dans les gares et les offices de tourisme, communiqués dans la presse ou consultables sur le site Internet www.sncft.com.tn. La réservation est obligatoire dans les trains climatisés. On bénéficie de 15 % de réduction si l'on achète un billet aller-retour. La SNCFT (☎ 71.345.511) propose aussi un forfait, la **Carte bleue**, qui permet d'effectuer un nombre illimité de trajets sur tout le réseau ; valable une, deux ou trois semaines, elle coûte 30 dinars pour sept jours en 2e classe, 42 dinars en 1re classe et 45 dinars en classe confort.

Entre **Tunis**, **La Goulette** et **La Marsa** circule le **TGM**, inauguré en 1872. Avec ses voitures blanc et bleu, il ressemble à un métro aérien, le charme en plus. Bon marché et assez fréquent, il est très pratique pour rejoindre les plages des environs de Tunis, les sites de Carthage et de Sidi-bou-Saïd. Sa gare de départ se situe au début de l'av. H.-Bourguiba, à Tunis.

PRINCIPALES LIAISONS FERROVIAIRES

Plusieurs liaisons quotidiennes relient Tunis aux grandes villes du pays.

- **Tunis-Hammamet-Nabeul** : 1 h pour Hammamet, 25 min de plus pour Nabeul.

- **Tunis-Sousse-Sfax** : Sousse : 2 h. El-Djem : 3 h. Sfax : 3 h 30. À Sfax, correspondance pour Gabès : 1 h 40. Deux autres trains poursuivent jusqu'à Metlaoui ; de là, correspondance en bus pour Tozeur.

- **Tunis-Bizerte** : 1 h 50.

désert
Les pistes sahariennes

Sur les pistes, il faut respecter les règles de simple prudence : s'informer de l'état des pistes avant le départ (tout particulièrement en saison des pluies) ; faire appel à un guide dès que l'on s'éloigne des grandes voies fréquentées ; être muni des pièces de rechange les plus courantes ; ne pas partir sans bouteilles d'eau ; rouler avec une voiture en bon état. Si vous ne vous éloignez pas des pistes principales, transformées le plus souvent en grands axes touristiques, vous ne prendrez aucun risque et pourrez, sans difficulté particulière, circuler avec une voiture de tourisme. Pour toute expédition un peu plus aventureuse, il est nécessaire de se mettre en rapport avec l'office du tourisme le plus proche afin d'engager un guide et louer un véhicule tout-terrain de type 4x4. Si vous souhaitez vous engager seul dans le Grand Sud, sachez qu'il est interdit de s'aventurer à une seule voiture et que vous devez demander l'autorisation de circuler aux autorités, cette zone étant en grande partie militaire. Adressez-vous au bureau régional du tourisme à Tataouine pour les autorisations *(p. 268)*. Prévoir 15 jours à 3 semaines de délai. •

- **Tunis-Béja** : 2 h ; de là, correspondance en bus pour Tabarka.
- **Tunis-Gaâfour** (**Dougga** à 30 km) : 2 h 30 à 3 h.
- **Tunis-Jendouba** (**Bulla Regia** à 9 km) : 2 h 50.

Le **métro du Sahel** est une ligne de chemin de fer longue de 68 km qui relie les principales agglomérations de la région du Sahel : Sousse, Monastir et Mahdia.

En voiture

●●● *Pour les formalités (permis de conduire, assurance), voir p. 298.*

- **Réseau routier**. Il s'étend sur 19 000 km de routes asphaltées – dont une autoroute (A 1) qui relie Tunis à M'saken (à côté de Sousse) et une autre qui relie Tunis à Bizerte – et 5 000 km de pistes. Ce réseau s'est beaucoup développé et il est relativement bien entretenu. Les routes sont classées GP (grands parcours), simplifié en P, et MC (moyennes communications), simplifié en C. Seul inconvénient : en dehors de l'été, routes et pistes peuvent être coupées par des oueds à cause des pluies.

Attention, soyez particulièrement vigilant la nuit ou sur les routes de campagne : enfants jouant sur le bord des trottoirs, piétons traversant la rue, mobylettes chargées parfois de trois personnes, attelages ou campagnards chargés traversant l'autoroute sont fréquents. En outre, le respect du code de la route est très aléatoire.

- **Essence**. Elle est environ deux fois moins chère qu'en France (autour d'1 dinar le litre de super sans plomb). Les stations-service se sont multipliées, mais elles restent moins fréquentes dans le Sud.

Attention, si vous décidez de rouler à l'écart des grands itinéraires, ne partez pas sans avoir fait le plein. Il arrive que le départ des pistes soit mal indiqué et que l'on ait à faire plus de kilomètres que prévu.

Ne vous engagez pas sur des itinéraires compliqués avec un véhicule en mauvais état : un dépannage peut prendre plusieurs heures.

- **Conduite**. Le code de la route est sensiblement le même qu'en Europe. La vitesse est limitée à 50 km/h dans les agglomérations, 90 km/h sur route, abaissée à 80 km/h sur certains itinéraires et à 70 km/h sur le réseau routier de Djerba. Sur les autoroutes, la vitesse autorisée est de 110 km/h.

transport
Les louages

Ce sont des taxis collectifs qui peuvent accueillir entre cinq et huit personnes. Ils relient les villes et sont couramment empruntés par les Tunisiens. Un peu plus chers que les bus, ils permettent une plus grande souplesse dans les déplacements. La voiture ne part que lorsqu'elle est pleine et il ne faut pas hésiter à être énergique pour gagner sa place. Les véhicules sont confortables et rapides, mais parfois un peu dangereux.

C'est un moyen de locomotion pittoresque, qui permet de faire des rencontres. Les louages à bande rouge effectuent de longs trajets, ceux qui ont une bande bleue desservent les localités proches.

●●● *Chaque ville a sa station de louages : voir leurs coordonnées dans les carnets d'adresses des localités concernées.* ●

● **Location de voitures.** Mieux vaut réserver sa voiture en France, ce n'est pas forcément plus cher que sur place, et choisir les grandes compagnies de location (Avis, Hertz, Europcar…) représentées en Tunisie. N'oubliez pas de vérifier l'état de la voiture avant le départ, et surtout la présence de la roue de secours. Si vous louez sur place, sachez que les prix s'échelonnent entre 350 et 600 dinars la semaine selon la saison, en kilométrage illimité. Pour louer, vous devrez être âgé de plus de 21 ans et avoir obtenu votre permis de conduire plus d'un an auparavant. Une caution vous sera demandée.

En taxi

On les reconnaît facilement à leur couleur jaune. Ils n'ont pas le droit de charger plus de trois personnes (quatre si on insiste) ni de sortir des limites communales. Les tarifs sont très bas, mais exigez la mise en route du compteur : les chauffeurs ont tendance à l'oublier, surtout dans les aéroports. Sachez que si la petite lumière visible à la hauteur du pare-brise de la voiture est rouge, le taxi est libre ; si elle est verte, il est occupé. Tarif de nuit entre 21h et 6h.

Il existe aussi de **grands taxis** qui peuvent circuler où bon leur semble. En cas de retour à vide d'un point extérieur au périmètre communal, le tarif est le double de celui indiqué par le compteur. Utile pour faire des visites de région, mais le prix est à négocier.

Sous l'appellation «**louages**» *(encadré ci-dessus)*, des taxis collectifs effectuent des parcours fixes entre les grandes villes à des tarifs intéressants.

En autocar

La **Société nationale des transports interurbains** (SNTRI) assure de nombreuses liaisons à travers le pays. Des bus climatisés desservent tout le pays à partir des gares routières de Tunis *(p. 227)*. Pour les trajets ayant un intérêt touristique, les véhicules sont assez confortables. Vous obtiendrez aisément les horaires officiels ainsi que les informations relatives à la fréquence des voyages dans les gares routières.

Urgences
● **Police secours** ☎ 197.
● **Protection civile** ☎ 198.
● **Samu** ☎ 190.

Voltage

Le courant est de 220 V, sauf dans certaines vieilles installations de province où le 110 V est encore utilisé : attention à votre rasoir ou à votre sèche-cheveux ! Toutefois, les hôtels récemment construits bénéficient tous du 220 V ainsi que de prises de courant conformes aux standards européens. ●

Quelques mots de tunisien

▲ Artisan boulanger dans la médina de Tunis.

Formules usuelles

Bonjour .... *Salam* (toute la journée)
Sebah el-kheir (le matin)
Bonsoir .... *Msa el-kheir*
Bonne nuit .... *Tesbah ala kheir*
Ça va bien .... *Labès*
Combien ? .... *Kaddech ?*
Comment ça va ? .... *Chnahwalek ?*
Comment dit-on... en arabe ? .... *Kifech tkoul... bil arbi ?*
Dieu soit loué .... *Hamdoulillah*
Grand .... *kébir*
Madame .... *Lalla* (également « sainte »)
Monsieur .... *Si*
Merci .... *Barak allaou fik, choukran*
Non .... *Lâ*
Oui .... *Naâm*
Petit .... *seghir*, ou *sghir*
Je ne sais pas .... *Ma naârafch*
Salutations .... *Besslama*
S'il vous plaît .... *Min fadlak*
Soyez le bienvenu .... *Ahlan, Marhba*

En ville

À droite	al imin
À gauche	al issar
Aéroport	matar
Avenue, boulevard	*charaâ*
Gare	mahaata
Marché	*souk*
Musée	matraf
Place	*seha*
Poste	bousta
Quartier	*houma*
Rue	*nej*
Ruelle, chemin de ronde	*derb*

En chemin

Berge (escarpée)	*jorf*
Caravane	*gafla*
Cours d'eau (fleuve, rivière)	*oued*
Chameau	*jemel*
Désert	*sahara*
Île	*jezira*
Lac salé	*sebkha*
Lac salé souvent asséché, rive	*chott*
Mer	*bahr*
Montagne	*djebel*
Oasis	*oueha*
Palmier-dattier	*nakhla*
Plaine	*outa*
Plaine rocailleuse du désert	*hammada*
Région des dunes	*erg*
Rocher	*kef*
Route, piste	*tarik*
tête, sommet, cap	*rass*
Source	*aïn*
Ville, pays, campagne	*bled*

À table

●●● *voir aussi la rubrique Gastronomie p. 38.*

Brasero en terre cuite (sert notamment à préparer le thé à la menthe)	*Kanoun*
Eau	*Mâ*
Figue	*Kermous* (*kerma* : figuier)
Olive, olivier	*Zitoun*
Pain	*Khobz*
Pâtisserie	*Hlou*
Piment	*Felfel*
Sel	*Melh*
Tajine	*Tajin*

Se repérer dans le temps

Aujourd'hui	*El-youm*
Après-demain	*Baâd ghoudoua*
Demain	*Ghoudoua*
Hier	*El-berah*
Jour	*Nhar*
Matin	*Sbah*
Soir	*Aâchiya*

Compter

Un	*Wahed*
Deux	*Zouz, thnin*
Trois	*Tlatha*
Quatre	*Arbaâ*
Cinq	*Khamsa*
Six	*Setta*
Sept	*Sebaâ*
Huit	*Thmania*
Neuf	*Tessaâ*
Dix	*Achra* ●

Index

Tunis : nom de lieu
Didon : nom de personnage
BERBÈRES : mot-clé
Les folios en **gras** renvoient aux textes les plus détaillés. Les folios en *italique* renvoient aux carnets d'adresses.

A

Abd el-Moumin, 158
Abou Saïd, 92
Agbia, 136
Aghir, 184
AGHLABIDES, 277
AGENCES DE VOYAGES, 295
AGRICULTURE, 26
Ahmed Bey, 281
AÏD, 42
Aïn-Draham, 20, **125**, *236*
Aïn Sekhouma (source de), 217
Aïn-Touga, 136
Ajim, 180
ALMOHADES, 280
ALMORAVIDES, 280
Argent, 297
ARRIVÉE, 300
Artisanat, 54, 60, 307
Arts, 53, 77
Assurance, 298
AUBERGES DE JEUNESSE, 303
AUTOCARS, 312
AVION, 293, 300, 310

B

Baal Hammon, 78, 84, **90**
Babouch, 125
BANQUES, 301, 305
BATEAU, 294, 300
Ben Ali Zine el-Abidine, 29, 289
Ben Salah Ahmed, 283
Ben Youssef, 283
Beni Hilal, 277
Beni-Keddache, 216
Beni M'Tir (barrage de), 125
BERBÈRES, 154, 210, 276, 279
Berbères (villages), 213
BIBLIOGRAPHIE, 286
BEYS, 280
Bir Ghézene, 209
Bir Soltane, 209
Bir Zar, 217
Bizerte, 115, 116 (plan), *236*
Bled el-Djerid, 204
BOISSONS, 43
Borj el-Kastil, 183
Borj el-Kébir, 153
Borj Jillij, 180
Borj Messaoudi, 131
Bouabana Mohamed, 58
Bou-Arada, 136
Bou-Ficha, 96
Bouchnaq Lotfi, 57
Bouderbala Meryem, 58
Bourguiba Habib, 71, 148, 150, 151, **285**
Bouzid Nouri, 58
Brahem Anouar, 57
Budget, 297
Bulla Regia, 125, 126 (plan)

C

CAMPINGS, 304
Canyons (randonnées dans les), 198
Cap Blanc, 118
Cap Bon, péninsule du, 97, 98 (carte)
Cap Serrat, 120
CARTES DE PAIEMENT, 297, 301
CARTES ROUTIÈRES, 299
Carthage, 79, **84**, 85 (plan), *278*
Cedouïkech, 182
Cédriane, 182
CÉRAMIQUE, **54-55**, 102
CHANGE, 301
Chanson populaire, 57
CHARTERS, 294
Charles Quint, 119, 152, 280
CHASSE, 107, 121, 125, 307
Chebika (oasis de), 197
CHÉCHIA, 47
Chemla Jacob, 55
Chemtou, 127
Chenini, 209, **214**
Chergui (île de), 160
Chott el-Djerid, 22, 190, **203**
CHRISTIANISME, 87
CINÉMA, 58
CLIMAT, 295
CODE DE LA ROUTE, 311
CODE DU STATUT PERSONNEL, 33, 283
Collège Sadiki, 282, 285
CONQUÊTE ISLAMIQUE, 276
CONSTITUTION, 283
CONSULATS TUNISIENS, 298
CORAN, 36
Côte de Corail, 115
COURRIER, 301
COUTUMES, 44
CUISINE, 38, **42**

D

Dahar (plateau du), 210
Degache (oasis de), 203
DÉSERT, 13, 22
DÉSERTIFICATION, 208
DESTOUR, 282
DEVISES, 298
DEYS, 280
Didon, 275
Djebel Chambi, 21, 172
Djebel ech-Cheïd, 136
Djebel-el-Oust, 95
Djebel Fersig, 125
Djebel Ichkeul, 119
Djebel Mida, 203
Djebel Nador, 118
Djerba, 54, **174**, *253*
DOUANES, 298
Dougga, 131, *133* (plan)
Douiret, 241
Douz, **207**, *262*
Dragut, 119, 153, 176, 280
DYNASTIES, 277

E

Eau, 26, 43, 95
ÉCOLE DE TUNIS, **58**, 59
ÉCONOMIE, 24
El-Djem, **154**, 155 (plan), *242*
El-Fahs, 136
El-Faouar, 208, *262*
El-Feidja (parc national), 127
El-Guettar, 203
El-Hamma de l'Arad (oasis de), 188
El-Hamma du Djerid, 199
EL-HANNOUT, 180
El-Haouaria, 107, *228*
El-Kantara, 184

El-Krib, 131
El-Mahassen (oasis de), 203
El-Mansour, 277
El-May, 182
Ellès, 170
EMPIRE OTTOMAN, 280
Enfida, 108
Erlanger (baron d'), 57, 92
Er-Riadh, 182
ESSENCE, 311

F

Fatimides, 277
FEMMES, 33, 34, 307
Fériana, 172
FESTIVALS, 15, 56, 302
FÊTES, 42, 301
Flaubert G., 84, 288
FLEURS D'ORANGER, 106
FORMALITÉS, 298
FRUITS, 40

G

Gaâfour, 136
Gabès, **186**, 187 (plan), *259*
Gafsa, **200**, 202 (plan), *264*
Galite (archipel de la), 123
Gammarth, **93**, *219*
Garde (montagne de la), 123
Genséric, 276
Gharbi (île de), 160
Ghar-el-Melh, 111
Ghomrassen, 216
GHORFAS, 213
Gightis (ruines de), 185
GÎTES, 303
GOLF, 297
Goulette (La), **84**, *219*
Grand Erg oriental, 22, 190, 207, 210
Grombalia, 108
Guellala, 180
Guermessa, 216
GUERRES PUNIQUES, 275, 278-279

H

Hached Farhat, 282
Hadrien, 95, 154
HAFSIDES, 66, 280
Haïdra, 131
Hamilcar Barca, 275, 278
HAMMAM, 48
Hammam-Bourguiba, **125**, *238*
Hammam Zouakra, 170

Hammamet, **98**, 99 (plan), *228*
– Café turc, 101
– Cimetières, 101
– Grande Mosquée, 99
– Kasbah, 101
– Marché de Djididi, 99
– Médina, 99
– Musée Dar Hammamet, 101
– Puputt (site de), 101
– Sebastian (demeure des), 101
– Souk, 99
– Yasmine Hammamet, 101
Hannibal, 275, 279
Hasdrubal, 279
HÉBERGEMENT, 303
Henchir Miled, 170
HENNÉ, 46
Hergla, 147
HEURE LOCALE, 304
HORAIRES, 304
HÔPITAUX, 307
HÔTELS, 303
HOUCH, 180
Houmt-Souk, 177, *255*
Hussein ben Ali, 76, 281
HUSSEINITES, 66, 76, 280

I

Ibn Khaldoun, 58
Ibrahim ibn el-Aghlab, 277
Ichkeul (lac), 119
Ifriqiya, 276
INDÉPENDANCE, 282
INDUSTRIE, 24
INFORMATIONS TOURISTIQUES, 294, 305
Internet, 294, 305
Islam, 33, **36**, 276

J

Jeffara (plaine de la), 188, 210
Jemna, 208
Jendouba, 127
JOURNAUX, 306
JOURS FÉRIÉS, 301
Jules César, 276, 279
Justinien, 276

K

Kahena (la), 276
Kairouan, **162**, 165 (plan), *243*
– Bab ech-Chouhada, 166

– Bassins des Aghlabides, 164
– Médina, 166
– Mosquée des Trois Portes, 167
– Mosquée Jemaa Sidi Oqba, 167
– Musée des Arts et Traditions populaires, 166
– Porte de la Poterne, 167
– Puits Barouta, 166
– Remparts, 163
– Souk des Tapis, 166
– Zaouïa de Sidi Abid el-Ghariani, 166
– Zaouïa de Sidi Amor Abbada, 165
– Zaouïa de Sidi Sahab, 164
Kalaat el-Andalous, 110
Kambout, 217
Karoui Rym, 58
Kasserine, 172
Kebili, **206**, *265*
Kelibia, **105**, *232*
Ken (village), 96
Kerkennah (îles), 160, 161 (plan), *244*
Kerkouane, 106
Kesra, 168
Kettana (oasis de), 186
KHARIJITES, 277
Kheireddine, 66
Khéreddine, 84
KILIM, 60
Korba, **104**, *233*
Korbous, **107**, *233*
Kram (Le), 84
Krib, 131, 136
Kroumirie, 124, **125**, *236*
Ksar Ghilane, 209, *263*
Ksar Hadada, 216
Ksar Hellal, 151
Ksar Jouamâa, 216
Ksar-Ouled-Debbab, 213
Ksar Rsifa (le), 216
KSOUR, 52
Ksour-Essaf, 154

L

La Ghriba (synagogue), 182
Lakhdar Feryel, 58
Lalla (oasis de), 203
Lamine, 282
Lamta, 151
LANGUE, 305
Le Kef, **128**, 130 (plan), *238*
LÉZARD ROUGE, 200
LIBÉRALISATION, 28

YSTE-EN-BOULE

N 96

**HEUREUSEMENT
ON NE VOUS PROPOSE
PAS QUE LE TRAIN.**

ISTAMBUL,
TOUT LE BASSIN
MÉDITERRANÉEN
ET LE RESTE DU MONDE

Voyages-sncf.com

Voyages-sncf.com, première agence de voyage sur Internet, avec plus de 600 destinations dans le monde, vous propose ses meilleurs prix sur les billets d'avion et de train, les chambres d'hôtel, les séjours et la location de voiture. Accessible 24h/24, 7j/7.

LIBRAIRIES à Paris, 293 ; à Tunis, 225
LITTÉRATURE, 286
Littoral, 21
LOCATION D'APPARTEMENTS, 303
LOCATION DE VOITURES, 312
Lorzot, 217
LOUAGES, 310

M

MAGASINS, 305
Mahdi (le), 153
Mahdia, **151**, 152 (plan), *245*
Mahboubine, 182
Mahomet, 36
Makthar, **168**, 169 (plan)
MALOUF, 57
MARABOUTS, 166
MARCHANDAGE, 51
Mareth (oasis de), 185
MARINAS, 308
Marsa (La), **92**, *219*
Massinissa, 278
MATANZA, 106
Matmata, **211**, *265*
Mecque (La), 36
Médenine, 212, *266*
MÉDIAS, 306
MÉDICAMENTS, 299
MÉDINAS, 49
Medjerda (plaine de la), 21, 110
MÉHARÉE, 264
Mendès France Pierre, 282
MENZEL, 180
Menzel-Temime, 104
MERCENAIRES (révolte des), 130, 278
MERGOUM, 60
Métameur, 212
Metlaoui, 199
Metline, 114
Midès (oasis de), 198
Midoun, 183
Mogods (massif des), 120
Mohammed es-Saduq, 66, 281
Moknine, 151
Monastir, **148**, 149 (plan), *246*
– Grande Mosquée, 149
– Mausolée Bourguiba, 151
– Mosquée Bourguiba, 148
– Musée du costume traditionnel, 148
– Ribat, 148
Moncef Bey, 282
Morisques, 280

MOSAÏQUES, **77**, 102, 126, 138,
MOSQUÉES, 12
MUSIQUE, 57
Musti, 131

N

Nabeul, 102, 103 (plan), *233*
NAVIGATION, 308
NATTES, 102
Nefta, **196**, *266*
Nefza, 120
Nefzaoua, 206
NÉO-DESTOUR, 282
NOMADISME, 22
Nouail, 208

O

Oasis, 12, 200
OFFICE NATIONAL DU TOURISME TUNISIEN, 305
OLIVIER, 30
Onk Jemel, 195
Oqba ibn Nafii, **163**, 276
Osta Moratto Corso, 280
Othman Bey, 76
Oudna, 79, **94**
Oudref, 188

P

PÂTISSERIES, 42
Pêche au lamparo, 105, 154
PÊCHE SOUS-MARINE, 120, 304
PERMIS DE CONDUIRE, 298
PHÉNICIENS, 30, 54
Pilao (îlôt de), 113
PLAGES, 12
PLONGÉE, 309
Poinssot Louis, 132
POLITESSE, 304
POLITIQUE, 28
Port el-Kantaoui, 147
POSTE, 301
POTERIE, 54, 118, 180
POURBOIRES, 306
PROGRAMME, 16
PROTECTORAT FRANÇAIS, 281
PROVINCIA AFRICA, 276, 279
PUNIQUES, 274

R

Rachid Bey, 57
Raf-Raf, 113
Rakada, 167
RAMADAN, 36, 304

Rass ed-Dreck, 107
Rass-Jebel, 114
Rass Taguermess, 183
RELIGION, 33, **36**
Remada, 217
RÉSEAU ROUTIER, 311
ROMAINS, 100, **276**, 278
Ruines (col des), 125

S

Saba Abar (oasis de), 203
Sabra-el-Mansouriah, 277
Sabria, 208
SAHARA, 21, 208
Sahel, **140**, 141 (carte)
Sahli Abdelmejid, 58
Saint Augustin, 90
Saint Louis, 90, 280
SAISONS, 295
Salammbô, 84, 288
SANTÉ, 299, 307
Saumagne Charles, 106
Sbeïtla, **170**, 171 (plan), *249*
Scipion, 105, 275
Sebastian Georges, 100
SÉCURITÉ, 307
Sejenane, 119, 120
Selja (gorges de), 200
SEPT DORMANTS (légende des), 214
Septime Sévère, 276
Sfaïat (col de), 118
Sfax, 157, 158 (plan), *249*
– Dar Jallouli, 159
– Grande Mosquée, 160
– Médina, 159
– Musée archéologique, 160
– Musée de l'Architecture traditionnelle, 160
– Souks, 160
SHOPPING, 307
Sidi bou Argoub (marabout de), 136
Sidi-bou-Saïd, **89**, 83 (plan), *221*
Sidi Daoud, 107
Sidi Mechrig, 120
Simitthus (carrières romaines de), 127
SITES ANTIQUES, 12
SOCIÉTÉ, 32
Soliman, 107
Soliman le Magnifique, 280
SOUFISME, 90, 196
SOUKS, 14, 50
Sousse, **141**, 142 (plan I), 145 (plan II), *250*
– Catacombes, 147

Index | 319

– Dar Am Taïeb, 146
– Dar Essid, 144
– Grande Mosquée, 143
– Médina, 143
– Musée Kalaout el-Koubba, 144
– Musée archéologique, 144
– Musée de l'Olivier, 146
– Ribat, 143
– Souks, 144
– Tour de Khalef, 144
– Zaouïa Zakkak, 144
SPORTS, 307
Sufetula, 276

T

Tabarka, 120, 121 (plan), *239*
Table de Jugurtha, 130
Takrouna, 108
Tamerza (oasis de), 198, *267*
Tamezret, 211
Tanit, 84, **90**, 106
TAPIS, 60, 243
TATOUAGES BERBÈRES, 213
Tataouine, **212**, *268*
TAXI, 312
Téboulbou (oasis de), 186
Téboursouk, 136, *241*
Téchine, 212
TÉLÉPHONE, 309
TÉLÉVISION, 306
Tell (Le), 109
TEMPÉRATURES, 295
Testour, 136
TEXTILE, 25
THALASSOTHÉRAPIE, 296
THÉ, 43
THÉÂTRE, 57
Thelepte (ruines de), 172
Thuburbo Majus, 137
Tiaret, 217
TOILETTES, 310
Toujane, 212
TOUR-OPÉRATEURS, 295
Tozeur, **191**, 193 (plan), *263*
– Belvédère, 194
– Dar Cheraït (musée), 195
– Le Paradis, 194
– Médina, 192
– Musée des Arts et Traditions populaires, 193
– Oasis, 193
– Tombeau de Ibn Chabbat, 194
TRADITIONS POPULAIRES, 44
TRAIN, 310
TRAITÉ DU BARDO, 281

TRANSPORTS INTÉRIEURS, 310
Troglodytes (villages), 52, 210
Tunis, **65**, 67 (plan II), 70 (plan III), *222*
– Bab-el-Bar (porte de France), 68
– Bab-Souïka (place), 74
– Cathédrale Saint-Vincent-de-Paul, 68
– Collège Sadiki, 73
– Dar ben-Abdallah, 76
– Dar el-Bey, 73
– Dar Hussein, 73
– Dar Othman, 76
– Grande Mosquée, 70
– Marché central, 68
– Mausolée de Hammouda Pacha, 74
– Mausolée de Sidi Kacem el-Jellizi, 73
– Médina, 69
– Médersa Bachiya, 72
– Médersa es-Slimaniya, 72
– Médersa Nakhlia, 72
– Mosquée de la Kasbah, 73
– Mosquée des Teinturiers, 76
– Mosquée el-Ksar, 73
– Mosquée Sahib Ettabaa, 75
– Mosquée Sidi Mahrez, 75
– Mosquée Youssef Dey, 72
– Musée de la Céramique, 73
– Musée des Arts et Traditions populaires, 76
– Musée national du Bardo, 77
– Musée des PTT, 68
– Musée des Turcs, 72
– Musée de la Ville de Tunis, 76
– Pacha (rue du), 74
– Palais d'Orient, 73
– Palais Kheireddine, 76
– Parc du Belvédère, 69
– Quartier turc, 76
– Souk des Femmes, 73
– Souk des Libraires, 72
– Souk des Orfèvres, 73
– Souk des Teinturiers, 76
– Souk du Coton, 73
– Souk ech-Chaouachiya (souk des Chéchias), 73
– Souk el-Attarine (souk des Parfumeurs), 72
– Souk el-Berka (souk du Bassin), 72
– Souk el-Blaghjia, 74
– Souk el-Grana (souk des Livournais), 74
– Souk el-Koumach (souk des Étoffes), 72
– Souk el-Leffa, 72
– Souk el-Trouk (souk des Turcs), 72
– Souk en-Nahas (souk du Cuivre), 74
– Souk es-Sekkajine (souk des Selliers), 72
– Tourbet el-Bey, 76
– Ville moderne, 68
– Zaouïa Sidi Brahim, 76
TUNIS (école de), 58
TURCS, 72, 76, 280

U

URBANISME, 49
URGENCES, 312
USAGES, 306
Uthina, 94
Utique, **111**, 112 (plan)

V

VACCINATIONS, 199
VANDALES, 276, 279
VÊTEMENTS À EMPORTER, 299
VÊTEMENTS TRADITIONNELS, 47
VILLAGES DE VACANCES, 296
VINS, 43
VOILE VOILIER, 308
VOITURES, 311
VOLS, 293
VOLTAGE, 312
VOYAGE ORGANISÉ, 295

Z

Zaafrane, 208
Zaghouan, 95
ZAOUÏAS, 166
Zarzis, 184, *260*
Zeraoua, 212
Zerbia, 60
Ziatine (oued), 120
Zriba-Haut, 96 ●

Ce guide a été établi par **Gilda Spizzichino**.

Originaire de Tunisie, Gilda Spizzichino collabore à différents magazines d'architecture ou de tourisme et dirige des projets éditoriaux dans une maison d'édition tunisienne.

L'auteur tient à remercier tous ceux qui l'ont aidée dans la réalisation de ce guide et plus particulièrement Tahar Ayachi, inlassable vadrouilleur à travers le pays, Aïcha Ben Abed de l'Institut national du patrimoine, Alya Hamza pour avoir partagé sa connaissances des arts et traditions et Neïla Jamel Guellaty pour ses conseils avisés.

Direction : Nathalie Pujo – **Direction littéraire** : Armelle de Moucheron – **Responsable de collection** : Marie-Caroline Dufayet – **Édition** : Marie Barbelet, Marion Turminel – **Lecture-correction** : Alain Monrigal, Capucine Jahan – **Informatique éditoriale** : Lionel Barth – **Documentation** : Sylvie Gabriel – **Conception de la maquette intérieure et mise en page PAO** : Catherine Riand – **Cartographie** : Frédéric Clémençon, Aurélie Huot – **Fabrication** : Nathalie Lautout, Caroline Artémon, Caroline Le Page. **Couverture** conçue par François Supiot et réalisée par Suzanne Pak Poy.

Avec la collaboration de Yu Zhang.

Régie de publicité : Hachette Tourisme 43, quai de Grenelle, 75905 Paris Cedex 15. Contact : **Valérie Habert** ☎ 01.43.92.32.52. *Le contenu des annonces publicitaires insérées dans ce guide n'engage en rien la responsabilité de l'éditeur.*

Conformément à une jurisprudence constante (Toulouse, 14-01-1987), les erreurs ou omissions involontaires qui auraient pu subsister dans ce guide, malgré nos soins et les contrôles de l'équipe de rédaction ne sauraient engager la responsabilité de l'éditeur.

Pour nous écrire : Hachette Tourisme, Guides Évasion

43, quai de Grenelle, 75905 Paris Cedex 15 evasion@hachette-livre.fr

© **Hachette Livre** (Hachette Tourisme), **2009**.

Tous droits de traduction de reproduction et d'adaptation réservés pour tous les pays.

Imprimé en France par I.M.E. - 25210 Baume-les-Dames
Dépôt légal : janvier 2009 - Collection n° 25 - Édition n° 01
ISBN : 978-2-01-244320-4
24.4320.8

À nos lecteurs

Ces pages vous appartiennent.
Notez-y vos remarques, vos découvertes,
vos bonnes adresses. Et ne manquez pas
de nous en informer à votre retour.

Pour nous aider à mieux vous connaître, répondez
à notre questionnaire en fin de guide et gagnez un guide
de la collection Évasion.

Hachette Tourisme
Guides Évasion – Courrier des lecteurs
43, quai de Grenelle - 75905 Paris Cedex 15
evasion@hachette-livre.fr

Les Guides Évasion et vous

Aidez-nous à mieux vous connaître et recevez un guide de voyage.
Remplissez simplement ce petit questionnaire et retournez-le à l'adresse suivante :
Hachette Tourisme – Service marketing - 43, quai de Grenelle – 75905 Paris cedex 15
Un guide de la collection Évasion vous sera adressé en retour.

Nom : _____
Adresse : _____

Titre du guide acheté : _____

1. Vous êtes ❏ une femme ❏ un homme

2. Votre âge : _____

3. Avez-vous des enfants ou des petits-enfants ?
    Enfants : ❏ oui ❏ non
    Petits-enfants : ❏ oui ❏ non
    Préciser leur âge : _____

4. Partez-vous en voyage avec eux :

En France	A l'étranger
❏ toujours	❏ toujours
❏ souvent	❏ souvent
❏ rarement	❏ rarement
❏ jamais	❏ jamais

5. Combien de séjours effectuez-vous en moyenne (grands week-ends, vacances) :

En France	A l'étranger
❏ moins d' 1 fois par an	❏ moins d' 1 fois par an
❏ de 1 à 2 par an	❏ de 1 à 2 par an
❏ + de 3 par an	❏ + de 3 par an
❏ autre _____	❏ autre _____

6. Quand vous partez en voyage, vous achetez un guide :

Pour la France	Pour l'étranger
❏ toujours	❏ toujours
❏ souvent	❏ souvent
❏ rarement	❏ rarement
❏ jamais	❏ jamais

7. Vous achetez des guides de voyages (plusieurs choix sont possibles) :

Pour la France
- ❏ pour rêver
- ❏ pour préparer votre voyage
- ❏ pour les bonnes adresses
- ❏ pour les idées de loisirs et d'activités
- ❏ pour les informations culturelles
- ❏ autre à préciser

_____

Pour l'étranger
- ❏ pour rêver
- ❏ pour préparer votre voyage
- ❏ pour les bonnes adresses
- ❏ pour les idées de loisirs et d'activités
- ❏ pour les informations culturelles
- ❏ autre à préciser

_____

8. Comment avez-vous connu la collection Évasion :
- ❏ par hasard ❏ par un ami ❏ par une publicité
- ❏ par votre libraire ❏ autre à préciser _____

9. Qu'est-ce que vous appréciez dans la collection Évasion ?
(cochez la note de votre choix de ce que vous appréciez le moins ① à ce que vous appréciez le plus ⑤)

la présentation	①	②	③	④	⑤
les choix de l'auteur	①	②	③	④	⑤
les itinéraires	①	②	③	④	⑤
les cartes	①	②	③	④	⑤
les photos	①	②	③	④	⑤
le prix	①	②	③	④	⑤

autre à préciser : _____

10. Qu'est-ce que l'on pourrait améliorer dans la collection Évasion ?

_____

11. Quand vous achetez un guide Évasion, est-ce que vous achetez, en complément un autre guide ?

❏ oui   ❏ non

si oui, lequel : _____

pourquoi : _____